HINDU LAW OF INHERITANCE

AS IN VĪRAMITRODAYA OF MITRAMIŚRA

HINDU LAW OF INHERITANCE

AS IN VĪRAMITRODAYA OF MITRAMIŚRA

Translated by

GOLAPCHANDRA SARKAR SASTRI

GYAN

Published by

Gyan Publishing House
5, Ansari Road
New Delhi-110002

Distribution Network
gyanbooks.com
India, USA, Canada, UK, Australia, France

ISBN: 9788121200165 (HB)

15 impression 2019

Printed at: G. Print Process, Delhi

TO

The Honorable Sir Richard Garth, Kt., Q. C.,

CHIEF JUSTICE OF BENGAL,

THIS TRANSLATION

OF

THE VIRAMITRODAYA

IS,

WITH HIS LORDSHIP'S PERMISSION,

RESPECTFULLY DEDICATED

BY HIS HUMBLE SERVANT,

THE AUTHOR.

PREFACE.

The Institutes of the various sages, which form the primary source of the Hindu law, treat of Law in the widest sense of the term. The rules embracing the religious rites and ceremonies and the moral duties of the different classes of the community, for the enforcement of which mere religious sanctions are prescribed, and the rules of positive law are laid down without any distinction. These rules are believed to be of divine origin;—a belief, not peculiar to the Hindus, but common to all nations who believe in the creation of man by God. In forming an adequate conception of the creation, one would naturally be impressed with the idea that some knowledge must have been originally revealed to man; for without it, the condition of those first created, would be utterly helpless.

The comprehensive name of '*Dharma Sástra*' is applied by the Hindus to the records which embody the knowledge, believed by them to have been communicated by God to man. The *Dharma Sástras* are divided into two classes,—the *Sruti* and the *Smriti*. The former comprises the four Vedas consisting of *Mantras* and *Bráhmaṇas*, and the *Upanishads*, and is believed to record the very words revealed by the Deity. The *Smriti* comprehends the precepts of divine origin, not embodied in the words of the Deity himself, and includes the Institutes of the sages and certain works on medicine, music, the grammar of the Sanskrit language and certain other subjects.

The Hindu writers appear to be divided in opinion as to the origin of the *Smritis*. According to one view the knowledge embodied in them had been originally communicated to Manu who taught it to his disciples, and from them it was handed down traditionally from preceptor to disciple until its purport as *remembered* was recorded, but not in the language in which it had been originally delivered. Another theory is, that at the periodical destructions of the world, the *Sruti* alone is preserved, and everything else is lost, and that Manu who is immortal, comes forward on each occasion to teach the laws *remembered* by him. But it will be observed that neither of these theories offers a satisfactory explanation of the existence of the Institutes of law promulgated by the different sages, inasmuch as all these sages are not supposed to have derived their knowledge from Manu himself. Hence a third theory is put forward, that the rules set to the first-created by God were strictly observed by them and their descendants in the *Satya Yuga* or the age of Truth, and that the customs and usages which were observed by them in obedience to the *remembered* commands of God, formed the primary source from which laws were deduced by the sages and consolidated and embodied in the Institutes. This view is consistent with the doctrine that an immemorial custom is presumed to be founded on *Sruti* or revelation, and as such has the force of law, provided it is not expressly disapproved in any of the *Sástras*.

Although, according to modern notions, the method pursued by the sages, in laying down their laws without drawing any distinction between moral and legal obligations, may appear unphilosophical, still it is to be observed that so long as a divine origin of the laws is believed in, the legal, moral and religious sanctions would all act with equal force upon the minds of men, and so there would be no real difference between them. It is only when the faith in the efficacy of religious ceremonies loses its grasp on the mind of the community, and the non-observance of the rules of morality and religion begins to be excused as a venial offence, not even meriting the punishment of excommunication, that the distinction between legal and religious rules becomes wide and apparent.

The precepts laid down in the *Sástras* are divided by the commentators into several classes. The proper object of the *Sástras* according to them, is to teach of things that lie beyond the scope of reason. What men would do or refrain from doing of their own accord from purely human motives, need not be laid down by the *Sástras*. Where a precept enjoins men to do a certain thing, when no reason could be suggested for doing it, it is called an *utpatti vidhi* or injunction. When a precept forbids men to do what they may do under the natural impulses, it is called a *nishedha* or prohibition. But a precept regarding what men may do, of their own accord, may come within the scope of the *Sástras* if it enjoins that act at a particular time or place. Such a precept is called a *niyama vidhi* or restrictive injunction. There is a third kind of precept called *parisankhyá vidhi*, which is an injunction in form, but a prohibition in purport. As for instance, "Man shall eat the flesh of the five clawed animals." This cannot be an *utpatti vidhi*, for men may do the same of their own accord; nor can it be a *niyama*, as no time or place is specified for compliance with the precept. The meaning therefore is taken to be, that man shall not eat the flesh of any other clawed animal than the five specified ones. When the *Sástras* lay down a precept which is neither an *utpatti vidhi* nor a *nishedha* nor a *niyama* nor a *parisankhyá*, or a precept which embodies what has been declared in another precept or what may be deduced from another precept, it is called an *anuváda* or a superfluous precept that need not have been laid down.

Some of the later commentators hold that the *Sástras* in so far as they deal with positive law, are generally superfluous, inasmuch as the rules of positive law are deducible from reason, or in other words, from a consideration of what best conduces to the welfare of the community and suits the feelings of the people. The reason why positive laws have been laid down in the Institutes is then explained by saying, that they were intended to guard the unthinking from falling into error.

It has already been said that in the Institutes of Hindu law no distinction is drawn between positive law on the one hand and laws of morality and religion on the other. But it is to be observed that one of the principles on which that distinction is based at the present day, is wanting in the Hindu idea of Law. According to the modern view, positive laws are rules of conduct set by political superiors to political inferiors, whereas according to the Hindus, laws of every description emanated from the Supreme Being himself. The idea of a political superior amongst the Hindus did not carry with it the power of making laws for the guidance of the community. The function of the king, according to the Hindu notion, is to protect the country from foreign invasion, and to see that the laws are observed, but he is, equally with his subjects, bound to obey the self-same laws. It would have been humiliating to the pride of the intellectual aristocracy of the Bráhmaṇs to concede to a king the power of making laws for their guidance.

But notwithstanding the want of the above feature in the Hindu notion of Law, it came to be noticed that obedience to laws of all descriptions could not be enforced by the king. A distinction therefore developed itself in the body of the Hindu laws. In the earlier Institutes, we find no sort of method or arrangement: all kinds of rules are mixed up together. In the Institutes of Yájnavalkya, however, which is admittedly a later work, some trace of a distinction begins to be perceived. It adopts an improved arrangement, devoting a separate chapter to what may well correspond with positive law. This code is divided into three chapters. The first is the *A'chára* or ritual, which treats of the initiatory ceremonies, the duties of the different castes, the domestic and social usages and the rites of purification and sacrifice. The second chapter is called *Vyavahára* or litigation, which embraces adjective and substantive law. The third is termed *Práyaschitta* or expiation, which treats of the religious sanctions, and the mode in which sin incurred by the violation of rules is purged off. The Institutes of Yájnavalkya have, besides, improved the Hindu law on many points, of which one may be noticed here, that the cognates who are not recognized as heirs by Manu and other sages, are for the first time introduced by Yájnavalkya in the category of heirs.

Although Manu is theoretically said to be entitled to the greatest respect, still practically speaking, Yájnavalkya appears to have been held in the highest estimation by the Hindu lawyers. The Mitákshará which gives a systematic exposition of the Hindu law, and is held to be of the greatest authority in almost all the schools, professes to be but a commentary on the Institutes of Yájnavalkya, though it cites texts of other sages to support the doctrines propounded in it. It appears that there were other digests compiled previously, but all of them were replaced by the Mitákshará. This treatise however being, as its name indicates, a very concise one, the law enunciated in it, came to be differently understood by different persons. Thus arose various other commentaries which have concurrently with the Mitákshará considerable weight in the schools of law by which they have respectively been adopted. Of all the later digests, the Dáyabhága alone, which is recognised by the Bengal School as of the highest authority, is, on many important points, opposed in doctrine to the Mitákshará. But nevertheless this treatise, excepting in so far as it has been modified by the Dáyabhága, may still be regarded as an authority for the Bengal School as well.

Some of the doctrines of the Mitákshará which are laid down in clear and unmistakeable language were attacked by the Dáyabhága and other treatises, and the reasoning by which they were arrived at, was criticised and impugned. A vindication therefore, of the doctrines of the Mitákshará would naturally be undertaken by the admirers of that treatise. This appears to be one of the objects for which the Víramitrodaya came into existence. It examines copiously the arguments by which the doctrines of the Mitákshará were assailed, exposes their fallacy and, when necessary, puts forward reasons to support the principles laid down in the Mitákshará. It exhibits a strong feeling of antagonism to the Dáyabhága, and omits no opportunity of exposing its errors of reasoning. The Víramitrodaya has, however, on several points dissented from the Mitákshará, and although it serves as the ablest vindication of the doctrines laid down in that treatise, it is in itself an independent work giving a complete and accurate digest of the Hindu law.

The various commentaries or digests of the Hindu law which maintain conflicting doctrines, all profess to interpret the laws that are laid down in the Institutes of the sages. They do not however, appear to have been intended to have merely local authority, such as generally speaking, they now possess. The reason for the adoption, in different parts of India, of particular treatises as containing authoritative expositions of the law, appears to be, not that the arguments by which their peculiar doctrines are maintained were thought very cogent, but that the doctrines themselves were suited to the feelings of those who adopted them. The process of development seems to have been that a change in a particular point of law being considered desirable, by reason of a change of feelings occasioned by altered social conditions, some learned pundit attached, it may be, to the court of a king, undertook to establish the foregone conclusion by the authority of the texts of the sages.

The Hindu law was systematized at a time when society was composed of joint families, the constitution of which, though resting on a natural basis, was to a great extent artificial. A joint family, very naturally consisted of individuals connected by blood, but at the same time it excluded the cognates, however nearly related, and included strangers by marriage and adoption. An individual, as such, was not originally recognised as a member of society, but as belonging to a certain *gotra* or family. And though the family divided and subdivided itself into smaller groups, such as *samánodakas*, *sakulyas* and *sapindas*, still all these were connected by a great many ties, above all, by the tie of a local union. It was only when the smaller groups or individuals left the original seat of the family, and migrated to distant places, that the strong family feeling or clan feeling began to abate, and the natural tie of consanguinity became stronger, and importance began to be attached to the cognates.

The gradual development of the Hindu law which was originally moulded by the institution of families may thus concisely be stated to consist in the recognition of individual rights and in the introduction of cognates as heirs, and of nearer cognates as heirs in preference to more distant agnates.

The principle underlying the Hindu law of inheritance would appear to be the same as in every other system of Inheritance, namely, the common principle of natural love and affection, varied, of course, by the peculiar circumstances of each case. It has, however, been asserted by the highest authorities that the doctrine of spiritual benefit is the key to the Hindu law of inheritance. But with the greatest deference to them, it may be observed in the first place that no trace whatever can be found of such a doctrine in the Mitákshará. The author of the Dáyabhága does, no doubt, for the first time introduce that doctrine, which is more or less made use of by the later writers according as it suited their purpose; but the doctrine itself is used in the Dáyabhága not for the purpose of determining the right of inheritance, but for the purpose of ascertaining priority, as regards the order of succession, of those who are recognized as heirs in the three fundamental texts of Manu, of Vishṇu and of Yájnavalkya respectively. The principle enunciated in the Mitákshará is, that succession is determined by propinquity; whereas the author of the Dáyabhága maintains, that propinquity is not alone the criterion of succession, but in addition to it the capacity for conferring a comparatively greater amount of spiritual benefit is to be taken into consideration; and the order of succession laid down by him, which is at variance with the Mitákshará in many points, especially in the preference given to certain cognates, is justified by him on the principle of spiritual benefit. But it should be observed that a clear and consistent principle of succession cannot be deduced from the various references to the doctrine of spiritual benefit, in the Dáyabhága, so as to enable us to decide a question of disputed succession that has not been especially dealt with by the author himself; in such cases the difficulty of determining which of two persons confers the greater amount of spiritual benefit, remains unsolved. The Hindu idea of honouring the deceased by offering oblations of food and libations of water appears to be a very catholic one. The Hindus present these offerings to some of their ancestors by name, and to others generally, as well as to the spirits of all that ever inhabited this globe. It is a debt of gratitude paid by a Hindu to all from whom he inherits the world as it is, and especially to those from whom he derives the greatest amount of secular benefit. This will be clear to those who are conversant with the ceremony of *Párvana Sráddha.*

It would appear that the theory of spiritual benefit and the law of succession are both of them based on one and the same principle of natural love and affection. The *sapinda* relationship, as explained by the author of the Dáyabhága and other commentators, shows forth in a glaring light the strength of the joint family union, which forms the principle of the *Mitákshará* law of survivorship. Those who may live together in this world as members of a joint family, become united in the next as *sapindas* or as it were members of a celestial joint family. It is by a strained construction of the term *sapinda*, that the author of the Dáyabhága attempts to include some of the cognates under it, with a view to support their preferable position as maintained by him. And the critical reader will find that his exposition of the doctrine of spiritual benefit in tracing out the order of succession is far from satisfactory. Some of the inconsistencies of the Dáyabhága on this point are noticed in the Víramitrodaya, although the author of that treatise himself sometimes invokes the principle of spiritual benefit in establishing some of his positions.

The Víramitrodaya was, as the author himself says, composed by Mitra Misra under the direction of Víra Siñha, a king. The name of the work indicates the history of its origin. It may also mean either "the rise of the friend of Víra" or "the rise of the heroic sun" of law to dispel the darkness which gathered round many points of law. Following the arrangement of the Institutes of Yájnavalkya, the author divides his work into three books, namely, *A'chára*, *Vyavahára*, and *Práyaschitta.* The book on *Vyavahára* or litigation again is subdivided into four parts. The first, treats of the constitution of courts and the law of procedure; the second, deals with the law of evidence and ordeals; the third, comprises the eighteen topics of litigation; and the fourth, which is a very short one, deals with cases in which the king is the plaintiff, and to a certain extent corresponds with the present criminal law. The portion translated in the following pages deals with the law of succession and inheritance, and is called *partition of heritage*,—one of the eighteen topics of litigation, occupying more than a fourth of the book of *Vyavahára.* Like the *Mitákshará* it shows great respect for the authority of Yájnavalkya, whom he always quotes under the title of *Yogísvara* or 'the lord of sages'.

The Víramitrodaya has always been regarded as an authority of considerable importance. In *Gridhari Lall Roy* versus *The Bengal Government*, the Lords of the Judicial Committee observe,—"That question, however, is not to be governed by the *Mitákshará* alone. Adhering to the principles which this Board lately laid down in the case of *The Collector of Madura* versus *Moottoo Ramalinga Sathupathy*, their Lordships have no doubt that the *Viramitrodaya*, which by Mr. *Colebrooke* and others is stated to be a Treatise of high authority at *Benares*, is properly receivable as an exposition of what may have been left doubtful by the *Mitákshará*, and declaratory of the law of the *Benares* school."

In the arrangement of the present work, I have followed the suggestions kindly made by the Honorable Justice Rameschandra Mitra. The division into chapters, parts, sections &c., not found in original Sanskrit works, has been frequently introduced by translators for convenience of reference; though this has sometimes led to the mistake that there are verses in the original corresponding to the number of paragraphs. These works are all written in prose, and there is nothing in them which may be taken to resemble the sections of a statutory enactment. The division into small paragraphs again is very misleading, since one might fancy them to be complete in themselves, whereas in the generality of instances they may often be only isolated links in a long chain of argument. I was therefore advised to divide the work in such a way as to prevent any mistake of that kind.

I have adopted the language of Colebrooke in translating many of the texts of the sages, and compared West and Bühler's translation of the Chapter on *Strídhana* with mine.

For the convenience of those who may wish to make occasional references to the original, that portion of the original Sanskrit, of which the following is a translation, is printed at the beginning of the book.

I am grateful to the Syndicate of the Calcutta University for having offered to contribute one thousand rupees from the Tagore Law Fund towards the expenses of the publication of this work; and to the Honorable Justice Louis S. Jackson, C. I. E., the Honorable Justice William Markby and the Honorable Justice Rameschandra Mitra, who have evinced a kind interest in the preparation of this work.

My best thanks are also due to some of my friends, especially to Babu Sríschandra Chaudhuri, M. A. and Babu Indranáth Bandyopádhyáy, Vakils of the High Court, from whom I have derived considerable assistance.

G. S.

HIGH COURT,
The 5th September, 1879.

वीरमित्रोदये

व्यवहाराध्याये

विभागाख्यव्यवहारपदम् ।

सरकारश्रीगोलापचन्द्रशास्त्रिणा

संस्कृतम् ।

कलिकाताराजधान्याम्

बप्‌टिष्ट् मिशनाख्ये यन्त्रालये मुद्रितम् ।

ई० १८७८।

वीरमित्रोदये

व्यवहाराध्याये

विभागाख्यव्यवहारपदम्।

CHAPTER I.

1. यत्र मन्वादिवचनव्याख्यासु बहुधा बुधाः।
विवदन्ते दायभागः स प्रबन्धेन वर्ण्यते॥

2. तल्लक्षणमाह नारदः। विभागोऽर्थस्य पित्र्यस्य पुत्रैर्यत्र प्रकल्प्यते। दायभाग इति प्रोक्तं तद्विवादपदं बुधैरिति॥

पित्रोरयं पित्र्य इति कृतैकशेषात्पितृशब्दाद्यत्। अग्रे मातृधनस्यापि विभागकथनात्।

पित्र्यस्य पुत्रैरिति च द्वयमपि सम्बन्धिमात्रोपलक्षणम्। पत्नीत्यादिनान्येषामपि भर्त्रादिधने तन्निरूपणात्।

अतएवोपक्रमे मनुना पित्रादिपदं नोपात्तम्। एष स्त्रीपुंसयोरुक्तो धर्म्मो वो रतिसंहितः। आपद्यपत्यप्राप्तिश्च दायधर्म्मं निबोधतेति॥

दायधर्म्मोऽप्यत्र विभागरूपोऽभिप्रेतस्तस्यैवाग्रे लक्षणकथनपूर्वकं निरूपणात्। उद्देशावसरेऽपि स्त्रीपुंधर्म्मो विभागश्चेति तस्यैव विवादपदत्वेनोद्देशात्। अतएव वाग्रे यावत्सम्बन्धिधनविभागमेव प्रदर्शितवान्मनुः।

3. दायशब्दश्चायं स्वामिसम्बन्धमात्रद्रव्ये स्वत्वन्तद्रूपो वदति। तथा च निघण्टुकारः। विभक्तव्यं पितृद्रव्यं दायमाहुर्मनीषिण इत्याह। अत्रापि पितृपदं सम्बन्धिमात्रोपलक्षणमन्यत्रापि दायशब्दप्रयोगात्। विभक्तव्यं विभागार्हमित्यर्थः। अन्यथैकपुत्रादिस्वामिके विभागाभावाद्दायशब्दवाच्यता न स्यात्।

यत्तु जीमूतवाहनेन दीयत इति व्युत्पत्त्या दायशब्दो ददातिप्रयोगश्च गौणः मृतप्रव्रजितादिस्वत्वनिवृत्तिपूर्वकपरस्वत्वोत्पत्तिफलसाम्यात्। न तु मृतादीनां तत्र त्यागोऽस्ति। तच्च पूर्वद्रव्यस्वामिसम्बन्धाधीनं तत्स्वाम्योपरमे यत्र द्रव्येऽन्यस्वत्वं तत्र निरूढो दायशब्द इत्युक्तं।

तन्न सुन्दरम्। निरूढत्वाङ्गीकारे दायददातिशब्दयोर्गौणत्वोपन्यासानर्थक्यात्। सर्वथाऽवयवार्थराहित्ये हि निरूढत्वं। न च योगरूढत्वम् अवयवार्थबाधस्य स्वयमे-

वेपन्यासात्। गौणमवयवार्थं परिकल्प्य तदङ्गीकारस्य निष्प्रयोजनत्वमन्याय्यत्व-मनुभवविरोधो व्याघातश्च। तत्स्वाम्योपरम इति च जन्मनापि स्वत्वस्योपपादयिष्य-माणत्वादव्यापकम्।

4. विभागशब्दस्त्वनेकस्वाम्यानां द्रव्यसमुदायविषयाणां तत्तदेकदेशे व्यवस्थापने शक्तः। अतएवैकपुत्रादीनां पित्रादिधनस्वाम्ये विभागशब्दाप्रयोगो दायोऽनेन लब्ध इत्येव च प्रयोगः। यत्रापि चैकं दासीगवादि बहुसाधारणं तत्रापि तत्तत्कालविशेष-नियतदास्यदोहनादिना तस्य तस्य स्वत्वव्यञ्जनादस्त्येकदेशस्वाम्यव्यवस्थापनरूपो वि-भागशब्दार्थः। अतएव। एकां स्त्रीं कारयेत् कर्म्म यथांशेन गृहे गृहे इति। उद्धृत्य कूपवाप्यम्भस्त्वनुसारेण गृह्यते इति। युक्त्या विभजनीयं तदन्यथानर्थकम्भवेदिति। च वृहस्पत्यादिवचनेषु वक्ष्यमाणरीत्या तदुपपादयिष्यते।

5. स च दायो द्विविधोऽप्रतिबन्धः सप्रतिबन्धश्च। पुत्रादीनां पित्रादिधने पुत्रत्वादिनैव सत्यपि स्वामिनि पित्रादौ जन्मनैव स्वत्वोत्पत्तेः स तेषामप्रतिबन्धो दायः। स्वामिसद्भावस्याप्रतिबन्धकत्वात्। यस्तु विभक्तस्यासंसृष्टिनोऽपुत्रस्य मृतस्य पितृ-भ्रात्रादीनां तद्धनरूपो दायः स सप्रतिबन्धः। स्वामिसद्भावस्य प्रतिबन्धकस्यापगमएव तत्र स्वत्वोत्पत्तेः।

6. ननु सर्वोऽपि सप्रतिबन्धएव दायः। स्वामिसद्भावे पुत्रादीनामपि जन्म-मात्रेण स्वत्वस्य वक्तुमशक्यत्वात्।

तथा हि। यदि जन्मनैव पुत्रादीनां पित्रादिधने स्वत्वं स्यात् तर्ह्युत्पन्नमात्रस्य पुत्रादेस्तत् साधारणमिति तदनुमतिं विना द्रव्यसाध्येष्वाधानादिषु पित्रादीनामनधि-कारापत्तौ जातपुत्रः कृष्णकेशोऽग्नीनादधीतेति श्रुतिविरोधः।

7. किञ्च। विभागात् प्राक् पित्रादिप्रसादलब्धस्याविभाज्यत्ववचनं व्यर्थं स्यात्। तद्धि पित्रा पुत्रान्तरानुमत्या यदि दत्तं सर्व्वैरेव दत्तमिति विभागप्राप्त्यभावा-देव प्रतिषेधोऽनर्थकः। अननुमत्या तु साधारणद्रव्यस्य दानमेव न सम्भवतीति पित्रादिप्रीतिदत्तत्वादिवाचो युक्तिरयुक्ता।

8. एवं पुत्राद्यनुमतिमन्तरेण स्त्र्यादीनामपि भर्त्रादिभिः प्रीतिदानस्यासम्भ-वात् तदनुमतौ तु तैरपि दत्तत्वात्। भर्त्रा प्रीतेन यद्दत्तं स्त्रियै तस्मिन् मृतेऽपि तत्। सा यथाकाममश्नीयाद्दद्याद्वा स्थावरादृते इति॥ वचने यथाकाममश्नीयाद्दद्याद्वेत्यने-नाविभाज्यत्वं भर्तृप्रीतिलब्धस्य यदभिहितं तदपि व्यर्थम्। न चेदमविभागावस्थायां प्रीतिदानं तस्य चाविभाज्यत्वं न प्रतिपादयति किन्तु स्थावरादृते यद्दत्तमित्यन्वया-द्विभागोत्तरमपि भर्त्रा स्त्रियै स्थावरं न प्रीत्या देयमज्ञानाद्दत्तमपि तेन पुत्रादिभि-रपहृत्य विभजनीयमस्थावरन्तु न प्रत्याहर्त्तव्यमित्यनुवादमात्रम्। स्थावरस्य स्त्रियै प्रीतिदानप्रतिषेधमात्रं तात्पर्य्येण बोधयतीति शङ्कनीयम्। तथान्वयस्य व्यवहितयोजना प्रसङ्गेनायुक्तत्वात्। स्थावरप्रीतिदानप्रतिषेधमात्रतात्पर्य्यकत्वेऽन्यांशस्यानुवादमात्रं व्यर्थ-त्वापरपर्य्यायस्यापद्यते।

9. अथ। मणिमुक्ताप्रवालानां सर्वस्यैव पिता प्रभुः। स्थावरस्य तु सर्वस्य न पिता न पितामहः॥ तथा। पितृप्रसादाद्भुज्यन्ते वस्त्राण्याभरणानि च। स्थावरन्तु न भुज्येत प्रसादे सति पैतृक इति॥ वचनमवश्यं विभागप्राक्कालीनस्थावरप्रसाद-दानप्रतिषेधपरं वाच्यं मणिमुक्तादिप्रसाददानानुमतिपुरःसरं तत्प्रतिषेधाभिधानात्। अन्यथा तस्यानुवादमात्रत्वेन वैयर्थ्यापत्तेः। तथा च जन्मना पुत्रादीनां स्वत्वान्मणि-मुक्तादिषु तदनुमतिमन्तरेणापि दाने पितुः स्वातन्त्र्यम्। स्थावरे तु तदनुमत्यैवेति विशेष इति वचनद्वयार्थस्य वाच्यत्वाज्जन्मना स्वत्वमायातीति। मैवम्। तस्य पितामहो-पात्तस्थावरविषयत्वात्। अतीते पितामहे तत्स्वाम्यनाशात्पितापुत्रयोः साधारणे तदी-यद्रव्यस्वत्वेऽपि स्थावर एव पुत्रानुमत्यपेक्षा मणिमुक्तादौ तु नेति तदर्थात्।

10. यत्तु गौतमवचनं उत्पत्त्यैवार्थस्वामित्वं लभते इत्याचार्य्या इति। जन्मनः स्वत्वहेतुत्वे मिताक्षराकृता प्रमाणत्वेनोपन्यस्तं तद्दायभागतत्त्वकृता व्याख्यातमेव। पितृस्वत्वोपरमे तज्जन्यत्वस्य हेतुभूतेनोत्पत्तिमात्रसम्बन्धेनान्यसम्बन्धाधिकेन जनकधने पुत्राणां स्वामित्वात्तद्धनं पुत्रो लभते नान्यः सम्बन्धीत्याचार्य्या मन्यन्त इति। न तु पितृस्वत्वे विद्यमानेऽपि तत्र पुत्रस्वत्वमिति तदर्थः। नारददेवलवचनविरोधात्। पितर्य्यूर्द्ध्वं गते पुत्रा विभजेयुर्धनम्पितुरिति नारदः पितुर्धनमित्याह अन्यथा धनं विभजेयुरित्येवावक्ष्यत्। पितर्य्युपरते पुत्रा विभजेयुर्धनम्पितुः। अस्वाम्यं हि भवेदेषां निर्दोषे पितरि स्थिते, इति॥ देवलोऽपि पितुर्धनमित्युक्त्वोत्तरार्द्धेनास्वाम्यं हीति स्पष्टमेव तेषामस्वत्वं तत्र हेतुत्वेनोक्तवान्। निर्दोषे पातित्यादिस्वत्वापगमकदोष-रहिते। मनुरपि। ऊर्द्ध्वं पितुश्च मातुश्च समेत्य भ्रातरः समम्। भजेरन् पैतृकं रिक्थ-मनीशास्ते हि जीवतोरिति॥ जीवतोर्मातापित्रोस्तद्धने पुत्राणामस्वाम्यं व्यक्तमेवाह।

11. यत्तु शङ्खलिखितावाहतुः। न जीवति पितरि पुत्रा रिक्थम्भजेरन्। यद्यपि स्वाम्यम्पश्चादधिगतन्तैरनर्हा एव पुत्रा अर्थधर्म्मयोरस्वातन्त्र्यादिति॥ स्मृति-चन्द्रिकाकारेण च व्याख्यातम्। यद्यपि तैः पुत्रैः स्वकीयजन्मनः पश्चादनन्तरमेव पितृधने स्वाम्यमधिगतं प्राप्तं तथापि जीवति पितरि तद्धनं तदिच्छां विना न विभजे-रन्नर्थधर्मयोरस्वातन्त्र्यात् पितृपारतन्त्र्यादिभागकरणेऽनर्हाः पुत्रा इति। तेनानेन वचनेन जन्मना पुत्रादीनां पित्रादिस्वामिकधने स्वत्वमिति तदपि न। मन्वादि-वचनानां बहूनामस्वाम्यप्रतिपादकानामनुरोधेनास्यान्यथावर्णनीयत्वात्। वर्णितञ्च कल्पतरौ। यद्यपि पश्चादधिगतं पितृधनव्यापारनिरपेक्षैः पुत्रैर्विद्यादिभिरुपात्ते धने स्वाम्यं तथापि तत्राप्यस्वाम्यञ्जीवति पितरि किमुत पितृधने अर्थधर्म्मयोस्तेषां पितरि जीवत्यस्वातन्त्र्यादिति।

12. किञ्च। स्वत्वं शास्त्रैकसमधिगम्यं तत्र च रिक्थक्रयादिवज्जन्मनः स्वत्व-हेतुत्वेनानुक्तेर्जन्मना स्वत्वमप्रमाणकमेव। अतएव यथा भार्य्यादिवचनम्। भार्य्या पुत्रश्च दासश्च त्रयएवाधनाः स्मृताः। यत्ते समधिगच्छन्ति यस्य ते तस्य तद्धनमिति॥ पारतन्त्र्यमात्रप्रतिपादनपरं तथाऽस्वाम्यवचनान्यपीत्यपास्तम्। भार्य्यादिष्वध्ययनादिव-

धनैः कर्त्तनादिनाचार्यकत्वेन स्वामित्वे सिद्धे युक्तमस्वातन्त्र्यमात्रपरत्वमन्यथा पुत्रादिषु धनसाध्येषु पुराणादिश्रुतं तेषामधिकारित्वमपि विरुध्येत। अत्र तु प्रत्युत जन्मनः स्वत्वहेतुत्वे प्रमाणाभावाद्व्यर्थमेवान्यथानेकवचनवर्णनम्।

13. किञ्च यदि स्वत्वं लौकिकं स्यात्तर्हि तदुपायानामपि लौकिकत्वात् स्वामी रिक्थक्रयसम्बिभागपरिग्रहाधिगमेषु ब्राह्मणस्याधिकं लब्धं क्षत्रियस्य विजितं निर्विष्टं वैश्यशूद्रयोरिति गौतमवचनं व्यर्थमेव स्यादनुवादमात्रत्वान्न हि पाकादोदनो भवतीत्यादिशास्त्रं निष्प्रयोजनमनुवादमात्रमुच्यते।

तस्य हि वचनस्यायमर्थः। रिक्थं दायः। क्रयः प्रसिद्धः। सम्बिभागो दायस्यैवैकदेशनिष्ठस्वामित्वव्यञ्जको विभागः। परिग्रहः पूर्वमपरेणास्वीकृतस्यारण्यादिसाधारणप्रदेशसम्बन्धिनस्तृणजलकाष्ठादेः स्वीकारः। अधिगमोऽज्ञातस्वामिकस्य निध्यादेः प्राप्तिः। एतेषु स्वत्वहेतुषु सत्सु स्वामी भवति। जातेषु च जायते। ब्राह्मणस्य लब्धं प्रतिग्रहादिप्राप्तमधिकमसाधारणं रिक्थादयस्तु सर्वसाधारणाः। अधिकमित्युत्तरत्र सर्वत्र सम्बध्यते। क्षत्रियस्य विजितं युद्धविजयदण्डादिप्राप्तमसाधारणम्। वैश्यस्य निर्विष्टं कृषिगोरक्षणादिभृतिलब्धम्। शूद्रस्य द्विजशुश्रूषादिभृतिलब्धम्। निर्पूर्वस्य विशेर्भृतिवाचकत्वम्। निर्वेशो भृतिभोगयोरिति त्रिकाण्डाभिधानात्। वैश्यशूद्रग्रहणस्योपलक्षणत्वादन्येषामप्यनुलोमजप्रतिलोमजातानां सूतानामश्वसारथ्यमित्याद्यौशनसादिप्रतिपादितं वृत्तिजातं निर्विष्टशब्देन संगृह्यते। सर्वस्य भृतिरूपत्वात्।

14. किञ्च योऽदत्तादायिनो हस्ताल्लिप्सेत ब्राह्मणो धनम्। याजनाध्यापनेनापि यथा स्तेनस्तथैव सः॥ इत्यदत्तादायिनश्चौरस्य हस्ताद्याजनादिस्ववृत्त्यापि धनमर्ज्जयतो दण्डविधानमनुपपन्नं स्वत्वस्य लौकिकत्वे। स्ववृत्त्यार्ज्जयतो निरपराधत्वात्।

मन्मते तु शास्त्रैकसमधिगम्यत्वात् स्वत्वस्य चौरदातृकयाजनादावेतद्वचनादेव स्वत्वानुत्पादकत्वात्तद्विधानमुपपन्नतरम्।

15. अपि च मम स्वमनेनापहृतमिति व्यपदेशो न स्यात् स्वत्वस्य लौकिकत्वे। अपहर्त्तुरेव तत्र स्वत्वात्।

मन्मते त्वपहारस्य निषिद्धत्वेन स्वत्वानुत्पादकत्वादुपपन्नोऽयं व्यपदेशः।

16. यदि च सुवर्णत्वादिकमिव तत्र स्वत्वमपि प्रत्यक्षप्रमाणकं तर्हि सुवर्णत्वादौ यथा न सन्देहस्तथास्य स्वमिदमस्य वेत्यपि सन्देहो न स्यान्निर्णीतत्वात्। इदमेवोक्तं संग्रहकारेण। वर्त्तते यस्य यद्धस्ते तस्य स्वामी स एव न। अन्यस्वमन्यद्धस्तेषु चौर्य्याद्यैः किं न दृश्यते। तस्माच्छास्त्रत एव स्यात् स्वाम्यं नानुभवादपि। अस्यापहृतमेतेन न युक्तं वक्तुमन्यथा। विदितोऽर्थागमः शास्त्रे तथाऽवर्णि पृथक् पृथगिति॥ शास्त्रे स्वामी रिक्थक्रयेत्यादौ साधारणासाधारणरूपोऽर्थागमः स्वत्वोपायः पृथक् पृथग्वर्णितस्तथा विदितो लौकिकत्वे तच्छास्त्रानर्थक्यं स्यादित्यर्थः। अन्यत् स्पष्टम्। यथावर्णमिति स्मृतिचन्द्रिकायां पाठः। पूर्व्वपाठस्तु मदनरत्नलिखितः।

17. अथ यद्यस्य यथेष्टं विनियोज्यं तत्तस्य स्वमिति लोकप्रसिद्धेर्यथेष्टविनियोज्यत्वं स्वत्वमिति चौर्य्याद्यर्ज्जिते नातिप्रसङ्गस्तत्र चौरादेर्यथेष्टविनियोज्यत्वाभावाद्विनियोगकाले त्रासादिदर्शनात्। अतएव सन्देहोऽप्युपपन्नः सुवर्णत्वादितुल्यत्वाभावात् स्वत्वस्य। मैवम्।

असम्भवात्। शास्त्रेण सर्वस्य कुटुम्बभरणादौ विनियोगविशेषनियमादैच्छिकविनियोगविषयत्वस्य कुत्राप्यप्रसिद्धेः। तदप्याह संग्रहकारः शङ्कोपन्यासपुरःसरम्। न च स्वमुच्यते यद्यत् स्वेच्छया विनियुज्यते। विनियोगोऽस्य सर्वस्य शास्त्रेणैव नियम्यते इति॥ अत्र पूर्वार्द्धे शङ्कोपन्यास उत्तरार्द्धे तत्परिहारः।

18. न च रिक्थादिवदुत्पत्त्यैवार्थस्वामित्वमिति गौतमवचन उत्पत्तेरपि जन्मापरपर्य्यायायाः स्वत्वहेतुत्वोक्तेः सत्यपि स्वत्वस्य तदुपायानाञ्च शास्त्रैकसमधिगम्यत्वे जन्मना पुत्रादेः पित्रादिधने स्वत्वमक्षतमेवेति वाच्यम्।

तस्यानेकदूषणैरन्यथाव्याख्यानस्य प्रागेवोक्तत्वात्। इदमेवाभिसन्धाय धारेश्वरेणापि शास्त्रैकसमधिगम्यमेव स्वत्वमिति सिद्धान्तितम्।

19. अपि च। जीवत्यपि पित्रादौ पुत्रादेस्तद्धने जन्मना स्वत्वे तदनिच्छायामपि पुत्रादीच्छयैव विभागः स्यात्। अस्वातन्त्र्यवचनान्नैवमिति चेत् न। तथा सति दृष्टादृष्टविरोधमात्रं भवेद्व्यवहारस्तु सिद्ध्येदेव। यथा पित्रादिभिः सह पुत्रादिभिश्चतुष्पाद्व्यवहारे प्रवर्त्त्यमाने तेषां दृष्टादृष्टयोः श्रेयोविघातमात्रं गुरोः शिष्ये पितुः पुत्र इत्यादिवचनार्थ इति प्राक्प्रपञ्चितं तथात्रापि स्यात्। अस्त्विति चेन्न सकलनिबन्धविरोधात्।

20. क्वचिज्जन्मनैवेति प्राचीनग्रन्थलिखनमपि जन्मनिबन्धनत्वात्पितापुत्रादिसम्बन्धस्य पितृमरणस्य च तत्स्वत्वापगमहेतुत्वेन परम्परया वर्णनीयम्।

21. किञ्च। ऊर्द्ध्वं पितुश्चेत्यादि मनुवचनं जन्मना पुत्राणां स्वत्वपक्षे जीवति पितरि सत्यपि पुत्राणां स्वाम्ये तदिच्छया विना तद्विभाग ऊर्द्ध्वन्तु स्वेच्छयेति विभागनिषेधार्थं प्रागिति वाच्यं तच्चान्याय्यं अस्वार्थपरत्वापत्तेः। न च पितुरुपरमकालविधानार्थं विभागविधानार्थं चेति युक्तम्। दृष्टार्थत्वाद्विभागस्योभयस्याप्यनुपपत्तेः। नापि नियमविधिर्विभागस्य एवं सह वसेयुर्वा पृथग् वा धर्मकाम्यया इति मनुना विकल्पाभिधानात्। कालविधौ च पितुरुपरमानन्तरकाल एव विभागो नैमित्तिकस्य निमित्तानन्तर्य्यवाधोऽयं स्यात्। जातेष्टिवज्जातप्राणवियोगापत्तिस्वरूपविशेषविरोधस्यात्राभावात्।

22. अतो जीवतोः पित्रोस्तद्धने स्वाम्यं नास्ति किन्तूपरतयोस्तयोरिति तत्कालीनस्वत्वज्ञापनार्थं मन्वादिवचनं विभागस्तु स्वातन्त्र्यात्तत्कालीन इच्छाप्राप्तोऽनूद्यते। तथा चैतद्वचनविरोधादपि न जन्मना स्वत्वं वक्तुं शक्यम्। उपरमवत्पतितत्वादिकमपि पित्रादिस्वत्वनाशकारणं वक्ष्यते।

तस्मात् पित्रादिस्वत्वनाश एव तद्धने पुत्रादीनां स्वाम्यं न तत्स्वत्वसमकालीनमिति

स्वाम्यादिसद्भावस्य सर्वत्र प्रतिबन्धकत्वात् सर्वोऽपि सप्रतिबन्ध एव दाय इति द्वैविध्यमनुपपन्नमिति।

23. अत्रोच्यते। यदि पित्रादिस्वत्वापगम एव पुत्रादीनां तद्धने स्वत्वं तर्हि निर्दोषे पित्रादौ जीवति तेषां धनसाध्यवैदिककर्मस्वनधिकारप्रसङ्गे जातपुत्रः कृष्णकेशोऽग्नीनादधीतेत्यादिश्रुतिविरोधस्तुल्यः। न तु स्वकपोलकल्पितहेत्वाभाससमर्थितस्मृत्यर्थानुरोधेन श्रुतिसङ्कोचो युक्तः। आहिताग्निविष्टप्रथमयज्ञे पित्रादौ जीवत्यपि पुत्रादीन् प्रति तत्प्रवृत्त्यविप्रतिषेधात्। सकलयाज्ञिकशिष्टानां तदनुष्ठानदर्शनाच्च। जातपुत्रकृष्णकेशपदाभ्यां वयोऽवस्थानतिक्रमस्यैव विवक्षा न तु तयोरर्थस्थितयोः स्वरूपेणेति विरोधाधिकरणे भाष्यवार्त्तिकादौ स्थितत्वात्। न च यथा पुत्रानुमत्या पितुर्भवन्मते तदधिकारस्तथा मन्मतेऽपि पुत्रादीनामपि पित्राद्यनुमत्येति वाच्यम्। यतो द्वयोरपि मते पितुः स्वत्वस्य धने विद्यमानत्वात् स्वत्वत्यागरूपप्रधाननिष्पत्तिरविहता भवन्मते तु पुत्रादीनां स्वत्वस्यैवाभावादनुमतेश्च स्वत्वाजनकत्वाद्यागादिप्रधाननिष्पत्तिरेव कथम्। वस्तुतस्तु पितुः पुत्रानुमतिरपि नापेक्षिता स्वातन्त्र्यात्। पित्राद्यनुमतिस्तु पुत्रादेरपेक्षिता पारतन्त्र्यादित्येतावान्विशेषो यथा स्त्रियाः स्वधनेनापीष्टापूर्त्तादिव्रतादौ भर्त्रादेरनुमतिस्तत्पारतन्त्र्यवचनात्। अननुमतौ तु स्वतन्त्रः प्रत्यवायो वैगुण्यं वा कर्मणि न तु प्रधानस्वरूपानिष्पत्तिः। पित्राद्यनुमतेः स्वत्वोत्पादकत्वञ्चैतदनुरोधात् कल्प्यमानमलौकिकमशास्त्रीयञ्च। तस्माच्छास्त्रैकसमधिगम्येऽपि स्वत्वे कथञ्चिज्जन्मनोऽपि रिक्थादिवचनादधिगमादिपदेन संग्रह आवश्यकः श्रुतिस्मृतिपुराणशिष्टाचारसिद्धस्य निर्दोषे जीवत्यपि पित्रादौ पुत्रादियज्ञाद्यनुष्ठानाधिकारस्यानुरोधात्। वस्तुतस्तु लौकिकमेव स्वत्वं लोके च जातमात्राणामेव पुत्रादीनां पित्रादिधने स्वाम्यव्यवहारोऽन्येषामपीति साधयिष्यामः।

24. यच्च पित्रादीनामनुमत्ययोग्यपुत्रादिसाधारणस्वत्वे कथमनुमतिमन्तरेणाधानादिकं स्यादित्युक्तं तदनुमतियोग्येष्वपि पुत्रादिषु स्वातन्त्र्यात् पित्रादीनां न तदनुमत्यपेक्षा किमुतानुमत्ययोग्येष्विति परिहृतप्रायमेव। तद्विधिबलादेवाधिकारोऽवगम्यत इति तु विज्ञानेश्वराचार्य्यः।

25. अतश्चोत्पत्त्यैवार्थस्वामित्वमिति गौतमवचनस्य यज्जीमूतवाहनरघुनन्दनाभ्यां पारम्परिकोत्पत्तिस्वत्वहेतुत्वेन व्याख्यानं कृतं तदपि व्यर्थमेव।

26. यत्तु शङ्खवचनं तस्यापि स्मृतिचन्द्रिकोक्तव्याख्यैव साधीयसी। कल्पतरूक्तव्याख्यायान्तु विद्याद्युपात्ताध्याहारेऽनुपस्थितभूयःपदाध्याहारः प्रसज्येत। जन्मपदाध्याहारस्तु पुत्रत्वाद्याक्षेपोपस्थितेरल्पाध्याहाराच्च नायुक्तः।

27. तेन श्रुत्युपष्टब्धस्मृत्यनुरोधान्मनुनारददेवलादिवचनानामेवास्वातन्त्र्यपरत्ववर्णनमुचिततरम्।

28. यदप्युक्तं प्रीतिदत्तस्याविभाज्यत्ववचनानि जन्मना स्वत्वाभ्युपगमेऽनुपपन्नानीति। तदपि न। अनुमत्यभिप्रायेण स्थावरप्रीतिदानाभावस्थिरीकरणार्थतयोपपत्तेः।

स्वातन्त्र्याद्वा पितुरनुमतिमन्तरेणापि तेन दत्ते स्थावरव्यतिरिक्ते पुत्राणामविभाज्यत्वमुच्यते।

29. अतएव स्थावरे विशेषवचनम्। स्थावरं द्विपदञ्चैव यद्यपि स्वयमर्जितम्। असम्भूय सुतान् सर्वान् न दानं न च विक्रय इति॥ मणिमुक्ताप्रबालानामित्यादिवचनन्तु जन्मना स्वत्वपक्षएवोपपन्नतरम्। न च पितामहोपात्तस्थावरमात्रविषयत्वमिति युक्तम्। न पिता न पितामह इति द्वयग्रहणात्। पितामहस्य हि स्वार्जितमपि पुत्रे पौत्रे च सत्यपि न देयमिति वचनं जन्मना स्वत्वङ्गमयति। यथा परमते मणिमुक्ताप्रबालादीनां पैतामहानामपि पितुरेव स्वत्वं तत् स्मरणात् तथास्मिन् मतेऽपि पुत्रादीनां तत्र जन्मना स्वत्वे साधारणेऽपि पितुर्दानाधिकार इत्यविशेषः।

30. तस्मात् पैतृके पैतामहे च द्रव्ये पुत्रादीनां यद्यपि जन्मनैव स्वत्वं। तथापि पितुरावश्यकेषु धर्म्मकृत्येषु वाचनिकेषु च प्रसाददानकुटुम्बभरणापद्विमोक्षादिषु च स्थावरव्यतिरिक्तद्रव्यविनियोगे स्वातन्त्र्यमिति ध्येयम्। स्थावरादौ तु स्वार्ज्जिते पित्रादिपरम्पराप्राप्ते च पुत्रादिपारतन्त्र्यं तुल्यमेव। स्थावरं द्विपदञ्चैव यद्यपि स्वयमर्ज्जितम्। असम्भूय सुतान् सर्वान् न दानं न च विक्रयः॥ ये जाता येऽप्यजातास्च ये च गर्भे व्यवस्थिताः। वृत्तिञ्च तेऽभिकाङ्क्षन्ति न दानं न च विक्रयः॥ इत्यादिवचनात्। अस्याप्यपवादो वक्ष्यते।

31. यच्च स्वत्वस्य शास्त्रैकसमधिगम्यत्वाच्छास्त्रे च जन्मनः क्वापि स्वत्वहेतुतानाभिधानात्। कथं जन्मना पुत्रादीनां पित्रादिधने स्वत्वस्वीकार इत्युक्तम्। तत्तु शास्त्रैकसमधिगम्यत्वमभ्युपेत्यापि गौतमादिवचन उत्पत्तेरपि स्वत्वोपायत्वोक्तेः परिहृतमेव प्राक्।

32. वस्तुतस्तु न स्वत्वस्य शास्त्रैकसमधिगम्यत्वं युक्तियुक्तम्। सर्वथा शास्त्रज्ञानगन्धरहितानां प्रत्यन्तवासिनां म्लेच्छादीनामपि समस्तमिदमन्यस्य स्वमिति व्यपदेशस्तन्मूलतस्च क्रयविक्रयादिव्यवहारो दृश्यते। तेनान्वयव्यतिरेकाभ्यां क्रयाद्युपायकं स्वामित्वनिरूपितस्वत्वमपि तैर्यथेष्टविनियोगार्हत्वरूपं पदार्थान्तररूपं वा प्रत्यक्षादिप्रमाणादेवावगतमित्यवश्यं वाच्यम्।

33. एतत्तर्कोपष्टब्धोऽनुमानवाक्यप्रयोगोऽपि विज्ञानयोगिनोक्तः। स्वत्वं लौकिकं लौकिकार्थक्रियासाधनत्वाद् व्रीह्यादिवदित्यन्वयदृष्टान्तः। आहवनीयादीनां हि शास्त्रैकसमधिगम्यानां न लौकिकार्थक्रियासाधनत्वमस्तीति व्यतिरेकदृष्टान्तः। तेनान्वयव्यतिरेकी हेतुः। यद्यप्याहवनीयादीनामपि यागादिलौकिकक्रियासाधनत्वमप्यस्ति। तथापि तल्लोकप्रमाणकामग्न्यादिरूपेण नालौकिकाहवनीयादिरूपेणेति न व्यभिचारः। इह तु सुवर्णादिरूपेण न क्रयादिसाधनत्वमपि तु स्वत्वेनैवेति। सुवर्णत्वादिनाऽऽभरणाद्यर्थक्रियासाधनत्वात् तद्यथा लौकिकं रूपमेवं स्वत्वमपि सर्वानुगतं लौकिकमेव न ह्यस्वेन क्रयादिक्रियानिर्वाहो लोके।

34. न चैवं स्वामी रिक्थेत्यादिस्मृतीनां लोकसिद्धार्थानुवादकत्वेनानर्थक्या-

पत्तिरिति वाच्यम्। धर्माधर्मापयोगितया व्याकरणस्मृतावनादिवाचकत्वतदभावरूपसाधुत्वासाधुत्वविवेकस्यैव तस्योपपत्तेः। साधुशब्दाधिकरणे ह्येतदवस्थितं यत्सङ्कीर्णव्यवहारिणां लोकानामविविक्तं लौकिकमेव साधुत्वं शास्त्रेण विविच्यते न त्वलौकिकं साधुत्वं। साधुभिर्भाषेत इत्यादिविधावन्योन्याश्रयप्रसङ्गादित्यादि। एवमत्रापि।

35. तथा च नयविवेके भवनाथः। लोकसिद्धस्वार्ज्जनं जन्मादि अतएवानिन्द्यं प्रथमलोकधीविषयव्यवस्थितं तन्निबन्धनार्था स्मृतिर्व्याकरणादिस्मृतिवदिति। जन्मादीत्यादिपदेन क्रयादिग्रहणम्। व्याकरणादीत्यादिपदेन सङ्गीतरत्नपरीक्षासामुद्रिकाणां ग्रहणम्। रागादीनामपि हि लोकसिद्धानामेवानभियुक्तान् प्रति विवेकार्थमेव तल्लक्षणकथनमित्युक्तं स्मृत्यधिकरणे आचार्य्यचरणैः।

36. स्वामी रिक्थेत्यादिवचनन्तु प्रागेव व्याख्यातम्। रिक्थशब्दस्तु निष्प्रतिबन्धदायपरः संविभागशब्दश्च सप्रतिबन्धदायपर इति मिताक्षरायां विज्ञानेश्वरेण व्याख्यातम्। स्मृतिचन्द्रिकाकृता तु रिक्थं पित्रादिधने पुत्रादीनां स्वामित्वापादकं जन्मैवेति व्याख्याय संविभागः पित्रादिधने विशेषनिष्ठस्वामित्वसम्पादको विभाग इति संविभागशब्दो व्याख्यातः। तन्न स्वस्य सतो विभागात् स्वत्वहेतुत्वेन तत्प्रतिपादनानौचित्यात्। एकदेशव्यवस्थापनमात्रं हि स्वत्वस्य विभागेन क्रियते। मुख्यामुख्यहेतुत्वग्रहणे स्वामिपदे वैरूप्यापत्तेः। अतएवाह मिताक्षरायां विज्ञानेश्वराचार्य्यः। विभागशब्दस्यानेकस्वामिकधनविषयः प्रसिद्धो नान्यदीयविषयो न प्रक्षीणविषय इति। लोके पुत्रादीनां जन्मनैव स्वत्वं प्रसिद्धतरमिति च।

37. यदपि पत्नी दुहितरश्चेत्यादिवचनं तदपि स्वामिसम्बन्धनिबन्धनानेकदायहरप्राप्तौ लोकप्रसिद्धेऽपि स्वत्वे व्यामोहनिरासार्थम्। प्रायेण व्यवहारस्मृतीनां लोकसिद्धार्थानुवादकत्वमिति सकलनिबन्धृभिरभिधानात्।

38. नियतौपायिकं स्वत्वं लोकसिद्धमेवेति भगवतो गुरोरपि सम्मतम्। लिप्सानये हि तृतीये वर्णके द्रव्यार्ज्जननियमानां क्रत्वर्थत्वे स्वत्वमेव न स्यात् स्वत्वस्यालौकिकत्वादिति पूर्वपक्षासम्भवमाशङ्क्य द्रव्यार्ज्जनप्रतिग्रहादीनां स्वत्वसाधनत्वं लोकसिद्धमेवेति पूर्वपक्षः समर्थितस्तेन। न च द्रव्यार्जनस्य क्रत्वर्थत्वे स्वमेव न भवतीति याग एव न संवर्त्तेत। प्रलपितमिदं केनापि। अर्जनं स्वत्वं नापादयतीति विप्रतिषिद्धम् इति ग्रन्थेन।

अस्यार्थष्टीकाकृता विवृत एवम्। यदा द्रव्यार्जननियमानां क्रत्वर्थत्वं तदानियमानां स्वत्वोपायतामिदं शास्त्रं न बोधयति। क्रत्वर्थताबोधने व्यापृतत्वात्। तथा सति प्रतिग्रहादिप्राप्तस्य स्वत्वमित्यत्र प्रमाणाभावादस्वेन च स्वत्यागात्मकयागासम्भवात् कस्येदम् द्रव्यार्जननियमा भवेयुरिति पूर्वपक्षासम्भव इति शङ्कार्थः। प्रलपितमित्याद्युत्तरस्यार्थः। अर्जनप्रतिग्रहादेः स्वत्वहेतुताया लोकसिद्धत्वेन शास्त्रस्य तत्राव्यापारान्नियमानां क्रत्वर्थतैव तेन गम्यत इति न यागासम्भवो नियमानर्थक्यञ्चेति।

सिद्धान्तेऽपि तेन स्वत्वस्य लौकिकत्वाभ्युपगमेनैव विचारप्रयोजनमुक्तम्। अतो नियमातिक्रमः पुरुषस्य न क्रतोरिति। अस्याप्यर्थ एवं विवृतः। यदा द्रव्यार्जननियमानां क्रत्वर्थत्वं तदा नियमार्जितेनैव क्रतुर्न नियमातिक्रमार्जितेन द्रव्येण। न तु पुरुषस्य नियमातिक्रमदोषः पूर्वपक्षे। सिद्धान्ते त्वर्जननियमस्य क्रत्वर्थत्वाभावात् केवलपुरुषार्थत्वादतिक्रमार्जितेनापि द्रव्येण क्रतुसिद्धिरप्रत्यूहा। पुरुषस्यैव तु नियमातिक्रमदोष इति। अनेन नियमातिक्रमार्जितस्यापि स्वत्वमभ्युपगतमन्यथा क्रतुसिद्ध्यभिधानविरोधात्।

39. तत्रैवाधिकरणे कुमारिलस्वामिनोऽप्यत्रभवतः स्वत्वं लौकिकमित्येवाभिमतमिति। तत्रत्यवार्त्तिकं तन्त्ररत्नाभियोगभाजां सुलभमेव।

40. अतएवाह शास्त्रदीपिकायां पार्थसारथिः रागप्राप्तेस्तावदर्जनं न शास्त्रीयम्। रागतश्च पुरुषार्थतया प्राप्तिः प्रत्यक्षेणैवार्जितं द्रव्यं पुरुषं प्रीणयत् पुरुषार्थं विज्ञायते न तदनुमानेन क्रत्वेकशेषतया शक्यं विज्ञातुम्। तस्मात् पुरुषार्थं द्रव्यं क्रतुरपि पुरुषकार्य्याणामन्यतम इति कार्य्यान्तरवत् क्रतावप्युपयुज्यत इत्येतावान् विशेषः। न तु तस्यैवाङ्गं तथा सति जीवनलोपात् क्रतुरेव न संवर्त्तेतेति प्रघट्टकेन। अत्रार्जनस्य शास्त्रीयत्वं निरस्यता स्वत्वस्य तदुपायानाञ्च लोकसिद्धत्वं स्पष्टतरमेवोक्तम्। अन्यदपि तेनैवोक्तम्। तस्मात् पुरुषार्थं द्रव्यार्जनमेवञ्च दृष्टार्थं भवति। नियमस्तु दृष्टाभावात् काममदृष्टार्थः स्यात्। अदृष्टमपि पुरुषार्थार्जनविषयत्वात् नियमस्य पुरुषगतमेव कल्प्यते। तेनासावुपायान्तरेणार्जयन् प्रत्यवैतीति गम्यत इति।

41. ततश्च स्वामी रिक्थेत्यादिवचसां लौकिकमेव रिक्थादीनां स्वत्वोपायत्वमनूद्य तदतिरिक्तोपायनिवृत्तौ तात्पर्य्यं नियमविधयेति नानर्थक्यशङ्कापि। तृप्तिसाधनभोजनाश्रितदिङ्नियमवत्। द्रव्यार्जनमेव क्रत्वर्थपुरुषार्थत्वविचारोदाहरणं नियमस्तु पूर्वपक्षयुक्तितयोपन्यस्तः। स एव तत्रोदाहरणमित्येव भट्टगुरुमतयो र्भेदः। स्वत्वस्य लौकिकत्वं तूभयसम्मतमिति निष्कर्षः। तत्तद्दूषणभूषणादि तु तन्त्राभियोगवतामाकरे एव व्यक्तं प्रस्तुतानुपयोगादिह नोच्यते।

42. एतेन चौर्य्यादिप्राप्तस्यापि स्वत्वं स्यादिति यत् संग्रहकारधारेश्वराभ्यां स्वत्वस्य लौकिकत्वे दूषणमभिहितं तदपि परास्तम्। चौर्य्यादिषु स्वत्वोपायत्वस्य लोकएवाप्रसिद्धेरन्यस्य स्वमिदं नास्येत्येवं व्यवहारात्। क्रयाद्युपायसन्देहादेव स्वत्वसन्देहोऽपीदमस्य वास्य वेत्याकारको नानुपपन्नः। मम स्वमनेनापहृतमिति न ब्रूयादपहर्त्तुरेव स्वत्वादिति च यत् स्वत्वस्य लौकिकत्वे दूषणमभिहितं तदप्येतेनालूनविशीर्णम्।

43. यच्चोक्तं संग्रहकृता। शास्त्रेण सर्वस्य तत्र विनियोगनियन्त्रणाद्यथेष्टविनियोज्यत्वरूपस्वत्वासम्भवः। इच्छया क्वापि नियोगासम्भवादिति। तदप्यापाततः। नहि वयमैच्छिकविनियोगोपहितत्वं ब्रूमोऽपि तु तदर्हत्वमात्रम्। अन्यथा राजादिभयादिच्छाप्रतीघातेऽपि तन्न स्याद्विनियोगेच्छानिच्छादशयोश्च स्वत्वतदभावौ विरुद्धौ

प्रसज्येयाताम्। राजादिनियन्तृत्वादिव शास्त्रनियन्तृत्वादन्यत्रैच्छिकविनियोगाभावेऽपि तदर्हत्वस्यानपायात्। अतएव दुर्वृत्तेनाशास्त्रीयविनियोगेऽप्यस्वव्यवहारो नास्ति। प्रत्यवायमात्रपरं शास्त्रातिक्रमात्। तदर्हता च तदर्जितत्वप्रयुक्तास्त्येव। तथा च नयविवेकेऽप्युक्तम्। तच्च तस्य तदर्हं यद्येनार्जितमिति। तदर्हं यथेष्टविनियोगार्हमित्यर्थः। प्रतिबन्धादङ्कुरमजनयतोऽपि कुसूलस्य वीजस्य वीजत्वप्रयुक्तमङ्कुरोत्पादनार्हत्वमिव। वस्तुतस्तु वीजत्वाङ्कुरार्हत्वयोरिव स्वत्वयथेष्टविनियोगार्हत्वयोरपि भेद एव। अन्यथार्हतावच्छेदिकापरिचयेऽर्हताया दुर्निरूपत्वात्। तेन ब्राह्मण्यमिव स्वत्वमपि तदुपायज्ञानव्यङ्ग्यं पदार्थान्तरमेवोत्पत्तिविनाशशालि। ब्राह्मण्यन्तु जातिरूपं नित्यमित्येतावान् परम्भेदः। इदञ्चाकरे व्यक्तं लीलावत्यादौ च।

44. अत्र मिताक्षरायां स्वत्वलौकिकालौकिकत्वविचारप्रयोजनमुक्तं। शास्त्रैकसमधिगम्ये स्वत्वे। मनुः। यद्गर्हितेनार्जयन्ति कर्मणा ब्राह्मणा धनम्। तस्योत्सर्गेण शुद्ध्यन्ति जपेन तपसैव च॥ इत्यादिस्मरणादसत्प्रतिग्रहादि यस्य यदर्जनोपायत्वेन निषिद्धं तदर्जिते तस्य स्वत्वाभावाच्चौर्याद्यर्जितवत्तत्पुत्राणामपि तदविभाज्यमेव। लौकिकत्वे तु स्वत्वस्य तदर्जितेऽपि पितुः स्वत्वात् तत्पुत्राणां पितृधनत्वेन तद्विभाज्यम्। अर्जयितुरेव प्रतिषेधातिक्रमनिमित्तप्रत्यवायात् प्रायश्चित्तम्। तत्पुत्रादीनान्तु दायरूपधर्म्योपायतस्तत्स्वमिति न प्रायश्चित्तमपि। सप्तवित्तागमा धर्म्या दायो लाभः क्रयो जयः। प्रयोगः कर्मयोगश्च सत्प्रतिग्रह एव वा॥ इति मनुस्मरणात्। प्रयोगो वृद्ध्यर्थं द्रव्यप्रयोगः। कर्मयोग आर्त्विज्यादिकरणम्। तत्र दायादीनां त्रयाणां वर्णचतुष्टयसाधारण्येन जयस्य क्षत्त्रियं प्रति प्रयोगस्य स्वयंकृतस्य वैश्यं शूद्रञ्च प्रति धर्म्यत्वम्। अस्वयंकृतस्यापदि च स्वयंकृतस्यापि सर्वान् प्रति। कर्मयोगस्य तु विप्रं प्रत्येवेति विशेष इति।

45. अत्र मदनरत्नकारो दूषणमाह। स्वत्वस्य शास्त्रैकसमधिगम्यत्वेऽप्यसत्प्रतिग्रहादिनिषेधो न स्वत्वानुत्पादकतां तेषां वदन्ति। किन्तु प्रत्यवायमात्रहेतुताम्। इतरथा। आपद्गतः सम्प्रगृह्णन् भुञ्जानो वा यतस्ततः। न लिप्येतैनसा विप्रो ज्वलनार्कसमो हि सः॥ कुसीदं कृषिवाणिज्यं प्रकुर्वीतास्वयङ्कृतम्। आपत्काले स्वयं कुर्व्वन्नैनसा युज्यते द्विजः॥ इति वचनैरेनसा न युज्यत इत्यभिधानेनापदि प्रत्यवायाभावावगमेनापदि प्रत्यवायस्यैवावगमात्। प्रतिषेधप्रतिप्रसवयोः समानविषयत्वौचित्यात्। अतएवानापदि तद्द्रव्यपरित्यागपूर्वकं जपतपोरूपं प्रायश्चित्तमेव विदधाति। न चौर्यादिवन्नाजदण्डमपि किञ्चिद्वचनमसत्प्रतिग्रहादौ। तेनासत्प्रतिग्रहादेः पूर्वपक्षसिद्धान्तयोर्द्वयोरपि तेषां स्वत्वोत्पादकत्वाविशेषात्तदर्जितस्य पुत्रादिविभाज्यत्वमपि तुल्यमिति नैतत्प्रयोजनं विचारस्यास्य युक्तमिति।

46. अत्र वदामः। शास्त्रैकसमधिगम्यस्वत्ववादिनो मते यथा चौर्यादिनिषेधस्य स्वत्वानुत्पादकत्वदण्डप्रयोजकत्वप्रायश्चित्तार्हताप्रयोजकत्वपरता तथाऽसत्प्रतिग्रहादिनिषेधस्याप्यस्तु। यथा चापदुपाधिना। तथैव सप्तमे भक्ते भक्तानि षडनश्नता।

अश्वस्तनविधानेन हर्त्तव्यं हीनकर्म्मणः॥ आख्यातव्यश्च तत्तस्मै पृच्छते यदि पृच्छतीत्यादिप्रतिप्रसवबलाच्चौर्य्ये तन्निमित्ततयाभावस्तथाऽसत्प्रतिग्रहादेरप्यस्तु। अन्यथोभयत्रापि ततः पञ्चमहायज्ञाद्यनिष्पत्तिप्रसङ्गः। शास्त्रीयत्वे स्वत्वस्याप्रसक्तचौर्य्योपायकत्वनिषेधः कथमिति चेत्। अधिगमान्तर्भावेन कथञ्चित्तत्प्रसक्तेस्तेनावश्यवक्तव्यत्वात्। अपरथा प्रतिषेधानुपपत्तेः। शास्त्रप्राप्तप्रतिषेधे च विकल्पापत्तिभिया दीक्षितो न जुहोतीत्यादिवद्भाष्यकारमतेन पर्य्युदासत्वं सामान्यविशेषभावेन विशेषनिषेधसामान्यविध्योर्वाध्यबाधकभावोऽपि वा मतान्तरेणेत्यपि स्वीकार्य्यमेवागत्या। प्रतिग्रहादेस्तु प्रसक्तिर्ब्राह्मणादेरस्त्येवेत्यापत्तदभावोपाधिकौ प्रतिप्रसवप्रतिषेधावप्युपपन्नतरौ। तर्ह्यसत्प्रतिग्रहस्वयंकृतवाणिज्यादावनापदि ब्राह्मणस्य राजदण्डोऽपि स्यादिति चेन्न इष्टापत्तेः। न हि स्वधर्म्मत्यागिनो राजदण्डाभावः कस्यापि सम्मतः। स च क्वचित् सामान्यरूपेणोक्त एव गृह्यते क्वचिद्विशेषाम्नात इत्यन्यदेव तत्। अत एवालौकिकस्वत्ववादिन इदमप्यपरदूषणम्। चौर्य्यादिनिषेधस्य त्रितयप्रयोजकतागौरवम्। पर्य्युदासत्वादिस्वीकारगौरवञ्च लौकिकस्वत्ववादिनस्तु दण्डप्रत्यवायमात्रपरत्वम्। तेषां स्वत्वानुपायत्वस्य लोकसिद्धत्वादिति रागप्राप्तनिषेधे पर्य्युदासादिस्वीकारानापत्तिश्चेति लाघवमिति। तस्माच्छास्त्रैकसमधिगम्ये स्वत्वेऽसत्प्रतिग्रहादेस्तदनुपायत्वात्तदर्जिते पितुः स्वत्वाभावः स्यादेवेत्यापागवचौर्य्याद्यर्जितपितृधनाविभागवदसत्प्रतिग्रहाद्यर्जितस्याप्यविभाज्यत्वम्। लौकिके तु तस्मिन् लोके तेषामपि तदुपायत्वात् सिद्धं तद्विभाज्यत्वमिति मिताक्षरोक्तं साध्वेव प्रयोजनम्। इदञ्चोपलक्षणम्। पूर्वपक्षे चौर्य्याद्यर्जितपितृधनस्वीकारे यथा पुत्रादीनामपि दण्डप्रायश्चित्तं भवत्येव तथाऽसत्प्रतिग्रहाद्यर्जिततद्ग्रहणेऽपीत्यपि प्रयोजनमवसेयं अर्जयितुरेव प्रायश्चित्तमित्यभिधानेनोचितत्वात्।

47. इदन्त्विह विचार्य्यम्। स्वत्वस्य लौकिकत्वे चौर्य्यस्य लोके तदनुपायत्वे सिद्धे षड्भक्तानशनाद्यापदि यच्चौर्य्यमनुमतं तेन चोरिते स्वत्वमुत्पद्यते न वा। नाद्यः लोकेऽनुपायत्वेनावधारितात्तदुत्पत्तेरभ्युपगन्तुमशक्यत्वात्। न हि प्रत्यक्षविरुद्धं शास्त्रसहस्रेणापि जलादेर्दधिजनकत्वादि बोध्यते। न द्वितीयः अस्वेन पञ्चमहायज्ञादिप्रधानानिष्पत्तेः। न च क्षुत्प्रतिघातमात्रमेव तेन क्रियतां नान्यदलौकिकमिति वाच्यम्। शिष्टाचारविरोधात् न हि शिष्टाः पञ्च महायज्ञाद्यकृत्वा तदुपयुञ्जते। यदन्नः पुरुषो लोके तदन्नास्तस्य देवता इति स्मरणाच्च। अत एव विश्वामित्रस्य। श्वजायनीं श्वपचगृहात् हृत्वेन्द्रादिदेवोद्देशेन त्यक्त्वा भोक्ष्यामीति मनसिकृत्य यदा यथादेवतां तद्भागांस्त्यक्तुं प्रवृत्तस्तदा तुष्टैरिन्द्रादिभिर्वृष्टिः सृष्टा शस्यञ्च तत्क्षणमेव प्रभूतमभूदित्याख्यायिका पुराणेषु स्मर्य्यते। शास्त्रैकसमधिगम्ये तु स्वत्वे यथाशास्त्रञ्चौर्य्यादेरपि स्वत्वोत्पादकत्वतदभावौ न विरुद्धौ। लौकिकस्वत्वतदुपायवादिनस्तूभयतः पाशारज्जुरियमिति।

48. अत्र प्रतिविदध्यः। यद्यपि चौर्य्यस्य स्वत्वोत्पादकत्वं न लोकसिद्धं तथाप्यनेनैव सप्तमभक्ताशनकाले षड्भक्तानशिनोऽस्य विधानाद् गम्यते। स्वत्वमात्रस्य हि

शास्त्रीयत्वं विरुद्धमतज्ज्ञानानां क्रयादिस्वत्वसाध्यव्यवहारानुपपत्तेः। अतश्चौर्य्यनिषेधो दण्डपापमात्रबोधकएव। चौर्य्यस्य स्वत्वोत्पादकत्वाप्रसक्तेर्न तदभावपरः। यथा ब्राह्मण्यस्य सर्वत्र प्रत्यक्षत्वेऽपि जात्युत्कर्षस्थले शास्त्रीयत्वमेव। पुरुषेयत्तानियमस्य शास्त्रैकगम्यत्वात्। यथाऽऽहुराचार्य्याः। एतावन्मात्रन्त्विहागमिकं प्रत्येतव्यम्। न ह्ययं पुरुषेयत्तानियमो लोकप्रमाणगम्य इति। तत्रापि तावत् पुरुषपरम्पराजन्यव्यक्तौ ब्राह्मण्यमभिव्यज्यत इति व्यङ्ग्यव्यञ्जकभावएव परं शास्त्रीयः शास्त्रीयव्यञ्जकज्ञानवतस्ता-दृशव्यक्तौ ब्राह्मण्यप्रत्यक्षमेव। व्यक्तिप्रत्यक्षप्रमुखजातिप्रत्यक्षसामग्रीसम्भारादित्यपि वदन्ति। इह तु चौर्य्यमात्रस्यैव स्वत्वानुत्पादकत्वग्रहात्तादृशस्य तस्य स्वत्वोत्पादकतैव शास्त्रेण बोध्यते। न च प्रत्यक्षविरोधः न हि प्रत्यक्षविरुद्धं शास्त्रसहस्रेणापि बोधयितुं शक्यमिति वाच्यम्। न ह्यनुत्पादकत्वमपि लोकात्। तादृशेन व्यवहाराभावादन्वयव्यति-रेकगम्या स्वत्वस्य चौर्य्योपायकता नावगम्यत इत्येतावत्। तथा च पुत्रेष्ट्यादीनां लोकानवगतपुत्रादिजनकता यथा शास्त्रादवगम्यते तेषां दृष्टोपायान्तरजन्यतायामपि तथेहाप्यस्तु। स्वर्गाहवनीयादीनामलौकिकमात्ररूपाणां दृष्टोपायाभावोऽप्यधिक इत्य-न्यदेतत्। प्रतिबन्धकप्रतिबद्धदाहादिजनकता यथोत्तेजकमन्त्राणामथर्वादिशास्त्रगम्या-ऽलोकप्रमाणगम्यत्वात् उत्तेजकतायाश्च प्रतिबन्धकप्रतिबद्धकार्य्यजनकतातिरिक्ताया अनिर्वाच्यत्वात्। शक्तिनाशतदुत्पत्तिकल्पनायामतिगौरवात्।

49. यत्तु जन्मना स्वत्वं निराकुर्वता जीमूतवाहनेन। क्वचिज्जन्मनैवेति जन्म-निबन्धनत्वात् पितापुत्रस्य सम्बन्धस्य पितृमरणस्य च कारणत्वात्परम्परया वर्णनमिति प्राचीनलिखनाभिप्रायमुक्त्वा कथमुत्पादनरूपेण पितृगतव्यापारेण पुत्रस्वत्वोत्पत्तिरि-त्याशङ्क्योक्तं अन्यव्यापारेणाप्यन्यस्य स्वत्वमविरुद्धं शास्त्रमूलकत्वादस्य। दृष्टञ्च लोकेऽपि दाने हि चेतनोद्देश्यकत्यागादेव दातृव्यापारात् सम्प्रदानस्य द्रव्ये स्वामित्वम्। न च स्वीकरणात् स्वत्वं स्वीकर्त्तुरेव दातृत्वापत्तेः। परस्वत्वापत्तिफलेन हि दानरूपता तच्च फलं सम्प्रदानाधीनम्। यथा हि देवतोद्देशेन त्यागं कुर्वन्नपि यजमानो न होता किन्तु तस्यैव यागस्य होमाभिधाननिमित्तभूतं प्रक्षेपं कुर्वन् ऋत्विगेव होतेत्युच्यते तद्वदत्रापि स्यात्। किञ्च। मनसा पात्रमुद्दिश्येत्यादिशास्त्रे स्वीकारात् प्रागेव दानपदं दृष्टम्। ननु ग्रहणं स्वीकारः। अभूततद्भावे च्विप्रयोगादस्वं स्वं कुर्वन् व्यापारः स्वीकारो भवति कथन्ततः प्रागेव स्वत्वम्। उच्यते। उत्पन्नमपि स्वत्वं सम्प्रदानव्यापारेण ममेदमिति ज्ञानेन यथेष्टव्यवहारार्हं क्रियते इति स्वीकारशब्दार्थः। याजनाध्यापनसाहचर्य्याच्च प्रतिग्रहस्य स्वत्वमजनयतोऽप्यर्जनरूपता न विरुद्धा। याजनादौ दक्षिणादानादेव स्वत्वात्। पितृनिधनकालीनं जीवनमेव वा पुत्रस्यार्जनं भविष्यति। किञ्च। भ्रात्रादि-धने तन्मरणात्तन्मरणकालीनजीवनाद्वा भ्रात्रन्तरादेः स्वत्वमकामेनापि वाच्यं तद्वदि-हाप्यस्त्विति।

50. तदेतदुत्तानमतिविलसितम्। तथा हि शास्त्रमूलत्वादस्येति तावत् स्वत्वस्य लौकिकत्वसाधनादेव निराकृतम्। यदपि दृष्टञ्च लोकेऽपीत्यादि तदप्यापात-

सुन्दरम्। न हि प्रतिग्रहीतर्य्यस्वीकुर्वत्यपि तस्य स्वत्वमुत्पद्यते। पात्रविशेषोद्देशेन त्यागे तेनास्वीकृतेऽपि तत् स्वत्वोत्पत्तौ परस्मै तस्य प्रतिपादनासम्भवप्रसङ्गात्। यदपि स्वीकर्त्तुरेव दातृत्वापत्तेरिति तदप्ययुक्तम्। परस्वत्वापत्तिफलकव्यापारस्य दानत्वात् सम्प्रदानस्वीकारानुकूलानुमानादिव्यापारस्य दानपदार्थत्वात् तत्फलोपहितता तु तस्य सम्प्रदानस्वीकारमन्तरेण न सम्भवतीति सम्प्रदानव्यापारस्तद्घटकः। न तु सएव दानशब्दार्थः। यदपि यथा हीत्यादि तदपि न। यजमानकर्त्तृकाग्निहोत्रहोमादौ तदविरोधात्। यत्रापि दर्शपूर्णमासादौ त्यागमात्रं यजमानेन क्रियते। चरुहवत्तस्य प्रक्षेपोऽध्वर्य्वादिभिस्तत्रापि विविक्तकर्त्तृकत्वाद्यथास्वं तद्व्यवहाराविरोधात्। अत्यक्तस्य प्रक्षेपे परं होमशब्दवाच्यता नास्ति। स तु त्यागः स्वकर्त्तृकोऽन्यकर्त्तृको वाऽवच्छेदकोऽस्तु न तावता कश्चिद्दोषः। अतएव यागस्य न प्रक्षेपापेक्ष आत्मलाभो होमस्य तु तदपेक्षएव। दानस्य तु प्रतिग्रहीतृव्यापारसापेक्षतैव। तदभावे दानपदार्थानिष्पत्तेः।

यच्च किञ्चेत्यादि। तदपि यत्किञ्चित्। उत्सर्गस्यैव तत्र विधानात् न तु दानस्य। अतएव दाता तत्फलमाप्नोतीत्युक्तमन्यथा तस्यानुवादत्वापत्तेः। दानत्वेहितस्य तत्फलाभावाप्रसक्तेस्तु तत्फलमाप्नोतीति व्यर्थमेव स्यात्। अतस्तत्र जलप्रक्षेपरूपः पात्रोद्देश्यकमुत्सर्गएव ददातिना विवक्षितो दानत्वनिष्पत्तिस्तु तस्य सम्प्रदानकर्त्तृकस्वीकारे सत्येवेति परमार्थः। अतएवोत्सृजे इत्येव तत्र सङ्कल्पवाक्यं शिष्टानां न तु दास्ये इति सम्प्रददे इति वा। अतः प्रतिग्रहादेव दानस्य फलेऽपि सम्प्रदानस्य स्वत्वमिति प्रतिग्रहस्यार्जनरूपत्वमविरुद्धम्। स्वत्वजनको हि व्यापारोऽर्जनशब्दार्थः। अतएवाह प्रभाकरः। प्रलपितमिदं केनापि। अर्जनं स्वत्वं नापादयतीति विप्रतिसिद्धमिति। अथास्य ग्रन्थः प्रागेव विवृतः। किञ्च। प्रतिग्रहस्य ममेदमितिज्ञानरूपस्य दातृव्यापारमात्रोत्पन्नस्वत्वव्यवहारार्थतामात्रसम्पादकतायामर्जनशब्दस्य तत्र गौणता स्यात्। अन्यस्मै तत्प्रतिपादनानुपपत्तिश्च पूर्वमुक्ता। तदस्वीकारे प्रागुत्पन्नतत्स्वत्वनाशश्च कल्प्यः स्यात्। न च दातृव्यापारात् तत्स्वत्वनाशात् साधारणसम्प्रदानस्वत्वोत्पत्तिरवश्याभ्युपेया त्वयापि। अपरथैतत्स्वत्वनाशेऽन्यस्य च स्वत्वानुत्पत्तेर्मध्यकस्य तस्य परिग्रहादिनाऽन्यस्य यस्य कस्यापि वनगतास्वामिकतृणकाष्ठादाविव तत्र स्वत्वं स्यात् परिपालनाप्रसक्तिश्च। तथा मन्मतेऽपि पात्रविशेषोद्देश्यकत्यागे पात्रविशेषस्योत्पन्नमपि स्वत्वं तदस्वीकारे नश्यत्यन्यस्य स्वीकारात्तस्योत्पद्यत इति न कोऽपि विरोधः साधारणस्वत्वविनाशासाधारणस्वत्वोत्पत्तिरिवेति वाच्यम्। यतस्तत्र साधारणस्वत्वव्यवहाराभावेन तदुत्पत्तिरप्रमाणिका नैव स्वीक्रियते गौरवाच्च। किन्तु दातुरेव यथेष्टविनियोगार्हस्वत्वापगमेऽपि परस्वत्वापत्तिफलाभावे दानशब्दार्थानिष्पत्तेर्विधिशिरस्कफलार्थिनः प्रतिपादनावधि परिपालनीयत्वरूपं स्वत्वमस्त्येव। यथाहुते हविषि भस्मसाद्भावावधि अस्पृश्यस्पर्शादिनिषेधाश्रयणनिमित्तदोषश्रवणानुरोधेन। तथा चान्यस्वत्वानुत्पत्तावपि न मध्यकत्वपरिग्रहाद्यनिवारणादिदोषः। शिष्टाचारोऽप्युभयत्रपरिपालनरूपस्तन्मूलकएव। न चोत्सर्गमात्रस्य तत्र त्वया विध्यभ्युपगमात्परस्वत्वापादनादरएव

न स्यादिति वाच्यम्। तादृशोत्सर्गस्यैव विधितात्पर्य्यविषयत्वात्। होमस्थलेऽप्यन्यथा भस्मसाद्भावानादरापत्तेः।

यच्च याजनाध्यापनसाहचर्य्यात्प्रतिग्रहस्यापि स्वत्वाजनकत्वेऽपि गौणमेवार्जनत्वमिति। तदप्यबोधात्। तत्र हि ये ये द्विजप्रभृतीनां भागास्तेषां तेषां तेभ्यो भृतिरूपेणैव दक्षिणाकाले प्रतिपादनम्। परिक्रयव्यवहारोऽप्यतएव स्वामिकर्म्मपरिक्रय इति जैमिनिसूत्रादौ विस्तरेण निर्णीतएव विस्तरन्तु तत्रैव द्रष्टव्यम्। कर्म्मकरानतिजनिका भृतिरेव हि परिक्रयः। एवमध्यापनेऽपि शिष्योऽध्यापकायाध्यापनभृतिमेव तत्सन्तोषजननीमध्ययनान्तेऽर्पयन्ति। नियतभृतिकरणे तु भृतकाध्यापनमुपपातकम्। अतएव याजनाध्यापनयोः प्रतिग्रहाद् भृतिशब्दवाच्यनिर्वेशाच्च पृथगभिधानमुभयमिश्रितत्वात्। तेन तयोरपि मुख्यमेवार्जनत्वम्। दक्षिणात्वव्यवहारोऽप्यतएव ऋत्विगध्यापकदेये।

यदपि भ्रात्रादिधने भ्रात्रन्तरादिस्वत्वोत्पादकत्वं तन्निधनस्य तत्कालीनभ्रात्रन्तरादिजीवनस्य वा क्लृप्तमिति पुत्रादावपि पित्रादिनिधनं तत्कालीनं जीवनं वा स्वत्वोत्पादकमस्तु न त्वक्लृप्तं पुत्रादिजन्मैवेत्युक्तम्। तदपि जन्मनोऽपि स्वत्वोत्पादकत्वस्यावश्यकत्वोपपादनादेव परिहृतम्।

51. यच्चोक्तमूर्द्ध्वम्पितुश्चेत्यादि मनुवचनमपि जन्मनः स्वत्वापादकत्वे न घटते। प्राग्विभागनिषेधार्थत्वे तस्यास्वार्थपरत्वापत्तेः विभागदृष्टार्थत्वेन तद्विधानकालविधानयोरसम्भवात्। विभागस्य पक्षप्राप्तस्य नियमार्थत्वे सहवासविधिविरोधाद्यापत्तेः। तस्मात् पितरि सति मातरि च सत्यां तद्धनस्वाम्याभाव उपरतयोरेव तयोः पुत्रादेस्तद्धनस्वाम्यमिति प्रतिपादनार्थमेव तद्वाच्यमिति।

52. तदप्युक्तानाभिधानम्। अस्वार्थविधानापत्तेस्तुल्यत्वात्। प्रागस्वातन्त्र्येण कालविधिपरत्वे बाधकाभावात्। इच्छाप्राप्तकालानुवादेऽपि व्यवहारशास्त्रत्वेनाविरोधात्।

एतेन जातेष्विवज्ञातप्राणवियोगापत्तिस्वरूपविशेषविरोधादिनिमित्तानन्तर्य्यबाधकाभावात् पितुपरमानन्तरक्षणएव विभागः प्रसज्येतेत्यप्यपास्तम्। कालविधानेन पितुपरमस्य निमित्तत्वाबोधनाच्च। अन्यथा निमित्ते सति नैमित्तिकस्यावश्यकत्वात्पित्रोरूर्द्ध्वं विभागकरणे प्रत्यवायोऽपि प्रसज्येत। पतितत्वपारिव्राज्ययोः पितृस्वत्वनाशेऽप्यधिकः जन्मना स्वत्वं तुल्यमेव। पातित्ये तु प्रायश्चित्तानाचरणएव स्वत्वनाशो विभागानर्हता च। अन्यथा द्रव्यसाध्यप्रायश्चित्तमपि पित्रोः स्वद्रव्येण न स्यात्।

अतएव मातुर्निवृत्तेरजसीत्याद्यपि कालविधिपरमेव। न तु पातित्यादिवत्तत्र स्वत्वाभावः। स तु लोकतएव विभागनिषेधाच्च भ्रात्रादाविवेत्यादि वक्ष्यते।

53. किञ्च। तदेवं पितृस्वत्वापगमएकः कालः अपरस्त्वनपगतएव पितृस्वाम्ये पितुरिच्छयेति कालद्वयमित्युक्त्वा मध्ये मिताक्षरोक्तं विभागकालत्रयं दूषयित्वा। तस्मात् पतितत्वनिस्पृहत्वोपरमैः पितृस्वत्वापगम एकः कालः अपरस्तु सति स्वत्वे

तदिच्छात इति कालद्वयमेव युक्तमित्युपसंहरता जीमूतवाहनेनैव पितृस्वत्वानपगमेऽपि पुत्राणां विभागो हीनकृतः। तत्र पुत्राणाम्पितृधने स्वत्वोत्पादः कथम्। कथञ्च जीवतोः पित्रोरस्वाम्यप्रतिपादकवचनैः सह न विरोधः। अस्वस्य विभागासम्भवात् कथं तेषां विभागः। पितृस्वत्वापगमएवोर्द्धं पितुस्त्वेत्यनेन विवक्षितोऽतएव मृतपदं परित्यज्योर्द्धमित्युक्तम् पितृस्वत्वापगमोर्द्धमित्यर्थः पितृस्वत्वापगमश्च तन्निधनादिवत्तस्य पतितत्वनिस्पृहत्वाभ्यामपीत्यादि स्वग्रन्थे पूर्वापरविरोधश्च न कथम्।

अत्राप्युपरतस्पृहत्वादिना पुत्राणां स्वत्वम्पितृधने भवतीति ज्ञापनादयमेकः काल इति उक्तम्। तत्राप्युपरतस्पृहत्वादिनेत्यनेन पितृस्वत्वापगमएव यदि विवक्षितस्तर्ह्यनपगते पितृस्वत्वे तदिच्छाऽपरः काल इत्यभिधानविरुद्धम्।

पितृस्वत्वापगमकालीनपुत्रादिजीवनस्यैवार्जनस्य तदीयस्य स्वीकारात् पितृस्वत्वे सति पुत्राणां तद्धने स्वत्वस्वीकारः कथम्। न ह्यनाश्रमित्वमातृरजोनिवृत्तिमात्रेण पितुः स्वत्वापगमः पूर्वद्रव्यस्वामिसम्बन्धाधीनं तत्स्वाम्योपरमे यत्र द्रव्ये स्वत्वं तत्र निरूढो दायशब्द इति स्वोक्तदायशब्दार्थाभावात् पितृस्वत्वानपगमे यत्र विभागस्तत्र दायशब्दप्रयोगोऽपि दुःस्थ इत्यादिबहुव्याकुली स्यात्।

54. जन्मना स्वत्वस्वीकारे तु सर्वमनाकुलमित्यादि सुधीभिरुन्नेयम्। अतएव मिताक्षरादौ पूर्वस्वामिसम्बन्धाधीनं यद्धनं तत्र स्वत्वमन्यस्य तदेव दायशब्दवाच्यमित्युक्तं न तु पूर्वस्वाम्योपरमोऽपि तत्र प्रवेशितः। तत्सिद्धं द्विविधो दाय इति।

मिताक्षरोक्तविभागकालत्रयसमर्थनन्तु तत्प्रस्तावे प्रपञ्चयिष्याम इत्यलम्प्रसक्तानुप्रसक्तविचारेणेति।

55. यच्च जीमूतवाहनेनैव। मिताक्षरोक्तम् विभागो नाम द्रव्यसमुदायविषयाणामनेकस्वाम्यानां तदेकदेशेषु व्यवस्थापनमिति विभागशब्दार्थः। न च सम्बन्धाविशेषात् सर्वेषां सर्वधनोत्पन्नस्य स्वत्वस्य द्रव्यविशेषे व्यवस्थापनं विभाग इति वाच्यमित्याशङ्क्य सम्बन्ध्यन्तरसद्भावप्रतिपक्षस्य सम्बन्धस्यावयवेष्वेव विभागव्यङ्ग्यस्वत्वापादकत्वात्। कृत्स्नपितृधनगतस्वत्वोत्पादविनाशकल्पनागौरवात्। यथेष्टविनियोगफलाभावेनानुपयोगाच्चेति दूषयित्वा उच्यते। एकदेशोपात्तस्यैव भूहिरण्यादावुत्पन्नस्य स्वत्वस्य विनिगमनाप्रमाणाभावेन वैशेषिकव्यवहारानर्हतया अव्यवस्थितस्य गुटिकापातादिना व्यञ्जनं विभागः। विशेषेण भजनं स्वत्वज्ञापनं वा विभाग इति व्युत्पत्त्येत्युक्तम्।

56. तद्दायतत्त्वकृतोपन्यस्य दूषितम्। यत्रास्य स्वत्वं तत्रैव गुटिकापात इति कथं वचनाभावान्निश्चेतव्यम्।

यत्र हि पितुर्निधनानन्तरं तदीयाश्वयोरेकमारुह्य भ्रात्रा यदर्जितं तत्रार्जकस्य द्वौ भागावपरस्यैकः सर्वसम्मतः। तत्र यदि प्राचीनधनविभागकाले गुटिकापातादर्जकेन सएवाश्वः पश्चाल्लब्धस्तदा प्रादेशिकस्वत्ववादिमते प्रागर्ज्जकस्यैव सोऽश्वइति तेनार्जितधने कथं भ्रात्रन्तरस्य विभागः। तत्रैवास्वत्वेन तदुत्पन्ने सुतरां स्वत्वाभावादश्वस्य

चाविभाज्यत्वात्। यदि वार्जकेतरेण सोऽंशो लब्धस्तदा तेनार्जितधनस्य समभागएव युक्तः। एकस्य स्वायासेनापरस्याप्यायासेनार्जकत्वादिति दूषिते।

वस्तुतस्तु सम्बन्धाविशेषात् सर्वसम्बन्धिनां सर्वधनोत्पन्नस्य स्वत्वस्य गुटिकापातादिना प्रादेशिकव्यवस्थापनं विभागः।

एवं कृत्स्नधनगतस्वत्वोत्पादविनाशावप्यगत्या कल्प्येते। संसृष्टतायां प्रादेशिकस्वत्वोत्पादकृत्स्नधनस्वत्वोत्पादविनाशाविव।

तत्र, विभक्तो यः पुनः पित्रा भ्रात्रावैकत्र संस्थितः। पितृव्येणाथवा प्रीत्या स तु संसृष्ट उच्यते॥ इति बृहस्पतिवचने येषामेव हि पितृभ्रातृपितृव्यादीनां पितृपितामहोपार्जितद्रव्येणाविभक्तं स्वत्वमुत्पत्तितः सम्भवति। तएव विभक्ताः सन्तः पुनः परस्परप्रीत्या पूर्वकृतविभागध्वंसे। यत्तव धनं तन्ममापि यन्मम धनं तत्तवापीत्येकस्मिन् कार्य एकगृहित्वरूपतया स्थितास्ते संसृष्टाः। न त्वनेकरूपाणां धनसंसर्गमात्रेण सम्भूयकारिणां वणिजामपि संसर्गित्वम्। नापि विभक्तानां द्रव्यसंसर्गमात्रेण। प्रीतिपूर्वकताद्दृगभिसन्धिं विनेत्यभिदधता दायभागकृतापि स्वहस्तितम्।

साधारणस्वत्वादेव हि बन्धूनामविभक्तानां भोगं नैव प्रदापयेत्। इति कात्यायनवचनं यथा श्रुतमेव सङ्गच्छते। यावद्भुक्तधनमात्रे स्वस्वत्वस्यापि सत्वात्। अतएवात्र परस्परस्य चौर्यमपि नापद्यन्ते।

एवञ्च। साक्षित्वप्रातिभाव्यञ्च दानं ग्रहणमेव च। विभक्ता भ्रातरः कुर्युर्नाविभक्ताः परस्परम्॥ इति नारदवचने परस्परनिरूपितदानादिनिषेधोऽपि न्यायमूलकएव। दानादेः पूर्वमपि देयादौ प्रतिग्रहीत्रादेः स्वत्वसत्वाद्दानप्रतिग्रहादेरसम्भवात्।

अविभक्तत्वादेव चाविभक्तद्रव्येण यत्कृतं दृष्टादृष्टार्थं कर्म तत्र सर्वेषां फलभागित्वम्। तथा च नारदः। भ्रातॄणामविभक्तानामेको धर्मः प्रवर्त्तते। विभागे सति धर्मोऽपि भवेत्तेषां पृथक् पृथक्॥

व्यासोऽपि। स्थावरस्य समस्तस्य गोत्रसाधारणस्य च। नैकः कुर्यात् क्रयं दानं परस्परमतं विना॥ अत्र समस्तस्येति विशेषणोपादानात् कृत्स्नधनगतमेव प्रत्येकस्वत्वं क्रीयते।

तस्मात् तुल्यधनसम्बन्ध्यन्तरसत्वेन सम्बन्धिसकाशात् संक्रान्तं धनं तस्यापि ममापीति सम्बन्धिना प्रतीयते तद्विमतौ दानादिकं प्रतिषिद्धं स्वार्थम्।

अतो नैकदेशगतं स्वत्वमिति।

57. इदञ्च द्रव्यसमुदायविषयाणामनेकस्वाम्यानामेकदेशे व्यवस्थापनं विभाग इति वदतो मिताक्षराकृतोऽप्यभिमतमिति लक्ष्यते।

इदन्त्विह विचार्यम्। द्रव्यसमुदायनिरूपितं स्वामिगतं स्वाम्यम्। स्वामिनिरूपितञ्च द्रव्यसमुदाये स्वत्वं व्यासज्यवृत्ति प्रत्येकवृत्ति वा। नाद्यः। एकैकस्वामित्वस्वत्वाश्रयनाशे तन्नाशस्यावशिष्टसमुदायगततदुत्पत्तेश्च कल्पनायामतिगौरवापत्तेः प्रत्येकस्य प्रत्येकद्रव्ये दानक्रयादियथेष्टविनियोगानर्हत्वापत्तौ व्यवहारविसम्वादापत्तेश्च।

न द्वितीयः विभागे सति तावतान्नाशोत्पादकल्पनापत्तेः। स्वस्य सतो विभागो न तु विभागात् स्वत्वमिति ग्रन्थविरोधाच्च।

अत्र ब्रूमः। प्रत्येकवृत्तीनि सम्बन्धाविशेषात् स्वाम्यानि च सन्त्येव। परस्परविभागागते परस्परस्यान्यान्यदीयद्रव्ये तानि नश्यन्ति परमरणापरिव्रज्यादिनेवेति न काप्यनुपपत्तिः। व्यवस्थापनमपीदमेव अन्यथैकदेश उत्पादनमित्येव वदेत्। अतएव विनाशमात्रकल्पना न तु स्वत्वान्तरोत्पादकल्पना। जीमूतवाहनमते च कुत्र वास्तवं मम स्वत्वमिति विभागात् प्रागनिरूपणात्तदधीनश्रौतस्मार्त्तलौकिककर्म्मोच्छेदः। अनुमत्या विभागोत्तरकालतया परस्परद्रव्ये परस्परस्वत्वान्तरोत्पत्तिस्वीकारे तदुत्पादविनाशकल्पनागौरवं यत् त्वया मिताक्षराकृते प्रत्यापादितं ततोऽपि तवाधिकमापन्नम्। व्यवहारानुपयोगेन समुदायस्वत्वस्य निष्प्रयोजनता त्वयोपन्यस्ता साप्येकदेशगतस्वत्वाभ्युपगमे तुल्यैवेति कृतमतिदूरं गत्वा।

CHAPTER II.

PART I.

1. अथ विभागकालकर्तृनिरूपणम्। तत्र मनुः। ऊर्द्धं पितुश्च मातुश्च समेत्य भ्रातरः समम्। भजेरन् पैतृकं रिक्थमनीशास्ते हि जीवतोः॥ पैतृकं पित्रोः सम्बन्धि प्रागुभयोपादानात्। अतएव पितुरूर्द्धमिति पितृधनविभागकालः। मातुरूर्द्धमिति मातृधनविभागकालोऽभिहितः। चशब्दस्तु कालान्तरसमुच्चयार्थः न तु द्वयोरूर्द्धमिति नियमार्थः। पितृधनविभागे मातृजीवनस्याप्रतिबन्धकत्वात्। मातृधनविभागे पितृजीवनस्य।

तथा चाह संग्रहकारः। पितृद्रव्यविभागः स्याज्जीवन्त्यामपि मातरि। न स्वतन्त्रतया स्वाम्यं यस्मान्मातुः पतिं विना॥ मातृद्रव्यविभागोऽपि तथा पितरि जीवति। सत्स्वपत्येषु यस्मान्न स्त्रीधनस्य पतिः पतिरिति॥ पत्युरभावेऽपि पुत्रेषु सत्सु यतो मातुस्तद्धने स्वातन्त्र्येण स्वाम्यं नास्त्यतस्तस्यां जीवन्त्यामपि पितृधनविभागो युक्तः। यतश्चापत्येषु सत्सु भार्याधने पत्युः स्वाम्याभावस्ततस्तस्मिन् जीवत्यपि पुत्राणां मातृधनविभागाधिकार इति भावः।

अतस्थानीशास्ते हि जीवतोरित्यपि तत्तद्धने व्यवस्थया अस्वातन्त्र्यप्रतिपादकं न स्वस्वत्वप्रतिपादकं जन्मना स्वत्वस्य पुत्राणां पितृधने व्यवस्थापनात्।

याज्ञवल्क्यः। विभागश्चेत् पिता कुर्य्यात् स्वेच्छया विभजेत् सुतान्। ज्येष्ठं वा श्रेष्ठभागेन सर्वे वा स्युः समांशिनः॥ अत्रेच्छया पिता सुतान् विभजेदिति वदन् जीवत्यपि पितरि पितुरिच्छा यदा सोऽपि विभागकाल इति सूचयति। तदा च

पित्रैव विभागकर्त्ता। अस्वाम्यं हि भवेदेषां निर्दोषे पितरि स्थिते इत्यनेन पुत्राणाम् अस्वातन्त्र्यप्रतिपादनात्। निर्दोषे इति विशेषणात्पातित्यादिदोषवति सत्यपि पितरि पुत्राणां तत्पारतन्त्र्याभावात्तदिच्छा यदा सोऽपि विभागकालः पुत्राणाञ्च तदा विभागकर्तृत्वमित्युक्तं भवति।

अन्योऽपि पुत्रेच्छया विभागकालः पितरि द्रव्यनिस्पृहे निवृत्तरमणे मातरि च निवृत्तरजस्कायाम्। यथाह नारदः। अत ऊर्द्ध्वं पितुः पुत्रा विभजेयुर्द्धनं सममिति। पित्रोरूर्द्ध्वं विभागमुक्त्वा। मातुर्निवृत्ते रजसि प्रत्तासु भगिनीषु च। निवृत्ते वापि रमणात् पितर्य्युपरतस्पृहे, इति॥

जीमूतवाहनेन तु विनष्टे वाप्यशरणे इति पाठो लिखितः विनष्टे पतिते अशरणे गृहस्थाश्रमरहित इति व्याख्यातञ्च। निवृत्ते वापि रमणादिति पाठान्तरमनाकरमित्यप्युक्तं तदयुक्तं मिताक्षरादिबहुनिबन्धलिखितत्वात्। पुत्रा धनं विभजेयुरित्यनुषङ्गः।

गौतमोऽप्यूर्द्ध्वं पितुः पुत्रा रिक्थं विभजेरन्नित्युक्त्वा निवृत्ते चापि रजसि मातुर्जीवति चेच्छतीत्याह।

बृहस्पतिरपि। पित्रोरभावे भ्रातॄणां विभागः सम्प्रदर्शितः। मातुर्निवृत्ते रजसि जीवतोरपि शस्यत इति॥ तथा सरजस्कायामपि मातर्य्यनिच्छत्यपि पितरि दीर्घरोगग्रस्तेऽधर्मवर्त्तिनि पुत्रेच्छया विभागः। यथाह शङ्खः। अकामे पितरि रिक्थविभागो वृद्धे विपरीतचेतसि रोगिणि चेति। नारदोऽपि। व्याधितः कुपितश्चैव विषयासक्तमानसः। अयथाशास्त्रकारी च न विभागे पिता प्रभुरिति॥

2. अत्र पित्रुपरम एकः कालो निवृत्ते चापि रजसीति द्वितीयो जीवति चेच्छतीति तृतीय इति मिताक्षरायां जीमूतवाहनोक्तं दूषणम्। मातृरजोनिवृत्तेः पित्रुपरतस्पृहत्वविशेषणत्वे। त्रिंशद्वर्षो वहेत्कन्यां हृद्यां द्वादशवार्षिकीम्। त्र्यष्टवर्षोऽष्टवर्षां वा धर्मे सीदति सत्वरः॥ इति मनुना विवाहकालविधानात्। वनं पञ्चाशतो व्रजेदित्याश्रमान्तरगमनकालविधानाच्च। तदा रजोनिवृत्तेर्मातुरसम्भवे पितरि वोपरतस्पृहे वानप्रस्थे तत्पुत्राणामिच्छया विभागाभावप्रसङ्गात्। निर्विशेषणमुपरतस्पृहत्वमेव पितृधनविभागकाल इति तूच्यमाने अनुपरतस्पृहे पितरि पतितेऽप्यविभागप्रसङ्गात्। अयमप्यपरः काल इत्यभिधाने कालचतुष्टयापत्तिः पितुरुपरमः पतितत्वं निःस्पृहत्वमिच्छा चेति। तस्मात् पतितत्वनिःस्पृहत्वोपरमैः पितुः स्वत्वापगम एकः कालोऽपरस्तु सति तत्स्वत्वे तदिच्छात इति कालद्वयमेव युक्तमिति।

तन्मिताक्षराशयापरिज्ञानात्। न हि तेन कालत्रयनियमोऽभिहितः। तथेत्यादिग्रन्थेन कालान्तरस्यानुपदमेव प्रतिपादनात्। नियमस्य निर्बीजत्वात्। पितृस्वत्वापगम एकः कालोऽपरस्त्वनपगतएव पितृस्वाम्ये तदिच्छात इति कालद्वयमित्यप्यशुद्धम्। निवृत्तरजस्कायां मातरि त्वनन्वयापत्तेः न हि मातृनिवृत्तरजस्कतामात्रेण पितृस्वत्वापगमः। जन्मना स्वत्वावस्थापनात् पितृस्वत्वापगमस्य कालोपलक्षणत्वासम्भवाच्च। एवं दीर्घरोगग्रस्तत्वेऽपि न स्वत्वापगम इति कालद्वयनियमस्तथापि दुःसमाधः। इष्टापत्तौ तद्वचनविरोधः।

3. यथोक्तं तेनैव। मातुर्निवृत्ते रजसीति पितामहादिधनाभिप्रायम्। निवृत्ते रजसि पुत्रान्तरसम्भवाभावात्तदानीमपि पितुरिच्छयैव पुत्राणां विभागः। अनिवृत्ते रजसि क्रमागतधनविभागे पश्चाज्जातानां वृत्तिलोपापत्तेः। न चासौ युक्तः। ये जाता येऽप्यजाताश्च ये च गर्भे व्यवस्थिताः। वृत्तिञ्च तेऽभिकाङ्क्षन्ति वृत्तिलोपो न विद्यते॥ इति वचनात्। यतएव पितृधने कालद्वयमतएव मनुगौतमादिभिर्म्मतपदं परित्यज्यो-र्द्धमित्युक्तम्। ऊर्द्ध्वं पितुः स्वत्वापगम इत्यर्थः। यदि चास्य पितृधनविषयता स्यात् तर्ह्यूर्द्ध्वं विभागाज्जातस्तु पित्र्यमेव हरेद्धनमित्यस्य निर्विषयता भवेत्। निवृत्ते रजसि पुत्रोत्पत्त्यसम्भवात्। मातृधनगोचरत्वञ्चास्य नाशङ्कनीयमेव। मातुरेव निर्द्धनतापत्तेः। अतो निवृत्ते रजसीति पैतामहधनविषयम्। न चेच्छामनपेक्ष्य रजोनिवृत्तिमात्रं विभागनिमित्तं सम्भवत्यनिच्छया विभागाभावात् कस्येच्छयेत्यपेक्षायामूर्द्ध्वं पितुः पुत्रा रिक्थं विभजेयुर्निवृत्ते रजसि मातुर्जीवति चेच्छतीति गौतमवचनात् पितुरेवेच्छात इति निर्णीयत इति पितामहादिधनविभागस्यापि पित्रोरभाव इत्येकः कालः। मातु-र्निवृत्ते रजसि पितुरिच्छात इति कालद्वयमेवेति।

तदप्यनभियुक्तप्रमोदनम्। वृत्तिलोपापत्तेः पितृधनेऽपि तुल्यत्वात्। ऊर्द्ध्वं वि-भागादित्यस्य निर्विषयत्वापत्तेरपि पितामहादिधनेऽपि तुल्यत्वात्। सस्पृहे पितरि पातित्यादिदुष्टे पितामहधनेऽपि पुत्रेच्छया विभागस्य सकलसम्मतत्वादवश्यवाच्यत्वाच्च। वस्तुतस्तु पितामहादिधने भूर्या पितामहोपात्तेत्यादिना सदृशस्य पितापुत्रस्वाम्यस्य वक्ष्यमाणत्वात् पुत्रेच्छयापि तस्य विभाग उचित एव। यत्त्वत्र व्याख्यानान्तरमनीषा-त्वस्य तद्धनगोचरत्वादिकल्पनं तत्सर्वं तद्वचनविवेचने निराकरिष्यामः।

4. वयन्तु स्वातन्त्र्यार्हे पितरि जीवति तदिच्छैव विभागनिमित्तम्। पातित्य-पारिव्रज्यादिभिस्तदनर्हे पुत्रेच्छापि। तदुपरमे तु स्वेच्छाया निमित्तत्वमर्थसिद्धमिति कालत्रयमेवानेन प्रकारेण। अन्यथा बहूनामुपरतस्पृहत्वादीनां विकल्पसमुच्चयादि-कल्पनानुपपत्तौ विशेषणविशेष्यभावाद्यव्यवस्थापत्तौ बहुव्याकुलीभावः। अतएव क्वचिद्वचने केषाञ्चिदेवोपादानमनुपादानञ्च केषाञ्चित् सङ्गच्छते।

एकमूलकल्पनालाघवेनोपरतस्पृहत्वादिभिः पितुः स्वातन्त्र्याभावस्यैकस्य सर्वैरुप-लक्षणात्। अनीशास्ते हि जीवतोः निर्द्दोषे पितरि स्थिते। जीवतोरपि शास्यते इत्यादिवचनस्वरसोऽप्येवमेव।

अतएव पित्रोर्जीवतोर्भ्रातॄणां सहवासो मुख्यस्तदनुमत्यादिना ज्येष्ठस्य कार्य्य-क्षमस्यान्यस्य वा पुत्रस्य स्वातन्त्र्यमन्येषां तदनुरोधवृत्तित्वमिति च पक्षद्वयमुक्तवन्तो व्यासादयः। भ्रातॄणां जीवतोः पित्रोः सहवासो विधीयते इति व्यासः। जीवति पितरि पुत्राणामर्थादानविसर्गाक्षेपेषु न स्वातन्त्र्यम्। कामन्दीने प्रोषिते आर्त्तिकृते ज्येष्ठो वार्थांश्चिन्तयेदिति हारीतः। शङ्खलिखितौ तु स्पष्टतममाहतुः। पितर्य्यशक्ते कुटुम्बव्यवहारान् ज्येष्ठः प्रतिकुर्य्यादनन्तरो वा कार्य्यज्ञस्तदनुमतो न त्वकामे पितरि रिक्थविभागो वृद्धे विपरीतचेतसि दीर्घरोगिणि वा ज्येष्ठएव पितृवदर्थान् पालये-दितरेषामर्थमूलं हि कुटुम्बमस्वतन्त्राः पितृमन्तो मातुरप्येवरुवस्थिताया इति।

तस्माद्यथोक्तरीत्या विभागस्य कालत्रयमेवेति ब्रूमः।

5. अत्र मनुवचने समेत्येत्यनेन पाक्षिकं साहित्यमनूद्यते बहुत्ववत्। अन्यथैकेच्छया द्वयोश्च भ्रात्रोर्विभागो न स्यात्। समभिति तु नियम्यते। तच्च विवक्ष्यामः।

6. यत्तु पित्रोरिति द्विवचननिर्देशात् सोदरभ्रातॄणां पितृधनविभागेऽपि मातुरभावएव कार्यः। न तु मातृधनविभागार्थं मातुरभावोपादानम्। जीवतोरपीत्यस्य मातृधनगोचरत्वानुपपत्तेरन्यधनगोचरत्वमवश्यं वाच्यमतो यत्रैव पित्रोरभावो निमित्तं तत्रैव जीवतोरपीत्यपिशब्देन जीवनस्यापि प्रशस्तत्वकीर्त्तनान्न मातुरभावो मातृधने व्याख्येयइति जीमूतवाहन आह।

तदसम्बद्धम्। पितुश्च मातुश्चेति मनुवचने पृथङ्निर्देशादन्यथापि द्विवचनस्य विभागसम्बन्धविवक्षामात्रेण व्याख्यानं युक्तम्। इतरथैकतरधनेऽन्यतराभावस्यादृष्टार्थत्वापत्तेः।

यच्चोक्तं जीवतोरित्यादेर्मातृधनगोचरत्वानुपपत्तेरित्यादि। तस्यापि कोऽभिप्रायः। मातुः पितरि जीवत्यस्वातन्त्र्यान्न तद्धनगोचरत्वमिति यदि तर्हि सत्स्वपत्येषु भार्य्याधनेऽपि पितुः स्वाम्यं तदभावस्यापि तत्रानुपयोगादन्यविषयत्वापत्तिः।

अभिप्रायान्तरन्त्वसम्भवदुक्तिकमेवेति वक्ष्यामः। तस्माद्दृष्टार्थत्वात्तत्तद्धनविषयएव तदभावः संग्रहकाराद्युक्तो युक्तः।

7. यथा च पित्रोर्जीवतोर्भ्रातॄणां सहवासो मुख्यस्तथा तदूर्द्ध्वमपि। तथा च शङ्खलिखितौ। कामं सहवसेयुरेकतः संहता वृद्धिमाप्स्यन्तीति। संहताः सहवसन्तो द्रव्योपचयसाहाय्यादिना परस्परत्वतेन वृद्धिमाप्नुयुरित्यर्थः। नारदोऽपि। बिभृयाद्वैकतः सर्वान् ज्येष्ठो भ्राता यथा पिता। भ्राता शक्तः कनिष्ठो वा शक्त्यपेक्षा कुलस्थितिः॥

मनुरपि। ज्येष्ठएव तु गृह्णीयात्पित्र्यं धनमशेषतः। शेषास्तमुपजीवेयुर्यथैव पितरं तथा॥ ज्येष्ठेन जातमात्रेण पुत्री भवति मानवः। पितॄणामनृणश्चैव स तस्मात् सर्व्वमर्हति॥ यस्मिन्नृणं संनयति येन चानन्त्यमश्नुते। सएव धर्म्मजः पुत्रः कामजानितरान् विदुः॥ पितेव पालयेत् पुत्रान् ज्येष्ठो भ्रातॄन् यवीयसः। पुत्रवच्चापि वर्त्तेरन् ज्येष्ठे भ्रातरि धर्म्मतः॥ ज्येष्ठः कुलं वर्द्धयति विनाशयति वा पुनः। ज्येष्ठः पूज्यतमो लोके ज्येष्ठः सद्भिरगर्हितः॥ यो ज्येष्ठो ज्येष्ठवृत्तिः स्यान्मातेव स पितेव सः। अज्येष्ठवृत्तिर्यस्तु स्यात् स सम्पूज्यस्तु बन्धुवत्॥ यो लोभाद्विनिकुर्व्वीत ज्येष्ठो भ्रातॄन् यवीयसः। सोऽज्येष्ठः स्यादभागश्च नियन्तव्यश्च राजभिः॥

इत्यादिवचननिचयाद् गुणज्येष्ठवशवर्त्तितया सर्वेषां सहवासः प्रशस्तः।

धर्म्मवृद्धिकामनया तु विभागः कार्य्य इत्याहतुर्मनुप्रजापती। एवं सहवसेयुर्वा पृथग्वा धर्मकाम्यया। पृथग्विवर्द्धते धर्मस्तस्माद्धर्म्या पृथक् क्रिया॥ धर्मश्च देवाद्यर्चनरूपस्तस्यैव सहवासे एकत्वश्रवणात्। तथा च बृहस्पतिः। एकपाकेन वसतां पितृदेवद्विजार्चनम्। एकं भवेद्विभक्तानां तदेव स्याद् गृहे गृहे॥ इति। यत्तु संग्रहकारेण-

ग्निहोत्रादिधर्मवद्भिरपि धर्मवद्भिशब्देन गृह्यत इत्युक्तम्। यदाह। क्रियते स्वं विभागेन पुत्राणां पैतृकं धनम्। स्वत्वे सति प्रवर्त्तन्ते तस्माद्धर्म्याः पृथक् क्रिया इति॥ प्रवर्त्तन्ते साध्यन्ते अग्निहोत्रादिक्रिया इति विशेष इति। तत्तु जन्मनैव पुत्राणां पितृधनस्वत्वाद्विभागात् प्रागपि श्रौतस्मार्त्तकर्म्माधिकारं प्रतिपादयद्भिरस्माभिः प्रागेव प्रत्यासि। तस्मात् पञ्चमहायज्ञादिधर्मएव धर्मशब्देनात्र ग्राह्यः।

8. दत्तासु भगिनीषु चेति तु न कालार्थं किन्तु तासामवश्यं दानार्थम्। यथा, यच्छिष्टं पितृदायेभ्यो दत्तर्णं पैतृकं ततः। भ्रातृभिस्तद्विभक्तव्यमृणी न स्याद्यथा पिता इति॥ नारदवचनमृणादानावश्यकत्वार्थं न विभागकालार्थम्।

9. पिता च यदि स्वेच्छया पुत्रान् विभजति तदापि निरङ्कुशेच्छा नोपादेया किन्तु। ज्येष्ठं वा श्रेष्ठभागेन सर्वे वा स्युः समांशिन इति। पक्षयोर्मध्ये यः पक्ष इष्टः स ग्राह्य इति योगीश्वरवचनार्थः।

ज्येष्ठं श्रेष्ठभागेन मध्यमं मध्यमभागेन। कनिष्ठं कनिष्ठभागेन। सर्वे वा ज्येष्ठादयः समांशभाजः कार्य्या इति विज्ञानेश्वराचार्य्याः।

प्राच्यास्तु स्वेच्छयेति पृथक्पक्षान्तरं ज्येष्ठादिभागसमभागौ च द्वौ पक्षाविति पक्षत्रयमतएव ज्येष्ठं वेति प्रथमो वाशब्दः स्वेच्छयेति पक्षापेक्षया समञ्जसो वक्ष्यमाणपक्षापेक्षत्वे क्लिष्टः स्यादित्याहुः।

उपपत्तिञ्च तत्र वदन्ति। पितैव वा स्वयं पुत्रान् विभजेद्वयसि स्थितः। ज्येष्ठं वा श्रेष्ठभागेन यथा वास्य मतिर्भवेदिति॥ नारदवचने। ज्येष्ठं वेत्यादिनैकं विषमविभागप्रकारमुपन्यस्य यथा वास्येत्युक्तेरन्योऽपि न्यूनाधिकभागः पितुरिच्छयास्तीति गम्यते। हारीतोऽपि। जीवन्नेव वा विभज्य वनमाश्रयेद् वृद्धाश्रमं वा गच्छेत् स्वल्पं वा संविभज्य भूयिष्ठमादाय वसेद् यद्युपदस्येत् पुनस्तेभ्यो गृह्णीयादिति। वृद्धाश्रमः पारिव्रज्यम्। उपदस्येद् द्रव्याभावेन क्षीणो भवेत्। अत्रापि स्वल्पं वेत्यादिपक्षान्तरमुक्तम्। तस्मात्तदेकमूलकतानुरोधेन योगीश्वरवचनेऽपि तत्संग्रहायेच्छयेति पृथक्पक्षएव युक्त इति।

तदसत्। वाशब्दस्तावद्द्वेधापि व्युत्पत्तेर्नासमञ्जसः। या चोपपत्तिरुक्ता साप्ययुक्ता। यदि वचनान्तरोपात्तपक्षान्तरसंग्रहार्थमिच्छयेत्यस्य भवेदुत्तरार्द्धं व्यर्थमेव स्यादुक्तपक्षद्वयस्यापि वचनान्तरोपात्तत्वादिच्छयेत्यनेन तयोरपि संग्रहसम्भवात्। तदितरपक्षसंग्रहार्थत्वे मन्दप्रयोजनता स्यादेव। इच्छाया निरङ्कुशत्वेनानियमवारणाय वचनान्तरालोचनं विना तदर्थानिर्वाहात्। स्वोपात्तपक्षद्वये व्यवस्थानिरासार्थतयेच्छयेति व्याख्यायमाने वचनान्तरालोचनानावश्यकत्वात्। न च विकल्पोक्त्यैवेच्छालाभे इच्छयेति निरर्थकमिति वाच्यम्। उत्तरार्द्धवैयर्थ्यापेक्षया व्यवस्थितविकल्पनिरासाय स्ववाक्योपात्तपक्षद्वयविषयतया तदनुवादस्यैवोपपन्नतरत्वात्।

नारदाद्येकमूलकता तु विज्ञानेश्वरव्याख्यानेऽपि नापैति। तदुक्तपक्षद्वयस्य वचनान्तरेष्वप्युपादानात्। न च निरर्गलेच्छामात्रमेव पक्षान्तरं योगीश्वरवचनार्था-

ऽस्त्विति वाच्यम्। अयथाशास्त्रकारी च न विभागे पिता प्रभुरित्यस्य निर्विषयतापत्तेः। इच्छामात्रस्य शास्त्रीयत्वेऽयथाशास्त्रकारित्वाप्रसक्तेः। जीवद्विभागे तु पिता नैकं पुत्रं विशेषयेत्। निर्भाजयेन्न चैवैकमकस्मात् कारणं विनेति॥ कात्यायनवचसोऽपि निर्विषयता स्यात् इच्छया एककारणत्वात्। न विशेषयेच्छास्त्रीयज्येष्ठभागाद्यतिरिक्तैच्छिकविशेषवन्तं न कुर्यात्। कारणञ्च शास्त्रोक्तं पातित्यादिकं विनाऽकस्मात् क्रोधात् सुभगापुत्रस्नेहादिना वा न निर्भाजयेद्भागरहितं न कुर्यादित्यर्थः।

यत्तु। न्यूनाधिकविभक्तानां धर्म्यः पितृकृतः स्मृतः। इति योगीश्वरवचनं तदपि धर्म्याधर्म्मादनपेतश्चेत् पित्रा कृतः कृतएव स्मृतो न निवर्त्तते। अधर्म्यस्त्वयथाशास्त्रकृतो निवर्त्ततएवेत्यभिप्रायइति विज्ञानयोगिभिरेव व्याख्यातम्।

व्याधितः कुपितश्चैवेत्यादिवचनानुरोधात्। एवम्। समन्यूनाधिका भागाः पित्रा येषां प्रकल्पिताः। तथैव ते पालनीया विनेयास्ते स्युरन्यथा॥ पित्रैव तु विभक्ता ये समन्यूनाधिकैर्धनैः। तेषां सएव धर्म्यः स्यात् सर्वस्य हि पिता प्रभुरिति॥ बृहस्पतिनारदवचने अपि व्याख्येये। श्रेष्ठादिविभागेऽपि पित्रा ज्येष्ठादिभ्यो दत्तेऽन्यैरनुशयो न कार्य्यः। समांशविभागे वा ज्येष्ठादिभिरिति तात्पर्य्यार्थः अतएव नारदस्तेषां स एव धर्म्यः स्यादित्याह।

श्रेष्ठादिभागश्च मनुनोक्तः। ज्येष्ठस्य विंश उद्धारः सर्वद्रव्याच्च यद्वरम्। ततोऽर्द्धं मध्यमस्य स्यात् तुरीयन्तु यवीयस इति॥ समांशपक्षं बौधायन आह। मनुः पुत्रेभ्यो दायं व्यभजदिति समोंऽशः सर्वेषामविशेषादिति। मनुः पुत्रेभ्यो दायं व्यभजदिति श्रुतौ विशेषाश्रवणात् सर्वेषां पुत्राणां समोंऽश इत्यर्थः।

10 यदि पिता स्वेच्छया समांशेन पुत्रान्विभजते तदा स्वपत्नीभ्यः पुत्रसममंशं दद्यादित्याह याज्ञवल्क्यः। यदि कुर्य्यात् समानंशान् पत्न्यः कार्य्याः समांशिकाः। न दत्तं स्त्रीधनं यासां भर्त्रा वा श्वशुरेण वा॥ यासां भर्त्रा श्वशुरेण वा स्त्रीधनं प्रीत्यादिना न दत्तम्। भर्त्रादिग्रहणमुपलक्षणञ्च वक्ष्यमाणस्त्रीधनशून्या इत्यर्थः। तासां पत्नीनां पुत्रसमांशभागमात्रं नियम्यते। तथा च यदा श्रेष्ठभागादिनापि पिता पुत्रान् विभजति तदापि श्रेष्ठभागाद्युद्धृत्योद्धृतोद्धाराद्द्रव्यसमुदायात् पुत्रसमानेवांशान् पत्न्यो लभन्ते न स्वज्येष्ठभागादिकमित्यर्थः पर्य्यवस्यति।

यत्तु पत्न्याः स्त्योद्धारः परीभाण्डादिस्तमपि पत्नी लभते। तथा चापस्तम्बः। परीभाण्डञ्च गृहेऽलङ्कारो भार्य्याया इति। परीभाण्डम्भोजनपात्रादि यदसाधारणं यस्या अलङ्कारोऽप्यसाधारणस्तद्विवेचयिष्यते।

न च पक्षद्वयेऽप्येतावता पुत्रसमांशित्वं पत्नीनां विज्ञानेश्वरेणोक्तन्तर्हि यदि कुर्य्यात् समानंशानिति समांशानुवादो व्यर्थः पत्न्यो ज्येष्ठांशादि न लभन्त इत्येतावन्मात्रमेव वाच्यमिति युक्तम्। यतः एवं समुद्धृतोद्धारे समानंशान् प्रकल्पयेत्। उद्धारेऽनुद्धृते त्वेषामियं स्यादंशकल्पना॥ एकाधिकं हरेज्ज्येष्ठः पुत्रोऽध्यर्द्धन्ततोऽनुजः। अंशमंशं यवीयांस इति धर्म्मोव्यवस्थित इति मनुना। द्वंशी वा पूर्वजः स्यादेकैकम्

इतरेषामिति। गौतमेन अथ भ्रातृणां दायभागो द्व्यंशी हरेज्ज्येष्ठो गवाश्वस्य चात्र द्व्यममजावयो गृहञ्च कनिष्ठस्य कार्ष्णायसं गृहोपकरणानि च मध्यमस्येति। वशिष्ठेन ज्येष्ठस्यांशोऽधिको देयः कनिष्ठस्य वरः स्मृतः। समांशभाजः शेषाः स्युरप्रत्ता भगिनी तथेति॥ नारदेन चोद्धारम्रते विषमभागमात्रमुक्तं तद्यदाद्रियते तदा पत्नीनामंशाभावप्रतिपादनार्थं यदि कुर्य्यात् समानंशानित्युक्तमिति न दोषः।

अतएव भ्रातृणामविभक्तानां यद्युत्थानम्भवेत् सह। न तत्र विषमं भागं पिता दद्यात् कथञ्चनेति मनुना सर्वेषां भ्रातृणां द्रव्यार्जने यदि सह समानमेवोत्थानमुद्योगो भवेत् तदा पितुर्विषमविभागदानप्रतिषेधकमनुवचनव्याख्याने जीमूतवाहनेनोक्तमुद्धारस्तु पित्रा दातव्यएव। तस्य विभागरूपत्वाभावात्।

न्यूनाधिकविभागस्यैव निषेधादिति। तस्माज्ज्येष्ठं वा श्रेष्ठभागेनेति याज्ञवल्क्याद्युक्त उद्धारेऽपि समांशभागिता पुत्राणामस्त्येवेति तत्रापीदं वचनं प्रवर्त्ततएव द्व्यंशादिपक्षे परं न प्रवर्त्तत इति विज्ञानयोगिनामाशयः।

दत्ते तु स्त्रीधने दत्ते त्वर्द्धं प्रकल्पयेदित्यत्रार्द्धदानं वक्ष्यते। यद्यपि तदाधिवेदनिके भर्त्रा दीयमाने वक्ष्यते तथाप्याकाङ्क्षायां समानन्यायत्वादत्रापि योज्यम्। बौधायनः। बहूनामेकधर्म्माणामेकस्यापि यदुच्यते। सर्वेषामेव तत् कुर्य्यादेकरूपा हि ते स्मृता इति॥

भ्रातृणामविभक्तानामित्यादिमनुवाक्ये सहोत्थानं सर्वेषां विभागप्रार्थना यदि भवतीति जीमूतवाहनेन तदनुयायिना दायतत्त्वकृता च व्याख्यातम्। यदि पुनः पितरि जीवति पुत्रा एव विभागमर्थयन्ते तदा विषमविभागः पित्रा न दातव्य इति वदता। तत्र सहशब्दवैयर्थ्यं उत्थानशब्दस्य चोद्योगवाचिनोऽपि भागप्रार्थनापरत्वमन्याय्यमित्यस्व्याख्यानमेवादर्त्तव्यम्। तथा च। सामान्यार्थसमुत्थाने विभागस्तु समः स्मृतः। इति योगीश्वरवचःसम्वादोऽपि लभ्यते। तस्यास्मदभिमतार्थतयैवोपपत्तेः।

दत्ते त्वर्द्धमित्यत्राप्यर्द्धशब्दः समप्रविभागवचनो न भवति अतश्च यावता पूर्वदत्तमिदानीं दीयमानञ्च समम्भवति तावद्देयमिति मिताक्षरायामुक्तं। तत्रायमाशयः यद्यपि नपुंसकस्यार्द्धशब्दस्य पुंस्यर्द्धोऽर्द्धं समेऽंशक इति कोषात्समांशवाचित्वमस्ति। तथापि कदाचित् तासां पुत्राधिकधनत्वं कदाचित्तदूनधनत्वमव्यवस्थितमर्द्धनियमस्य चादृष्टार्थत्वं मा प्रसाङ्क्षीदिति पुत्रसमांशितायामेव तात्पर्य्यमिति।

अत्र मदनरत्नाकर आह। पत्न्य इति बहुवचनात् प्रतिपत्नि समानंशान् पिता गृह्णीयान्न तु ताभ्यः पृथक्पत्न्यांशो दातव्यः। जायापत्योर्विभागो न विद्यत इति हारीतवचनविरोधापत्तेरिति।

तन्न। नात्र जायापत्योर्विभाग उच्यते येन हारीतवचनविरोधः स्यात् किन्तु पत्यैव पुत्रविभागसमये ताभ्यस्तत्समांशदानं प्रीतिदानवत्। अतएव स्त्रीधने दत्ते त्वर्द्धमित्युक्तमिति न कोऽपि दोषः।

11. यत्तु जीवति पितरि पुत्रेच्छया विभागः स वैषम्याश्रवणान्मातुर्निवृत्ते रजसीति मनुवचने समशब्दानुषङ्गाच्च समएव।

योऽपि पितुरूर्द्ध्वं विभागः सोऽपि सम एव। पूर्वोदाहृतमनुवचने सममित्यभिधानात्। हारीतोऽपि। समानो मृते पितरि रिक्थविभागः। पैठीनसिरपि। पैतृके विभज्यमाने दायाद्ये भ्रातॄणां समो विभागः। याज्ञवल्क्योऽपि। विभजेरन् सुताः पित्रोरूर्द्ध्वमृक्थमृणं समम्। पित्रोरूर्द्ध्वमिति कालः सुता इति कर्त्तारः सममिति प्रकारनियम इति मिताक्षरा।

ननु मनुनैव पितुरूर्द्ध्वं विभागमुपक्रम्य ज्येष्ठ एव तु गृह्णीयात् पित्र्यं धनमशेषतः। शेषास्तमुपजीवेयुर्यथैव पितरं तथेति सहवासपक्षं मुख्यमुक्त्वा ज्येष्ठस्य विंश उद्धार इत्यादिना विषमविभागोऽप्युक्तस्तत्कथं समनियम इति चेत्। उच्यते। यद्यप्ययं विषमभागो जीवत्यजीवति च पितरि शास्त्रदृष्टस्तथापि वचनान्तरानुरोधात्कलौ सम एवेति नियमः। अस्वर्ग्यं लोकविद्विष्टं धर्म्यमप्याचरेन्न त्विति योगीश्वरवचनात्।

अत्र लोकपदेन युगमुच्यते। युगान्तरे धर्म्यमपि युगान्तरे यद्विद्विष्टं प्रतिषिद्धं तन्नाचरेदित्यर्थः। अन्यथा धर्म्यत्वास्वर्ग्यत्वयोर्व्याघातः। शास्त्रविहिते तदभिज्ञविद्वेषो बाधितएव। तदनभिज्ञया मरजनविद्वेषस्तु नास्वर्ग्यत्वापादकोऽग्नीषोमादिहिंसादावतिप्रसङ्गादित्यादिदूषणं स्यात्। अतएव मिताक्षरायां मधुपर्कपशुबधगवालम्भादिकलिवर्ज्यमेव लोकविद्विष्टत्वेनोदाहृतम्।

कलिवर्ज्येषु च पुनरुद्वाहादिकमक्षतादीनां यत्रोक्तं तत्र ज्येष्ठांशाद्युद्धारादिकमपि। यथा चादिपुराणे। ऊढायाः पुनरुद्वाहो ज्येष्ठांशो गोवधस्तथा। कलौ पञ्च न कुर्वीत भ्रातृजाया कमण्डलुः॥ स्मृतिसंग्रहेऽपि। यथा नियोगधर्म्मो नो नानुबन्ध्या बधोऽपि वा। तथोद्धारविभागोऽपि नैव संप्रति वर्त्तते॥ नियोगधर्म्मो भ्रातृभार्यायां वाग्दत्तायां मृतपतिकायां गुर्वादिनियोगेन विधिना गमनम्। मैत्रावरुणीं गामनुबन्ध्यां वशामालभेतेति विहितो गोबधः। सम्प्रति कलौ।

अतएवापस्तम्बो जीवन् पुत्रेभ्यो दायं विभजेत् सममिति स्वमतमुक्त्वा ज्येष्ठो दायादइत्येकइति कृत्स्नधनग्रहणं ज्येष्ठस्येत्येकीयमतमुपन्यस्य देशविशेषे सुवर्णं गावः कृष्णम्भौमं ज्येष्ठस्य रथः परीभाण्डं पितुर्गृहेऽलङ्कारो भार्य्याया ज्ञातिधनञ्चेत्येकमतत्वेनैवोद्धारविभागं दर्शयित्वा तच्छास्त्रविप्रतिषिद्धमिति निराकृतवान्। शास्त्रविप्रतिषेधञ्च स्वयमेव विवृतवान्। मनुः पुत्रेभ्यो दायं व्यभजदित्यविशेषेण श्रूयत इति। तस्मान्न विषमविभागः शास्त्रदृष्टोऽपि कलावनुष्ठेयः।

यत्तु मिताक्षराकृता श्रुतिविरोधेत्युक्तं तद्विचार्य्यम्। श्रुतिविरोधे हि सति युगान्तरेऽपि तस्याननुष्ठाने तद्बोधकवचनानां सर्वथाऽप्रामाण्यमेव स्यादिति कलिवर्ज्यतयोपन्यासो विरुद्धः। न वात्यन्तं श्रुतिविरोधोऽपि। अविशेषश्रवणे सति समं स्यादश्रुतत्वादिति न्यायलभ्यत्वात् समत्वस्य।

स्मृतिचन्द्रिकायान्तु बौधायनोदाहृतं विषमविभागप्रतिपादकमपि श्रुत्यन्तरं लिखितम्। ज्येष्ठत्वादाधिक्येऽपि श्रुत्यन्तरमित्याह स एव। धनमेकमेकमुद्धरेज्ज्येष्ठः तस्मात् ज्येष्ठं पुत्रं धनेन निरवसाययतीति श्रुतेरिति। धनमेकमेकमिति वदन् श्रुति-

वाक्यगतं धनेनेत्येकवचनं विवक्षितमिति सूचयति। निरवसाययति तोषयतीत्यर्थ इति ग्रन्थेन।

जीमूतवाहनादयस्तु यदा भक्त्यतिशयादिना भ्रातॄणामनुमतिस्तदोद्धारादिर्विषमभागोऽतएवाद्यतनानां भक्त्याद्यभावादुद्धाराद्यर्हज्येष्ठाभावाच्च समभागएव लोके दृश्यते इत्यादिना ग्रन्थेनानुमत्यननुमतिभ्यां विषमसमभागयोर्व्यवस्थामाहुः तत्तु तथा सति पुत्रेच्छायाएव प्रयोजकत्वापत्तेः पूर्वार्द्धविरोधादनादेयम्। पित्रिच्छायाः स्वतन्त्रपक्षान्तरपरत्वन्तु प्रागेव निरासि।

12. पिता पुत्रेभ्यः स्वार्जितधनविभागं ददता स्वयमंशद्वयं ग्राह्यमित्याह नारदः। द्वावंशौ प्रतिपद्येत विभजन्नात्मनः पितेति। बृहस्पतिरपि। जीवद्विभागे तु पिता गृह्णीतांशद्वयं स्वयमिति।

पितुरंशद्वयग्रहणमेकपुत्रविषयमित्याहतुः शङ्खलिखितौ। स यद्येकपुत्रः स्याद् द्वौ भागावात्मनः कुर्य्यात्। व्यवहारपारिजातकार इदं वचनमेवं व्याचष्टे। एकशब्दोऽत्र श्रेष्ठवाची। तथा च यदि पुत्रो गुणवत्तया धनार्ज्जनशक्तस्तदा तेन सह विभागे पित्रांशद्वयं ग्राह्यमिति।

जीमूतवाहनस्तु एकस्य पुत्रः एकपुत्र एकपितृक औरस इति यावत्। न पुनः एकः पुत्रो यस्येति बहुव्रीहिस्तस्यान्यपदार्थप्राधान्येन षष्ठीतत्पुरुषाद् दुर्बलत्वात्। तथा च क्षेत्रजस्य व्यावृत्तिस्तस्य द्विपितृकत्वात्। तथा चौरसपुत्ररूपः पिता स्वपितृधने भागद्वयं गृह्णीयान्न तु क्षेत्रज इति व्याचख्यौ।

तदसत्। तथा सति पितामहधनगोचरतास्य स्यात् तत्र च सदृशं स्वाम्यं पितापुत्रयोरित्यौरसस्यापि पितुः पुत्रसमांशतया व्यवस्थापयिष्यमाणत्वात्। तथा चागत्या बहुव्रीहिरेवास्थेयः।

मिताक्षराकृता त्विदं वचनमनादृतमेव।

कात्यायनः। द्व्यंशहरोऽर्द्धहरो वा पुत्रवित्तार्ज्जनात् पिता। मातापि पितरि प्रेते पुत्रतुल्यांशभागिनीति॥ अत्र जीमूतवाहनः। पुत्रस्य वित्तार्जनात् पुत्रार्जितेऽपि वित्ते स्वार्जितइव पितुरंशद्वयमित्यस्यार्थो न तु पुत्रस्य वित्तस्य तयोरर्जनादिति। अनर्जितपुत्रस्यापि भ्रातृभिर्विभागे वित्तार्जकतयांशद्वयस्येष्टत्वात्। अतो विभागार्हसम्बन्धिनि विद्यमानेऽर्जकस्य द्व्यंशादिहरत्वमसति तु सर्व्वहरत्वमिति वाच्यं तथा सति पितृपुत्रपदयोः प्रमत्तगीतता स्यात्। किञ्चार्जनं स्वत्वहेतुभूतो व्यापारः। अर्जनं स्वत्वं नापादयतीति विप्रतिषिद्धमित्यभिधानात्। न च पुत्रेषु स्वत्वमस्तीति सर्वस्वदाने दर्शितमतस्तत्र गौणमर्ज्जनपदं वित्ते च मुख्यमिति सकृदुच्चरिते वैरूप्यमयुक्तम्। न च पुत्रस्यार्ज्जकत्वादेवांशद्वयप्राप्तेः पितुस्तस्माद्वचनादृतेऽपि वचनान्तरादेव भागद्वयसिद्धेर्वचनमिदमनर्थकमिति वाच्यम्। एतद्वचनमन्तरेणापि पुत्रधने पितुर्भागद्वयाप्राप्तेरस्य सार्थक्यात् इत्याह।

तन्न। द्वन्द्वापेक्षया षष्ठ्यर्थलक्षणावतो भवदुक्तसमासस्यायुक्तत्वात्। यच्चानर्जित-

पुत्रस्येत्यादिवन्द्वदूषणं तदत्यसम्बद्धम्। भ्रातृभागाद्यविषयकत्वादस्य। पितृधनप्रस्तावात्। न चैवं पुत्रपदं व्यर्थं वित्तार्जनस्येव द्व्यंशहरत्वे हेतुत्वोपपत्तेरिति वाच्यम् अस्वातन्त्र्यार्थत्वात्। यतः पुत्रोऽपि वित्तवत् तेनैवार्जितस्तेन परतन्त्रः स्वार्जितधने पितुरंशद्वयग्रहणावग्रहे न भवतीत्यत्र तात्पर्य्यम्। यच्चार्जनपदवैरूप्यं तदप्यसत्। पुत्रेऽपि पितृस्वत्वस्येष्टत्वात्। न च सर्वस्वदाननयविरोधः पित्राद्यस्वत्वे तस्य तात्पर्य्यात्। पुत्राद्यदानस्य तन्नयसिद्धान्तस्य भाष्यप्रदर्शितचोदकविरोधयुक्तिसिद्धत्वात्। अतएव पुत्रकन्यादानादिविधयो मुख्यार्था एव न पुत्रादिपरतन्त्रीकरणरूपगौणदानाद्यर्थः।

13. इदञ्च पितुरंशद्वयोपादानं स्वार्जितविषयं न पित्रार्जितविषयम्। भूर्या पितामहोपात्ता निबन्धो द्रव्यमेव वा। तत्र स्यात् सदृशं स्वाम्यं पितुः पुत्रस्य चोभयोरिति याज्ञवल्क्येन तत्र पितापुत्रयोः समस्वाम्याभिधानात् समांशभागित्वमेव।

तस्य ह्ययमर्थः। भूः शालिक्षेत्रादिका। निबन्धो राज्ञाममुकस्यैकस्मिन् पर्णभरकेऽमुकभरकादावियन्ति पर्णादीनि देयानीति शासनारूढतया यद् वृत्तित्वेन दीयते तदुच्यते। तथा द्रव्यं सुवर्णादि तत्र पितुः पुत्रस्य च स्वाम्यं हि शब्देन प्रसिद्धमित्युच्यते। जन्मनैव स्वत्वात्। तदपि सदृशं तुल्यमतोऽत्र पुत्राणां न पित्रर्जितइव पितृपारतन्त्र्यमिति तदनिच्छयापि विभागोऽंशद्वयनियमश्च पितुर्नास्तीति।

वृहस्पतिः। द्रव्ये पितामहोपात्ते स्थावरे जङ्गमे तथा। सममंशित्वमाख्यातं पितुः पुत्रस्य चैव हि॥ पित्रा समएवांशो ग्राह्यो न तु स्वार्जितवदंशद्वयं विषमविभागपक्षाश्रयणं वेत्यर्थ इति मदनरत्नकारः।

जीमूतवाहनस्तु यत्र द्वयोर्भ्रात्रोर्जीवत्येव पितर्य्येकः पुत्रमुत्पाद्य नष्टोऽन्यश्च जीवति। पश्चात् पितापि मृतस्तत्र पितृधनं प्रत्यासत्तेः पुत्रस्य एव प्राप्नोतु न तु प्राङ्मृतपितृकपौत्रस्तस्य विप्रकर्षात् तद्बाधार्थं सदृशं साम्यमिति वचनम्। यथा पैतामहधने पितुः साम्यं तथा तत्पुत्रस्यापि। न तु सन्निकर्षविप्रकर्षयुक्तो विशेषः। पार्वणविधिना पिण्डदातृत्वेन द्वयोरविशेषादित्यभिप्रायः। अतएव मृतपितृकः प्रपौत्रोऽपि प्रपितामहधने पुत्रपौत्राभ्यां सह तुल्यवदेव स्वामी। पिण्डदानाद्यविशेषात्। जीवति तु पितरि पुत्राणां तद्धनस्वाम्ये सपुत्रभ्रातृद्वयविभागे तत्पुत्राणामपि विभागः स्यात् स्वामित्वसाम्यात्। तस्मान्मृतपितृकपौत्रविषयकमिदं न पौत्रमात्रविषयकं न चाप्रक्रान्तत्वात् तदर्थकत्वं प्रागनेकपितृकाणामेव प्रक्रमात्। सादृश्यवचनन्तु स्वार्जितवत् पित्रिच्छया विभागाभावार्थम्। यथाह विष्णुः। पिता चेत् पुत्रान् विभजेत् तस्य स्वेच्छा स्वयमुपात्तेऽर्थे। पैतामहे तु पिता पुत्रयोस्तुल्यं स्वाम्यमिति। अतः स्वोपात्ते पिता न्यूनाधिकभागैः पुत्रानिच्छया विभजतु पैतामहे तु तुल्यस्वच्छन्दवृत्तिता। एतावतैवैतद्वचनोपपत्तौ सामान्यप्राप्तं पित्रिच्छाया विभागकालत्वं पितुश्च भागद्वयं न निषिध्यते। जीवत्पितृकपौत्रविषयतापि वा धारेश्वरानुमतास्यास्तां तथापीच्छाकृतन्यूनाधिकभागनिरासार्थतैव। न तु पुत्रेच्छया विभागोऽंशद्वयाभावश्च पितुरनेन बोध्यते। किञ्च जन्मविद्यागुणज्येष्ठो द्व्यंशं दायादवाप्नुयात्। समांशभागिनस्त्वन्ये तेषां

पितृसमस्तु स इति बृहस्पतिवचनात् पितापि स्वपितृनरकनिवर्त्तको गुणज्येष्ठः स्वभ्रातृभिः सह विभागे पितृसमत्वेन यत्रांशद्वयभाक् तत्र पुत्रैः सह विभागे पितैवांशद्वयं पैतामहधनेनाप्नोति स्वदारकएव पुत्राणां तद्धनसम्बन्धस्येति भवतो मुनीनाञ्च वचनमनुचितम्। तस्मादिच्छया विभजेत्सुतानिति पितुरिच्छाया विभागकालत्वं द्वावंशौ प्रतिपद्येतेत्यादि वचनोक्तं पितुर्भागद्वयञ्चाविशिष्टं पितामहधनेऽपि। न्यूनाधिकभागमात्रन्तु पुत्रेषु स्वाच्छन्द्येन न भवति। द्रव्ये पितामहोपात्ते स्थावरे जङ्गमे तथा। सममंशित्वमाख्यातम्पितुः पुत्रस्य चैवहीति बृहस्पतिना पितापुत्रयोरंशसाम्यस्यैवाहत्य विधानात् कथं पितुरत्राप्यंशद्वयमिति चेन्न। अंशित्वमंशकर्तृत्वं समं न तु स्वेच्छया स्वार्जितवन्न्यूनाधिकांशकर्तृत्वमिति तदर्थात्। न त्वंशवत्त्वं सममिति। स यद्येकपुत्रः स्यादित्येकपुत्रपदस्यौरसपरत्वस्योक्तत्वाद् द्विपितृकक्षेत्रजादिरूपपितृभिप्रायं वा समांशित्वाभिधानमित्याह।

तदनादेयम्। सन्दर्भविरोधात्। तथा हि। अनेकपितृकाणां पितृद्वारकभागकल्पनामभिधायानन्तरं भूर्या पितामहोपात्तेत्युक्तं तत्रास्वाम्यमेव पौत्राणां पैतामहे धने पितरि जीवति विभागाभावो वा। तदिच्छयैव वा स्वार्जितवद्विभाग इति शङ्कात्रयमेवोत्तिष्ठति। यन्मिताक्षरायामुक्तं तन्निराकरणार्थमेवेदं वचनं तद्व्याख्यानरीत्या सङ्कच्छते। प्रमीतपितृकपौत्रविषयकत्वेन सङ्कोचोऽस्य कुतः। न च धारेश्वरावधारितरीत्या पौत्रमात्रविषयकतायामपि न्यूनाधिकभागमात्रस्य पितुरिच्छाकृतनिरासायेदं न पितुरिच्छाकालतदीयभागद्वयस्याविशेषप्रवृत्तस्येति वाच्यम् विनिगमनाविरहात्। किञ्च। पितुरिच्छाया हेतुत्वमिच्छया विभजेदिति तृतीयानिर्देशाच्छाब्दमार्थिकन्तु तस्याविभागकालोपलक्षणत्वम्। तत्र शाब्दं हेतुत्वम्बाधमानेनानेनार्थिकं कालोपलक्षणत्वं न बाध्यत इति चित्रम्। सति च स्वाम्यसाम्ये पुत्रेच्छाया निमित्तत्वं तत्कृतस्य तस्याः कालोपलक्षणत्वकल्पनापातिकयापि तद्दुर्वारम्।

ननु पितुरंशद्वयं पितृत्वप्रयुक्तं न स्वाम्याधिक्यप्रयुक्तं नाप्यर्जकत्वप्रयुक्तं तस्य येन चैषां स्वयमुपार्जितं स्यात् स द्व्यंशमेव लभेतेति वशिष्ठसाधारणवचनादेव सिद्धे द्वावंशौ प्रतिपद्येतेति विशेषवचनानर्थक्यप्रसङ्गात्। तस्मात् पित्रर्जितेऽपि ज्येष्ठपुत्रत्वप्रयुक्तं यथा तस्यांशद्वयं विशेषवचनात्तथा पैतामहे पितुरपि। अतएवास्मन्मते पुत्रार्जितेऽपि पितुरंशद्वयमिति चेत्। सत्यम्। परन्तु निःसङ्कोचप्रवृत्तस्वाम्यसाम्यवचनेन तद्बाध्यते। पुत्रार्जिते तु पितुरंशद्वयाभावो भवदुदाहृतपुत्रवित्तार्जनादिति वचनस्य भवदुक्तार्थदूषणात् प्रागेव व्यवस्थापितः। न च तद्वचनादंशद्वयाभावेऽपि सामान्यवचनादेव पुत्रार्जितेऽपि पितुरंशद्वयमायात्विति वाच्यम्। वित्तार्जनस्य तत्र हेतुत्वोपन्यासवैयर्थ्यप्रसङ्गात्। न च तदर्थवादमात्रमन्यथार्जकत्वप्रयुक्तभागद्वयस्य वशिष्ठवचनादेव सिद्धेर्विशेषवचनानर्थक्यापत्तिरिति वाच्यम्। यतस्तथार्जकत्वप्रयुक्तपुत्रांशद्वयस्यावारणात् पितृत्वप्रयुक्तपित्रंशद्वयेऽपि भागसाम्यएव पर्य्यवसानम्भवेत् न तु भवदभिमतपुत्रापेक्षया पितुरंशाधिक्यं तत्राहत्य वचनाभावात्।

यच्च किञ्चेत्यादिनानौचित्यमुक्तं तन्न किञ्चित्। वाचनिकसाम्येऽनौचित्याप्रसक्तेः। ज्येष्ठस्य ज्येष्ठत्वप्रयुक्तांशद्वयं पितृत्वप्रयुक्तश्च पितुरिति ज्येष्ठपुत्रसाम्यापत्तेस्त्वयाप्यनौचित्यस्य दुर्वारत्वात्।

14. मदनरत्नधृतकात्यायनवचनात्तु सर्वेषां भ्रातॄणां पितापुत्राणाञ्च समांशग्रहणमेव मुख्यमिति प्रतीयते। सकलं द्रव्यजातं यद्भागैर्गृह्णन्ति तत्समैः। पितरौ भ्रातरश्चैव विभागो धर्म्य उच्यत इति॥ अतएव योगीश्वरोऽपि सर्वे वा स्युः समांशिन इति सर्वपदं प्रायुङ्क्त अन्यथा समांशिनो वा कुर्वीत सुतानिति वदेत्।

15. यस्तु विभागिनां मध्ये स्वव्यवसायेन जीवनसमर्थः पितृधनादिविभागं न जिघृक्षति तम्प्रत्याह मनुः। भ्रातॄणां यस्तु नेहेत धनं शक्तः स्वकर्मणा। स निर्भाज्यः स्वकादंशात् किञ्चिद्दत्त्वोपजीवनम्॥ याज्ञवल्क्योऽपि। शक्तस्यानीहमानस्य किञ्चिद्दत्त्वा पृथक्क्रिया। निर्भाज्यो निःसम्बन्धीकरणीयः। पृथक्क्रियेत्यस्याप्ययमेवार्थः। किञ्चिद्दत्त्वेति विभागचिह्नत्वेन किञ्चिदसारमपि दत्त्वेत्यर्थः। तत्पुत्राणां दायजिघृक्षानिवृत्त्यर्थञ्चेदम्।

हलायुधस्तु। कुटुम्बार्थेषु चोद्युक्तस्तत्कार्य्यं कुरुते तु यः। स भ्रातृभिर्बृंहणीयो ग्रासाच्छादनवाहनैरिति नारदवचनैकवाक्यतालाभेन मनुवचने स निर्भाज्य इति पाठं प्रकल्प्य स भ्रातृभिर्गृहीतभागैः स्वस्वभागाद्धनमाहृत्य पूरणीय इत्यर्थ इति व्याख्यातवान्। तत्तु नेहेतेत्यादिपदवैयर्थ्यापत्तेरुपेक्ष्यम्। मेधातिथिप्रमुखाचार्यानादृततया पाठकल्पनानौचित्याच्च। पृथक्क्रियेति स्पष्टवचनसम्वादाच्च।

प्रकाशकारस्तु। यो भागिषु धनार्थं व्यापृतेषु प्रमादालस्यादिना नेहेत न व्याप्रियेत साहाय्यं न कुर्य्यात्। स्वकर्मणा स्वव्यापारेण शक्तः साहायकक्षमोऽपि सन् स स्वकादंशात् स्वव्यापारजनिताद्धनाद् वहिःकार्य्यः किञ्चिदुपजीवनं दत्त्वा मूलधनमात्रभागीकरणीय इतीदं मनुवचनं निर्भाज्यस्त्याकरपाठमङ्गीकृत्यैव व्याचष्टे। तदपि न युक्तम्। अपिशब्दाद्यध्याहारप्रसङ्गात्। योगीश्वरवचनसम्वादिनोऽर्थस्य स्पष्टतरप्रतीतिकत्वाच्च। भवदुक्तार्थस्य वचनान्तरवशत्वाच्च।

16. कात्यायनः। अविभक्ते निजे प्रेते तत्सुतं रिक्थभागिनम्। कुर्वीत जीवनं येन लब्धं नैव पितामहात्॥ लभेतांशं सपित्र्यन्तु पितृव्यात्तदपि तत्सुतात्। सएवांशस्तु सर्वेषां भ्रातॄणां न्यायतो भवेत्॥ लभते तत्सुतो वापि निवृत्तिः परतो भवेत्। निजे भ्रातरि तत्सुतं भ्रातृपुत्रम्। जीवनम्भागः। स कीदृशम्भागं लभत इत्यपेक्षिते आह पित्र्यमंशमिति। तत्सुतो यस्य धनं विभज्यते तस्य प्रपौत्रः। पौत्रस्य प्रस्तुतत्वात्। परतस्तत्सुतान्निवृत्तिर्भागनिवृत्तिर्भवेत् प्रपौत्रपुत्रो भागं न लभेतेत्यर्थः।

अतएव देवलोऽपि। अविभक्तविभक्तानां कुल्यानां वसतां सह। भूयो दायविभागः स्यादाचतुर्थादिति स्थितिरिति॥ बीजिचतुर्थमभिव्याप्य दायभाग इत्यर्थः। विभक्तानामपि संसर्गादिना सहवासे सतीयं व्यवस्था। वसतां सहेति वचनात्।

पित्र्यमंशमिति कात्यायनोक्तेः पितृद्वारको भाग इति सूचितम्। अतएवाह

याज्ञवल्क्यः। प्रमीतपितृकाणान्तु पितृतो भागकल्पनेति। पैतामहे धने जन्मना स्वत्व पौत्राणां पुत्रैः सहाविशिष्टमेव यद्यपि तेन पुत्रवत् पौत्राणामपि पुत्रसमएव भाग उचितः। तथापि तेषां पितृद्वारेण भागं प्रकल्प्य स्वस्वपितृभागाधिकारो न तु पैतामहे धने स्वतो भागित्वमित्यर्थः। एतदुक्तं भवति अविभक्ता भ्रातरो यदा पुत्रानुत्पाद्य दिष्टङ्गतास्तत्रैकस्य द्वौ पुत्रावन्येषां त्रिचतुराद्या इति पौत्राणां वैषम्यं तदा द्वावेकं स्वपितृभागं द्वेधा विभज्य गृह्णीतस्त्रिचतुराद्या अपि स्वस्वपितृभागमेकैकं त्रेधादिरूपेण विभज्य गृह्णन्ति न तु पौत्रसङ्ख्यया पैतामहधनभागाः। अनयैव रीत्या केषुचिद् भ्रातृषु जीवत्सु केषुचिच्च पुत्रानुत्पाद्य विनष्टेषु म्रियमाणाः स्वस्वांशभागिनोऽन्येषां पुत्राः स्वस्वपित्रंशभागिन इति वाचनिकोऽयं भेदः। अतएव वचनमिदमन्यवत्तानुवादकम् उद्धारादिविषमविभागोऽपि वाचनिकः। समांशत्वं तु स्वाम्यात् प्राप्तमेवानूद्यते।

17. यच्च पैतामहमपहारादिना नष्टं पित्रोद्ध्रियते तत्र पित्रिच्छयैव पित्रर्जितइव पौत्रा विभागभाज इत्याह मनुः। पैतृकन्तु पिता द्रव्यमनवाप्तं यदाप्नुयात्। न तत्पुत्रैर्भजेत्सार्द्धमकामः स्वयमर्जितम्॥ स्वयमर्जितमिवेतीवशब्दाध्याहारेण योज्यम्। यद्वा तत्पितामहाद्धृतमनेनैवोद्धृतमतः स्वार्जितमेव जातं यत इति हेतुतया योज्यम्। अकाम इति वचनात् पित्रिच्छयैव तादृशे पैतामहेऽपि विभागो न पुत्रेच्छयेति गम्यते।

तथा स्मृत्यन्तरमपि। पैतामहं हृतम्पित्रा स्वशक्त्या यदुपार्जितम्। विद्याशौर्य्यादिना प्राप्तं तत्र स्वाम्यम्पितुः स्मृतम्॥ प्रदानं स्वेच्छया कुर्य्याद् भागञ्चैव ततो धनात्। तदभावे तु तनयाः समांशाः परिकीर्त्तिता इति॥ हृतमपरैरपहृतं पितामहेन न प्रत्याहृतम्पित्रा तु प्रत्याहृतमित्यर्थः। स्वशक्त्येत्युक्तेः पितामहद्रव्यानुपश्लेषेणेत्यर्थः। तदुपश्लेषेण तूद्धृतेऽर्जकत्वनिमित्तमंशद्वयं येन चैषां स्वदमुपार्जितं स्यात् स द्व्यंशमेव लभेतेति वशिष्ठवचनात् पिता भजते। इदञ्च विद्यादिष्वपि योज्यं तच्च विस्तरेण विवेच्यते।

अयमत्र निर्गलितोऽर्थः। यद्यपि जन्मनैव पैतृके पैतामहे च धने पुत्रपौत्राणां स्वाम्यं तथापि पूर्वोक्तवचनैः पैतृके पुत्राणां पितृपरतन्त्रतया पितुस्वार्जकतया प्राधान्यात् पित्रा स्वार्जिते विनियुज्यमाने स्थावरं द्विपदञ्चैवेत्यादिप्राक्प्रदर्शितवचनात् तद्व्यतिरिक्ते पुत्रैरनुमतिरवश्यं कार्य्या। पैतामहे तु निषेधाधिकारोऽप्यस्ति। तदनुद्धृते पित्रोद्धृते तु वदिच्छावशवर्त्तितैव पैतामहेऽपीति। मणिमुक्तादौ तु पैतामहेऽपि पितुरेव स्वातन्त्र्यं मणिमुक्ताप्रवालानामित्यादिप्राग्लिखितवचनेभ्यः।

18. अत्र पित्रुपरमानन्तरं यो भ्रातॄणां विभागः स पित्रोरिति द्विवचनादुभयोपरमएव पितृधनेऽपि न तु मातुरुपरमो मातृधनगोचर इति संग्रहकाराद्युक्तमादर्त्तव्यम्। पैतृकमित्यत्र पित्रोरिदमित्येकशेषकल्पनायां प्रमाणाभावात्। जनन्यां संस्थितायान्तु समं सर्वे सहोदरा इत्यादिना मातृधनविभागस्याग्रे वक्ष्यमाणत्वाच्चात्र मातृधनविभागविधौ पौनरुक्त्यापत्तेश्च। याज्ञवल्क्येनापि मातुर्दुहितर इत्यादिना

मातृधनविभागस्य विभजेरन् सुताः पित्रो रिक्थमिति सम्बन्धो नाभिमतः किन्तु पित्रोरूर्द्ध्वमित्येव। पितुरृक्थमृणमिति तु सम्बन्धोऽर्थान्मातृऋक्थऋणविभागस्योत्तरार्द्धेनोक्तेः। अतएव प्रागुक्तशङ्खलिखितवचने रिक्थमूलं हि कुटुम्बमित्यादौ मातुरप्येवमवस्थिताया इत्यनेन मातुरपेक्षयाप्यस्वातन्त्र्यं विभागानधिकारः सोदराणां तस्यामपि जीवन्त्यामित्येतदर्थमेवोक्तम्। अतश्च। भ्रातॄणां जीवतोः पित्रोः सहवासो विधीयते। तदभावे विभक्तानां धर्मस्तेषां विवर्द्धत इति व्यासवचने सहवासविधानमुखेन पृथग्भावनिषेधात् पितृमातृजीवनवतश्च विभागनिषेधाज्जीवतोरिति साहित्यमविवक्षितम्। अतएव एकस्मिन्नपि जीवति विभागो न धर्म्यः किन्तूभयोपरमे।

पित्रोरभाव इत्यादिवृहस्पतिवचनेऽपि निवृत्तरजस्कायां मातरि जीवन्त्यां विभागस्य मातृधनगोचरत्वानुपपत्तेरुभयाभावोक्तविभागस्यैव जीवतोरपीत्यपिशब्देन निर्दिष्टस्य शस्तत्वकीर्त्तनादुभयोरभावे भ्रातृविभागः पितृधनगोचर एवेत्यवधार्य्यते।

अतएव व्यासो मातरि जीवन्त्यां यो विभागस्तस्य मातृप्रधानकत्वं दर्शयति। यथाह। समानजातिसङ्ख्या ये जातास्त्वेकेन सूनवः। विभिन्नमातृकास्तेषां मातृभागः प्रशस्यते॥ वृहस्पतिरपि। यद्येकजाता बहवः समाना जातिसङ्ख्यया। सापत्नास्तैर्विभक्तव्यं मातृभागेन धर्मत इति॥ अत्र जातिसङ्ख्यया साम्ये सापत्नानामपि भागविशेषः स्वरूपकृतो नास्तीति मातृभागत्वविधानं मातृप्राधान्यपरमेवेति नायं पुत्राणां विभागः किन्तु तन्मातॄणामित्युद्दिश्य विभागः कर्त्तव्य इत्यत्र तात्पर्य्यम्। तेनैतन्मातृधनइवात्रापि मातृजीवने पुत्राणां न परस्परं विभागो धर्म्यः। यतो गौतमाद्युक्ता विभागे धर्मवृद्धिरपि मात्रुपरमएव वेदितव्येति जीमूतवाहन आह।

तत्पितृधने मात्रभावापेक्षया अदृष्टार्थत्वापत्तेः प्रागेव निरस्तम्।

यच्च पैतृकमित्येकशेषस्याप्रमाणकत्वात् पौनरुक्त्यापत्तेश्च नास्य मातृधनपरत्वमित्युक्तं तदप्यदृष्टार्थतापरिभयादेकशेषस्य स्वीकर्त्तव्यत्वादयुक्तम्। पौनरुक्त्यन्त्वयुक्तम्। पूर्व्वोक्तस्यापि मातृधनविभागस्य विशेषविधानायानुवादोपपत्तेः।

याज्ञवल्क्यवाक्ये तु मिताक्षराकृता च मातापित्रोर्द्धनं सुता विभजेरन्नित्युक्तम्। तत्र मातृधनेऽपवादमाहेत्युत्तरार्द्धमवतारयता पौनरुक्त्यम्परिहृतम्। ताभ्य ऋतेऽन्वय इति च दुहित्रभावेऽन्वयः पुत्रादिर्मातृधनमृणावशिष्टं गृह्णीयादिति व्याख्याय इदञ्च। विभजेरन् सुताः पित्रोरूर्द्ध्वमृक्थमृणं सममिति। अनेनैव सिद्धमपि स्पष्टार्थमुक्तमित्युक्तम्।

न चात्र पित्रोरूर्द्ध्वमित्येवास्तु सम्बन्धः मातृधनविभागस्योत्तरार्द्धेऽभिधानात् पितुरृक्थमृणमिति पर्य्यवस्यति। तथा च ताभ्य इत्यादेर्निरर्थकानुवादत्वमपि न प्रसम्भवतीति वाच्यम्। ऋक्थऋणपदयोः ससम्बन्धिकार्थत्वात्तदाकाङ्क्षायां स्ववाक्योपात्तपित्रोरिति पदानुषङ्गस्यैव परिशेषावगतार्थिकपितुःपदान्वयापेक्षयाभ्यर्हितत्वात्। तदंशेन तु ताभ्य इत्यस्यानुवादत्वस्याप्यभ्युपगमौचित्यात्। ये त्वन्वयपदं दुहित्रन्वयदौहित्रादिपरत्वेन व्याचक्षते तन्मते तु वैयर्थ्यशङ्कैव नास्ति। तदेतद्विस्तरेण

स्त्रीधनविभागप्रस्तावे प्रपञ्चयिष्यामः। शङ्खलिखितोक्तं मातरि जीवन्त्यामस्वातन्त्र्यन्तु मानवर्द्धनं तद्धनगोचरमपि सङ्कुचितमेव।

भ्रातॄणामित्यादिव्यासवचनमपि सहवासप्राशस्त्यमात्रमुभयजीवन आहेति जीवतोरिति साहित्यविवक्षायामपि न दोषः। वस्तुतस्तु पित्रोरूर्द्ध्वमपि ज्येष्ठएव तु गृह्णीयादिति सहवासस्य मुख्यत्वाद्विभागस्य च धर्मवृद्ध्यर्थत्वान्मातरि जीवन्त्यामपि धर्मस्य पञ्चमहायज्ञादेरावश्यकत्वात्तद्वृद्ध्यर्थं विभाग उचितएव।

यत्तु पित्रोरभाव इति बृहस्पतिवचने निवृत्तरजस्कायां मातरि जीवन्त्यामित्याद्युक्तं तन्नोच्यते। उभयजीवने सहवासः प्रशस्तस्तदभावे विभाग इति पूर्व्वार्द्धेनाभिहिते। मातर्य्यनिवृत्तरजस्कायां सन्तानसम्भवात् तद्वृत्तिलोपस्य च ये जाता येऽप्यजाताश्चेत्यादिवचनेन गर्हितत्वान्निवृत्तरजस्कायान्तु तस्यां तदप्रसक्तेरपरतस्पृहे पितरीव विभागः प्रशस्त इति तस्यार्थः। तथा सति निवृत्तरजस्कायां तस्यां तदीयऋक्थाधिकारिकन्यासन्तानस्यासम्भवात्सुतरान्तदिच्छया तद्धनविभागोऽपि पुत्राणामुचित इति मातृधनगोचरताप्यस्य वचसः सम्भवतीति न किञ्चिदेतत्।

यदपि व्यासबृहस्पतिवचसो र्मातृप्राधान्यं सापत्नविभागस्योक्तन्तन्ममाप्यविरुद्धम्। यथा हि। जीवतोरस्वतन्त्रः स्याद्दारयामिसमन्वितः। इत्यादि वचनवशाद्विभागोत्तरपितृमातृपारतन्त्र्यं तथैतद्वचनवशान्मातृभागएवार्थमिति बुद्ध्या तदाज्ञावशम्वदतया तज्जीवनावधि स्थेयमित्येतावता पितृधनविभागेऽपि तस्याञ्जीवन्त्यामनधिकारः कुतस्त्य इत्यलमधिकेन।

19. जीवत्पितृकविभागे पित्रा यथा स्वपुत्रांशसमांशभागिन्यः स्वपत्न्यः कार्य्यास्तथा तदुपरमविभागेऽपि पुत्रैस्ताः स्वसमांशभागिन्यः कार्य्या इत्याह याज्ञवल्क्यः। पितुरूर्द्ध्वं विभजतां माताप्यंशं समं हरेत्। यदि स्त्रीधनन्दत्तन्न भवति। दत्ते त्वंशार्द्धहारिणी कार्य्येति वचनादप्यत्रार्द्धशब्दो न समविभागवचनः। किन्तु यावता पुत्रसमांशिता भवति तावदेव विवक्षितम्।

अत्र मातृपदस्य जननीवाचकत्वान्नापुत्रसपत्नमातृपरत्वमपि। सकृच्छ्रुतस्य मातृपदस्य मुख्यगौणोभयार्थत्वानुपपत्तेः।

यत्तु। असुतास्तु पितुः पत्न्यः समानांशाः प्रकल्पिताः। पितामह्यश्च सर्व्वास्ता मातृतुल्याः प्रकीर्त्तिता इति व्यासवचनात् योगीश्वरवचने पत्नीग्रहणाच्च जीवत्पितृकविभागे पत्नीमात्रस्य पुत्रसमांशत्वम्। पुत्रपत्नीपदयोः पितृप्रतियोगिकसम्बन्धार्थकतया गौणमुख्यार्थकत्वानापत्तेः। पित्रोरूर्द्ध्वं विभागे तु पुत्रकर्तृकतया तत्सम्बन्धमातृप्रतीतेर्वैरूप्यादुभयपरत्वासम्भवात् पुत्रवतीनामेव स्वपुत्रसमांशित्वं अपुत्राणान्तु ग्रासाच्छादनमात्रभाक्त्वमविभक्तसंसृष्टपत्नीनामिव। युक्तञ्चैतज्जीवद्विभागे पितुः स्वातन्त्र्यात् अजीवद्विभागे पुत्राणां स्वातन्त्र्यात् मातृपदपत्नीपदस्वरसाच्च। युक्तञ्चापुत्राणां ग्रासाच्छादनमात्रभाजनत्वमिति बहुतरनिबन्धस्वरसः।

मिताक्षराकृतस्तु जीवद्विभागे पुत्रसमांशित्वं पत्नीनामुक्तमिदानीं पितुरूर्द्ध्वं

विभजतामपि पुत्रसमभागित्वं पत्नीनामाहेत्यवतारणिकं पितुरूर्द्ध्वं विभजतामित्यस्य योगीश्वरवचसः प्रयच्छतोऽत्रापि सपुत्रापुत्रसकलपितृपत्नीनां पुत्रसमांशित्वमभिप्रेतमिति प्रतीयते।

मदनरत्नकृताप्यत एवोक्तम्। जननीग्रहणमपुत्राणामपि मातृसपत्नीनामुपलक्षणं पितामहीनाञ्च। असुताश्च पितुः पत्न्य इत्यादिव्यासवचनादिति।

युक्तञ्चैतत्पितुः पत्न्यइति पुत्रप्रतियोगिकपितृग्रहणस्यान्यथा वैयर्थ्यात्। पुत्रसमांशित्वस्य पितृकृतविभागविषये पत्न्यः कार्य्याः समांशिका इति वदन्नपि मातर इत्येव वदेत्। तस्मात्पितृपत्नीत्वप्रयुक्तमेव जीवद्विभागसाधारणं पुत्रसमांशभाक्त्वमिति मिताक्षरामदनरत्नकारकृतोरभिप्रायः।

पितुरिति कर्त्तरि षष्ठी। तेन पितृकर्त्तृके विभागे पत्न्यः समानांशा इत्युक्तोऽर्थात्तत्प्रतियोगिकस्यैव पत्नीत्वस्य लाभाज्जीवद्विभागविषयतैवास्योचिता। तत्र मातृपदे मुख्यामुख्यमातृपरत्वानौचित्यात्प्रतिसम्बन्धितया च पुत्राणामेव स्ववचनोपात्तानामुपस्थितेर्जननीपरत्वमेव मातृपदस्य मुख्यार्थलाभायोचितम्। शिष्टाचारोऽप्येवम्। तदत्र युक्तन्तद्ग्राह्यमित्यलमधिकेन।

बृहस्पतिः। तदभावे तु जननी तनया वा समांशिनी। अत्र प्रक्रमात्तच्छब्देन पिता गृह्यते।

20. पितरि प्रेते यदि केऽपि भ्रातरोऽसंस्कृताः सन्ति तदा तत्संस्कारं समुदायद्रव्येण विधायावशिष्टं यथांशेन विभजनीयमित्याह याज्ञवल्क्यः। असंस्कृतास्तु संस्कार्य्या भ्रातृभिः पूर्व्वसंस्कृतैः। भ्रातृभिरित्यभिधानादसंस्कृता भ्रातर इति प्रतीयते॥

संस्कार्य्यत्वमात्रविधानस्य दायभागप्रस्तावासम्बन्धात्समुदायद्रव्यादिति विवक्षितम्। तथाच व्यासः। असंस्कृतास्तु ये तत्र पैतृकादेव तद्धनात्। संस्कार्य्या भ्रातृभिर्ज्येष्ठैः कन्यकाश्च यथाविधि॥

अविद्यमाने पितृधनेऽसंस्कृतसंस्कारावश्यकतामाह नारदः। अविद्यमाने पित्रर्थे स्वांशादुद्धृत्य वा पुनः। अवश्यकार्य्याः संस्कारा भ्रातृभिः पूर्व्वसंस्कृतैः॥

21. असंस्कृतभगिनीसंस्कारोऽप्यावश्यकः। सति पितृद्रव्ये ताभ्योऽंशदानमपीत्याह याज्ञवल्क्यः। भगिन्यश्च निजादंशाद्दत्त्वांशन्तु तुरीयकमिति। असंस्कृताः संस्कार्य्या इत्यनुषङ्गः। मनुः। स्वेभ्योऽंशेभ्यस्तु कन्याभ्यः प्रदद्युर्भ्रातरः पृथक्। स्वात्स्वादंशाच्चतुर्भागं पतिताः स्युरदित्सवः॥

अत्रोभयत्र प्रत्येकपरिकल्पितान्निजादंशादुद्धृत्य सर्व्वैर्भ्रातृभिर्भगिनीभ्यः प्रत्येकं चतुर्थोऽंशो देय इत्यर्थो न भवति। तथा सति बहुभ्रातृकाया बहुधनत्वं बहुभगिनीकस्य भ्रातुर्निर्द्धनतापत्तेः। तस्मात्संस्कारोपयुक्तद्रव्यदानमात्रं विवक्षितमिति रत्नाकरचिन्तामण्यादौ व्याख्यातम्। अनूढानान्तु कन्यानाम्वित्तानुरूपेण संस्कारं कुर्य्यादिति विष्णुवचनञ्च तत्रोपोद्बलकमुपन्यस्तम्।

तदयुक्तम् अंशदानाविवक्षायाः स्मृतिद्वयेऽप्यन्याय्यत्वात्। संस्काराकरणप्रत्यवा-

यात् पृथगदानप्रत्यवायश्रवणाच्च अन्यथा पतिताः स्युरदित्सव इत्यदानप्रत्यवायवचनमप्यसंस्कारप्रत्यवायपरं स्यात्।

अतो मेधातिथिमिताक्षराकारादिभि र्व्याख्यातमेवम्। निजादंशात् स्वात् स्वादंशादिति नापादाने पञ्चम्यपि तु ल्यब्लोपे। तथा च तमपेक्ष्येति यावत्। एवञ्च यज्जातीया कन्या तज्जातीयपुत्रभागचतुर्थांशभागिनी सा कार्य्या। तथा चायमर्थो ब्राह्मणजातीया या कन्या वक्ष्यमाणो ब्राह्मणीपुत्रभागो यावांस्तच्चतुर्थांशस्तस्याः। एवं क्षत्रियादिजातीयकन्यापि। तच्च यथा। यदि कस्यचिद्ब्राह्मणस्यैकैका पत्नी तस्याश्चैकः पुत्रः कन्यकाचैका। तत्र पित्र्यन्द्रव्यं सर्व्वमेव द्विधा विभज्य तत्रैकम्भागञ्चतुर्द्धा कृत्वैको भागो भगिन्यै तेन देयोऽवशिष्टं स खयङ्गृह्णीयात्। एवं पुत्रद्वये कन्यैकैव च त्रेधा विभागं सर्व्वद्रव्यस्य विधायैकस्य चतुर्द्धाकृतस्य भागस्य चतुर्थभागम्भगिन्यै दत्त्वा शेषं द्वाभ्यां यथांशम्विभज्य ग्राह्यम्। पुत्रैको कन्याद्वित्वे त्रेधाकृतस्य द्रव्यस्यैकम्भागञ्चतुर्द्धा कृत्वा द्वावंशौ द्वाभ्यां कन्याभ्यां दत्त्वाऽवशिष्टन्तेन ग्राह्यम्। एवं समानजातीयेषु असाम्येऽपि सर्व्वथा भगिनीनां भ्रातृजात्युचितभागतुरीयांशभागिता यथा भवति तथोह्यम्। यदा तु ब्राह्मणीपुत्र एकः क्षत्रियकन्या चैका। तच्च पितृधनं सप्तधा विभज्य क्षत्रियापुत्रभागांस्त्रींश्चतुर्द्धा विभज्य तुरीयमंशं क्षत्रियाकन्यायै दत्त्वा शेषं ब्राह्मणीपुत्रो गृह्णीयात्। यदा तु द्वौ ब्राह्मणपुत्रौ क्षत्रियाकन्या चैका तदा पितृधनमेकादशधा कृत्वा क्षत्रियापुत्रभागांस्त्रींश्चतुर्द्धा विभज्यैकमंशं क्षत्रियाकन्यायै दत्त्वा ब्राह्मणीपुत्रावन्यत् सर्व्वं विभज्य गृह्णीयाताम्। एवं सर्व्वत्र जातिवैषम्ये भ्रातृभगिनीसंख्यासाम्यवैषम्यं योज्यम्।

विष्णुरपि। मातरः पुत्रभागानुसारभागहारिण्योऽनूढाश्च दुहितरः पुत्रभागानुसारेण यथा वर्णक्रमेण पुत्राणाञ्चतुस्त्रिद्व्येकभागभागिता तथा तत्तज्जातीयपत्नीनामपि। अनूढाश्च दुहितरः पुत्रभागानुसारभागहारिण्य इत्यनेन यद्यपि चतुराद्यंशानां सर्व्वेषां दुहितृभ्योदानं प्रतीयते तथापि स्वेभ्योऽंशेभ्यः स्वात् स्वादंशादिति मनुयोगीश्वराभ्याञ्चतुर्थांशदानस्योक्तेस्तथैव पुत्रभागानुसारो न सजातीयभ्रातृसमभागहारित्वमित्यविरोधः।

एवमाह वृहस्पतिः। समांशा मातरस्त्वेषाञ्चतुर्थांशाश्च कन्यका इति॥ कन्यकानान्त्वदत्तानाञ्चतुर्थो भाग इष्यते। पुत्राणाञ्च त्रयोभागाः साम्यं त्वल्पधने स्मृतमिति॥ वदतः कात्यायनस्याप्येतदेवाभिमतम्। साम्यमित्यादेस्त्वयमर्थः। यदि संस्कारपर्य्याप्तमपि पितृधनं नास्ति तदा पुत्रसमभागितैव दुहितॄणामिति।

अनूढानां त्वित्यादिविष्णुवचनमपि मेधातिथ्यादीनां न प्रतिकूलम्। वित्तानुसारेण संस्कारमनूढानाम्पितुः कन्यानां स्वभगिनीनां कुर्य्यादित्यनेन संस्कारावश्यकतामात्रमेवोच्यते न तु भागदानादाने।

स्मृतिचन्द्रिकाकारस्तु। कन्याभ्यश्च पितृद्रव्यन्देयं वैवाहिकं वसिति देवलवचनानुसारेण संस्कारमात्रोपयोगिद्रव्यदानमेव मन्यते। वैवाहिकं वसु देयमिति वैवाहिकविशेषणस्यान्यथा वैयर्थ्यापत्तेरिति तदाशयः।

अत्र वदामः। कन्याभ्यः पितृद्रव्यन्देयमिति पृथग्विधिः। तच्च मन्वाद्यनुरोधाच्चतुर्थांशरूपमेव। वैवाहिकंवसु च देयमित्यपि पृथगेव विधिः। विभज्यमाने दायाद्ये कन्याऽलङ्कारं वैवाहिकञ्च स्त्रीधनं लभेतेति शङ्खवचनसमानार्थतया। व्याख्यातञ्चेदं शङ्खवचनं विद्यारण्यश्रीचरणैः पराशरस्मृतिटीकायाम्। पैतृकद्रव्यविभागकाले स्वपृतालङ्कारादिकमपि कन्या प्राप्नोतीत्याह शङ्ख इति। यदि तु वैवाहिकं विवाहोपयोगि पितृद्रव्यं कन्याभ्योदेयमित्यर्थः स्याद्वसुपदम्पुनरुक्तं स्यादिति पृथग्विधिद्वयमेवात्र युक्तम्।

दायतत्त्वकृता तु कन्याभ्यश्च पितृद्रव्याद्देयंवैवाहिकं वस्विति पठितन्तत्रापि शङ्खेन समानार्थकतालाभायास्मदुक्तमेव व्याख्यानमादर्त्तुमर्हं न तु विवाहोपयुक्तद्रव्यपरतेत्यवसेयम्।

अत्र च मन्वादिवचनेषु भगिनीपदं क्वचित् क्वचिच्च कन्यादिपदं यद्यपि श्रूयते तथापि भ्रातृकर्तृकविभागाधिकारात् पितृप्रतियोगिकं कन्यात्वन्दुहितृत्वं भ्रातृप्रतियोगिकञ्च भगिनीत्वमादायैकार्थकतावसेया।

तस्मादजीवत्पितृकविभागे भगिनीनामपि पितृद्रव्यांशभागित्वन्न तु संस्कार्य्यतामात्रम्। पूर्वन्तु यत्किञ्चित्पिता ददाति तदेव लभते विशेषवचनाभावादिति।

जीमूतवाहनेन तूक्तम्। प्रदद्युर्भ्रातरः दत्त्वांशन्त्विति मनुयोगीश्वराभ्यामभिधानान्न भगिनीभिरधिकारबुद्ध्या चतुर्थोऽंशोग्राह्यः। न ह्यधिकारिण एकस्मै भ्रात्रेऽन्यो भ्राता स्वांशाद्दद्यादित्युच्यते। तथा चतुर्थांशप्रदानमपीति। तददाने भ्रातृणामेव दोषो न तु तासामसह्यकारितेति।

तदप्ययुक्तम्। उक्तिवैचित्र्यमात्रस्याख्याप्रयोजकत्वात्। इच्छया विभजेत्सुतान् उद्धारं ज्यायसे दत्त्वेत्यादिवत्।

यदपि तेनैवोक्तम्। येषान्तु न कृताः पित्रा संस्कारविधयः क्रमात्। कर्त्तव्या भ्रातृभिस्तेषां पैतृकादेव तद्धनादिति॥ नारदवाक्ये येषामिति पुंलिङ्गनिर्द्देशात्तदनन्तरमेव चाविद्यमान इति वचनारम्भाद्भ्रातृसंस्कारार्थमेवेदं वचनमिति सति पितृद्रव्ये मन्वादिवचनेभ्योभगिनीसंस्कारावश्यकत्वप्रतीतेः संस्कारोपयोगिद्रव्यदानमेव विवक्षितमिति।

तद्धेयम्। वचनान्तरेषु भगिनीसंस्कारस्यावश्यकत्वप्रतीतेः। पिता पितामहो भ्राता सकुल्यो जननी तथा। कन्याप्रदः पूर्वनाशे प्रकृतिस्थः परः परः। अप्रयच्छन् समाप्नोति भ्रूणहत्यामृतावृताविति॥ भ्रातुरपि योगीश्वरेण भगिनीविवाहसंस्काराकरणे भ्रूणहत्यादोषश्रुतेस्तदेकमूलकतया येषान्तेषामित्यस्य सामान्यलिङ्गन्नपुंसकमिति वचनात्सामान्यविवक्षान्यायाच्च नपुंसकषष्ठ्यन्तत्वं विरूपैकशेषोऽपि वाभ्युपगन्तुमुचितएवेति।

यवीयस इति नुम्दीर्घयोरभावश्छान्दसमभिप्रेत्य। असंस्कृता भ्रातरस्तु ये स्युस्तत्र यवीयसः। संस्कार्य्याः पूर्वजैस्ते वै पैतृकान्मध्यकाद्धनादिति। बृहस्पतिवचनं पठित्वा भ्रातृग्रहणं भगिनीनामप्युपलक्षणमिति मदनरत्नकृता व्याख्यातम्।

अत्र च संस्कारसाहचर्य्यादनूढानां दुहितॄणाम्। कन्यकानान्त्वदत्तानामित्यनूढत्वविशेषणोपादानाच्चापरिणीता एव चतुर्थांशभागिन्योभगिन्योऽन्यास्तु यत्किञ्चिदौचित्याल्लभन्त इति बोध्यम्। मातृधने चेदमुपपञ्चनीयम्।

22. स्थावरस्य स्वार्जितस्य पैतामहस्य वा पुत्रानुमत्यैव पिता दानादि कुर्य्यात्। स्थावरं द्विपदञ्चैवेति प्रागुदाहृतवचनात्। यद्यपि स्वयमर्जितमित्यनेन पैतामहे कैमुतिकन्यायेन पुत्रानुमत्यावश्यकता प्रदर्शिता। कुटुम्बव्यापिन्यामापदि तु यः कश्चिदन्याननुमतावपि कुटुम्बभरणस्यावश्यकत्वात् स्थावरदानविक्रयादावधिकारी। एकोऽपि स्थावरे कुर्य्याद्दानाधमनविक्रयम्। आपत्काले कुटुम्बार्थे धर्मार्थे च विशेषतः इति वचनात्। धर्मार्थ इत्यनेनावश्यकः पितृश्राद्धादिरूपोधर्मो गृह्यते।

यत्तु स्मरणम्। विभक्ता अविभक्ता वा सपिण्डाः स्थावरे समाः। एको ह्यनीशः सर्व्वत्र दानाधमनविक्रय इति॥ तत्राविभक्तानां मध्यकद्रव्ये स्वाम्यसाम्यादनीशत्वमन्यानुमतिं विना सिद्धमपि स्थावरे विशेषतस्तदादरार्थमुच्यते। विभक्तानान्तु व्यवहारसौकर्य्यार्थम्। कालान्तरे हि विभक्ताविभक्तसंशये विभागभावनावश्यं साक्ष्यादिप्रमाणेन तथा सति कार्य्या स्यादन्यथा साधारणद्रव्यदानाद्यसम्भवात्। अनुमतौ तु सत्यां तदनपेक्षएव व्यवहारः सिद्ध्यति। ननु यथाश्रुतं स्थावरे विभक्तानामपि समं स्वाम्यम्। विभागस्यादृष्टार्थताप्रसङ्गात्। अतस्वान्यानुमतिमन्तरेणापि दानादिस्वरूपं सिद्ध्यत्येव विभागभावनायां व्यवहारोऽपि। यथा स्वग्रामज्ञातिसामन्तदायादानुमतेन वा। हिरण्योदकदानेन षड्भिर्गच्छति मेदिनीति वचने ग्रामानुमतिः सामन्तानुमतिश्च। सामन्तानुमतिस्तु सीमाविप्रतिपत्तिनिरासायापि। ज्ञातिदायादानुमतेस्तु पूर्व्ववदेव व्यवस्था। अतएव स्मृत्यन्तरम्। प्रतिग्रहः प्रकाशः स्यात् स्थावरस्य विशेषत इति॥ अन्यथात्रापि ग्रामसामन्तानुमतिमन्तरेण दानाद्यसिद्धिः प्रसज्येत। हिरण्योदकदानेनेति स्थावरे विक्रयो नास्ति कुर्य्यादाधिमनुज्ञयेति स्थावरस्य विक्रयप्रतिषेधात्तु। भूमिं यत्प्रतिगृह्णाति भूमिं यश्च प्रयच्छति। तावुभौ पुण्यकर्माणौ नियतं स्वर्गगामिनाविति। दानप्रशंसनाच्च कुटुम्बभरणाद्यर्थमवश्यकर्त्तव्येऽपि विक्रये सहिरण्यमुदकं क्षेत्रे दत्त्वा दानांशोऽपि कश्चिद्यथा तत्र भवति तथा दानरूपेण स्थावरविक्रयं कुर्य्यादिति सूचितम्।

जीमूतवाहनस्तु। स्थावरस्य समस्तस्य गोत्रसाधारणस्य च। नैकः कुर्य्यात्क्रयन्दानं परस्परमतं विना॥ विभक्ता वाऽविभक्ता वेत्यादि व्यासीयवचनद्वयमुपन्यस्य नेदमेकस्य क्रयदानाद्यनधिकारप्रतिपादनार्थम्। यथेष्टविनियोगार्हत्वलक्षणस्य स्वत्वस्य द्रव्यान्तर इव स्थावरेऽप्यविशेषात् स्वत्वत्यागाद्यनिष्पत्तेर्वचनशतेनापि वस्तुनोऽन्यथाकरणाशक्तेर्बाधयितुमशक्यत्वात्। किन्तु दुर्वृत्तपुरुषम्प्रति कुटुम्बार्त्त्यादिनिमित्ताभावे कुटुम्बविरोधादधर्मभागिताज्ञापनार्थं निषेधरूपम्। अतएव नारदः। यद्येकजाता बहवः पृथग्धर्माः पृथक्क्रियाः। पृथक्कर्मगुणोपेता नचेत्कार्य्येषु संयुताः॥ स्वभागान् यदि दद्युस्ते विक्रीणीयुरथापि वा। कुर्य्युर्यथेष्टं तत्सर्वमीशास्ते स्वधनस्य हीति॥

सामान्यत एव विक्रयाद्यनुमन्यते। ईशास्ते स्वधनस्य हीति हेत्वभिधानात् स्थावरगोचरमपीदं वचनम्। अपरथा तदानर्थक्यापत्तेरित्याहुः।

तत्सम्यगेव परं त्वधर्मभागिताज्ञापनार्थमित्युक्तम्। तथा स्थावरविक्रयस्य बहून् प्रत्यपि निषेधादेकग्रहणायार्थक्यापत्तेः। व्यवहारशास्त्रस्य व्यवहारसौकर्यादिदृष्टप्रयोजनसम्भवेऽदृष्टकल्पनानुपपत्तेः। अन्यथाऽनुमतावपि तदापत्तेः कुटुम्बविरोधजन्यवचनान्तरप्रतिपादिताधर्मप्रयोजकतापरमस्तु।

23. अत्र च पुत्रेच्छया यो जीवद्विभागो यश्चाजीवद्विभागः स एकेच्छयापि भवत्यविशेषात्। अतएव विभागं प्रक्रम्य यत्कात्यायनेनोक्तम्। अप्राप्तव्यवहाराणां धनं व्ययविवर्जितम्। न्यसेयुर्बन्धुमित्रेषु प्रोषितानां तथैव चेति॥ तदपि सम्मतम्। अन्यथा तदनुमतिमन्तरेण विभागाभावे तद्धनस्य बन्धुमित्रेषु न्यासविधानमनुपपन्नं स्यात्। तथा विष्णुरपि। तथा रक्ष्यं बालधनमाव्यवहारप्राप्तेरिति।

23*a*. अयञ्च पुत्राणां विभागः पुत्रपौत्रप्रपौत्रपर्य्यन्तः समानगोत्रोत्पत्तितः प्रत्यासत्तिक्रमेणाधिकारक्रमः। पुत्रादीनान्त्रयाणामेव पार्व्वणे पिण्डदानाधिकारात्। अतएव देवलः। पिता पितामहश्चैव तथैव प्रपितामहः। उपासते सुतं जातं शकुन्ता इव पिप्पलम्। मधुमांसैश्च शाकैश्च पयसा पायसेन च। एष नोदास्यति श्राद्धं वर्षासु च मघासु चेति॥ तथा च श्लोकाः शङ्खलिखितगौतमानां। पिता पितामहश्चैव तथैव प्रपितामहः। जातम्पुत्रं प्रशंसन्ति पिप्पलं शकुनाइव॥ मधुमांसेन खड्गेन पयसा पायसेन वा। एष दास्यति नस्तृप्तिं वर्षासु च मघासु चेति॥ एवं तुल्याधिकारात् जन्मना स्वत्वस्यापि तुल्यत्वात्तुल्यभागभागिता प्रसक्ताप्यनेकपितृकाणान्त्विति वचनेन निवर्त्तते।

जीवत्पितृकयोः पौत्रप्रपौत्रयोः पार्वणानधिकारेण पिण्डदातृत्वाभावात्पितामहप्रपितामहधने नाधिकारः। यदा चैकस्य पुत्राः सन्त्येकस्य पुत्र एवास्ति। तदा पुत्रस्यैकोभागोऽपरस्यैकः सर्व्वेषां पौत्राणाम्। स्वपित्रधीनजन्ममूलकत्वात् पितामहधनसम्बन्धस्य यावत्येव धने तस्य स्वामित्वार्हत्वन्तावत्येव तेषामपीति जीमूतवाहनेनोक्तम्

अनादेयम्। जन्मना पौत्राणामपि पितामहधने स्वत्वव्यवस्थापनात्। तस्मात् पौत्राणां पितामहधने वाचनिकमेव भागवैषम्यं न त्वौपपत्तिकम्।

यत्तु तेनैवोक्तम्। यत्रैकस्य भ्रातुरनेकसङ्ख्याः पुत्रा अन्यस्य च ततोऽल्पसङ्ख्यास्तत्रेदमनेकपितृकाणामिति वचनं पौत्रत्वेन सर्व्वेषां समभागनिरस्यर्थञ्जीवति तु पितरि पौत्राणाम्पितामहधनस्वाम्ये सपुत्रापुत्रभ्रातृद्वयविभागे तत्पुत्राणामपि विभागः स्यात् स्वाम्याविशेषादिति।

तत्प्रागेव निरस्तम्। उक्तोऽतिप्रसङ्गोऽप्यनेनैव परास्तः। अतएव पितृव्यभ्रातृपुत्रसमवाये पितृव्यपितृधनन्तदिति भ्रातृपुत्राणान्तत्र स्वाम्याभावाद्विभागएव न स्यादित्यप्यपास्तम्।

यच्च जीवत्पितृकयोरित्यादि तदपि मन्दम्। न हि पिण्डदानाधिकारएव दायग्रहणे प्रयोजकः ज्येष्ठे सति कनीयसामनधिकारेऽपि दायग्रहणात्। तदर्हतायाश्चा-

ह्याप्यनपायात्। गोत्रजादीनां दायहराणामनेकेषां समवाये पिण्डदानाद्युपकारित्वं धनस्वामिनो यत्तदनुपकारिव्यावर्त्तकम्परन्नतु तदत्र प्रयोजकम्।

24. जीवद्विभागेऽजीवद्विभागे वा कस्याञ्चित्पितृपत्न्यां भ्रातृपत्न्यां वा स्पष्टगर्भायामाप्रसवम्प्रतीक्ष्य विभागः कार्य्यः। अथ भ्रातॄणान्दायविभागो याश्चानपत्याः स्त्रियस्तासामापुत्रलाभादिति वशिष्ठस्मरणात्। आपुत्रलाभादिति वचनात् स्पष्टगर्भासु प्रतीक्षाऽस्पष्टगर्भासु तु नेत्यवगम्यते।

अतएव तत्र पश्चादुत्पन्नस्य विभागप्रकारमाह योगीश्वरः। विभक्तेषु सुतोजातः सवर्णायां विभागभाक्। पित्रिच्छया पुत्रेच्छया वा जीवतोः पित्रोर्विभक्तेषु पश्चात्सवर्णायां भार्य्यायामुत्पन्नो विभागभाक्। विभज्यत इति विभागः पित्रोर्भागस्तम्भजत इति विभागभाग्भवति। पित्रोरूर्द्ध्वं स एव तयोरंशं लभत इत्यर्थः। असत्यां दुहितरि मातृभागमिति विशेषः। सवर्णायामिति विशेषणादसवर्णायां जातस्तु पित्र्याद्धनात्स्वांशमेव लभते दुहित्रभावे मातृभागं सर्व्वमेव। अनेनैव न्यायेन जीवद्विभागेऽपि विभक्तजोऽसवर्णापुत्रः स्वजात्युचितभागेव। न सकलपित्र्यभागित्वमवसेयम्।

एतदेवाभिप्रेत्य मनुः। ऊर्द्ध्वं विभागाज्जातस्तु पित्र्यमेव हरेद्धनमिति। पित्रोरिदम्पित्र्यन्धनं यथोक्तव्यवस्थया हरेत्। एवकारेण भ्रातृभिः स्वांशादाकृष्य स्वभागसमभागभाक् स न कार्य्यः। गौतमोऽपि। विभक्तजः पित्र्यमेवेति।

जीवति तु पितरि मातरि तत्सपत्न्याश्चाऽविस्पष्टगर्भायां विभक्तैर्विभागानन्तरोत्पन्नोऽयं स्वभागादाकृष्य स्वभागसमभागभाक् स कार्य्यः। तथा च विष्णुः। पितृविभक्ता विभागानन्तरोत्पन्नाय विभागन्दद्युरिति। तच्च भ्रातृदत्तं तद्विभागं पितैव गृहीत्वा तम्परिपालयेत्। तस्यैव तत्राधिकारात्। अप्राप्तव्यवहाराणामित्यादिप्रागुक्तवचनाच्च।

यच्च वचनम्। अनीशः पूर्व्वजः पित्रोर्भ्रातुर्भागे विभक्तज इति। तस्याप्ययमेव विषयः। पूर्व्वजो विभागात्पूर्व्वमुत्पन्नः प्राप्तपितृधनविभागः पित्रोर्विभागेऽनीशो न स्वामी। विभक्तजश्च पूर्व्वविभक्तस्य भ्रातुर्भागेऽनीश इत्यर्थः।

विभागोत्तरञ्च यत्पित्रर्जितं तदपि विभक्तजस्यैव। पुत्रैः सह विभक्तेन पित्रा यत्स्वयमर्जितम्। विभक्तजस्य तत्सर्व्वमनीशास्तत्र पूर्व्वजाः यथा धने तथर्णे च दानाधानक्रयेषु च। परस्परमनीशास्ते मुक्त्वा शौचोदकक्रियामिति बृहस्पतिस्मरणात्। स एव पित्रा सह विभक्ता ये सापत्ना वा सहोदराः। जघन्यजास्तु ये तेषाम्पितृभागहरास्तु ते॥ अत्र हेतुरनीशः पूर्वजः इत्यादितद्वचनोक्तएव।

ये तु विभक्ताः पित्रा संसृष्टाः पुत्रास्तैः सह तु तस्य विभागो न सकलपित्र्यधनग्रहणमित्याह मनुः। संसृष्टास्तेन वा ये स्युर्विभजेत स तैः सह। तेन पित्रा।

पितुरूर्द्ध्वम्पितृधने भ्रातृभिर्विभज्य गृहीते विभागसमयेऽस्पष्टगर्भायाः पितृपत्न्याः पश्चात्पुत्रे जाते स्वस्वभागादायव्ययविशोधितात् तैः स्वस्वभागसमभागभाक् करणीय इत्याह याज्ञवल्क्यः। दृश्याद्वा तद्विभागः स्यादायव्ययविशोधितात्। दृश्याद्भ्रातृभिर्गृहीतात्। आयः प्रतिमासं प्रतिदिनं प्रत्यब्दं यत्तदुपरिरूढम्। व्ययः पितृकृत-

णीयाकरणं भ्रातृभगिनीसंस्कारकरणञ्च। तस्य सर्व्वसाधारण्येन कर्त्तव्यत्वात्। न तु भ्रातृकर्त्तव्यव्ययस्तस्यैतत्सम्बन्धाभावात्। ताभ्यामायव्ययाभ्यां विशोधितात्पितृधनात्तस्य विभागोत्तरोत्पन्नस्य विभागः पूर्व्वविभक्तसमः स्यादित्यर्थः। एतदुक्तम्भवति। प्रातिस्विकेषु स्वस्वभागेषु तदुत्थमायमवेक्ष्यावश्यकञ्च साधारणं व्ययन्निष्काश्याविशिष्टस्वस्वभागेभ्यः किञ्चित्किञ्चिदुद्धृत्य विभक्तजः स्वभागसमभाक् कार्य्य इति। वाशब्दस्तु विभक्तेषु सुतोजात इति पूर्व्वार्द्धेन सह व्यवस्थितविकल्पार्थः व्यवस्था चोक्तैव।

हलायुधस्तु। दृश्याद् प्रत्यक्षान्न तु गुप्तात्पितृधनादित्यर्थमुक्ता। विभक्तभ्रात्रपेक्षया योऽल्पगुणो विभक्तजस्तद्विषयोऽयम्पक्ष इत्याह।

तन्निर्वीजत्वात् गुप्तस्यापि विभागानन्तरे ज्ञातस्य समभागेन विभजनीयत्वादत्र तदप्रवृत्तौ प्रमाणाभावान्नियमकल्पनेऽदृष्टार्थतापत्तेर्विज्ञानेश्वरोक्तार्थकतयाच वचनसामञ्जस्यादुपेक्ष्यम्।

25. असवर्णानां भ्रातॄणां विभागप्रकारमाह योगीश्वरः। चतुस्त्रिद्व्येकभागाः स्युर्वर्णशो ब्राह्मणात्मजाः। क्षत्रजास्त्रिद्व्येकभागा विड्जास्तु द्व्येकभागिन इति॥

तिस्रो वर्णानुपूर्व्वेण द्वे तथैका यथाक्रमम्। ब्राह्मणक्षत्रियविशाम्भार्य्या स्वा शूद्रजन्मन इति॥ योगीश्वरेण ब्राह्मणस्यासवर्णास्तिस्रः क्षत्रियस्य द्वे विश एका भार्य्या इति सवर्णामादाय तेषां मध्ये ब्राह्मणस्य चतस्रः क्षत्रियस्य तिस्रो वैश्यस्य द्वे इत्युक्तम्। सवर्णासवर्णसर्व्वभार्य्याभिप्रायेण त्र्यादिसंख्याने वैश्यस्यापि द्वे शूद्रापरिहारे च स्वैवेति स्वा शूद्रजन्मन इति वैश्याद्वैलक्षण्यासङ्गतेरेवासवर्णाभिप्रायैवेयं संख्येति विज्ञानयोगिभिर्व्याख्यातम्।

तथा च ब्राह्मणाद् ब्राह्मण्यादिषु स्त्रीषु जाताः पुत्रा यथाक्रमं वर्णशो मातृवर्णानुसारेण। संख्यैकवचनाच्चस् वीप्सायामित्यधिकरणकारके शस् प्रत्ययः वर्णे वर्णे इत्यर्थः। ब्राह्मणादिभ्यः क्षत्रियादिषु जातानां मूर्द्धाभिषिक्तादिजातिसंज्ञत्वेन तद्वर्णशब्देन ग्रहणासम्भवान्मातृवर्णश इत्यर्थः। चतुस्त्रिद्व्येकभागाः स्युः। एतदुक्तम्भवति ब्राह्मणेन ब्राह्मण्यामुत्पन्ना एकैकशश्चतुरश्चतुरोभागान् लभन्ते। तेनैव क्षत्रियायामुत्पन्नास्त्रींस्त्रीन्। तेनैव वैश्यायामुत्पन्ना द्वौ द्वौ। तेनैव शूद्रायामुत्पन्ना एकमेकमिति। वर्णश इति सर्व्वत्रोत्तरोत्र सम्बध्यते। तथा च क्षत्रात् क्षत्रियादिषु जाता यथाक्रमन्त्रींस्त्रीन् द्वौ द्वावेकैकञ्च लभन्ते। विड्वैश्यादिषु जाता यथाक्रमं द्वौ द्वावेकमेकं लभन्त इति। शूद्रस्यासवर्णभार्य्याभावात्तत्पुत्राणां सजातीयपुत्रभागः पूर्व्वोक्त एव।

यद्यपि शूद्रापरिणयने द्विजातेर्भूय्यान्दोषः पुत्रार्थविवाहस्तु सर्व्वथा शूद्रायां निषिद्ध एव। तथा च मनुर्विष्णू। हीनजातिं स्त्रियं मोहादुद्वहन्तो द्विजातयः। कुलान्येव नयन्त्याशु ससन्तानानि शूद्रताम्। शूद्रावेदी पतत्यत्रेरुतथ्यतनयस्य च। शौनकस्य सुतोत्पत्त्या तदपत्यतया भृगोः॥ तदपत्यतया शूद्रामात्रजनितापत्यवत्तया ब्राह्मणस्य तु क्षत्रविडपेक्षयाप्यधिकदोषतामाहतुस्तत्परिणये तावेव। शूद्रां शयनमारोप्य ब्राह्मणो यात्यधोगतिम्। जनयित्वा सुतन्तस्यां ब्राह्मण्यादेव हीयत इति॥

योगीश्वरोऽपि। यदुच्यते द्विजातीनां शूद्रादारोपसंग्रहः। नैतन्मम मतं यस्मात्तत्रात्मा जायते स्वयमिति॥ तेन विप्रादिजातशूद्रापुत्राभावात्कथन्तस्यांशाभिधानमिति प्रतिभाति।

तथापि रतिधर्मार्थविवाहयोरनुकल्पत्वेन परिणीतायां शूद्रायामनुषङ्गाज्जातस्य विभागाभिधानमुपपन्नमेव। शूद्रायाञ्जातो निषादो यः पारशवेति जातिकथनमिव। आचारमिताक्षरायामेवं व्यवस्थापितं। अतएव मनुना। कामतस्तु प्रवृत्तानामिमाः स्युः क्रमशोऽवरा इति। कामत इत्यवरा इति च वदता सवर्णापरिणयनमेव मुख्यमित्युक्तम्। शङ्खलिखिताभ्यामपि। भार्याः कार्याः सजातीयाः सर्वेषां श्रेयस्यः स्युरिति पूर्वः कल्पस्ततोऽनुकल्पश्चतस्रो ब्राह्मणस्यानुपूर्व्येण तिस्रो राजन्यस्य द्वे वैश्यस्य एका शूद्रस्येति। आनुपूर्व्येणेत्युक्तेरुत्तरोत्तरस्य जघन्यता सूचिता।

यत्तु मनुना चातुर्वर्ण्यपुत्रविभागे प्रकारद्वयमुक्तम्। त्र्यंशन्दायाद्धरेद्विप्रो द्वावंशौ क्षत्रियासुतः। वैश्याजोऽध्यर्द्धमेवांशमंशं शूद्रासुतो हरेत्। सर्व्वं वा रिक्थजातन्तु दशधा परिकल्प्य तत्। धर्म्यं विभागं कुर्व्वीत विधिनानेन धर्म्मवित्। चतुरोऽंशान् हरेद्विप्रस्त्रीनंशान् क्षत्रियासुतः। वैश्यापुत्रो हरेद्व्यंशमंशं शूद्रासुतो हरेदिति॥ तत्रोत्तरप्रकारो योगीश्वरसंवादी। तद्गुणवदगुणवत्क्षत्रियादिपुत्रविषयतया व्यवस्थापनीयम्। अतएव ब्राह्मणजातो राजन्यापुत्रएव यदि जन्मज्येष्ठो गुणवांश्च तदा ब्राह्मणीपुत्रसमांशभाक् ब्राह्मणेन क्षत्रियेण च वैश्यायाञ्जनितस्तादृक् क्षत्रियापुत्रसमांशभागित्याह बृहस्पतिः। विप्रेण क्षत्रियाजातो जन्मज्येष्ठो गुणान्वितः। भवेत् समांशो विप्रेण वैश्याजातस्तथैव च॥ तथा बौधायनः। सवर्णापुत्रानन्तरापुत्रयोरनन्तरापुत्रश्चेद्गुणवान् स ज्येष्ठांशं हरेत्। गुणवान् हि शेषाणां भर्त्ता भवतीति॥ एतद्वचनेऽनन्तरोत्पन्नमात्रस्य गुणवत्त्वज्येष्ठताप्रयुक्तोत्कृष्टपुत्रसमांशभाक्त्वोक्तेः वैश्यजशूद्रापुत्रस्याप्येवंविधस्य वैश्यापुत्रसमांशिता द्रष्टव्या बृहस्पत्यनुक्तापि। ज्येष्ठांशं हरेदित्यस्योत्कृष्टसमांशहरणमेवार्थो बृहस्पतिसंवादादुत्तमजातीयापेक्षयाधिकांशानौचित्याच्च।

यदा तु शूद्रा एवैकः पुत्रो ब्राह्मणस्य। तदा स तद्धनतृतीयांशहारी भागद्वयं सपिण्डानां तदभावे सकुल्यानान्तेषामप्यभावे श्राद्धकर्त्तुः। यदाह देवलः। निषादएकपुत्रस्तु विप्रस्य स तृतीयभाक्। द्वौ सपिण्डः सकुल्यो वा स्वधादाताथवा हरेत्। ब्राह्मणाच्छूद्रायां जातो निषादः स एकश्चासौ पुत्रश्चेत्यर्थः।

क्षत्रियवैश्ययोस्तु शूद्रएवैकः पुत्रः स धनार्द्धहरोऽपरमर्द्धमपुत्रधनग्रहणाधिकारिणस्तदुक्तक्रमेण गृह्णीयुः। तथा च विष्णुः। द्विजातीनां शूद्रस्त्वेकपुत्रोऽर्द्धहरोऽपुत्रकर्थस्य या गतिः साऽर्द्धस्य द्वितीयस्येति। द्विजातिपदेनात्र क्षत्रियवैश्यमात्रग्रहणम्। देवलेन ब्राह्मणे विशेषाभिधानात्। एकपुत्र इति कर्म्मधारयः।

इदमपि सद्वृत्तातिगुणवच्छूद्रापुत्रविषयम्। अन्यथा। यद्यपि स्यात्तु सत्पुत्र इत्यादिना ब्राह्मणक्षत्रियविशामित्यादिना च वक्ष्यमाणमनुवचनेन विरोधापत्तेः।

यद्यपि सामान्यत इयम्भागक्लृप्तिरुक्ता तथापि प्रतिग्रहप्राप्तभूमिव्यतिरिक्तविषया क्षत्रियादिसुतानान्तत्र भागप्रतिषेधात्। तथा च बृहस्पतिः। न प्रतिग्रहभूर्देया क्षत्रियादिसुताय वै। यद्यप्येषां पिता दद्यान्मृते विप्रासुतो हरेत्॥ अत्र प्रतिग्रहोपादानात्क्रयादिप्राप्तायाम्भवत्येव तेषामपि भागः स्वजात्यर्द्ध इति सूचितम्। अतएव भूमिमात्रविषये शूद्रापुत्रस्य पृथङ्निषेधो देवलेनोक्तः। शूद्रायां द्विजातिभिर्जातो न भूमेर्भागमर्हति। सजातो वाप्नुयात्सर्वमिति धर्मो व्यवस्थित इति।

यत्तु। ब्राह्मणक्षत्रियविशां शूद्रापुत्रो न रिक्थभाक्। यदेवास्य पिता दद्यात्तदेवास्य धनं स्मृतमिति मनुवचनम्। तत्पित्रप्रीतिदत्तधनसद्भावविषयमिति दाक्षिणात्याः। निर्गुणापरिणीतशूद्रापुत्रविषयमिति तु पौरस्त्यास्तन्मन्दम्। यदेवास्येत्यादिवाक्यशेषोपात्तव्यवस्थामपहायानुपात्तसगुणनिर्गुणव्यवस्थायाः कल्पयितुमनर्हत्वात्। अपरिणीतशूद्रापुत्रभागस्य च दासप्रस्तावेऽभिधास्यमानत्वात्प्राच्यैव व्यवस्था सुस्था।

PART II.

1\. मुख्यामुख्यपुत्राणां विभागव्यवस्थां वक्तुं तत्स्वरूपं निरूप्यते। तत्र याज्ञवल्क्यः। औरसो धर्मपत्नीजस्तत्समः पुत्रिकासुतः। क्षेत्रजः क्षेत्रजातस्तु सगोत्रेणेतरेण वा। गृहे प्रच्छन्न उत्पन्नो गूढजस्तु सुतः स्मृतः। कानीनः कन्यकाजातो मातामहसुतो मतः। अक्षतायां क्षतायां वा जातः पौनर्भवः सुतः। दद्यान्माता पिता वा यं स पुत्रो दत्तकः स्मृतः। क्रीतश्च ताभ्यां विक्रीतः कृत्रिमः स्यात् स्वयं कृतः। दत्तात्मा तु स्वयन्दत्तो गर्भे विन्नः सहोढजः। उत्सृष्टो गृह्यते यस्तु सोऽपविद्धो भवेत् सुतः॥

2\. सवर्णा धर्मविवाहोढा धर्मपत्नी तस्यां जातः औरसः पुत्र इति मिताक्षरा। वस्तुतस्तु नेदमेव बोद्धव्यम्। अनुलोमजानाम्मूर्द्धाभिषिक्तादीनामौरसेष्वन्तर्भावादिति स्ववचनविरोधात्। न हि ते सवर्णायामुत्पन्नाः। ब्राह्मणादिषु येषां ये न धर्मविवाहास्तदूढोत्पन्नानामनौरसत्वप्रसङ्गे तेषु सत्स्वप्यन्येषान्दायग्रहणप्रसङ्गाच्च। तस्मादुत्कर्षाभिप्रायं सवर्णाग्रहणं धर्मपत्नीजत्वमात्रं वाक्योपात्तं क्षेत्रजादिव्यावर्त्तकं लक्षणम्।

अतएव मनुः। संस्कृतायां स्वभार्य्यायां स्वयमुत्पादयेत्तु यम्। तमौरसन्तं विजानीयात्पुत्रं प्रथमकल्पिकम्॥ वशिष्ठोऽपि। द्वादशैव पुत्राः पुराणदृष्टाः स्वयमुत्पादितः स्वक्षेत्रे संस्कृतायामौरसः प्रथम इति॥ विष्णुरपि। अथ द्वादश पुत्रा भवन्ति स्वक्षेत्रे संस्कृतायामुत्पादितः स्वयमौरसः प्रथम इति॥ अत्र वचनद्वयेऽपि स्वक्षेत्रे संस्कृतायामिति व्याख्यानव्याख्येयभावोऽन्यथा पौनरुक्त्यापत्तेः। देवलः। संस्कृतायां स्वभार्य्यायां स्वयमुत्पादितो हि यः। औरसो नाम पुत्रः स प्रधानः पितृवंशकृत्॥ आपस्तम्बः। सवर्णां शास्त्रविहितां यथर्त्तु गच्छतः पुत्रास्तेषां धर्माभिसम्बन्धः दायेनाव्यतिक्रमश्चोभयोर्मातापित्रोः॥ बौधायनः। सवर्णायां संस्कृतायां स्वयमुत्पादितमौरसं पुत्रं

विद्यात्। अथाप्युदाहरन्ति। अङ्गादङ्गात्सम्भवसि हृदयादभिजायसे। आत्मा वै पुत्रनामासि स जीव शरदः शतम्। आधत्त पितरो गर्भे कुमार पुष्करस्रजम्। यथेह पुरुषस्यात्मा तथा त्वमिह जायसे। आत्मा पुत्र इति प्रोक्तः पितुर्मातुरनुग्रहात्। पुन्नाम्नस्त्रायसे यस्मात्पुत्रस्तेनासि संज्ञित इति ॥

आपस्तम्बीयबोधायनीययोः सवर्णाग्रहणमुत्कर्षाभिप्रायकमेव। अतएवासवर्णासूत्पन्नानामप्यौरसपुत्रप्रस्तावएव विभागप्रकार उक्तः सङ्गच्छते। आपस्तम्बवचने सवर्णामपूर्वामिति रत्नाकरे धृतः पाठोऽपूर्वा न पूर्वः पतिर्यस्याः सा वाग्दत्तापि या न भवतीत्यर्थ इति प्रकाशकारइति व्याख्यातञ्च। पारिजातेऽप्युक्तम्। सवर्णात्र द्विजस्य द्विजा शूद्रस्य शूद्रा।

न तु ब्राह्मणस्य ब्राह्मणी क्षत्रियस्य क्षत्रिया वैश्यस्य वैश्या। अन्यथा ब्राह्मणादिपरिणीतक्षत्रियादिपुत्राणां द्वादशपुत्रान्तर्भावो न स्यादिति।

3. पुत्रिकायाः सुतः पुत्रिकासुतः स तत्समः। यथाह श्लोकं वशिष्ठः। अभ्रातृकां प्रदास्यामि तुभ्यङ्कन्यामलङ्कृताम्। अस्यां यो जायते पुत्रः स मे पुत्रो भवेदिति ॥ मनुरपि। अपुत्रोऽनेन विधिना सुतां कुर्व्वीत पुत्रिकाम्। यदपत्यं भवेदस्यान्तन्मम स्यात् स्वधाकरम्। अनेन तु विधानेन पुरा चक्रेऽथ पुत्रिकाम्। विवृद्ध्यर्थं स्ववंशस्य स्वयं दक्षः प्रजापतिः। ददौ स दश धर्माय कश्यपाय त्रयोदश। सोमाय राज्ञे सत्कृत्य प्रीतात्मा सप्तविंशतिम् ॥ अत्र परिभाष्य दत्तायामुत्पन्नः पुत्रिकापुत्रो मातामहस्येत्युक्तम्। अपरिभाषितदत्तायामपि सम्भवतीति भ्रातृमतीमिति विशेषणम्पुत्रिकाकरणशङ्कानिवृत्त्यर्थम् अनेनं चापरिभाषितापि पुत्रिका भवतीत्याचारमिताक्षरायां निरूपितम्। अतएव गौतमोऽपि। पितोत्सृजेत्पुत्रिकामनपत्यो मदर्थमपत्यमिति सम्वाद्य। अभिसन्धिमात्रात्पुत्रिकेत्येकेषामिति ॥ ब्रह्मपुराणेऽपि। अपुत्रेण तु या कन्या मनसा पुत्रवत्कृता। राजाग्निबान्धवेभ्यश्च समक्षं वाथ कुत्रचित्। प्राग्गर्भमथवा शुल्कयुक्ता पित्रा वराय वा। मृते पितरि वा दत्ता सा विज्ञेया तु पुत्रिका। पित्र्यादृक्थात्समम्भागं लभेत तादृशी सुतेति ॥ मनुः। मातुः प्रथमतः पिण्डं निर्वपेत्पुत्रिकासुतः। द्वितीयन्तु पितुस्तस्यास्तृतीयन्तु पितुः पितुरिति ॥

अथवा पुत्रिका चासौ सुतश्च पुत्रिकासुत इति पुत्रिकैव पुत्रस्थानीयेत्यर्थः। तस्याश्चौरसो जातत्वेऽपि कन्यात्वात्पुत्रसमत्वमिति वयम्। पित्रवयवानामल्पत्वान्मात्रवयवानां बाहुल्याच्चौरससमत्वमिति मिताक्षरा। यथाह वशिष्ठः। द्वितीयः पुत्रः पुत्रिकैवेति।

4. द्व्यामुष्यायणस्तु। अपुत्रेण परक्षेत्रे नियोगोत्पादितः सुतः। उभयोरप्यसौ रिक्थी पिण्डदाता च धर्मत इति याज्ञवल्क्योऽपि। स वीजिनो यद्यप्यौरसस्तथाप्यन्यक्षेत्रोत्पन्नत्वादौरसादपकृष्टएव। अतएवौरसो धर्म्मपत्नीज इत्यौरसलक्षणं तेनैवाभिहितम्। अस्माभिरपि क्षेत्रजत्वानपायात्क्षेत्रजपुत्रमध्यएव व्याख्यास्यते।

मनुरपि। क्रियाभ्युपगमात् क्षेत्रं वीजार्थं यत्प्रदीयते। तस्येह भागिनौ दृष्टौ

वीजी क्षेत्रिकएव च ॥ यथा लोके क्रियाकर्षणाख्यातादभ्युपगमात्। एकस्य वापार्थं वीजं व्रीह्यादि नास्ति क्षेत्रमस्ति अपरस्य क्षेत्रं नास्ति वीजमस्ति। तत्र तौ मदीयं वीजन्त्वदीयं क्षेत्रं तत्र तदावापेन कृषिं कुर्वंस्तत्रोत्पन्नं फलमावयोरस्त्वित्यभ्युपगमं सम्बिदं यदि कुरुतस्तथा सति द्वावपि तत् फलभागिनौ दृष्टौ। तथा ह्यामुष्यायणस्थलेऽप्यत्रोत्पन्नमावयोरस्त्विति संविदा यद्येकस्य क्षेत्रेऽपरः स्ववीजमावपति तदुत्पन्नमप्यपत्यमुभयोर्भवतीति तस्य क्षेत्रजस्य द्विपितृकत्वेन ह्यामुष्यायणसंज्ञा।

अत्र याज्ञवल्क्येन नियोगोत्यादिना इत्युक्तेर्गुरुनियुक्तस्यैव देवरसपिण्डादेर्भ्रात्रादिभार्य्यायां घृताभ्यङ्गादिविधितः पुत्रोत्पादनमितरथा प्रत्यवाय उभयोरित्युक्तं भवति। तथा च मनुः। अपुत्राङ्गुर्वनुज्ञातो देवरः पुत्रकाम्यया। सपिण्डो वा सगोत्रो वा घृताभ्यक्त ऋतावियात्। अनेन विधिना जातः क्षेत्रजोऽस्य भवेत्सुतः॥

यदा त्वनभिन्धाय द्वयोरपत्यं परक्षेत्रे देवरादिना वीजमुप्यते तदा क्षेत्रिणएव तदपत्यम्। तदप्याह मनुः। फलन्त्वनभिसन्धाय वीजिनां क्षेत्रिणान्तथा। प्रत्यक्षं क्षेत्रिणामर्थो वीजाद्योनिर्बलीयसीति॥ फलमपत्यरूपमनभिसन्धाय यत्र परक्षेत्रे यदपत्यमुत्पाद्यते तत्क्षेत्रस्वामिनएव भवति। यथा लोके परक्षेत्रे व्रीह्यादिवीजं क्षेत्रस्वामिना सह सम्बिदमकृत्वैव पश्वादौ परकीयेऽन्यदीयो नगाश्वादिर्वीर्य्यमावपति तत्रोभयत्रापि क्षेत्रस्वामिनएव तदुत्पन्ने फले स्वाम्यं दृश्यत इति प्रत्यक्षमित्यस्यार्थः। तत्र हेतुर्बीजाद्योनिर्बलीयसीति। गवाश्वादौ तथा दर्शनादिति भावः। तथा चाभिसन्धौ सत्येव क्षेत्रजस्य वीजिस्वाम्येन ह्यामुष्यायणत्वं क्षेत्रस्वामिस्वाम्यन्तु क्षेत्रज उभयत्रापीति फलितोऽर्थः। अतएव यद्यपि याज्ञवल्क्येनापुत्रेणेत्यादिवचने वीज्यभिसन्धिर्नोपात्तस्तथापि मन्वाद्येकमूलकतयानुसन्धेयः। अतएव। क्षेत्रजः क्षेत्रजातस्तु सगोत्रेणेतरेण वा। इत्यनभिसन्धिसाधारणं क्षेत्रजलक्षणमुक्तमन्यथा पौनरुक्त्यापत्तेः। सगोत्रेण देवरसपिण्डादिना। इतरेणासगोत्रेणेत्यनुकल्पः। मनुना सपिण्डो वा सगोत्रो वा इत्यभिधानात्।

नियोगश्च वाग्दत्ताविषय एवेत्याचार्य्याः। यस्या म्रियेत कन्याया वाचा सत्ये कृते पतिः। तामनेन विधानेन निजो विन्देत देवर इति मनुना तत्रैव नियोगविधिना पुत्रोत्पादनस्य नियमितत्वात्। विधवानियोगस्य प्रत्युत प्रतिषिद्धत्वाच्च। तथाहि। देवराद्वा सपिण्डाद्वा स्त्रिया सम्यङ्नियुक्तया। प्रजेप्सिताधिगन्तव्या सन्तानस्य परिक्षये। विधवायां नियुक्तास्तु घृताक्तो वाग्यतो निशि। एकमुत्पादयेत् पुत्रं न द्वितीयं कथञ्चनेति॥ इत्यादिविधवानियोगमुपन्यस्य निषेधयति स्वयमेव मनुः। नान्यस्मिन् विधवा नारी नियोक्तव्या द्विजातिभिः। अन्यस्मिन् हि नियुञ्जाना धर्मं हन्युः सनातनम्। नोद्वाहिकेषु मन्त्रेषु नियोगः कीर्त्त्यते क्वचित्। न विवाहविधावुक्तं विधवावेदनं पुनः। अयं द्विजैर्हि विद्वद्भिः पशुधर्मो विगर्हितः। मनुष्याणामपि प्रोक्तो वेणौ राज्यं प्रशासति। स महीमखिलाम्भुञ्जन् राजर्षिप्रवरः पुरा। वर्णानां सङ्करञ्चक्रे कामोपहतचेतनः। ततः प्रभृति यो मोहात्प्रमीतपतिकां स्त्रियम्। नियोजयत्यपत्यार्थन्तं विगर्हन्ति साधव इति॥

अत्र वाग्दत्ताशब्देन तुभ्यमहं सम्प्रदद इत्यादि सङ्कल्पवाक्येन कन्यादात्रा दत्ता गृह्यते। विधवाशब्देन तु सप्तपदीपर्य्यन्तविवाहोढा पश्चान्मृतपतिका। न तु विवाहात्प्रागनियतकालप्रतिश्रवणरूपवाग्दानदत्तायाः। अव्यङ्गेऽपतितेऽक्लीबे दशदोषविवर्जिते। इमां कन्यां प्रदास्यामि देवाग्निगुरुसन्निधाविति वाक्येन प्रतिज्ञायते। अतएव पतिरिति मनुनोक्तम्। प्राग्भाविप्रतिश्रवणस्य विवाहप्रयोगबहिर्भावेन प्रतिश्राव्यस्य पतित्वानुत्पत्तेः पतिशब्देन निर्द्देशानुपपत्तेः। यद्यपि सङ्कल्पिताया अपि न स पतिर्ज्ञातः। भार्य्यात्ववत्पतित्वस्याप्यलौकिकसंस्कारात्मकत्वेन विवाहभावनाभाव्यस्य सततं प्रागनुत्पत्तेः। तथापि प्रयोगोपक्रमे तत्फलीभूततद्व्यवहारसम्भवः। यजमानेष्टितः प्रागप्याहवनीयव्यवहारवत्। प्रतिश्रवणमात्रे तु न तदुपक्रमोऽपीति सर्व्वथा पतित्वव्यपदेशोऽनुपपन्नः। अतएव प्रतीच्योदीच्यादीनां विवाहाददवीयःप्राक्काले वाग्दत्तायास्तदुद्देश्ये मृतेऽपि पुनरविगीतशिष्टैरन्येन सह विवाहः क्रियते। अन्यथा कलौ नियोगविधेरपि निषिद्धतया पुनरुद्वाताविवाहस्य दूरापास्ततया स दुराचार एव स्यात्। तथा चायमर्थः। वाचा सत्ये कृते सङ्कल्पवाक्येन दाने कृते सति यस्याः पतिः पतित्वभाव्यकविवाहभावनाविषयीभूतः पुरुषो म्रियेतेति। न च विहितप्रतिषिद्धत्वाद्विकल्प एव विधवानियोगस्यास्त्विति वाच्यम्। वस्तुनि विकल्पासम्भवात्। नहि विधवायां नियोगात्प्रवृत्तस्य प्रत्यवायो भवति न भवति वेति सम्भवति। नियोगविधेर्य्यस्या म्रियेतेत्यादिवचनेन वाग्दत्ताविषयत्वे नियन्त्रिते विधवाविषये प्रवृत्त्यभावाच्च नियोजयितृणान्निन्दाश्रवणात् स्त्रीधर्म्मेषु व्यभिचारस्य बहुदोषजनकत्वश्रवणात् संयमस्यातिप्रशंसनाच्च तुल्यबलत्वस्यापि विधिप्रतिषेधयोरभावात्। तथा च मनुरेव। कामन्तु क्षपयेद्देहं पुष्पमूलफलैः शुभैः। न तु नामापि गृह्णीयात्पत्यौ प्रेते परस्य त्विति जीवनार्थं पुरुषान्तराश्रयणे निषिद्धे। आसीतामरणात् क्षान्ता नियता ब्रह्मचारिणी। यो धर्म एकपत्नीनां काङ्क्षन्ती तमनुत्तमम्। अनेकानि सहस्राणि कुमारब्रह्मचारिणाम्। दिवं गतानि विप्राणामकृत्वा कुलसन्ततिम्। मृते भर्त्तरि साध्वी स्त्री ब्रह्मचर्य्ये व्यवस्थिता। स्वर्गङ्गच्छत्यपुत्रापि यथा ते ब्रह्मचारिणः। अपत्यलोभाद्या तु स्त्री भर्त्तारमतिवर्त्तते। सेह निन्दामवाप्नोति पतिलोकाच्च हीयत इति पुत्रार्थमपि पुरुषान्तराश्रयणं निन्दातिशयपुरःसरम्प्रतिषिद्धवान्। पश्चात् स्वयमेव यस्या म्रियेतेत्यनेन वाग्दत्ताविषयनियोगस्य च धर्म्यत्वमुक्तवान्। अनेन विधानेनेत्युक्ताऽन्यथा। यथा विध्यधिगम्यैनां शुक्लवस्त्रां शुचिव्रताम्। मिथो भजेताप्रसवात्सकृत्सकृदृतावृताविति विधानमपि दर्शितवान्। घृताभ्यङ्गगुर्वनुज्ञादिः पूर्व्वोक्तः स्मृत्यन्तरोक्तश्च यो विधिः सोऽप्यनेनेति सर्वनाम्ना परामृश्यते। देवरग्रहणं सपिण्डादेरुपलक्षणम्। वचनान्तरानुसारात्। पतिपदं वाचा सत्य इति च व्याख्यातमेव।

यस्मै वाग्दत्ता स प्रतिग्रहमन्तरेणैव तस्याः पतिरित्यस्मादेवावागम्यत इति मिताक्षराग्रन्थोऽप्यस्मदुक्तार्थाभिप्रायकतयैव नेयः। यथा श्रुते दोषस्योक्तत्वात्। अत-

एवाग्रेतनोग्रन्थः। अयञ्च विवाहो यज्ञघृताभ्यङ्गादिनियमवान्नियुक्तागमनाङ्गमेवेति न देवरस्य तस्याम्भार्य्यात्वमापादयति। अतस्तदुत्पन्नमपत्यं क्षेत्रस्वामिन एवासत्यां सम्बिदि। सम्बिदि सम्बिदैव तूभयोरपीति।

नारदः। क्षेत्रिकानुमते वीजं यस्य क्षेत्रे प्रसिच्यते। तदपत्यं द्वयोरेव वीजिक्षेत्रिकयोर्मतम्॥ शङ्खलिखितौ। मन्त्रसंस्कारकर्त्तुरपत्यमित्याङ्गिरसोवीजिक्षेत्रिकयोरनुमते यद्वीजमवकीर्य्यते तत् द्विधा शस्यमित्युशनाः॥ कात्यायनः। क्षेत्रिकस्य मतेनापि फलमुत्पादयेत्तु यः। तस्येह भागिनौ तौ तु न फलं हि विनैकतः॥

हारीतः। जीवति क्षेत्रजमाहुरस्वातन्त्र्यान्मृते द्व्यामुष्यायणमनुप्तवीजत्वात्। नावीजं क्षेत्रं फलति। नाक्षेत्रं वीजं रोहत्युभयदर्शनादुभयोरपत्यमित्यपरे। तेषामुत्पादयितुः प्रथमः प्रवरो भवति। द्वौ पिण्डौ निर्वापे दद्युरेकपिण्डे वा द्वावनुकीर्त्तयेत्। द्वितीये पुत्रस्तृतीये पौत्रो लेपिनश्च त्रीन्वाचक्षाणा आसप्तमादित्येके॥

जीवति क्षेत्रपतौ तस्यैव क्षेत्रजं पुत्रमाहुः। अत्र हेतुरस्वातन्त्र्यात् स्त्रिया इत्यर्थः। मृते तु क्षेत्रपतौ। अपुत्राशयनं भर्त्तुरित्यादिवक्ष्यमाणमनुवचनादस्वातन्त्र्यमविशिष्टं यद्यपि तथापि न क्षेत्रिणएव तत्र हेतुरनुप्तवीजत्वात् क्षेत्रिणो वीजिनश्चात्यनुमत्यवश्यंभावादित्यर्थः। तत्रोपपादकता वीजमित्यादि निर्वापे निरूप्यतेऽस्मिन्निति निर्वापः पिण्डपितृयज्ञस्तत्र द्व्यामुष्यायणाः पितृद्वयाय द्वौ पिण्डौ पृथग्दद्युः। एकपिण्डे वा द्वौ पितरावनुकीर्त्तयेत्। एकैकस्मिन् द्वौ द्वाविति वीप्सा बोध्या। यदि द्विपितास्यादेकैकस्मिन् पिण्डे द्वौ द्वावुपलक्षयेदित्यायस्तम्बस्मरणात्। त्रयाणामपि द्वित्वादिति भावः। द्वितीय इत्यादि। द्वितीयं तृतीयं चारभ्येत्यर्थः। लेपिनश्च त्रीणित्यादि। तत्कीर्त्तनेऽपि द्वौ द्वावनुकीर्त्तयेदित्यर्थः।

नारदोऽपि। द्व्यामुष्यायणका दद्युर्द्वाभ्यां पिण्डोदके पृथक्। ऋक्थादर्द्धांशमादद्युर्वीजिक्षेत्रिकयोस्तथा॥ अर्द्धांशमिति यथोचितभागोपलक्षणम्।

बौधायनः। अथाप्युदाहरन्ति। द्विपितुः पिण्डदानं स्यात् पिण्डे पिण्डे च नामनी। त्रयश्च पिण्डाः षण्णां स्युरेवं कुर्वन्न दुष्यतीति॥ षण्णां पितृपितामहप्रपितामहानाम्। स एव। मृतस्य प्रसूतो यश्च क्लीवस्य व्याधितस्य वा। तेनानुमतस्य क्षेत्रे स क्षेत्रजः स च द्विपिता द्विगोत्रश्च द्वयोरपि स्वधाऋक्थभाग्भवति॥

मनुः। यस्तल्पजः प्रमीतस्य क्लीवस्य व्याधितस्य वा। स्वधर्मेण नियुक्तायां स पुत्रः क्षेत्रजः स्मृतः॥

अत्र सर्व्वत्र जीवति क्षेत्रिणि व्याध्यादिप्रतिरुद्धपुत्रोत्पादने यथायोगं गुरूणाम्भर्त्तुरपि नियोगः सम्बिच्च। मृते तु गुरूणामेव।

तथा च क्षेत्रजो द्विविधो द्विपितृकः क्षेत्रिकपितृकश्च।

5. गृहे प्रच्छन्न उत्पन्नो जारात्पश्चात्सवर्णजातित्वेन निर्णीतः क्षेत्रस्वामिनो गूढजो नाम पुत्रः। मनुः। उत्पद्यते गृहे यस्य न च ज्ञायेत कस्य सः। स गृहे गूढ उत्पन्नस्तस्य स्याद्यस्य तल्पजः॥ नचेत्यादि। पुरुषविशेषजन्यत्वेनाज्ञातोऽपि सवर्णजार-

जन्यत्वेन ज्ञातः। सजातीयेष्वयम्प्रोक्तस्तनयेषु मया विधिरिति योगीश्वरोक्तेस्तच्च व्याख्यास्यते।

6. कानीनः कन्यकायामपरिणीतायां सवर्णाज्जातः स मातामहसुतो यस्य सा कन्या तस्यैव पुत्रः इत्यर्थः। परिणीतायान्तु जातो वोढुरेव तु गूढजः। यथाह मनुः। पितृवेश्मनि कन्या तु यम्पुत्रञ्जनयेद्रहः। तं कानीनं वदेन्नाम्ना वोढुः कन्यासमुद्भवमिति॥ एतैर्वाक्यैरपरिणीतायां पितृगृहावस्थितायां सवर्णजारजः कानीनः स च मातामहसुत इत्युक्तं।

तद्विरुद्धं ब्रह्मपुराणीयं कल्पतरुलिखितं वाक्यम्। अदत्तायान्तु यो जातः सवर्णेन पितुर्गृहे। स कानीनः सुतस्तस्य यस्मै सा दीयते पुनः॥ नारदवाक्यमपि तत्रैव। कानीनश्च सहोढश्च गूढायां यश्च जायते। तेषां वोढा पिता ज्ञेयस्ते च भागहराः स्मृता इति॥ अत्रादत्तायां सवर्णात् पितुर्गृहे जातस्य कानीनत्वमविरुद्धम्। यस्मै सा पुनर्दीयते तस्यासौ सुत इति विरुद्धं। नारदवचनेऽपि गूढोत्पन्नसहोढकानीनस्यापि वोढैव पितेति प्रतिपादितम्। मनुनापि वोढुरित्युक्तं न मातामहस्येति। या तु मिताक्षराकृता यद्यनूढायामुत्पन्नस्तर्हि मातामहसुतोऽप्यूढायान्तदा वोढुरेवेति व्यवस्था कृता। सापि मनसि न चमत्कारमादधाति। तथा सति हि कन्याशब्दवाच्यायामपरिणीतायामजातत्वात् तस्य कानीनत्वन्दुर्वचम्। न च कन्याशब्दः अपत्यमात्रपरोविशेषणवैयर्थ्यात्। गूढजादीनामपि तत्रोत्पन्नत्वेनाव्यावर्त्तकत्वात्। सर्व्वोहि कस्यचित्कन्यैव। ब्रह्मपुराणवचनविरोधश्च दुष्परिहरस्तत्रादत्तायामित्युक्तत्वात्। अतएव मानवविरोधोऽपि दुःसमाध एव। कल्पतरुकारेणापि परस्परविरुद्धवचनानि लिखितवता हृदयशून्यवद्व्यवस्थानभिधानाद्विरोध एव न प्रतिसंहितः। तेन हि मातामहसुतत्वङ्कानीनस्य बोधयन्ति बहूनि वचनान्युपन्यस्य तद्विरुद्धे ब्रह्मपुराणनारदवचने तदनुपदमेव लिखिते। तत्र वशिष्ठस्य वचः। कानीनः पञ्चमः या पितृगृहेऽसंस्कृता कामादुत्पादयेत्स कानीनो मातामहस्य पुत्रो भवतीत्याह। अथाप्युदाहरन्ति। अपुत्रा दुहिता यस्य पुत्रं विन्देत तल्पजः। पौत्री मातामहस्तेन दद्यात्पिण्डं हरेद्धनमिति॥ नारदस्यैवम्। अज्ञातपितृको यस्तु कानीनोमूढमातृकः। मातामहस्य दद्यात्स पिण्डं रिक्थं हरेत्ततः॥ बौधायनस्यापि। असंस्कृतामनतिसृष्टां यामुपगच्छेत्तस्यां यो जातः स कानीन इति॥

अत्र प्रतिविदध्मः। मातामहसुतत्वं कानीनस्य प्रतिपादयतां वचनानां सर्व्वथा या न दत्ता तस्यां सवर्णजातविषयत्वम्। वोढुः सुतत्वं प्रतिपादयतान्तु सङ्कल्पितायां सप्तपदीपर्य्यन्तं विवाहभावनाभाव्यभार्य्यात्वमप्राप्तायां यः सवर्णादुत्पन्नस्तद्विषयत्वम्। अदत्तायामिति नारदवचने बौधायनवचने चानतिसृष्टामिति पदाभ्यामसमाप्तविवाहभावनोच्यते न तु सर्व्वथादत्ता। युक्तञ्चैतत्। सङ्कल्पेन पितृस्वत्वापगमपरिणेतृस्वत्वोत्पत्तेरुपक्रमात्। पितुः सर्व्वथा स्वत्वापगमाभावाच्च कानीनत्वव्यपदेशस्य परिणेतृस्वत्वोपक्रमेण तदीयत्वस्य च सम्भवात्। पूर्णपितृस्वत्वे तु तदुत्पन्नस्य मातामहसुत-

त्वोपपत्तेः। मनुवचनस्याप्ययमर्थः। या सङ्कल्पिताऽसमाप्तविवाहभावना अतएव कन्या परिणेतृभार्य्यात्वस्यानिष्पत्तेः। तादृशकन्यासमुद्भवं कानीननामानं वोढुर्य्येन विवाह्यते तस्य वदेदिति। अतएव पितृवेश्मनीत्यपि सङ्गतमनुवादतया। विवाहानन्तरमेव भर्तृगृहप्रवेशात्। मिताक्षराग्रन्थस्याप्ययमर्थः। अनूढायां वोढुमनुपक्रान्तायाम्। ऊढायां वोढुमुपक्रान्तायामिति। आदिकर्मणि क्तः। न तु भूते। समाप्तविवाहभावनायान्तु सवर्णजारजातो गूढजः। अतएव गृहे प्रच्छन्न उत्पन्नो भर्तृगृहे तेनाज्ञातो जात इत्युक्तम्।

7. पुनर्भूर्द्विविधा। विवाहमात्रेणाक्षताप्यन्येन परिणीयमानैका। अन्या तु विवाहात्प्रागेव पुरुषसम्भोगदूषिता। तस्याञ्जातः पौनर्भवः। अतएवाक्षतायां क्षतायां वा जात इत्युक्तम्। मनुः। या तु पत्या परित्यक्ता विधवा वा स्वयेच्छया। उत्पादयेत्पुनर्भूत्वा स पौनर्भव उच्यते॥ कात्यायनः। क्लीवं विहाय पतितं या पुनर्लभते पतिम्। तस्याम्पौनर्भवो जातो व्यक्तमुत्पादकस्य सः॥ वशिष्ठविष्णू। पौनर्भवश्चतुर्थ इति। चतुर्थत्वन्तदनुक्रमापेक्षया।

8. माता भर्त्राज्ञया पिता वा यमन्यस्मै दद्यात्स तस्य दत्तकः पुत्रः। तथा च मनुः। माता पिता वा दद्यातां यमद्भिः पुत्रमापदि। सदृशं प्रीतिसंयुक्तं स ज्ञेयो दत्त्रिमः सुतः॥ आपदीत्युक्तेरनापदि दातुः प्रत्यवायः। मातापितरौ प्रत्येकं मिलितौ वा। अद्भिरिति दानप्रतिग्रहप्रकारोपलक्षणम्। सदृशं सवर्णं। प्रीतिसंयुक्तमिति क्रियाविशेषणम्।

एकः पुत्रस्तु न देयो न प्रतिग्राह्यः। तथा च वशिष्ठः। शुक्रशोणितसम्भवः पुरुषो मातापितृनिमित्तकस्तस्य प्रदानविक्रयपरित्यागेषु मातापितरौ प्रभवतः। नत्वेकं पुत्रन्दद्यात्प्रतिगृह्णीयाद्वा। स हि सन्तानाय पूर्व्वेषान्न तु स्त्री पुत्रं दद्यात्प्रतिगृह्णीयाद्वान्यत्रानुज्ञानाद्भर्त्तुरिति॥

अत्र भर्त्रनुज्ञां विना स्त्रियाः पुत्रप्रतिग्रहनिषेधाददत्तानुज्ञे भर्त्तरि मृते विधवया कृतः पुत्रो दत्तको न भवतीत्याऽऽहुस्तन्न अपुत्रस्य गत्यभावात्पुत्रकरणस्यावश्यकत्वश्रवणाच्छास्त्रमूलकतदनुज्ञायास्तत्राप्यक्षतेः। न चैवमनुज्ञानादन्यत्रेति व्यर्थम् व्यावर्त्त्याभावाच्छास्त्रीयानुमतेः सर्व्वत्रावश्यकत्वादिति वाच्यम्। मुमुक्षोः पत्न्यन्तरे पुत्रवतीवानुज्ञाया असम्भवाद्भार्य्या यदि स्वपुत्रार्थमेव तं प्रतिग्रहीतुमिच्छति तदा तां प्रतिषेधति। सर्व्वासां एकपत्नीनामेका चेत्पुत्रिणी भवेत्। सर्व्वास्तास्तेन पुत्रेण प्राह पुत्रवतीर्मनुरिति पुत्रकार्य्यश्राद्धादेः सपत्नीपुत्रेण सिद्धेर्भर्त्रनुज्ञां विना तादृश्या पुत्रो न कार्य्यः। उभयोरपि तत्र कार्य्यस्य तेन निष्पत्तेः। भर्त्तुर्हि स औरस एव मुख्यः तस्या अपि दत्तवद्गौण इति तादृश्या भर्त्रनुमतिमन्तरेणेतरो न प्रतिग्राह्य इति तात्पर्य्यार्थः। वस्तुतस्तु। भ्रातृणामेकजातानामेकश्चेत् पुत्रवान् भवेत्। सर्व्वे ते तेन पुत्रेण पुत्रिणो मनुरब्रवीदिति वचनवदेतस्यापि भ्रातृपुत्रस्य गौणदत्तकपुत्रत्वादिसम्भवेऽन्यः पुत्रप्रतिनिधिर्न्न कार्य्य इत्यर्थकतया मिताक्षरास्मृतिचन्द्रिकादौ व्याख्या-

तस्याद्भर्त्तरि जीवति भार्य्यया स्वातन्त्र्येण तदननुमतौ न पुत्रीकरणीय इति भर्त्तुरनुज्ञानादन्यत्रेत्यस्यार्थः।

मृते तु तस्मिन् यत्यारन्यन्तदनुमतिरेवापेक्षिता। एवं सति दृष्टार्थता भवति प्रतिषेधस्य। तस्माददत्तानुज्ञे मृतेऽपि भर्त्तरि भार्य्याया दत्तकादिकरणमविरुद्धम्। मनुवचनद्वयस्य पूर्व्वोक्तार्थकत्वे उपपत्तिरपि मिताक्षरादावेवोक्ता। यदपुत्ररिक्थग्रहणाधिकारिक्रमपरे पत्नी दुहितर इत्यत्राप्रजःस्त्रीधनमित्यत्र च भ्रातृपुत्रसपत्नीपुत्रयोः पत्न्यादिभर्त्ताद्यभावेऽधिकारप्रतिपादनविरोधापत्तेरिति। तच्च तत्रैव प्रपञ्चयिष्यते।

अनेकपुत्रसद्भावेऽपि ज्येष्ठः पुत्रो न देयः। ज्येष्ठेन जातमात्रेण पुत्री भवति मानव इति। पुत्रकार्य्यकरणे तस्यैव मुख्यत्वाभिधानात्।

क्रीतस्वयंदत्तकृत्रिमेष्वपि समानन्यायत्वादेकपुत्रज्येष्ठपुत्रयोर्न्निषेधः। अतएव बह्वृचब्राह्मणे हरिश्चन्द्रोपाख्याने क्रीतेऽपि ज्येष्ठपुत्रप्रतिषेधलिङ्गदर्शनं स ज्येष्ठपुत्रं निगृह्णान उवाचेति।

पुत्रप्रतिग्रहप्रकारश्च। पुत्रम्प्रतिग्रहीष्यन् बन्धूनाहूय राजनि चावेद्य निवेशनस्य मध्ये व्याहृतिभिर्हुत्वाऽदूरबान्धवं बन्धुसन्निकृष्टमेव प्रतिगृह्णीयादिति वशिष्ठोक्तः। अदूरबान्धवमित्यत्र देशभाषाविप्रकृष्टस्य प्रतिषेधः। एवं क्रीतादिष्वपि। समानन्यायत्वात्। कल्पतरौ त्वदूरबान्धवमसन्निकृष्टमेवेति पाठं लिखित्वाऽदूरबान्धवं सन्निहितमातुलादिकम् असन्निकृष्टमेव अविज्ञातगुणदोषमपि अप्यर्थएवकार इति व्याख्यातम्। सन्देहे चोत्पन्ने दूरबान्धवं शूद्रमिव स्थापयेद्विज्ञायते ह्येकेन च बहूंस्त्रायतामितीति च वशिष्ठवचनमधिकं लिखित्वैवं विवृतम्। सन्देहे बान्धवानामसंन्निधानाज्ज्ञातिसन्देह उत्पन्ने शूद्रमिव संस्कारहीनमेव स्थापयेत्। शूद्रोऽपि हि कृतपुत्रो भवतीत्यभिप्राय इति।

9. क्रीतस्तु पुत्रस्ताभ्यां विक्रीत इति। ताभ्यां मातापितृभ्यां मात्रा भर्त्रनुज्ञया पित्रा वा मूल्यग्रहणेनापरस्य दत्तः। एकपुत्रं ज्येष्ठपुत्रं वर्ज्जयित्वा आपदीत्येव। सजातीयेष्वित्युपसंहारात्सवर्णएव। यत्तु मनुनोक्तम्। क्रीणीयाद्यस्त्वपत्यार्थं मातापित्रोर्यमन्तिकात्। स क्रीतकः सुतस्तस्य सदृशोऽसदृशोऽपिवेति॥ सदृगुणैः सदृशोऽसदृशो वेति व्याख्येयं न तु जात्याऽसदृश इति सजातीयेष्वित्यनेन विरोधापत्तेः। बौधायनोऽपि। मातापित्रोर्हस्तात्क्रीतोऽन्यतरस्य वा योऽपत्यार्थे गृह्यते स क्रीतक इति।

10. कृत्रिमस्तु पुत्रार्थिना स्वयं धनक्षेत्रादिप्रदर्शनादिना प्रलोभ्य त्वं मे पुत्रो भवेति यः सवर्णः पुत्रीकृतः स उच्यते। मातापितृविहीनश्चेत्। तत्सद्भावे तत्परतन्त्रतया तेन पुत्रीभवितुमशक्यत्वात्। मनुविष्णू अपि। सदृशं यम्प्रकुर्य्यातां गुणदोषविचक्षणम्। पुत्रं पुत्रगुणैर्युक्तं स विज्ञेयस्तु कृत्रिम इति॥ सदृशं सवर्णम्। प्रकुर्य्यातां मातापितरौ मिलितौ प्रत्येकं वा।

11. दत्तात्मा तु स्वयन्दत्तः स्वयमेव स्वात्मानमन्यस्मै दत्तवांस्तवाहम्पुत्रो भवामीति स्वयमुपगतो मातापितृविहीनस्ताभ्यां त्यक्तो वा सवर्णोऽपतितः स उच्यते। तथा च मनुः। मातापितृविहीनो यस्त्यक्तो वा स्यादकारणात्। आत्मानं स्पर्शयेद्यस्मै स्वयन्दत्तस्तु स स्मृत इति॥ अकारणात्पातित्यादिकारणमन्तरेणैव दुर्भिक्षादौ पोषणाद्यसामर्थ्यादिना मातापितृभ्यान्त्यक्तः स्वतन्त्र इत्यर्थः।

12. यस्तु गर्भे स्थितोऽपरिणीतावस्थायां सवर्णाज्जाराज्जातो गर्भिण्यान्तस्यां परिणीयमानायां विन्नः प्राप्तः विद्लृलाभ इत्यस्य निष्ठान्तं रूपम्। नुदविदेत्यादिसूत्रेण निष्ठासम्बन्धितकारस्य नकारः। स सहोढज उच्यते। स वोढुः पुत्रः। तथा च मनुः। या गर्भिणी संस्क्रियते ज्ञाताऽज्ञातापि वा सती। वोढुः स गर्भो भवति सहोढ इति चोच्यते॥ विष्णुरपि। सहोढः सप्तमः। गर्भिणी या संस्क्रियते तस्याः पुत्रः स तु पाणिग्राहस्येति। सप्तम इति तदीयपाठक्रमापेक्षया।

13. उत्सृष्टो मातापितृभ्यान्त्यक्तो यो गृह्यते पुत्रार्थिना सोऽपविद्धो नाम ग्रहीतुः पुत्रः। एतावपि सवर्णावेव। तथा विष्णुरपि। अपविद्धस्त्वेकादशः पित्रा मात्रा च परित्यक्तः स येन गृहीतः। वशिष्ठः। अपविद्धः पञ्चमोऽयं मातापितृभ्यामपास्तं गृह्णीयात्। एकादशत्वं पञ्चमत्वं तत्तत्पाठक्रमापेक्षया।

14. यस्तु मनुना गौणपुत्रमध्ये पारशवाख्यः शूद्रापुत्रः परिगणितः स योगीश्वरेण सजातीयेष्वयं प्रोक्तस्तनयेषु मया विधिरित्युक्तोपसंहारव्याजेन नियमकरणात्तस्य च कथञ्चिदपि सजातीयत्वासम्भवान्नोक्तः। अतएव जातोऽपीत्यादिना ग्रन्थेन स उक्तः। द्विजातस्य शूद्रापुत्रस्यान्याभावेऽपि पित्र्यक्रिक्थहरत्वाभावाच्च। तच्च वक्ष्यते। तथा च मनुः। यं ब्राह्मणस्तु शूद्रायां कामादुत्पादयेत्सुतम्। स पारयन्नेव शवस्तस्मात् पारशवः स्मृतः इति॥ बौधायनोऽपि। द्विजातिप्रवराच्छूद्रायां जातः कामात्पारशव इति।

15. तत्रौरसादयो गौणाः पुत्रा मुख्यस्त्वौरसएव। तथा च मनुः। क्षेत्रजादीन् सुतानेतानेकादश यथोदितान्। पुत्रप्रतिनिधीनाहुः क्रियालोपान्मनीषिणः॥ क्रियालोपात् परिणयादिक्रियालोपादिति प्रतिनिधित्वे हेतुः। स्मृतिचन्द्रिकायान्तु। औरसाभावे तत्कर्तृकश्राद्धादिक्रियालोपाद्बिभ्यतो मनीषिण ऋषय एकादश पुत्रप्रतिनिधीन् कर्त्तव्यत्वेनाहुरिति व्याख्यातम्। बृहस्पतिः। पुत्रास्त्रयोदश प्रोक्ता मनुना येऽनुपूर्वशः। सन्तानकारणन्तेषामौरसः पुत्रिकादयः॥ पुत्रप्रतिनिधी कर्त्तव्यत्वेनाहुरिति व्याख्यातम्। बृहस्पतिः। आज्यं विना यथा तैलं सद्भिः प्रतिनिधिः स्मृतः। तथैकादश पुत्रास्तु पुत्रिकौरसयोर्विना॥ ब्रह्मपुराणे। दत्तकश्च स्वयन्दत्तः कृत्रिमः क्रीतएव च। अपविद्धाश्च ये पुत्रा भरणीयाः सदैव हि। भिन्नगोत्राः पृथक् पिण्डाः पृथग्वंशकरास्तथा। सूतके मृतके वापि त्र्यहाशौचस्य भागिनः। अपि वस्त्रान्नदातॄणां क्षेत्रबीजवतान्तथा। शूद्रो दासः पारशवो विप्राणां विद्यते क्वचित्। राज्ञां तु शापदग्धानां नित्यं क्षयवतान्तथा। अथ संग्रामशीलानां कदाचिद्द वा

भवन्ति ते। औरसो यदि वा पुत्रस्त्वथवा पुत्रिकासुतः। न विद्यते तत्र तेषां विज्ञेयाः क्षेत्रजादयः। एकादश पृथग्भावा वंशमात्रकरास्तु ते। श्राद्धादि दासवत्सर्वं तेषां कुर्वन्ति नित्यशः। गूढोत्पन्नश्च कानीनः सहोढः क्षेत्रजस्तथा। पौनर्भवश्च वैश्यानां राजदण्डभयादपि। वर्जिताः यश्च धनिनां शेषाः सर्व्वे भवन्त्यपि। शूद्राणां दासवृत्तीनां परपिण्डोपजीविनाम्। परायत्तशरीरत्वान्न क्वचित् पुत्र इत्यपि। तस्माद्दासस्य दास्याश्च जायते दास एव हीति॥

16. एवमेतेषां पुत्राणां स्वरूपन्निरूप्य तेषान्दायग्रहणं निरूप्यते। तत्र योगीश्वरः। पिण्डदोऽंशहरश्चैषां पूर्व्वाभावे परः परः। परःपर इति वीप्सादर्शनात् पूर्व्वपूर्व्वाभाव इत्यपि वीप्सावसेया।

17. औरसपौत्रिकेयसमवायेऽप्येवमौरसे सति पुत्रिकासुतस्य दायग्रहणाभावे प्रसक्ते मनुरपवदति। पुत्रिकायां कृतायान्तु यदि पुत्रोऽनुजायते। समस्तत्र विभागः स्याज्ज्येष्ठता नास्ति हि स्त्रिया इति॥ वृहस्पतिरपि। एक एवौरसः पित्र्ये धने स्वामी प्रकीर्त्तितः। तत्तुल्या पुत्रिका प्रोक्ता भर्त्तव्या स्त्वपरे सुताः॥ न च पुत्रिकाया एव प्रथमं पुत्रे जाते पश्चादौरसोत्पत्तौ पुत्रिकापुत्रस्य ज्येष्ठत्वादस्त्रीत्वाच्च ज्येष्ठांशभागिता भवेदिति युक्तम्। तस्य पौत्रत्वात्। तदाह मनुः। अकृता वा कृता वापि यं विन्देत्सदृशात्सुतम्। पौत्री मातामहस्तेन दद्यात् पिण्डं हरेद्धनमिति। पुत्रिका हि पुत्रस्तत्पुत्रो दौहित्रोऽपि पौत्रस्तदान् पौत्री भवति। पौत्रस्य च ज्येष्ठत्वेनांशातिरेको नैव श्रुतः। न च अस्यां यो जायते पुत्रः स मे पुत्रो भवेदिति पुत्रिकापुत्रस्यापि पुत्रत्वाभिधानात्तद्विरोध इति वाच्यम्। मनुविरोधेन तस्य गौणपिण्डदातृत्वनिमित्तपुत्रत्वाभिप्रायकत्वात्। पुत्रिकायाः पुमपत्यत्वाभावाद्यथा गौणं पुत्रपदप्रतिपाद्यत्वं तथा स्वजन्यपुत्रिकाजन्यपुत्रस्यापि। पुंस्त्वे सत्यपि जन्यत्वाभावात्। जन्यपुंस्त्वस्यैव पुत्रपदशक्यत्वात्।

18. तथान्येषामपि पुत्राणां पूर्व्वपूर्व्वसत्वे सर्व्वभागानर्हत्वमनेन प्रसक्तमपवदति वशिष्ठः। तस्मिंश्चेत्प्रतिगृहीत औरस उत्पद्येत चतुर्थभागभागी स्याद्दत्तक इति दत्तकग्रहणं क्रीतादीनामुपलक्षणं पुत्रीकरणाविशेषात्। उत्पन्ने त्वौरसे पुत्रे चतुर्थांशहराः सुताः। सवर्णा असवर्णास्तु ग्रासाच्छादनभाजना इति कात्यायनवचनाच्च। सवर्णाः क्षेत्रजदत्तकादयस्ते सत्यौरसे चतुर्थांशहराः। असवर्णाः कानीनगूढोत्पन्नसहोढपौनर्भवास्ते तु सत्यौरसे न चतुर्थांशहराअपि किन्तु ग्रासाच्छादनमात्रभागिन इत्यर्थः कात्यायनवचनस्य। अतएव विष्णुः। अप्रशस्तास्तु कानीनगूढोत्पन्नसहोढजाः। पौनर्भवश्च नैवैते पिण्डरिक्थांशभागिन इति॥ औरसे सति कानीनादीनां चतुर्थांशभागित्वं प्रतिषेधति। कानीनादीनामप्यौरसाद्यभावेऽस्यैव पित्र्यसकलधनग्रहणम्। पूर्व्वाभावे परःपर इति वचनात्। यच्च मनुवचनम्॥ एक एवौरसः पुत्रः पित्र्यस्य वसुनः प्रभुः। शेषाणामानृशंस्यार्थं प्रदद्यात्तु प्रजीवनमिति। तदपि दत्तकादीनामौरसप्रतिकूलत्वेऽत्यन्तनिर्गुणत्वे च चतुर्थांशादिनिषेधपरङ्कानीना-

दिपरश्च। तेषां सत्यौरसे ग्रासाच्छादनमात्रभागित्वस्योक्तत्वात् तदेकमूलकत्वकल्पनात्।

क्षेत्रजस्य तु सत्यौरसे पञ्चमषष्ठांशौ मनुनैवोक्तौ। षष्ठन्तु क्षेत्रजस्यांशं प्रदद्यात् पैतृकाद्धनात्। औरसो विभजन् दायं पित्र्यं पञ्चममेव वेति॥ प्रतिकूलत्वनिर्गुणत्व समवाये षष्ठमेकतरसद्भावे पञ्चममिति व्यवस्था। यत्तु समग्रधनभोक्ता स्यादौरसो-ऽपि जघन्यजः। त्रिभागं क्षेत्रजो भुङ्क्ते चतुर्थं पुत्रिकासुतः॥ इत्यादि ब्रह्मपुराणादि-वचनैः समभागार्हतया मन्वादिभिरुक्तस्य पुत्रिकापुत्रस्य चतुर्थांश उक्तः पञ्चमषष्ठांशा-र्हतयोक्तस्य क्षेत्रजस्य तृतीयांशश्चोक्तः स. पुत्रिकापुत्रस्यात्यन्तनिर्गुणत्वेऽसवर्णत्वे च। क्षेत्रजस्य चात्यन्तसगुणत्वानुकूल्ययोर्व्यवस्थापनीयः।

औरसाभावे दत्तकस्याखिलधनग्रहणार्थं पृथगारब्धं मनुना उपपन्नो गुणैः सर्वैः पुत्रो यस्य तु दत्त्रिमः। स हरेतैव तद्रिक्थं संप्राप्तोऽप्यन्यगोत्रतः॥ स्वगोत्रसंप्राप्तः किमुतेति किमुत्यर्थेऽपि शब्दः। जनकधनग्रहणञ्च तस्य प्रतिषिद्धन्तेनैव। गोत्र-रिक्थे जनयितुर्न भजेद्दत्त्रिमः सुतः। गोत्ररिक्थानुगः पिण्डो व्यपैति ददतः स्वधेति॥ ददतः सम्बन्धी पिण्डस्ततोऽव्यपैति। स्वधा पितृतृप्तिहेतुरिति पिण्डविशेषणम्। गोत्र-रिक्थानुग इति हेतुगर्भम्।

दत्तकमात्रविषयकमपि सत्यौरसे चतुर्थांशहरत्वप्रतिपादकं पृथगारब्धं वशि-ष्ठेन। तस्मिंश्चेत्प्रतिगृहीत औरसउत्पद्येत चतुर्थभागभागी स्याद्दत्तक इति। क्रीतादि-साधारणन्तु कात्यायनीयं प्रागेव पठितम्। तत्र तृतीयांशहरा इति कल्पतरुलिखित-पाठो यदि साकारस्तर्हि दत्तकादीनामौरसापेक्षया सगुणत्वे तृतीयांशहरत्वमिति व्याख्येयः।

मनुनैव क्षेत्रजस्यौरससमभागभागित्वमप्युक्तम्। यवीयान् ज्येष्ठभार्य्यायां पुत्र-मुत्पादयेद्यदि। समस्तत्र विभागः स्यादितिधर्म्मो व्यवस्थितः। उपसर्ज्जनं प्रधानस्य धर्म्मतो नोपपद्यते। पिता प्रधानं प्रजने तस्माद्धर्म्मेण तम्भजेत्। धनं यो बिभृयाद्भ्रातु-र्म्मृतस्य स्त्रियमेव वा। सोऽपत्यं भ्रातुरुत्पाद्य दद्यात्तस्यैव तद्धनम्। यद्येकरिक्थिनौ स्यातामौरसक्षेत्रजौ सुतौ। यस्य यत्पैतृकं रिक्थं स तद्गृह्णीत नेतरः॥ यद्यप्यौरस-प्रक्रमात्समभागभागित्वं क्षेत्रजस्य तन्निरूपितमेवोक्तमित्याभाति। तथापि वाक्यविरोधे प्रक्रमस्य बाध्यत्वाद्बीजिसमभागित्वपरन्तदिति बोध्यम्। अतएवोत्तरवचने पितु-र्बीजिनः प्राधान्यमुपन्यस्यति। सोऽपत्यं भ्रातुरुत्पाद्येत्यनेनापि यस्य क्षेत्रजस्तदीयन्धन-न्तस्मै दद्यादिति भ्रातृस्थानीयत्वात्तस्य स्वसमभागितां प्रतिपादयति।

एवमन्यान्यप्युच्चावचभागान् क्षेत्रजादीनां प्रतिपादयन्ति बृहस्पत्यादिवचनानि कथञ्चिद्व्यवस्थापनीयानि। तत्र बृहस्पतिः। क्षेत्रजाद्याः सुतास्त्वन्ये पञ्च षट् समभा-गिनः। हारीतः। विभजिष्यमाण एकविंशद्भागानीनाय दद्यात्। विंशमौनर्भवाय। एकोनविंशं द्व्यामुष्यायणाय। अष्टादशं क्षेत्रजाय। सप्तदशं पुत्रिकापुत्राय। इतरानौ-रसाय पुत्राय दद्युः॥ ब्रह्मपुराणे। समग्रधनभोक्ता स्यादौरसोऽपि जघन्यजः। त्रिभागं क्षेत्रजो भुङ्क्ते चतुर्थं पुत्रिकासुतः। कृत्रिमः पञ्चमम्भागं षड्भागङ्गूढसम्भवः।

सप्तांशश्चापविद्धस्तु कानीनश्चाष्टमांशकं। नवभागं सहोढश्च क्रीतो दशममश्नुते। पौनर्भवस्तु परतो द्वादशं स्वयमागतः। त्रयोदशमभागन्तु शौद्रो भुङ्क्ते पितुर्द्धनात्। तद्गोत्रजो वा धर्म्मिष्ठो ब्रह्मचार्य्यप्यथवा पुनः॥ अत्रौरसे सतीति सर्व्वत्र ज्ञेयः। पूर्व्वाभावे परःपर इति वचनात्। ब्रह्मपुराणीयस्य समगोत्यादिप्रथमश्लोकस्य पूर्व्वमेव विषयव्यवस्थोक्ता। अन्येषामपि गुणतारतम्येन देशाचारानुसारेण वा यथायथं व्यवस्था द्रष्टव्या। षट्भागं षष्ठम्भागम्। नवभागं नवमं भागमित्यर्थः। अन्यथार्थासङ्गतेः प्रक्रम-भङ्गप्रसङ्गाच्च। परतोदशमात्परमेकादशम्। त्रयोदशमेत्यार्षम्। शौद्रः शूद्रापुत्रः।

19. यदपि मनुना पुत्राणां षट्कद्वयमुक्त्वा पूर्व्वषट्कस्य दायादबान्धवत्वम् उत्तरषट्कस्य चादायादबान्धवत्वमुक्तम्। औरसः क्षेत्रजश्चैव दत्तः कृत्रिम एव च। गूढोत्पन्नोऽपविद्धश्च दायादा बान्धवाश्च षट्। कानीनश्च सहोढश्च क्रीतः पौनर्भवस्तथा। स्वयंदत्तश्च शौद्रश्च षड़दायादबान्धवा इति॥ तदपि स्वपितृसपिण्डसमानोदकानां सन्निहितरिक्थहरान्तराभावे पूर्व्वषट्कस्य तद्रिक्थहरत्वमुत्तरषट्कस्य तु तन्नास्ति। पितृऋक्थहरत्वन्तु सर्व्वेषामपि पूर्व्वपूर्व्वाभावे समानमेवेति तद्दायादादायादत्वविभागो नोपपद्यते। पूर्व्वाभावे परःपर इति वचनात्। एकएवौरसः पुत्रः पित्र्यस्य वसुनः प्रभुरित्युक्त्वा न भ्रातरो न पितरः पुत्रारिक्थहराः पितुरिति वचनस्य गौण-पुत्राणामेव सर्व्वेषाम्पितृरिक्थहारित्वप्रतिपादनपरत्वाच्च। दायादशब्दस्य दायादा-नपि दापयेदित्यादौ पुत्रव्यतिरिक्तरिक्थहारिष्वेव प्रचुरप्रयोगाच्च। बान्धवत्वं सपिण्ड-समानगोत्रत्वाभ्यामुदकदानादिकार्य्यकरत्वं षट्कद्वयस्यापि समानमेवेत्येतदर्थकम्।

यत्तु हारीतवचनं। षड्बन्धुदायादाः साध्व्यां स्वयमुत्पादितः क्षेत्रजः पौनर्भवः कानीनः। पुत्रिकापुत्रो गूढोत्पन्नो गृहे इति बन्धुदायादाः। दत्तः क्रीतोऽपविद्धः सहोढः स्वयमुपगतः सहसादृष्टश्चेत्यबन्धुदायादा इति। साध्व्यां स्वयमुत्पादित औरस इत्यर्थः। सहसा दृष्टो यो मातापित्रादिविहीनोऽकस्माद्दृष्टः केनचित् परितोष्य मम त्वं पुत्रोभवेत्युक्तस्तथेति प्रतिपद्यते। कृत्रिम इति यावत्।

तत्र मनुविरोधः स्पष्टः। तेन कानीनपौनर्भवयोरबन्धुदायादमध्ये परिगणनात्। हारीतेन बन्धुदायादमध्ये दत्तकृत्रिमापविद्धेषु च व्यत्ययात्। तस्मादेवं सवर्णादिभेदेन देशाचारभेदेन वा विरोधः परिहरणीयः।

बौधायनस्तु मन्वनुसारेणैवाह। औरसं पुत्रिकापुत्रं क्षेत्रजन्दत्तकृत्रिमौ। गूढजं वापविद्धञ्च ऋक्थभाजः प्रचक्षते॥ कानीनञ्च सहोढञ्च क्रीतम्पौनर्भवन्तथा। स्वयन्दत्तन्निषादञ्च गोत्रभाजः प्रचक्षत इति॥

औरसपुत्रिकापुत्रक्षेत्रजकानीनगूढोत्पन्नापविद्धसहोढपौनर्भवदत्तकस्वयमुपगत-कृतकक्रीतानभिधायाह देवलः। एते द्वादश पुत्रास्तु सन्तत्यर्थमुदाहृताः। आत्मजाः परजाश्चैव लब्धा यादृच्छिकास्तथा। तेषां षड़् बन्धुदायादाः पूर्व्वेऽन्ये पितुरेव षट्। विशेषश्चापि पुत्राणामानुपूर्व्व्याद् विशिष्यते। सर्व्वे ह्यनौरसस्यैते पुत्रा दायहराः स्मृताः। औरसे पुनरुत्पन्ने तेषु ज्यैष्ठ्यं न विद्यते। तेषां सवर्णा ये पुत्रास्ते तृतीयांशभागिनः।

हीनाख्त्वमुपजीवेषु ग्रासाच्छादनसंभृताः ॥ आत्मजत्वादिकं परिगणितेषु यथायथं स्पष्टमेव। अनौरसस्य न विद्यते औरसो यस्य तस्येति बहुव्रीहिः।

नारदोऽपि। औरसः क्षेत्रजश्चैव पुत्रिकापुत्र एव च। कानीनश्च सहोढश्च गूढोत्पन्नस्तथैव च। पौनर्भवोऽपविद्धश्च दत्तः क्रीतः कृतस्तथा। स्वयञ्चोपगतः पुत्रा द्वादशैते प्रकीर्त्तिताः। एषां षड्बन्धुदायादाः षड्दायादबान्धवाः। पूर्व्वः पूर्व्वः स्मृतः श्रेष्ठो जघन्यो योह्यनूत्तरः। क्रमादेते प्रवर्त्तन्ते मृते पितरि तद्धने। ज्यायसो ज्यायसोऽभावे जघन्यस्तदवाप्नुयात् ॥

मनुः। श्रेयसः श्रेयसोऽलाभे पापीयान् रिक्थमर्हति। बहवश्चेत्तु सदृशाः सर्व्वे रिक्थस्य भागिनः ॥

बृहस्पतिः। दत्तोऽपविद्धः क्रीतश्च कृतः शौद्रस्तथैव च। जातिशुद्धामध्यमास्ते सर्व्वे रिक्थसुताः स्मृताः। क्षेत्रजो गर्हितः सद्भिस्तथा पौनर्भवः सुतः। कानीनश्च सहोढश्च गूढोत्पन्नस्तथैव च ॥

हारीतः। शूद्रापुत्राः स्वयंदत्ता ये चैते क्रीतकाः सुताः। सर्व्वे ते गोत्रिणः प्रोक्ताः काण्डपृष्ठा न संशयः। स्वकुलं पृष्ठतः कृत्वा योवै परकुलं व्रजेत्। तेन दुश्चरितेनासौ काण्डपृष्ठो न संशयः ॥

यमः। आपद्दत्तो ह्युपगतो यश्च स्याद्वैष्णवीसुतः। सर्व्वे ते मनुना प्रोक्ताः काण्डपृष्ठा स्त्रयस्तथा। कुलं काण्डमिति ख्यातं यस्मात् पूर्व्वाणि ते जडः। तत्र ज्येष्ठतरो यः स्यात्तं वै काण्डे विनिर्दिशेत्। स्वकुलं पृष्ठतः कृत्वा योवै परकुलं व्रजेत्। तेन दुश्चरितेनासौ काण्डपृष्ठ इति स्मृतः ॥ वैष्णवी शूद्रेति कल्पतरौ।

20. उक्तोपसंहारमुखेन नियममाहात्र योगीश्वरः। सजातीयेष्वयम्प्रोक्तस्तनयेषु मया विधिः। अयं पूर्व्वाभावे परःपरोधनभागित्युक्तो यो मया विधिः स सजातीयेषूत्पादकसजातीयेष्वेव क्षेत्रजादिषु ज्ञेयो न विजातीयेषु तत्र कानीनगूढोत्पन्नसहोढपौनर्भवानां सवर्णत्वज्ञनकद्वारेण न स्वरूपेण तेषु वर्णजातिलक्षणात् वर्णजातिविवेकमभिधाय विन्नास्वेवविधिः स्मृत इति योगीश्वरेणैवाभिधानात्। अनुलोमजानां मूर्द्धाभिषिक्तादीनामौरसेष्वेवान्तर्भावाच्चतुस्त्रिद्व्येकभागा इत्यादिना भागकॢप्तिरुक्ता। तेन तेषामप्यभावे क्षेत्रजादयः पित्र्यऋक्थहारिणः।

21. शूद्रापुत्रस्य त्वौरसत्वेऽपि न कृत्स्नपित्र्यधनभागित्वमन्याभावेऽप्यस्ति। यथाह मनुः। यद्यपि स्यात्तु सत्पुत्रो यद्यपुत्रोऽपि वा भवेत्। नाधिकं दशमाद्द्याच्छूद्रापुत्राय धर्म्मतः ॥ यदि सत्पुत्रो विद्यमानः सवर्णापुत्रो यदि वाऽपुत्रोऽविद्यमानः सवर्णापुत्रो भवेत्तस्मिन्मृते क्षेत्रजादिः पुत्रोऽन्योवा रिक्थहारी शूद्रापुत्राय तद्धनाद्दशमांशादधिकं न दद्यात्। अस्मादेव वचनात्सवर्णापुत्राभावे क्षत्रियावैश्यापुत्रयोः सकलपित्र्यधनग्रहणं गम्यते। यत्तु प्राक् चतुस्त्रिद्व्येकभागा इत्यादिना शूद्रापुत्रस्यैकभागभागित्वं योगीश्वरादिभिरुक्तन्तदतिसद्वृत्तशूद्रापुत्रविषयं वेदितव्यमन्यथा मानवविरोधात्। ब्राह्मणक्षत्रियविशामिति मनुवचनन्तु प्रागेव व्याख्यातम्।

22. शूद्रधनविभागे विशेषमाह याज्ञवल्क्यः। जातोऽपि दास्यां शूद्रेण कामतोऽंशहरो भवेत्। मृते पितरि कुर्य्युस्तं भ्रातरस्त्वर्द्धभागिनम्। अभ्रातृको हरेत्सर्वं दुहितृणां सुताहृतेति॥ शूद्रेण दास्यामुत्पन्नः पुत्रः कामतः पितुरिच्छया भागं लभते। पितुरूर्ध्वन्तु भ्रातरः परिणीताशूद्रापुत्रास्तन्दासीपुत्रं स्वभागार्द्धभागिनं कुर्य्युः। अत्र बहुवचनात्सर्वे स्वस्वभागादर्द्धन्दद्युरिति न भ्रमितव्यम्। तथा सति बहुभ्रातृकस्य ततोऽप्यतिबहुधनत्वापत्तेरव्यवस्था स्यात्। किन्त्वेकपुत्रस्य यावान् भागस्तत्तदर्द्धभागं शूद्रापुत्रा लभन्ते व्यक्त्यभिप्रायेण जात्यभिप्रायेण च बहुवचनैकवचने। परिणीतशूद्रापुत्रतत्पुत्राद्यभावे तु दासीपुत्रोऽपि कृत्स्नं शूद्रस्य पितुर्द्धनं लभत इत्यर्थाद्गम्यते।

23. शूद्रग्रहणाद् द्विजातिभ्यो दास्यामुत्पन्नः पित्रिच्छयाप्यंशमर्द्धभागं वा तदूर्द्ध्वन्न लभते कृत्स्नतद्धनग्रहणं दूरापास्तमेव किन्त्वप्रतिकूलश्चेज्जीवनमात्रमिति प्रतीयते।

CHAPTER III.

PART I.

1. मुख्यगौणपुत्राभावे मृतपतितपरिव्राजकादिधनग्रहणाधिकारिण उच्यन्ते। तत्र योगीश्वरः। पत्नी दुहितरश्चैव पितरौ भ्रातरस्तथा। तत्सुता गोत्रजा बन्धुः शिष्यः सब्रह्मचारिणः। एषामभावे पूर्व्वस्य धनभागुत्तरोत्तरः। स्वर्य्यातस्य ह्यपुत्रस्य सर्व्ववर्णेष्वयं विधिरिति॥ अपुत्रस्य पुर्व्वोक्तद्वादशविधपुत्ररहितस्य स्वर्य्यातस्य मृतस्य पत्न्यादयः पूर्व्वपूर्व्वाभावे पाठक्रमेणोत्तरोत्तरन्धनं गृह्णीयुरित्यर्थः। अयं विधिः सर्व्वेषु मूर्द्धाभिषिक्तावसिक्ताद्यनुलोमजप्रतिलोमजादिषु वर्णेषु च ब्राह्मणादिषु वेदितव्यमित्यर्थः।

2. तत्र प्रथमं पत्नी धनहारिणी। पत्नीशब्देनैव विवाहसंस्कृता। पत्युर्नो यज्ञसंयोगे इति पाणिनिसूत्रात्। जात्यभिप्रायेण चैकवचनं तेन बह्व्यश्चेत्पत्न्य एकस्य तदा सर्व्वाः सजातीया विजातीयाः क्रमेण यथायथं भर्त्तृधनं विभज्य गृह्णीयुः।

पत्नीशब्दादासुरादिविवाहोढाया ग्रहणं धर्म्यविवाहोढपत्न्यन्तरसद्भावे नास्तीति गम्यते। तथा स स्मृतिः। क्रयक्रीता तु या नारी न सा पत्नी विधीयते। न सा दैवे न सा पित्र्ये दासीन्तां कवयो विदुरिति॥ अत्र च दासीत्वकथनमदृष्टार्थकर्म्मसु सहाधिकाराभावाभिप्रायेण न तु दासीवदगम्यत्वाभिप्रायेण। विवाहितात्वेन परदारत्वबाधात् अतएव मनुर्धर्म्याधर्म्यविवाहाननुक्रम्य सन्तानगतावेव गुणदोषावाह। अनिन्दितैः स्त्रीविवाहैरनिन्द्या भवति प्रजा। निन्दितैर्निन्दिता नृणान्त-

स्याग्निन्याग्निवर्जयेदिति ॥ प्रजाया निन्दितत्वमपि सद्वृत्तस्वभावत्वाभावो न तु वर्णजात्यभावः। परिणेतुः परिणीतायामुत्पन्नत्वमात्रस्य वर्णजातिव्यञ्जकत्वात्। विन्नास्वेष विधिः स्मृत इत्युक्तेः। अतएव न सा दैवे न सा पित्र्य इति सहाधिकार एव प्रतिषिद्धः।

तथा च पित्र्यादिकर्म्मार्हतापि पतिदायहरत्वप्रयोजिकेति पत्नीपदेन ज्ञापितम्। अतएव श्रौतस्मार्त्तसहाधिकारिणी पतिव्रतैव भर्तृधनभागिनीत्याह प्रजापतिः। पूर्वं मृता त्वग्निहोत्रं मृते भर्त्तरि तद्धनम्। लभेत् पतिव्रता नारी धर्म्म एष सनातनः॥ वृद्धमनुरपि। अपुत्राशयनम्भर्त्तुः पालयन्ती व्रते स्थिता। पत्न्येव दद्यात्तत्पिण्डं कृत्स्नमंशं लभेत चेति॥ अत्रोत्तरार्द्धोक्तपाठक्रमस्यार्थक्रमेण बाधात् प्रथमं कृत्स्नमंशं लभते पश्चात् पिण्डं दद्यादिति स्मृतिचन्द्रिकाकारेणोक्तं। तद्धेयम्। क्रमे तात्पर्य्याभावात्। उभयाधिकारप्रतिपादनमात्रपरत्वाद्वचनस्य। अन्यथा यावदंशलाभं भर्त्तुरन्त्येष्टिविलम्बोऽपि प्रसज्येत। सचानेकस्मृतिनिषिद्धः। अदृष्टकल्पनापत्तिश्च। पत्न्येवेत्येवकारेणापुत्रस्यान्त्यकर्म्मण्यप्यपुत्रपुत्रवत् पत्नीत्यादिवचनाद्भ्रात्रादिसत्त्वेऽपि सैवाधिकारिणीति दर्शितम्।

अयमेवार्थः प्रपञ्चितः प्रजापतिना। जङ्गमं स्थावरं हेम कुप्यन्धान्यं रसाम्बरम्। आदाय दापयेच्छ्राद्धं मासषाण्मासिकादिकम्। पितृव्यगुरुदौहित्रान् भर्तुः स्वस्रीयमातुलान्। पूजयेत्कव्यपूर्त्ताभ्यां वृद्धांश्चाप्यतिथीन् स्त्रियः॥ कुप्यन्त्रपुसीसादि। कव्यम्पित्रर्थं सङ्कल्पितमन्नादि। पूर्त्तङ्खातादि कर्म्माङ्गदक्षिणादि। एतदुक्तम्भवति। स्थावरेणापि सहितं सर्व्वं भर्तृधनमधिगत्य धनसाध्यं स्वाधिकारिकं पत्युरात्मनश्च श्रेयःसाधनकर्म्म प्रतिपद्योयपुरस्कारेण पत्न्या कार्य्यमिति।

एवं वर्त्तमानाया ये पीडाकारिणस्ते राज्ञा चौरवद्दण्ड्या इत्याह स एव। सपिण्डा बान्धवा ये तु तस्याः स्युः परिपन्थिनः। हिंस्युर्द्धनानि तान् राजा चौरदण्डेन शासयेत्॥

स्मृतिचन्द्रिकायां वार्हस्पत्यत्वेन पत्न्याः स्थावरग्रहणनिषेधकम्। यद्विभक्ते धनङ्किञ्चिदाध्यादिविविधं स्मृतम्। तज्जाया स्थावरं मुक्त्वा लभते मृतभर्तृकेति॥ वचनं लिखितम्। जङ्गमं स्थावरमित्यादि प्रजापतिवचनविरोधपरिहाराय वृत्तविहीनपत्नीपरत्वमविभक्तपत्न्यंशविषयत्वं वान्योक्तम्। वृत्तस्थापि कृतेऽप्यंशे न स्त्री स्थावरमर्हतीति। तच्छेषविरोधेनापास्य दुहितृरहितपत्नीविषयत्वेन व्यवस्थापितञ्च।

तत्र मदनरत्नकारेण मिताक्षराकल्पतरुहलायुधादिसर्व्वग्रन्थान्तरेष्वलिखनान्निर्मूलत्वमस्य। जङ्गमं स्थावरमिति प्राजापत्यस्य च सर्व्वत्र लिखनात्समूलत्वमिति दूषणमुक्त्वा तदुक्तव्यवस्थायाश्च स्वोत्प्रेक्षामात्रकल्पितत्वेनायुक्तत्वमभिधाय समूलत्वेऽपि स्थावरादिसमग्रधनग्रहणं ब्राह्मादिविवाहोढाविषयन्तद्वचनेषु पत्नीशब्दप्रयोगात्। स्थावरग्रहणाप्रतिषेधकवृहस्पतिवचनन्तु जायास्त्रीशब्दमात्रप्रयोगादासुरादिविवाहोढाविषयमिति स्वयं व्यवस्था कृता।

आसुरादिविवाहोढायाः पत्नीशब्देनाग्रहणाज्जायादिशब्दोपेतवचनानामपि तदेकमूलकतया तत्परत्वात् स्मृतिचन्द्रिकायामेव निरस्ता। यत्तु तदुक्तव्यवस्थायामौत्प्रेक्षिकत्वमुक्तं तदपि न। दुहितृसत्त्वे तत्सन्तानद्वारेण स्थावरस्योपभोगधनस्याप्युपकारयोः सम्भवात् स्थावरमपि ग्राह्यं तद्रहितायास्तु तदभावान्न तद्ग्रहणमिति तत्रापि बीजसम्भवात्। अतएव पितुरपि स्थावरे स्वार्जितेऽपि पुत्रानुमतिमन्तरेणानधिकारः प्रागुक्तः।

3. यत्तु गृहीतधनायाः पत्न्यास्तद्धनेन जीवनमात्रन्दानाधीकरणविक्रयेषु तु नाधिकार इति। मृते भर्त्तरि भर्त्तृंशं लभेत कुलपालिका। यावज्जीवन्न हि स्वाम्यन्दानाधमनविक्रय इति कात्यायनवचनात्प्रतीयते। तदपि दृष्टार्थनटनर्त्तकादिदानास्वातन्त्र्यपरम्। अदृष्टार्थदाने तदुपयोगिनोराधीकरणविक्रयोश्च तेनैवाधिकाराभिधानात्। व्रतोपवासनिरता ब्रह्मचर्य्ये व्यवस्थिता। दमदानरता नित्यमपुत्रापि दिवं व्रजेदिति॥ दिवं व्रजेदित्यनेन काम्येऽपि दानादौ तस्या अधिकारः प्रतीयते किमुत नित्ये नैमित्तिके च। जङ्गमं स्थावरं हेमेत्यादिपूर्व्वोदाहृतप्रजापतिवचनाच्च। तत्रापि पूर्व्वग्रहणात्काम्येष्वप्यधिकार आयातीति स्मृतिचन्द्रिकाकारादयः।

यच्चापरमपि कात्यायनवचनमेव। अपुत्रा शयनं भर्त्तुः पालयन्ती गुरौ स्थिता। भुञ्जीतामरणात्क्षान्ता दायादा ऊर्द्ध्वमाप्नुयुरिति॥

तत्र स्मृतिचन्द्रिकाकार आह। क्षान्ता दायादकारितधनविनियोगप्रतिबन्धं सहमाना सत्यामरणाद्भुञ्जीतेत्यर्थः। इदञ्च रक्षणाभरणाद्यसमर्थेषु कार्य्यान्तरव्यग्रेषु श्वशुरादिषु पत्न्या यत् स्वयमेव स्वजीवनार्थमुपात्तमविभक्तं तद्विषयम्। विभक्तद्रव्यविषयत्वे मन्वादिपरिनिश्चितार्थबाधापत्तेरिति।

पौरस्त्यास्तु गुरौ श्वशुरादिसमीपे स्थिता भर्तृधनं भुञ्जीतैव। न तु स्त्रीधनवद्यथेच्छन्दानाधानविक्रयादि कुर्व्वीत। तस्या ऊर्द्ध्वं दायादा दुहित्रादयस्तद्धनाधिकारिणो गृह्णीयुर्न्न तु ज्ञातयः। तेषां दुहित्रादिभ्यो जघन्यत्वात् तद्बाधकत्वानुपपत्तेः। पत्नी हि तेषां बाधिका। तदधिकारप्रागभावप्रध्वंसयोरविशेषाद्बाधकाभावस्य तद्बाधानुपपत्तेः। नापि स्त्रीधनाधिकारिणो गृह्णीयुः। कात्यायनवचनेनैव स्त्रीधनाधिकारिणां वचनान्तरैरुक्तत्वात् पौनरुक्त्यापत्तेः। अतः पत्नी दुहितरश्चेत्यादिना ये पूर्व्वपूर्व्वस्याभावे परभूता अपुत्रासंसृष्टिविभक्तमृतधनाधिकारिणो निर्द्दिष्टास्ते यथा पत्न्यधिकारप्रागभावे गृह्णीयुस्तथा पत्न्या जाताधिकारायाः प्रध्वंसेऽपि भोगावशिष्टं गृह्णीयुः। तदानीं दुहित्रादीनामेवान्यापेक्षया मृतोपकारकत्वात् युक्तस्तदधिकारः। दानधर्म्मेषु महाभारतवचनमप्येतदुपोद्बलकम्। स्त्रीणां स्वपतिदायस्तु उपभोगफलः स्मृतः। नापहारं स्त्रियः कुर्य्युः पतिवित्तात्कथञ्चनेति॥ उपभोगोऽपि न सूक्ष्मवस्त्रादिना। किन्तु पत्युरुपकाराय देहधारणमात्रोपयोग्युपभोगानुज्ञानम्। एवञ्च बृहस्पतिना पितृव्यगुरुदौहित्रानित्यादिना पितृव्यपदेन भर्त्तुः सपिण्डोपलक्षणाद्दौहित्रपदेन तद्दुहितृसन्तानोपलक्षणान्मातुलसोदर्यपदाभ्यान्तन्मातृकुलोपलक्षणात्तेभ्य एवार्थानु-

स्यं भर्त्तुः श्राद्धाद्यौर्द्ध्वदेहिकोपकारकं दद्यात्। न तु स्वपितृकुलसम्बन्धिभ्यः। तदनुमत्या तु तेभ्योऽपि। तथा च नारदः। मृते भर्त्तर्य्यपुत्रायाः पतिपक्षः प्रभुः स्त्रियाः। विनियोगेषु रक्षासु भरणेषु स ईश्वरः। परिक्षीणे पतिकुले निर्मनुष्ये निराश्रये। तत्सपिण्डेषु चासत्सु पितृपक्षः प्रभुः स्त्रियाः॥ इति सम्मुखमेव वचनार्थमादाय नास्त्येव स्त्रिया भर्तृरिक्थे दानविक्रयाद्यधिकार इत्याहुः।

तन्नेदं वाच्यम्। किन्तस्य तया कृतेऽपि दानादौ तत्स्वरूपानिष्पत्तिरेव। न तावदेवं युक्तम्। मन्वादिवचनैः सकलभर्तृधनग्रहणे तस्या उक्ते सति तस्यास्तत्र स्वत्वे दानादिस्वरूपानिष्पत्तेर्बाधितत्वात्। अतएव जीमूतवाहनेनैव स्थावरस्य समस्तस्य। विभक्ता वाऽविभक्ता वा। स्थावरं द्विपदञ्चैवेत्यादीनि स्थावरविषयाणि दानादिनिषेधवचनान्युपन्यस्याधर्म्मभागिताज्ञापनार्थमेतानि दुर्वृत्तं पुरुषं प्रति कुटुम्बदुःखदानार्थमेव दानक्रियादिप्रवृत्तं प्रतिषेधकानि न तु दानादिस्वरूपानिष्पत्तिप्रतिपादकानि। यथेष्टविनियोगार्हत्वलक्षणस्वत्वस्य द्रव्यान्तर इव स्थावरेऽप्यविशेषाद्वचनशतेनापि वस्तुनोऽन्यथाकरणाशक्त्या तत्प्रतिपादनानुपपत्तेरिति निरूपितम्। तदुक्तरीत्याचापि दुर्वृत्ततया दायाददुःखदानार्थमेव भर्तृरिक्थदानादिप्रवृत्ताया अस्तु प्रतिषेधातिक्रमादधर्म्मः। धर्म्मार्थन्दानप्रवृत्तायाः स्वजीवनाद्यर्थं विक्रयाधाने कुर्वन्त्याश्च नास्त्येवाधर्म्मोऽपि। न च भुञ्जीतैवेति नियमाद्दायादा ऊर्द्ध्वमाप्नुयुरित्यभिधानाच्च दानाद्यनधिकार एव तस्या अविभक्तधनइव तत्रेति वाच्यम्। साधारणस्वत्वाश्रयाविभक्तधनेनासाधारणस्वत्वाश्रयस्यास्य वैषम्यात्। न च स्वभोगस्य प्राप्तत्वेनाविधेयत्वाद्दानादिप्रतिषेधार्थएव विधिस्तथा चानधिकारस्तत्रागत एवेति वाच्यम्। वस्त्वन्यथाकरणाशक्तेर्नियमस्य वृथादानादिना द्रव्यनाशनिवृत्त्यर्थतयैवोपपत्तेरवश्यवाच्यत्वात्। अन्यथाऽनधिकारे दमदानरता पूजयेत्कव्यपूर्त्ताभ्यामित्यनेन दानविधिना विरोधोऽपरिहार्य्यः। यच्च दायादाः पत्न्यनन्तराधिकारिणः पत्नी दुहितर इत्यत्र निर्दिष्टास्ते गृह्णीयुः प्रागभावप्रध्वंसयोः प्रतिबन्धकपत्न्यभावत्वस्याविशेषात्तदधिकारोद्भवादित्युक्तन्तदतिस्थवीयः। दायादपदेन स्त्रीधनाधिकारिग्रहणे यथा वचनान्तरोक्तत्वात् पौनरुक्तिः तथा तेषामपि कात्यायनेन वचनान्तरोक्तत्वात्पौनरुक्त्यऽविशेषात्।

वस्तुतस्तु जातस्वत्वे स्वामिनि मृते तत्प्रत्यासन्नानामेव तद्धनग्रहणमुचितम्। पत्न्यादिशब्दानां सम्बन्धशब्दत्वेन द्रव्यस्वामित्वे पत्न्या उपजाते पूर्व्वस्वामिदुहित्रादीनाञ्च प्रसङ्गः। तेन यद्यपि पूर्व्वाभावः प्रागभावः प्रध्वंसश्चात्यन्ताभावश्च प्रतिबन्धकसंसर्गाभाव उभयाभावश्च तुल्यस्तथापि यो द्रव्यस्वामी तस्मिन् मृते तत्सम्बन्धि पत्न्यादिकमपुत्रस्य तस्य धनं लभेतेत्येव वाक्यार्थः। अन्यथा दुहित्रादिभिरपुत्रपितृधने लब्धे तन्मरणे तत्सन्तत्यतिलङ्घनेन तद्धनं पूर्व्वस्वामिनः पितुर्ये पित्रादयस्तएव लभेरन्निति महत्यव्यवस्था प्रसज्येत। तस्माद्भर्तृरिक्थं पत्न्या लब्धन्तस्यां मृतायां तद्भोगावशिष्टं मातुर्दुहितर इत्यादि वचनाद्दुहित्रादिग्राह्यत्वेन प्रसक्तं दायादा ऊर्द्ध्वमाप्नुयुरित्यनेनापोद्यते। अयञ्च वचनार्थः। दायादा इत्यत्र कस्येत्यपेक्षायां शयनान्वितभर्त्तु-

रित्येवोपस्थितत्वादनुषज्यते। तथा चैवं वचनव्यक्तिः तस्या ऊर्द्ध्वम्भर्त्तुर्द्दायादा अविभक्ततद्धनाधिकारिणो विभक्तभ्रातृधनमपि तत्पत्नीभोगावशिष्टं गृह्णीयुर्न्न पत्नीरिक्थहरा दुहित्रादय इति एवञ्चापूर्व्वार्थत्वाच्चतुर्थचरणस्यार्थवत्त्वं भवति अन्यमते वचनान्तरोक्तार्थानुवादमात्रमनर्थकं स्यात्।

तस्माददृष्टार्थे दाने दृष्टादृष्टावश्यककार्य्यार्थमाधौ विक्रये चास्त्येव पत्न्याः सकलभर्त्तृधनविषयोऽधिकारः नियमस्तु नटनर्त्तकादिदानानावश्यकाधिविक्रयनिषेधार्थ इति सिद्धम्। अतएव व्यान्तेत्युक्तम्। द्रव्यं प्राप्नुवती वृथाद्रव्यव्ययकारिणी न भवेदित्यर्थः। दानधर्म्मस्थं महाभारतवचनन्तु सुतरामस्मदुक्तमेवार्थमुपोद्बलयति। तथा हि स्त्रीणां स्वपतिदायः स्वभर्तृरिक्थमुपभोगफलः। उपभोगो धर्म्मप्रत्यासन्नो भोगो नत्वसद्भोगः फलम्प्रयोजनं यस्य तादृशः स्मृत उक्तो मन्वादिभिः। उत्तरार्द्धे तदेव व्यनक्ति। स्त्रियः पतिवित्तादपहारं वृथाव्ययं न कुर्य्युः। कथञ्चनेत्यनेनापहारस्य सर्व्वथैवाश्रेयस्करतामाह। अपहारो हि चौर्य्यम्। नटनर्त्तकादौ वृथादानम्। सूक्ष्मवस्त्रादिपरिधित्साम्टष्टभच्याद्यादिवुभुक्षेत्येवमाद्यपि संयताया अनौचित्याच्चौर्य्यतुल्यमित्यपहारशब्दो गौणः। धर्म्माद्यर्थदानादिकन्तु न तथेति नापहारशब्देन बोधयितुं शक्यते। तस्मात्सर्व्वं सुस्थम्।

4. पत्न्या अपुत्रविभक्तासंसृष्टिपतिस्वापतेयग्रहणे प्रथमाधिकारप्रतिपादकान्यपराण्यपि भूयांसि स्मृतिवचनानि। तत्र बृहस्पतिः। आम्नाये स्मृतितन्त्रे च लोकाचारे च सूरिभिः। शरीरार्द्धं स्मृता जाया पुण्यापुण्यफले समा। यस्य नोपरता भार्य्या देहार्द्धं तस्य जीवति। जीवत्यर्द्धशरीरेऽर्थं कथमन्यः समाप्नुयात्। सकुल्यैर्विद्यमानैस्तु पितृमातृसनाभिभिः। अपुत्रस्य प्रमीतस्य पत्नी तद्भागहारिणीति॥

योगीश्वरोऽपि पूर्व्वाभावे पराधिकारं वदन् सर्व्वप्राथम्येन पत्न्या एवाधिकारमभिधत्ते।

विष्णुरपि। अपुत्रस्य धनं पत्न्यभिगामि तदभावे दुहितृगामि तदभावे पितृगामि तदभावे मातृगामि तदभावे भ्रातृगामि तदभावे भ्रातृपुत्रगामि तदभावे बन्धुगामि तदभावे सकुल्यगामि तदभावे शिष्यगामि तदभावे सहाध्यायिगामि तदभावे ब्राह्मणधनवर्ज्जं राजगामीति। बन्धुरत्र सपिण्डः सकुल्यः सगोत्रः। बन्धुपदेन वक्ष्यमाणपितृबन्ध्वादिग्रहणे योगीश्वरोक्तक्रमविरोधापत्तेः।

कात्यायनोऽपि। पत्नी पत्युर्द्धनहरी या स्यादव्यभिचारिणी। तदभावे तु दुहिता यद्यनूढा भवेत्तदा॥

स्मृत्यन्तरमपि। अपुत्रस्याथ कुलजा पत्नी दुहितरोऽपि वा। तदभावे पिता माता भ्राता पुत्राश्च कीर्त्तिता इति॥

एतैर्वचनैः सर्व्वतः पूर्व्वम्पत्नी पतिधनभागिनीति प्रतिपादितम्।

5. एतद्विरुद्धान्यपि वचनानि लभ्यन्ते। तथा च नारदः। भ्रातृणामप्रजाः प्रेयात्कश्चिच्चेत्प्रव्रजेत वा। विभजेरन्धनन्तस्य शेषास्ते स्त्रीधनं विना। भरणञ्चास्य

कुर्व्वीरन् स्त्रीणामाजीवनक्षयात्। रक्षन्ति शय्याम्भर्त्तुश्चेदाच्छिन्द्युरितरासु त्विति॥ पत्नीसद्भावेति भ्रातॄणान्धनग्रहणम्भरणञ्च तत्पत्नीनामाह।

मनुरपि। पिताहरेदपुत्रस्य रिक्थं भ्रातर एव चेति। पितृभ्रात्रो विकल्पेनापुत्रधनग्रहणाधिकारं वदति न तु पत्न्याः।

अनपत्यस्य पुत्रस्य माता दायमवाप्नुयात्। मातर्य्यपि च वृत्तायां पितुर्माता हरेद्धनमिति च स्मृतिर्मातृपितामह्योरपुत्रधनाधिकारमभिदधाति।

शङ्खलिखितपैठीनसियमा अपि। अपुत्रस्य स्वर्य्यातस्य भ्रातृगामिद्रव्यन्तदभावे पितरौ हरेयातां ज्येष्ठा वा पत्नीति भ्रातुः पित्रोश्चाभावे पत्न्यधिकारं कथयन्ति।

देवलोऽपि। ततो दायमपुत्रस्य विभजेयुः सहोदराः। तुल्या दुहितरो वापि ध्रियमाणः पितापि वा। सवर्णा भ्रातरो माता भार्य्या चेति यथाक्रममिति। सर्व्वपूर्व्वाभावेन योगीश्वरेणाभिहितायाः पत्न्या भ्रात्राद्यभावेऽधिकारमाचष्टे। भ्रातृशब्देनात्र भिन्नोदराः। सहोदराणां पृथगुपादानात्।

कात्यायनोऽपि। विभक्ते संस्थिते द्रव्यं पुत्राभावे पिता हरेत्। भ्राता वा जननी वाथ माता वा तत्पितुः क्रमादिति। पित्रादिषु ग्राहकेषु पत्न्या निर्द्देशमपि न करोति।

6. एतेषामन्योन्यविरुद्धानां वचनानान्धारेश्वर इत्थं व्यवस्थामाह। विभक्तासंसृष्टभ्रातुरपुत्रस्य पत्नी यदि नियोगमङ्गीकुरुते तदेव पतिधनं लभते। अनियोगार्थिन्यान्तु तस्यामविभक्तसंसृष्टपत्नीवद्भरणमात्रमेव नियोगद्वारैवापुत्रपत्न्याः पतिस्वापतेयस्वामित्वम्। न च बीजम्। अनेकस्मृतिष्वपत्यद्वारैव तस्या धनसम्बन्धबोधनम्। तथा च गौतमः। पिण्डगोत्रर्षिसम्बद्धा रिक्थम्भजेरन् स्त्री वानपत्यस्य बीजं वा लिप्सेतेति। अनपत्यस्य रिक्थम्पिण्डगोत्रर्षिसम्बद्धा भजेरन्तस्य स्त्री वा रिक्थम्भजेत्। यदि बीजं लिप्सेत। वा शब्दो यदिशब्दार्थोऽन्यथा रिक्थग्रहणबीजलिप्सयोरतुल्यत्वेन विकल्पार्थत्वानुपपत्तेः। तथा मनुरपि। धनं यो बिभृयाद्भ्रातुर्मृतस्य स्त्रियमेव वा। सोऽपत्यं भ्रातुरुत्पाद्य दद्यात्तस्यैव तद्धनमिति विभक्तधनसम्बन्धमप्यपत्यद्वारेणैव पत्न्या दर्शयति। तथा विभागाभावेऽपि। कनीयान् ज्येष्ठभार्य्यायां पुत्रमुत्पादयेद्यदि। समस्तत्र विभागः स्यादिति धर्म्मो व्यवस्थित इति वदन्नपत्यद्वारा धनसम्बन्धोऽस्तीत्याह। तेनान्वयव्यतिरेकाभ्यामपत्यद्वारक एव पत्न्या धनसम्बन्धो नान्यथेति सिद्धम्। वशिष्ठोऽपि। रिक्थलोभान्नास्ति नियोग इति रिक्थलोभप्रयुक्तं नियोगं प्रतिषेधन्नङ्गीकृतनियोगाया एव धनसम्बन्धो नेतरस्या इति स्पष्टमेवाचष्टे। तथा च भ्रातॄणामप्रजा इत्यादीनि नारदादिवचनान्यनियोगार्थिनीविषयाणि पर्य्यवस्यन्ति। अपुत्रा योषितश्चैषां भर्त्तव्याः साधुवृत्तयः। निर्व्वास्या व्यभिचारिण्यः प्रतिकूलास्तथैव चेति योगीश्वरोऽप्यपुत्राणामन्यादियोषिताम्भरणं भाषमाणः पुत्रस्यैव धनसम्बन्धप्राधान्यात्तत्कृत एव तत्स्त्रीणां धनसम्बन्ध इति सूचयन्न्यायसाम्यात्सर्व्वत्रापत्यमूलकमेव स्त्रीणां रिक्थग्रहणं ज्ञापयति। यच्चार्थं द्रव्यमुत्पन्नं तत्रानधिकृतास्तु ये। अरिक्थभाजस्ते सर्व्वे

ग्रासाच्छादनभाजना इति स्मृतिः पुरुषाणामपि पुत्रादीनां यज्ञानधिकृतानां रिक्थानधिकारं वदन्ती दण्डापूपन्यायेन सुतरामभर्तृकाणान्तदनधिकारिणीनां धनसम्बन्धं निरस्यति। तथा स्मृत्यन्तरमपि। यज्ञार्थं विहितं वित्तं तस्मात्तद्विनियोजयेत्। स्थानेषु धर्म्मयुक्तेषु न स्त्रीमूर्खविधर्म्मिष्विति स्त्र्यादिषु धनविनियोगमपि प्रतिषेधत्सा-ध्यात्तस्या एव कृत्स्नधनग्रहणं सुदूरं दूषयतीति।

7. तदिदं विज्ञानेश्वरादयो नानुमन्यन्ते। पत्नीदुहितर इत्यादिषु साक्षान्नियोगानुपादानात् प्रस्तावाभावाच्च। किञ्च नियोग एव पत्न्या रिक्थसम्बन्धप्रयोजकस्तदुत्पन्नमपत्यं वा। प्रथमेऽनुत्पादितपुत्राया अपि स्वीकृतनियोगाया धनाधिकारः स्यान्नियोगोत्पन्नपुत्रस्य च न स्यान्नियोगमात्रेणैव भर्तृधनस्वाम्यात्। द्वितीये वचनान्तरैरेवापत्यस्य धनसम्बन्धसिद्धेः पत्नीवचनमनर्थकम्। अथ स्त्रीणां पतिमात्रद्वारको धनसम्बन्धो न प्रकारान्तरेण। जीवति पत्यौ तद्द्वारको मृते त्वपत्यद्वारक इति बोधनार्थं नियोगार्थिनीपत्नीपरं पत्नीवचनमितिमतम्। तदसत्। अध्यग्न्यध्यावहनिकमित्यादि वक्ष्यमाणवचनैरन्यथापि तासान्धनसम्बन्धबोधनात्। भर्तृधने द्वेधैव सम्बन्धो नियम्यत इति चेत्। तर्हि जीवति पत्यौ तद्धनसम्बन्धस्य पाणिग्रहणाद्धि सहत्वमित्यादि गौतमवचनेनैव सिद्धेर्मृते तु तस्मिन्नियोगनिमित्ततद्धनसम्बन्ध उच्यमानः क्षेत्रजपुत्रस्यैवोक्तो भवति सोऽपि प्रागुक्त इत्यपुत्रप्रकरणे पत्नीत्यनारभ्यमेव।

यच्च गौतमवचनं वीजं वा लिप्सेतेति यदि वीजं लिप्सेतेत्यर्थकतया नियोगद्वारक एव धनसम्बन्धोऽपुत्रपत्न्या इत्यत्र प्रमाणमित्युक्तं तदप्ययुक्तम्। वाशब्दस्य पक्षान्तरवाचित्वेन यद्यर्थाप्रतीतेः। धनग्रहणवीजलिप्सयोरतुल्यार्थतया विकल्पार्थकत्वासम्भवे निपातानामनेकार्थत्वात्प्रकृतान्वयोपयोगी यद्यर्थ एव कल्प्यत इति चेत् न। वीजं वा लिप्सेत संयता वा भवेदिति प्रासङ्गिकधर्म्मान्तरोद्देशकत्वतया विकल्पार्थकताया एव सम्भवात्। तथा च गौतमवचसापि नियोगनिरपेक्षमेव भर्तृरिक्थग्रहणमुक्तम्भवति। किञ्च विधवानियोगस्य निषिद्धत्वादपुत्राशयनं भर्त्तुः पालयन्तीत्यादि मन्वादिवचनैः संयताया एव धनाधिकारप्रतिपादनान्निर्वास्या व्यभिचारिण्य इत्यादिना भरणमात्रस्याप्यसंयतानामभावात्कृत्स्नभर्तृरिक्थग्रहणं दूरापास्तमेव।

यच्चाभिहितं धनं यो विभृयाद्भ्रातुः। कनीयान् ज्येष्ठभार्य्यायां। रिक्थलोभान्नास्ति नियोग इति मन्वादिवचनैर्विभक्ताविभक्तधनसम्बन्धोऽन्वयव्यतिरेकाभ्यामपत्यद्वारक एव पत्न्या आयातीति। तदपि वार्तम्। अविभक्ते संसृष्टिनि वा भर्तरि प्रेते पुत्रद्वारक एव तस्यास्तद्धनसम्बन्धेति। धनलोभेन नियोगो नाभ्युपेय इति। तत्तात्पर्य्यात्। अतएव। संसृष्टानान्तु यो भागः स तस्या नेष्यते बुधैरिति अभिधाय तत्स्त्रीणामनपत्यानाम्भरणमात्रं नारदेन प्रतिपादितम्। न चैवं भ्रातॄणामप्रजाः प्रेयादित्यस्यापि संसृष्टाविभक्तविषयत्वे संसृष्टानान्तु भाग इत्यनेन पौनरुक्त्यं स्यादिति वाच्यम्। तदंशविवरणपूर्व्वकं स्त्रीधनाविभाज्यत्वं तद्भरणयोरपूर्व्वयोर्विधानात्। यत्त्वपुत्रा योषित-

स्वैषामिति योगीश्वरवचनं तत्तु क्लीवादीनां प्रक्रान्तानामेषामिति सर्व्वनाम्ना परामर्षात्तत्स्त्रीविषयमिति विभागानधिकारिनिरूपणप्रस्तावे वक्ष्यते ।

यदपि द्विजातिधनस्य यज्ञार्थत्वात्तदनधिकारिण्या प्रमीतपतिकया तद्ग्रहणमनर्हमित्युक्तन्तदप्ययुक्तं । यज्ञशब्दस्य दानाद्युपलक्षकत्वात् तत्र च तस्या अप्यधिकारात् । यथा श्रुते यज्ञभिन्नदानहोमादिष्वप्यविनियोगप्रसङ्गः । वस्तुतस्तु केवलधर्म्मार्थत्वमपि धनस्य नास्ति । धर्म्ममर्थञ्च कामञ्च यथाशक्ति न हापयेत् । तथा पूर्व्वाह्णमध्यन्दिनापराह्णानफलान्न कुर्य्याद्धर्म्मार्थकामेभ्य इत्यादिभिरर्थकामयोरपि तत्साध्ययोरावश्यकत्वात् । यज्ञार्थत्वञ्च द्रव्यस्य यदि स्याद्धिरण्यधारणस्य क्रत्वव्यभिचारिहिरण्यसम्बन्धेन क्रत्वर्थतैव स्यादिति पुरुषार्थत्वं यत्तस्य स्थापितन्तत्रैव विरुध्येत । न स्त्री स्वातन्त्र्यमर्हतीत्यादि वचनात्पारतन्त्र्यमात्रमस्तु स्त्रियाः न तु धनग्रहणे कोऽपि विरोधः । यज्ञार्थन्द्रव्यमुत्पन्नमिति तु धर्म्मविनियोगप्रशंसार्थम् । अतएव स्थानेषु धर्म्मयुक्तेषु न स्त्रीमूर्खविधर्म्मिष्विति वाक्यशेषः । मिताक्षराकृतस्तु । यज्ञार्थं लब्धमददद्भासः काकोऽपि वा भवेदिति दोषश्रवणस्य पुत्रादिष्वप्यविशेषेण पित्रा यद्यज्ञार्थमर्जितं तत्पुत्रादिभिरपि तत्रैव विनियोज्यं नान्यत्रेत्येवम्परमेतदित्याहुः ।

8. श्रीकरादयस्तु । भार्य्याभरणमात्रपर्य्याप्तं यदि भर्तृधनन्तदा सर्व्वमेव गृह्णाति । अतिरिक्तञ्चेद् भ्रात्रादय इति विषयव्यवस्थामाहुः । कृत्स्नमंशं लभेत चेत्येतदपि तत्परमेव । वर्तनदानस्यावश्यकत्वात् । तेन सर्व्ववाक्यानामविरोध इति च तत्रोपपत्तिङ्कल्पयन्ति ।

वार्तमेतत् । सकृच्छ्रुतधनपदस्य पत्न्यपेक्षञ्जीवनपर्य्याप्तधनपरत्वं भ्रात्राद्यपेक्षञ्च धनमात्रपरत्वमिति तात्पर्य्यभेदस्य सति सारूप्यसम्भवेऽन्याय्यत्वात् । मनुवचने कृत्स्नपदवैयर्थ्यापातात् किञ्च । सत्स्वप्यौरसेषु पुत्रेषु तत्समांशग्रहणं जीवदजीवद्विभागयोरुक्तं । यदि कुर्य्यात्समानंशान् पत्न्यः कार्य्याः समांशिकाः । पितुरूर्द्ध्वं विभजतां माताप्यंशं समं हरेत् । इत्याभ्यां वचनाभ्याम् । असत्सु पुत्रेषु पत्नी भरणमात्रं लभेत इति महान् व्यामोहः । तत्रापि जीवनपर्य्याप्तमेवांशशब्देन विवक्षितमिति चेन्न । अंशशब्दसमशब्दयोरानर्थक्यप्रसङ्गात् । दत्ते त्वर्द्धमकल्पयेदित्यत्रापि जीवनोपयुक्तपरत्वावश्यम्भावे सर्व्वथार्द्धपदार्थत्यागापत्तेश्च । अल्पधने पुत्रसमांशं बहुधने जीवनोपयुक्तमात्रं विवक्षितमिति तु विधिवैषम्यापत्तेरत्ययुक्तम् । तथाहि । तावेव समांशशब्दौ वाक्यान्तरमपेक्ष्य बहुधने जीवनमात्रपर्य्याप्तधनपरौ कदाचित् । अल्पधने तु यथाश्रुतार्थकावित्येकस्मिन्विधौ वाक्यार्थभेदेन वाक्यभेदापत्तेरयुक्तम् । युगपच्छक्तिलक्षणावृत्तिद्वयापातश्च ।

यथा चातुर्मास्यप्रकरणे द्वयोः प्रणयन्तीति वाक्येन पूर्व्वपक्षिणा सौमिकप्रणयनातिदेश उत्तरवेदिमुपकिरन्ति न सुनासीरीय इत्युत्तरवेदिप्रतिषेधेऽप्राप्तस्य प्रतिषेधायोगाद्धेतुत्वेनोक्ते राद्धान्तैकदेशिना नातिदेशप्राप्तायाः सौमिकोत्तरवेदेरयं प्रतिषेधः किन्तूपात्र वपन्तीति प्राकरणिकवचनप्राप्ताया इत्युपन्यस्ते प्राकरणिकं वचनं प्रथ-

मोत्तमयोः पर्व्वणोः प्रतिषेधमपेक्ष्य पाक्षिकीं प्राप्तिं मध्यमयोस्तु निष्प्रतिपक्षमेवा-पाक्षिकीमुत्तरवेदेः प्राप्तिं करोतीति विधिवैषम्यप्रसङ्गेन पूर्व्वपक्षिणा तन्मते दूषिते परमसिद्धान्तिना पूर्व्वपक्षयुक्तविधिवैषम्यभयादेव प्रथमोत्तमयोः पर्व्वणोरप्राप्तप्रतिषेधा-योगान्न वैश्वदेव इत्ययं नित्यानुवादः उपाच वपन्तीति तु द्वयोः प्रणयन्तीत्याद्यर्थवाद-सङ्कृतं मध्यमयोरेव वरुणप्रघाससाकमेधपर्व्वणोरुत्तरवेदिं विधत्ते न तु वचना-तिदेशोऽयमिति प्रतिपादितम्।

9. अत्र कश्चिदाह भ्रातॄणामपुत्रधनग्राहित्वं भरणं चास्य कुर्वीरन् स्त्रीणा-माजीवनक्षयादिति भरणोपयुक्तधनदानञ्च तत्स्त्रीणामुक्तं। यदा भरणमात्रोपयुक्तमेवा-पुत्रधनं ततोऽपि न्यूनं वा। तदापि किं भ्रातर एव गृह्णन्ति पत्नी वेतिविरोधे पत्न्य एव धनग्रहणं पत्नीदुहितर इत्यादिना पूर्व्वपत्नीस्वत्वज्ञापनयोच्यत इति।

तदपि मन्दम्। पूर्व्वोक्तविधिवैषम्यस्यात्रापि तादवस्थ्यात्। धनभागिति पदं वाक्यान्तरमपेक्ष्याल्पधने जीवनमात्रपर्य्याप्तधनभाक्त्वं पत्नीविषये वदति पित्रादिषु तु सकलधनभाक्त्वमिति।

10. कथन्तर्हि विरोधपरिहार इति चेत्। शृणु। पिता हरेदित्यादिषु क्रमाप्रतीतेरपुत्रधनग्रहणाधिकारमात्रप्रदर्शकानि तानि। योगीश्वरवचसि त्वेषाम-भावे पूर्व्वस्य धनभागुत्तरोत्तर इति क्रमपरत्वात्पत्न्यादिगणस्य निबद्धक्रमस्याभावेऽपि तेषामर्थाविरोधात्पत्न्याद्यभावे पित्रादयोऽपुत्रधनग्राहिण इति।

शङ्कितव्यभिचारायास्तु पत्न्याः हारीतेन धनग्रहणं निषिद्धम्। विधवा यौव-नस्था चेन्नारी भवति कर्कशा। आयुषः क्षपणार्थं तु दातव्यञ्जीवनन्तदेति॥ अस्मादेव वचनादनाशङ्कितव्यभिचारायाः सकलभर्तृधनग्रहणङ्गम्यते। अतएव प्राक्तनवचने ज्येष्ठा वा पत्नीत्युक्तं ज्येष्ठा गुणैः प्रशंस्या। न तु वयोज्येष्ठा। मननापि वर्णक्रमेण ज्यैष्ठ्यं कथितम्। यदाह। यदि स्वाश्च पराश्चैव विन्देरन् योषितो द्विजाः। तासां वर्णक्रमे-णैव ज्यैष्ठ्यं पूजा च वेश्म चेति॥ अतः परिणयनवयोभ्यां कनिष्ठापि सवर्णा वासवर्णा-तोज्येष्ठा सवर्णास्वपि गुणवती। तथा च मनुः। भर्त्तुः शरीरशुश्रूषां धर्म्मकार्य्यञ्च नैत्यकम्। स्वा चैव कुर्य्यात्सर्व्वेषान्नासजातिः कथञ्चन॥ यस्तु तत्कारयेन्मोहात् सजात्या स्थितयाऽन्यया। यथा ब्राह्मणचाण्डालः पूर्व्वदृष्टस्तथैव सः॥ योगीश्वरोऽपि। सवर्णासु विधौ धर्म्ये ज्येष्ठया न विनेतरा। तथा च यज्ञसंयोगात्पत्नीशब्देनापि सैवोच्यते॥ सवर्णाया अभावे तु याऽनन्तरवर्णा सैव। तथा च विष्णुः। सवर्णाभावे त्वनन्तरैवापदि नत्वेव द्विजः शूद्रया धर्म्मकार्य्यमिति। अत्र कुर्य्यादित्यनुवर्त्तते। तथा च ब्राह्मणस्य ब्राह्मण्यभावे क्षत्रियैवापदि न तु वैश्यशूद्रे परिणीते अपि। क्षत्रियस्य क्षत्रियाया अभावे वैश्यैव। वैश्यस्यानन्तरापि शूद्रा न किन्तु स्वैव। शूद्रायाः सर्व्वथा निषेधात्।

तथा चानाशङ्कितव्यभिचारा वर्णक्रमेण भर्तृधनङ्गृहीत्वान्याः सपत्नीः परिपा-लयेत्। वपुःसादृश्यस्तु यथा स्वं विभज्य गृह्णीयुः। अतः पत्नीत्येकवचनं जात्यभि-प्रायेण।

तस्मादपुत्रस्यासंसृष्टिनो विभक्तस्य प्रमीतस्य साध्वी भार्य्या कृत्स्नधनाधिकारिणी अविभक्तसंसृष्टिनोरपुत्रयोः साध्व्यऽपि भरणमात्रं भ्रातॄणामप्रजा इत्यादि नारदादि वचनाल्लभते। व्यभिचारिणी तु भरणमपि न। आच्छिन्द्युरितरास्त्वित्यभिधानात्।

यत्तु व्यभिचारिणीनामप्यन्नवसनदानमुक्तम्। एवमेवंविधं कुर्य्याद्योषित्सु पतितास्वपि। वस्त्रान्नमासां देयन्तु वसेयुश्च गृहान्तिके इति॥ तत्तु। हृताधिकारामलिनां पिण्डमात्रोपजीविनीम्। परिभूतामधःशय्यां वासयेद्व्यभिचारिणीमिति। भर्त्तारं प्रत्युत्य योगीश्वरेणाभिधानात्तदविसंवादेन भर्तृविषयकम्। तदपि प्रायश्चित्तावधि। अत्यौद्धत्यात्तदकुर्व्वन्तीनां त्वनेनापि निष्कासनमित्यादिप्रायश्चित्तप्रकारो विवेच्यामः।

पत्नीदुहितर इत्यस्य विभक्तासंसृष्टिविषयत्वं। विभागस्य पूर्व्वमुक्तत्वात् संसृष्टिविभागस्य च सर्व्वापवादेनाग्रे वक्ष्यमाणत्वादर्थाद्व्यवतिष्ठत इति विज्ञानेश्वरलक्ष्मीधरस्मृतिचन्द्रिकाकारविश्वरूपमेधातिथिमदनरत्नकारादीनां भूयसां संमतम्।

11. अपुत्रपदं पत्नीत्यादिषु श्रूयमाणं पौत्रप्रपौत्राभावोपलक्षणम्। प्रपौत्रपर्य्यन्ताभाव एव पत्न्या धनग्रहणौचित्यात्पुत्रपौत्रैर्ऋणं देयमिति वचने पौत्रस्यापि ऋणदानेऽधिकाराभिधानाद्रिक्थग्राहकान्तरसत्वे ऋक्थग्राह ऋणन्दाप्य इति वचनात् तस्यैवर्णदानाधिकारे सत्यपि पौत्रे तं प्रति तद्विधानासम्भवाद्गोत्रजत्वादिना ऋक्थग्रहणे रिक्थग्राह इत्येतेनैव तस्यापि तत्सिद्धेर्वैयर्थ्यं पौत्रविधेरतः पौत्रेण पितामह ऋक्थाग्रहणेऽपि पुत्रवदृणन्देयमित्युक्ते दण्डापूपिकया सति तद्रिक्थेऽन्यस्य तद्ग्रहणाधिकारो दूरनिरस्तः। एष एव प्रपौत्रेऽपि न्यायः। अतएव प्रपौत्रसंग्रहार्थं पुत्रपौत्रयोरिति बहुवचनमितरथा द्विवचनं व्यत्ययभिप्रायकं बहुवचनमिति वा कल्प्यं स्यात्। एवञ्चायमर्थः। पुत्रश्च पौत्रश्च पुत्रस्य पौत्रः पुत्रपौत्रः सचेति षष्ठीतत्पुरुषोत्तरमात्तपुत्रपौत्रपदे पुत्रश्च पौत्रश्च ताविति द्वन्द्वे पुत्रपौत्रौ च पुत्रपौत्रश्चेति द्वन्द्वतत्पुरुषरूपपुत्रपौत्रपदे सरूपैकशेषे बहुवचनोपपत्तिः। पुत्रपौत्रप्रपौत्रैरिति यावत् पौत्रपदं प्रपौत्रोपलक्षणं वा। पुत्रापेक्षया पौत्रस्य तदपेक्षया प्रपौत्रस्य ऋणदाने विशेषप्रकारविधिरप्यत एव सङ्गच्छते। अन्यथा प्रपौत्रे विशिष्टविधिकल्पनापत्तिः।

त्रयाणान्तुल्योपकारित्वञ्च पार्व्वणविधिना पिण्डदानेन स्पष्टम्। तथा च मनुः। त्रयाणामुदकङ्कार्य्यन्त्रिषु पिण्डः प्रवर्त्तते। चतुर्थः संप्रदातैषां पञ्चमो नोपपद्यते॥ बौधायनोऽपि। पुत्रपौत्रप्रपौत्राननुक्रम्याह प्रपितामहः पितामहः पिता स्वयं सोदर्य्या भ्रातरः सवर्णायाः पुत्रः पौत्रः प्रपौत्र एतानविभक्तदायादान् सपिण्डानाचक्षते। विभक्तदायादांश्च सकुल्यानाचक्षते। सत्स्वङ्गजेषु तद्गामी ह्यर्थो भवतीति॥ अस्यार्थः। पित्रादिपिण्डत्रयेषु सपिण्डनेन भोक्तृत्वात्पुत्रादिभिस्तत्पिण्डस्यैव दानात्। यो हि जीवन् यत्पिण्डदाता स मृतः सन् सपिण्डनेन तत्पिण्डभोक्ता। एवं मध्यस्थितः पुरुषो जीवन् पूर्व्वेषां पिण्डदाता मृतश्च तत्पिण्डभोक्ता परेषाञ्जीवतां पिण्डसंप्रदानं मृतैश्च तैः सह दौहित्रादिदेयपिण्डभोक्ता अतो येषामयं पिण्डदाता ये वा तद्दत्तपिण्ड-

भोक्तारस्तेऽविभक्तं पिण्डरूपं दायमश्नन्तीत्यविभक्तदायादाः सपिण्डा एकपिण्डसम्बन्धात् पञ्चमस्य तु पूर्व्वस्य मध्यमः पञ्चमो न पिण्डदाता न च तत्पिण्डभोक्ता एवमधस्तनोऽपि पञ्चमो मध्यमस्य न पिण्डदाता नापि तद्भोक्ता। एतेन वृद्धप्रपितामहात् प्रभृति पूर्व्वपुरुषास्त्रयः प्रतिप्रणप्तृप्रभृत्यधस्तनपुरुषास्त्रय एकपिण्डभोक्तृत्वाभावाद्विभक्तदायादाः पञ्चमप्रभृतय उभयतः सकुल्या इत्याचष्टे मुनिः कुलमात्रसम्बन्धात्।

इदं सपिण्डत्वं सकुल्यत्वं दायग्रहणोपयोगित्वेनोक्तं तत्प्रकरणपाठात्। अशौचविवाहाद्यर्थन्तु पिण्डलेपभुजामपि। लेपभाजश्चतुर्थाद्याः पित्राद्याः पिण्डभागिनः। पिण्डदः सप्तमस्तेषां सापिण्ड्यं साप्तपौरुषमिति स्मरणात्। सपिण्डता तु पुरुषे सप्तमे विनिवर्त्तेत इति च। पञ्चमात् सप्तमादूर्द्धं मातृतः पितृतस्तथेति। योगीश्वरवाक्यैकवाक्यतया सप्तमे पुरुषे स्थित्वाऽष्टमे विनिवर्त्तेत वा इति व्याख्येयम्। तेन यथाप्रत्तानान्तु स्त्रीणान्त्रिपुरुषं विज्ञाय तद्वत्या शौचप्रकरणपठितं तन्मात्रोपयोगि त्रिपुरुषं सापिण्ड्यं तथेदं विभागमात्रोपयोगीति ध्येयम्।

कात्यायनस्तु स्पष्टमेव पुत्रपौत्रप्रपौत्राणां धनग्रहणमाह। अविभक्ते मृते पुत्रे तत्सुतं रिक्थभागिनम्। कुर्वीत जीवनं येन लब्धं नैव पितामहात्। लभेतांशं स पित्र्यन्तु पितृव्यात्तस्य वा सुतात्। स एवांशन्तु सर्व्वेषां भ्रातृणां न्यायतो भवेत्। लभेत तत्सुतो वापि निवृत्तिः परतो भवेत्॥ इति प्रपौत्रानन्तरमुक्तो यः प्रणप्तृप्रभृत्यनधिकारः स सपिण्डत्वेन ध्येयः। सकुल्यत्वेन त्वस्त्येव यथाप्रत्यासत्ति।

भ्रातृणामेकजातानामित्यादि तु दायातिरिक्तश्राद्धादिपुत्रकार्य्यकारित्वपरं भ्रातृपुत्रस्य पुत्रीकरणसम्भवे नान्यः पुत्रीकरणीय इति नियमार्थम्। अन्यथा भ्रातृपुत्रस्य भ्रात्रनन्तरमभिधानमपुत्ररिक्थहार्य्यभिधायके वाक्ये क्रमपरे न सङ्गच्छेत।

पुत्रादीनान्त्रयाणाम्पित्रादित्रिकमहोपकारकारित्वात् पुत्रादिभिर्गृहीतं धनं स्वामिन एवोपकारकमुपकारप्रत्यासत्त्या तदीयमेव। उपकारप्रत्यासत्तिश्चाभ्यर्हिता। यथाह। ज्येष्ठेन जातमात्रेण पुत्री भवति मानवः। पितृणामनृणश्चैव स तस्मात्सर्व्वमर्हति॥ तस्मादिति हेतुत्वेनोपकारित्वस्योपन्यासाद्दायभागप्रकरणे धनस्वाम्युपकारकत्वातिशयो यत्र स्थितस्य तद्धनस्य भवति स एव तद्धनग्राहीति प्रत्यासत्तिरौत्सर्गिक्यभ्यर्हिता चेति सूचितम्।

पुत्रादीनां महोपकारकत्वञ्चानेकश्रुतिस्मृतिपुराणादिप्रसिद्धम्। तत्र श्रुतिर्हरिश्चन्द्रोपाख्याने बह्वृचब्राह्मणे। यं त्विमं पुत्रमिच्छन्ति ये विजानन्ति ये च न। किंस्वित् पुत्रेण विन्देत तन्ममाचक्ष्व नारदेति। गाथया हरिश्चन्द्रेण पृष्टो नारदो दशभिर्गाथाभिः पुत्रमाहात्म्यपराभिः प्रबोधितवानित्युक्तम् स एकया पृष्टो दशभिः प्रत्युवाच ऋणमस्मिन् सन्नयत्यमृतत्वञ्च गच्छति। पिता पुत्रस्य जातस्य पश्येच्चेज्जीवतो मुखमित्यादिना। स्मृतयश्च। मनुविष्णू। पुन्नाम्नो नरकाद्यस्मात्पितरन्त्रायते सुतः। तस्मात् पुत्र इति प्रोक्तः स्वयमेव स्वयम्भुवा॥ शङ्खलिखितौ। पितृणामनृणो जीवन्दृष्ट्वा पुत्रमुखम्पिता। स्वर्गी सुतेन जातेन तस्मिन् संन्यस्य तदृणम्। अग्निहोत्रन्त्रयो वेदा

यज्ञास्त्वेव सदक्षिणाः। ज्येष्ठपुत्रप्रसूतस्य कलां नार्हन्ति षोडशीम्॥ मनुलिखितवशिष्ठहारीताः। पुत्रेण लोकान् जयति पौत्रेणानन्त्यमश्नुते। अथ पुत्रस्य पौत्रेण ब्रध्नस्याप्नोति पिष्टपम्॥ याज्ञवल्क्यः। लोकानन्त्यन्दिवः प्राप्तिः पुत्रपौत्रप्रपौत्रकैः। यस्मात्तस्मात् स्त्रियः सेव्याः कर्त्तव्याश्च सुरक्षिता इति॥ पुराणादिषु तूपाख्यानानि पुत्रादिप्रशंसाशंसीनि बहूनि।

तस्मात् प्रपौत्रपर्य्यन्ताभावे विभक्तासंसृष्टपतिरिक्थहारिणी पत्नीति सिद्धम्।

12. अत्र जीमूतवाहनः बृहस्पतिविरोधान्नेयं व्यवस्था यदाह। विभक्ता भ्रातरो ये च संप्रीत्यैकत्र संस्थिताः। पुनर्विभागकरणे तेषां ज्यैष्ठ्यं न विद्यते। यदा कश्चित्प्रमीयेत प्रव्रजेद्वा कथञ्चन। न लुप्यते तस्य भागः सोदर्य्यस्य विधीयते। या तस्य भगिनी सा तु ततोऽंशं लब्धुमर्हति। अनपत्यस्य धर्म्मोऽयमभार्य्यापितृकस्य च। संसृष्टानान्तु यः कश्चिद्विद्याशौर्य्यादिना धनम्। प्राप्नोति तस्य दातव्यो द्व्यंशः शेषाः समांशिन इति॥ अत्रोपक्रमोपसंहारयोः संसृष्टत्वकीर्त्तनात् तत्सन्दंशपतितन्न लुप्यते तस्य भागः सोदर्य्यस्य विधीयत इति वचनं संसृष्टिविषयमवश्यं वाच्यन्तत्र चानपत्यस्य धर्म्मोऽयमभार्य्यापितृकस्य चेत्यभिधानात्पुत्रदुहितृपत्नीपितॄणामभावे संसृष्टसोदराधिकारः प्रतीयत इति कथमस्य पत्नीबाधकत्वम्। किञ्च न लुप्यत इति संसृष्टाविभक्तभ्रात्रन्तरीयद्रव्यस्य मिश्रीभूतस्य लोपाशङ्कायामुपपद्यते। विभक्तासंसृष्टधने तु विभक्ते का लोपशङ्का तस्मात्संसृष्टविषयत्वमेवामीषां लिङ्गादपि।

किञ्च। पत्नीतः पूर्व्वं भ्रात्रधिकारबोधकशङ्खादिवचनानां संसृष्टाविभक्तविषयत्वं विस्पष्टवचनान्तराण्न्यायाद्वा प्रबलादुच्यते। नाद्यः विस्पष्टविशेषवचनाभावात्। संसृष्टिनस्तु संसृष्टीत्यादि वक्ष्यमाणवचनन्तु भ्रात्रधिकारावसरे विशेषकथनं नामुमर्थमवगमयति। बृहस्पतिवचनन्तु पुत्रादिपितृपर्य्यन्ताभावे संसृष्टसोदराधिकारबोधकं प्रत्युतासंसृष्टविषयकतामेवावगमयति। न द्वितीयः। न्यायो ह्ययं वाच्यः। अविभागसंसर्गयोर्य्यदेकस्य धनं तदेवापरस्यापीति मृतस्य तत्र स्वत्वेऽपगतेऽपि जीवतस्तत्स्वत्वात्तद्गामिता युक्ता न स्वाम्यन्तरकल्पनेति। न चासौ युक्तः। अविभागसंसर्गवतामप्यविज्ञातैकदेशव्यवस्थितिप्रतिनियताश्रयमेव स्वत्वं नत्वेकैकन्न सर्व्वेषां नापि समग्रे अनेकस्वत्वोत्पादविनाशकल्पनाप्रसङ्गात्।

किञ्च। पाणिग्रहणाद्धि सहत्वमित्यादिप्राग्लिखितगौतमादिवचनेभ्यः पत्न्याः परिणयादुत्पन्नम्पतिधने स्वत्वमविभक्तसंसृष्टभर्त्तृमरणे नश्यत्यन्यत्र च न नश्यतीति कल्पनायाम्प्रमाणाभावः। पुत्रादिषु सत्सु तदधिकारशास्त्रबलादेव पत्नीस्वत्वनाशः कल्प्यते। अत्रापि संसृष्टाविभक्तभ्रात्रधिकारशास्त्रात्तन्नाशः कल्प्यत इति चेत्। अन्यस्य तादृशशास्त्रस्यादर्शनात्। अस्य चेतरथा अन्योन्याश्रयप्रसङ्गादसिद्धेः। सिद्धे हि संसृष्टाविभक्तभर्त्तृमरणे पत्नीस्वामित्वनाशे भ्रात्रधिकारशास्त्रस्य तद्विषयकत्वम्। सिद्धे च तस्मिन् पत्नीस्वत्वनाशकल्पनेति। अतएव योगीश्वरविष्ण्वादिवचने पुत्रराहित्यमेवोपात्तं न तु विभक्तत्वासंसृष्टत्वे। विभागस्योक्तत्वात्संसृष्टिनाश्च

वक्ष्यमाणत्वादर्थादुपात्ते एवेति चेत्। तर्हि मुख्यगौणपुत्रेषु रिक्थग्राहितयोक्तेषु तदितरविषयत्वमप्यर्थात्सिद्ध्यतीत्यपुत्रत्वमपि नोपादेयम्। अपुत्रस्यैत एवानेनैव क्रमेणेति नियमार्थतया तत्सार्थक्यमन्ययोरपि तुल्यम्। विभागोक्तपर्य्यवसानन्तु न ज्ञातमेव। संसृष्टिवचनं भ्रात्रधिकारावसरे विधानार्थन्न पत्न्याद्यपवादार्थमित्युक्तमेव।

किञ्च। शङ्खलिखितादिवचनानामविभक्तसंसृष्टभ्रातृपरत्वे तादृशस्यापुत्रस्य धनन्तद्विधभ्रातृगामि तदभावे पितरौ हरेतामित्यस्य कोऽर्थः। तदा च विकल्पनीयम्। किं विभक्तासंसृष्टौ पितरौ गृह्णीयातामिति। उताविभक्तसंसृष्टाविति।

तत्र न प्रथमः कल्पः। तादृशयोः पित्रोः पत्नीबाध्यत्वात्कथं भ्रात्रभावे पत्नीतः पूर्व्वन्तयोरधिकारबोधः। नापि द्वितीयः। अविभक्तसंसृष्टपितृग्राह्यत्वे सर्व्वेषामविवादाद्वचनवैयर्थ्यात्। अपि च। यथा पित्रा भ्रात्रा च विभक्तासंसृष्टधने पुत्रयोरदातृतया आत्मा वै जायते पुत्रः यथैवात्मा तथा सुत इत्येकत्वस्मृतेर्द्धनदेहयोश्च पौत्रयोः पितुः प्रभुत्वात्तत्पितृदेयपितामहप्रपितामहपिण्डयोर्द्दये सपिण्डनेन मृतस्य पुत्रस्य भोक्तृत्वाज्जीवति च पितरि पुत्राणां पार्व्वणपिण्डदानाभावाद् भ्रातृभ्यः पूर्व्वम्पित्रोरधिकारस्तथेतरत्रापि युक्तः। अविभागसंसर्गयोरविशेषाद्वा तुल्याधिकारो युक्तो न तु भ्रात्रभावे पितुरिति।

किञ्च। पित्रोरविभक्तसंसृष्टत्वविशेषणमनुपपन्नं मात्रा सह विभागाभावेनाविभक्तविशेषणानर्थक्यात्। अतएव संसर्गाभावोऽपि। विभागपूर्व्वकत्वात्तस्य। यथाह बृहस्पतिः। विभक्तो यः पुनः पित्रा भ्रात्रा चैकत्र संस्थितः। पितृव्येणाथवा प्रीत्या स तत्संसृष्ट उच्यत इति॥ एतेन येषामेव हि पितृभ्रातृपितृव्याणां पितृपितामहार्जितद्रव्येणाविभक्तत्वमुत्पत्तितः सम्भवति तएव विभक्ताः सन्तः परस्परप्रीत्या पूर्व्वविभागध्वंसेन यत्तव धनन्तन्मम यच्च मम तत्तवेत्यभिन्नतयैकपाकेन पर्व्ववदेकगृहितया स्थिताः संसृज्यन्ते। न पुनरनेवम्भूता द्रव्यसंसर्गमात्रेण वणिजामपि सम्भूयसमुत्थाने संसृष्टत्वव्यवहारापत्तेः। प्रीतिपूर्व्वोक्ताभिसन्धिरहितानां सौकर्य्यादिवशाद् द्रव्यमिश्रणेन व्यवहारादिकुर्व्वतां भ्रात्रादीनामप्यतएव न संसृष्टिव्यवहारः। तस्मान् मातृगतो भ्रातृसद्भावाधिकारविरोधो दुःसमाधः।

अतः प्रपौत्रपर्य्यन्ताभाव एवाविशेषेणापुत्रप्रमीतभर्तृधने समस्तेऽधिकारिणी पत्नीत्येव रमणीयम्। नत्वश्रुतासंसृष्टविभक्तगोचरत्वकल्पना। जितेन्द्रियादयोऽप्येवमाहुः। प्रपौत्रपर्य्यन्ताभावे तस्या अपि भर्त्तुः श्राद्धादिनोपकारकत्वातिशयात्। पत्न्येव दद्यात्तत्पिण्डं कृत्स्नमंशं हरेत चेति मनुवचनादिभ्यः। व्यासोऽपि। मृते भर्त्तरि साध्वी स्त्री ब्रह्मचर्य्ये व्यवस्थिता। स्नाता प्रतिदिनम्भक्त्या भर्त्रे दद्याज्जलाञ्जलीन्। कुर्य्याच्चानुदिनम्भक्त्या देवतातिथिपूजनम्। विष्णोराराधनञ्चैव कुर्य्यान्नित्यमनुव्रता। दानानि विप्रमुख्येभ्यो दद्यात् पुण्यविवृद्धये। उपवासांश्च विविधान् कुर्य्याच्छास्त्रोदितान् शुभे। लोकान्तरस्थम्भर्त्तारमात्मानञ्च वरानने। तारयत्युभयं नारी नित्यं धर्म्मपरायणेत्यादि॥ तस्मात्पत्न्या अपि पतिनरकनिस्तारकत्वाद्धनहीनतया वाऽकार्य्यं

कुर्व्वन्ती स्वीयापुण्येनार्द्धशरीरसंस्रवात्पत्यर्द्धं शरीरस्य यस्य भार्य्या सुराम्पिबेदित्यादिलिङ्गदर्शनात्पतिमपि पातयेदिति तया गृहीतं स्वाम्यर्थमेव तद्धनं भवतीति सर्व्वेभ्योऽन्येभ्यः पूर्व्वं पत्न्या एव पतिधनग्रहणं युक्तम्।

शङ्खादिवचने तु व्यवहितयोजना कार्य्या। अपुत्रस्य पुत्रपौत्रप्रपौत्ररहितस्य स्वर्य्यातस्य धनं ज्येष्ठा प्रशस्यतमा पत्नी लभते। तदभावे दुहितृदौहित्रयोस्तदभावे पितरौ लभेयातां तदभावे भ्रातृगामीति। तदभाव इति मध्यपठितं पूर्व्वोत्तराभ्यामविरोधाद्न्यायस्य पूर्व्वमुक्तत्वाच्च सम्बध्यते। भ्रातॄणामप्रजाः प्रेयादित्यादीनि नारदादिवचनान्यपत्नीरूपपरिणीतस्त्रीविषयाणि। स्त्रीशब्दमात्रोपादानात्तत्र। अत्र च पत्नीशब्दोपादानात्। परिणीतानामपि चापत्नीत्वं प्राक् प्रपञ्चितम्। अतएव नारदस्यैव वचनान्तरे। अन्यत्र ब्राह्मणात्किन्तु राजा धर्म्मपरायणः। तत्स्त्रीणां जीवनं दद्यादेष दायविधिः स्मृत इति॥ स्त्रीशब्दश्रवणादपत्नीनामब्राह्मणस्त्रीणां वर्त्तनदानमाह। पत्नीनान्त्वब्राह्मणस्त्रीणामपि कृत्स्नभर्तृधनाधिकारमाह। बृहस्पतिः। येऽपुत्राः क्षत्रविट्शूद्राः पत्नीभ्रातृविवर्जिताः। तेषां धनं हरेद्राजा सर्व्वस्याधिपतिर्हि सः॥ पत्नीभ्रातृविवर्जिता इति सब्रह्मचारिपर्य्यन्ताभावोपलक्षकम्। तेषां बद्धक्रमत्वान्मध्ये राज्ञोऽननुप्रवेशात्। प्रदर्शितविष्णुवचने सहाध्यायिपर्य्यन्तानभिधाय तदभावे ब्राह्मणधनवर्जं राजगामीति कथनाच्चेति तत्वं विविनक्तिस्म।

13. तत्रेदमालोचनीयं। नारदशङ्खादिवचनानामविभक्तसंसृष्टिविषयत्वेन या व्यवस्था तत्र न्यायविरोधो वा दूषणं वचनविरोधो वा। न तावन्न्यायविरोधः। बाधकन्यायस्याभावात्। प्रत्युत साधको न्यायोऽस्ति। तथाहि अविभक्तप्रमीते तावत्तस्यांश एव नाभूत्किमियं गृह्णातु संसृष्टे जातोऽप्यंशः पुनः साधारणस्वत्वात्पत्न्यापगतः। न च साधारणस्वत्वाश्रयोऽप्यविविक्तस्तद्भागोऽस्त्येवेति वाच्यम्। अस्तु तावतापि यत्प्रतियोगिकं साधारणं स्वत्वन्तदपगमे विद्यमानस्वत्वकः संक्रम एवोचितोनत्वन्यस्वत्वोत्पत्तिकल्पना। पाणिग्रहणाद्धि सहत्वङ्कर्म्मसु तत्फलेषु द्रव्यपरिग्रहेषु चेति गौतमवचनात्पत्न्या अपि तद्भागेऽविविक्तेऽपि स्वत्वमुत्पन्नं तन्नाशः किमिति तत्स्वत्वे कल्प्यत इति चेन्न औपपत्तिकोऽस्ति न तु तात्त्विकः। पत्न्याः पतिद्रव्ये स्वत्वं क्षीरनीरवदेकलोलीभावापन्नं सहाधिकारिकर्म्मोपयोगि न तु भ्रातॄणामिव परस्परम्। तत एव तेषां विभागो न तु जायापत्योः। एतन्न्यायमूलकमेव जायापत्योर्न विभागोविद्यत इति वचनम्। तथा च पत्युः स्वत्वापगमे तस्याः स्वत्वापगमस्तत्रावश्यकः। एवञ्चाविभक्तसंसृष्टिपतिस्वापतेये पत्न्याः स्वत्वोत्पत्तिः कल्प्यतामविभक्तसंसृष्टिस्वत्वस्य सतोऽसाधारण्यं वेति वीक्षायामुत्तरपक्षकक्षीकरणमेवोचितं लाघवात्। न च पत्न्येव विभागप्रतियोगिनी। प्रापकप्रमाणाभावात्। नचैतान्येव वचनानि प्रापकानि। तेषां विषयविवादाद्विभक्तासंसृष्टिविषयत्वेनाप्युपपत्तेः। अतएवान्योन्याश्रयोऽपि दवीयान्। विमर्शदशायान्तदप्रसक्तात्। सति विमर्शे तद्विषयत्वनिश्चयादेव।

अविभागसंसर्गवतामपीत्यादि च यदुक्तन्तत्रास्मत्पक्षक्षतिक्षमम्। प्रतिनिय-

तादिविक्तत्वस्वीकारेऽपि संसृष्टाविषयतया न्यायान्तरसिद्धत्वात्। नचास्मृतविभक्तासंसृष्टविषयत्वं पत्नीत्यादिवाक्यानामप्रमाणकम् विरुद्धनारदादिवचनानां व्यवस्थान्तरासम्भवे पूर्व्वोपपादितन्यायोपस्कृतार्थापत्तेरेव प्रमाणत्वात्। व्यवस्थान्तरासम्भवञ्च वक्ष्यामः।

न च यथाविभागस्योक्तत्वात्संसृष्टिनाञ्च वक्ष्यमाणत्वादर्थाद्विभक्तासंसृष्टिधनपरत्वं पत्नीत्यादेरायातीति तदनुपादानन्तथा मुख्यगौणपुत्रविभागमुक्त्वा पत्नीत्यादिवचनारम्भादपुत्रधनविषयत्वमपि सिद्ध्यति तेषामित्यपुत्रस्येत्यपि न वाच्यमिति वाच्यम्। एक एवौरसः पुत्रः न भ्रातरो न पितरौ पुत्रा रिक्थहराः पितुरित्यस्यार्थस्य स्मृत्यन्तरोक्तस्य योगीश्वरेण वचनान्तरेणानुक्तेस्तदवबोधनार्थत्वात्। अन्यथा जीवदजीवद्विभागयोः सत्स्वपि पुत्रेषु पितृपत्नीनां यथांशभाक्त्वन्तथात्रापीति शङ्का स्यात्। पुत्रविभागपर्य्यवसान उक्तत्वान्न तच्छङ्कावसर इति यदि तर्हि स्मृत्यन्तरेष्वेक एवौरसो न भ्रातरो न पितरौ इति स्वतन्त्रस्य मुख्यगौणपुत्रसत्त्वे पत्न्याद्यनधिकारप्रतिपादकशास्त्रस्य सुतरामानर्थक्यं स्यात् स्पष्टीकरणार्थं अर्थन्यायसिद्धमपि निबध्यते व्यवहारशास्त्र इति समाधिः पदमात्रे सुतरां सुवदः। स्पष्टार्थं विभक्तासंसृष्टत्वे अपि कुतोनोपात्त इति चेत्। स्वतन्त्रेच्छत्वान्मुनीनाम्। आरोपे सति निमित्तानुसरणमिति न्याये च यत्र न्यायार्थसिद्धनिबन्धनमस्ति तत्र सिद्धस्य गतिश्चिन्तनीयेति रीत्या स्पष्टीकरणार्थतया वैयर्थ्यं परिह्रियते न तु तदभिधानापादनं सर्व्वत्रोचितम्।

यच्च संसृष्टिनस्तु संसृष्टीत्यस्य भ्रात्रधिकारावसरे विशेषविधानमात्रार्थत्वन्न पत्न्याद्यपवादकत्वमित्युक्तन्तदतिवार्त्तम्। तुशब्दविरोधात्। उत्तरोत्तरपूर्व्वापवादसन्दर्भाच्च। अतएव प्रतिवाक्यं तुशब्दोपादानम्। क्लीवादिवाक्यं पुत्रादिसकलदायग्रहणाधिकारिणां क्लीवत्वादिनाधिकारापवादकमिति। अतएव मिताक्षरायां विज्ञानेश्वरेण तथैव तानि वचनान्यवतारितानि व्याकृतानि च।

यत्तु किञ्चेत्यादिना शङ्खलिखितवचने भ्रात्रभावे पित्रोरधिकारो विकल्प्य खण्डितस्तदप्यतिफल्गु। भवद्दन्मयापि श्रुत्क्रमेण विभक्तासंसृष्टपितृपरत्वे तस्य व्याख्यातुं शक्यत्वेनैवापर्य्यनुयोगात्।

यच्चापि चेत्यादि। तदपि तुल्ययोगक्षेममित्युपेक्ष्यम्।

यदपि किञ्चेत्यादि। तदपि मात्रंशे विशेषणासम्बन्धेऽपि योग्यतया पित्रंशे सम्बन्धादचोद्यम्। वस्तुतस्तु साक्षान्मात्रा विभागाभावेपि जीवद्विभागे पित्रिच्छया तस्या अपि भागसम्भवादजीवद्विभागे तु साक्षादेव विभागोक्तेः प्रीत्याऽभिसन्धिविशेषपूर्व्वकं पुत्रैः सह संसर्गसम्भवात्। न चैवं विभक्तो य इत्यादिबृहस्पतिवचनविरोधः। अतएव मिताक्षराकृताप्युक्तम्। संसर्गश्च न येन केनापि। किन्तु पित्रा पितृव्येण वेत्यत्र सम्मतित्वेन तद्वचनमुपन्यस्यतेति वाच्यम्। यतस्तथा सति सकललोकव्यवहारसिद्धो दौहित्रादिसंसर्गोऽप्यन्याय्यः स्यात्। तस्मात्तेषां परस्परविभागस्तेषामेव तत्पूर्व्वकः परस्परसंसर्गोऽप्यभिसन्धिविशेषपूर्व्वको न परस्परजन्यभिश्रीकरणमात्रेण

वणिगादीनामिवेत्यत्र वृहस्पतिवचनतात्पर्य्यन्न मात्रादिनिवृत्तौ। त्रिदोषपरिसंख्यापत्तेः। अतएव भ्राता वा पितृव्येणाथ वेत्यनास्थायां वादिशब्दस्तत्रोपात्तः। रत्नाकरे चण्डेश्वरेणाप्युक्तम्। अनास्थायां वाकारः। येन पितृव्यजेनांशिना कृतविभाग एकत्र स्थितः संसृष्टः सर्व्वलोकगृहीतो लभ्यत इति। वाचस्पतिरप्येवमेवाह। यत्तु तेनोक्तं पृथग्धनानामेकत्रमेलनमेव संसर्गो लाघवात् न तु विभागपूर्व्वकत्वं तत्र विशेषणं परस्परानुमतिश्च तत्र हेतुरिति। तन्न। पुनः शब्दविरोधात् विभागेऽपि संसर्गशब्दप्रयोगापत्तेः जन्मना स्वत्वानङ्गीकारेण तत्रापि पृथग्धनमेलनात् अन्यथा विकल्प उभयस्य शास्त्रार्थत्वात् पित्रादिसमुच्छ्रितसंसर्गोऽपि सकललोकसिद्धो व्याहन्येत। मिताक्षराकृतोऽपि न येन केनापीति वदतो यथाकथंचित्तद्रव्यमिश्रणसंसर्गव्यावृत्त्या विभागपूर्व्वकाभिसन्धिविशेषकृतसंसर्गनियम एवाभिप्रेतो न मात्रादिव्यावृत्तिः।

भ्रात्राधिकारावसरे संसृष्टिसोदरत्वादिविशेषविधानार्थत्वं च यदस्य संसृष्टिनस्तु संसृष्टीत्यादिवचनस्य भवताभिहितं तत्त्वतितुच्छम् पित्रादिषु गोत्रजादिषु चास्य प्रवृत्त्यविरोधात् तच्च तत्रैव विस्तरेण वक्ष्यामः।

तन्न तावन्न्यायविरोधो दूषणम्।

नापि वचनविरोधः। संसृष्टस्याप्यभार्य्यापितृकस्येति तेन विशेषणादपत्याभाव इव भार्य्यापित्रभाव एव संसृष्टिभ्रातृधनेऽधिकार आयातीति वाच्यम्। यतः संसृष्टिधनग्रहणं संसृष्टिनां तु योभागः स तस्यानेष्यते बुधैरिति नारदेन साक्षादेव तद्भार्य्यायाः प्रतिषिद्धम् संसृष्टिनां तु योभागस्तेषामेव स इष्यते इति कल्पतर्व्वादिधृतपाठेऽप्येवकारेण पत्न्यादिप्रतिषेध आयात्येव। न चैवं नारदवचनम् भ्रातृणामप्रजा इत्यस्य प्रक्रमबलात्संसृष्टिविषयत्वे संसृष्टिनां तु योभाग इत्यनेन पौनरुक्त्यं स्यादतः स्त्रीशब्दस्याच्च श्रवणादन्यत्र च पत्नीशब्दस्य पत्नीविषयत्वेन व्यवस्थैव साधीयसीति वाच्यम्। पूर्व्वोक्तविवरणेन स्त्रीधनाविभाज्यत्वतद्भरणमात्रविधानपरतया तदप्रसक्तेः। स्त्रीमात्रस्य तद्धनग्रहणस्य पत्नीत्यादिवाक्यैः पत्नीपदोपेतैरप्रसक्तत्वेन तत्प्रतिषेधासंभवाच्च। वशिष्ठवचने च रिक्थलोभादितिनियोगविशेषणं भवन्मतेऽनुपपन्नं। पुत्रादिरहितपतिधनग्रहणं यदि विभागाविभागसंसर्गाद्यविशेषेणैव तस्याः सर्व्वादौ तर्हि रिक्थलोभेन नियोगाङ्गीकारस्तस्याः कदा प्रसक्तो यो निषिध्यते। मन्मते तु संसृष्टाविभक्तभ्रातृसत्वे नारदादिवचनात्तस्या अपुत्रधनसम्बन्धाभावेन पुत्रद्वारैव तत्सम्बन्धात्प्रसक्तो रिक्थलोभेन नियोगस्वीकारः प्रतिषिध्यते। नचात्रापि पत्नीभिन्नाया भार्य्याया भर्त्तुर्धनानधिकारात्तस्या एव रिक्थलोभेन प्रसक्तो निषिध्यते नियोगस्वीकार इति न भवदुक्तप्रसक्तिप्रतीक्षेति वाच्यम्। पत्न्या एव तत्र प्रस्तुतत्वात्तद्भिन्नभार्य्यापरत्वानुपपत्तेः। अतएव धारेश्वरादिभिर्नियोगार्थिपत्नीपरत्वे पत्नीत्यादिवाक्यस्येदमेव वशिष्ठवचनं प्रमाणतयोपन्यस्तम्। तस्मान्नारदवशिष्ठवाक्यबलात् संसृष्टिभर्त्तृधनग्रहणप्रतिषेधः पत्न्या वृहस्पतिवचने चानपत्यस्य धर्म्मोऽयमभार्य्यापितृकस्य चेति कथनात्पत्न्यां सत्यां सोदरस्यापि संसृष्टिभ्रातृधनग्रहणप्रतिषेध इति विरोध आवश्यकः कथञ्चिद्विषय-

व्यवस्थया परिच्छत्तव्यौऽपरिच्छतोऽन्यैः परिक्रियते। सन्दंशोत्थितप्रकरणबलात्प्रसक्तमप्य-भार्य्यापितृकस्य संसृष्टिविशेषणत्वमन्यथासिद्धनारदादिवाक्यानुरोधादसंसृष्टिपरत्वा-वश्यकतया बाध्यते। वाक्यविरोधे प्रकरणस्याप्रयोजकत्वात्। न चायमिति सर्व्वनाम्ना संसृष्टिधनग्रहणाख्यधर्म्मस्य प्रक्रान्तस्यानेन विशेषाभिधानादनपत्यस्येतिवदभार्य्या-पितृकस्येत्यस्यापि संसृष्टिप्रमीतविशेषणत्वमितिवाक्ययोरेवायं विरोधः न वाक्यप्रक-रणयोरिति वाच्यम्। सर्व्वनाम्नः संसृष्टिधनग्रहणपरामर्शकत्वेऽपि सोऽयमनपत्यसंसृष्टि-स्वामिधनग्रहणरूपो धर्म्मो भार्य्यापितृरहितस्यासंसृष्टिनोऽप्यनपत्यस्य प्रमीतस्य। असंसृष्टिविभक्तप्रमीतस्य धनन्तु भार्य्यापितृसहितस्यैवानपत्यस्य सोदरो गृह्णीयान्न भार्य्यापित्रन्यतरदितिवाक्यार्थोपपत्तेः। चकारोऽप्येवमनुक्तासंसृष्टिसमुच्चयार्थो व्या-ख्येयः। अतश्चासंसृष्टविषयेणानेन प्रकरणविच्छेदे जाते संसृष्टानान्तु यः कश्चिदि-त्यग्रिमवाक्ये संसृष्टपदोपादानमपि सार्थकम्भवति अन्यथा प्रक्रमादेवात्रापि तल्लाभे तन्मन्दप्रयोजनं स्यात्। अतएव तार्त्तीये निविदधिकरणेऽसम्बद्धनिविद्विच्छिन्न-सामिधेन्यवान्तरप्रकरणाग्राह्यमुपवीतं न सामिधेन्यङ्गमपि तु महाप्रकरणाद्दर्श-पूर्णमासाङ्गम्। ये तु पश्चात्तनागुणास्ते पुनर्वचनादेव दूरस्थानुवादेनैव द्वादशोपसा-न्त्ववत्सामिधेन्यनुवादेन विधीयन्त इतिभट्टमतेन सिद्धान्तितम्। वस्तुतस्तु या तस्य भगिनीत्यनेन सोदराभावे या भगिन्यधिकारः संसृष्टधने प्रतीयते। तस्यैवाव्यवहित-स्यानपत्यस्येति वाक्यशेषस्थेनायमिति सर्वनाम्ना परामर्शस्तत्र च न कोऽपि विरोधः चन्द्रिकायामप्येवमेवोक्तम्।

अविभक्तापुत्रपतिस्वामिकक्कृत्स्नधनग्रहणन्तु पत्न्या कात्यायनवचनविरुद्धम्। यदाह। स्वर्याते स्वामिनि स्त्री तु ग्रासाच्छादनभागिनी। अविभक्ते धनांशन्तु प्राप्नो-त्यामरणान्तिकम्॥ तुशब्दो वाशब्दार्थे तथा चायमर्थः। ग्रासाच्छादनमेव सा त्वा-लभते आमरणान्तिकं यावज्जीवं यावता धनेन जीवनं स्वऽधिकारिकमावश्यकञ्च कर्म सिद्ध्यति तावत्तं धनांशं वा प्राप्नोति। धनांशमामरणान्तिकमित्युक्तेः कृत्स्नधनमवि-भक्तस्य पत्युर्लभत इति निरस्तम्। न च स्त्रीशब्दश्रवणात् पत्नीव्यतिरिक्तस्त्रीपरमिद-मपीति वाच्यम्। अविभक्त इति विशेषणानर्थक्यापत्तेः। विभक्तेऽपि भर्त्तरि पत्नी-भिन्नाया अपुत्राया भरणमात्रोक्तेः। अतएव कृतेऽप्यंशे इत्यनुवृत्तौ। वृहस्पतिः। प्रदद्यात्त्वेव पिण्डञ्च क्षेत्रांशं वा यदीच्छति। अस्य व्याख्यानं स्मृतिचन्द्रिकायाम्। पिण्ड-ग्रहणमशनाच्छादनोपलक्षणार्थन्तत्पर्य्याप्तं धनन्तत्साम्यादेकं क्षेत्रांशं वा स्वरुच्या भर्त्तृ-शार्द्दपत्नीव्यतिरिक्तविधवायै भ्रात्रादिस्तद्धनग्राही प्रदद्यात्। एवकारः प्रदानस्याव-श्यकत्वार्थ इति। एतद्विषयकमेव नारदवचनम्। यावत्यो विधवाः साध्व्यो ज्येष्ठेन श्वशुरेण वा। गोत्रजेनापि वान्येन भर्त्तव्याश्छादनाशनैरिति॥ भर्तृधनग्राहिणेति सर्वत्र शेषः। धनग्रहणनिमित्तत्वाङ्करणं स्यात्।

साध्व्य इत्यनेन सर्वत्र साध्वीनामेव भरणमसाध्वीनान्तु पत्नीनाञ्च न तदपि। व्याच्छिन्द्युरितरास्तु त्विति प्रागुक्तनारदवचनवाक्यशेषादिभ्यः। अतएव साध्वीनां

जीवनार्थं श्वशुरादिभिर्दत्तमन्यैरपि दायादैर्नापहरणीयमित्यप्याह बृहस्पतिः। स्थावरादिधनं स्त्रीभ्यो यद्दत्तं श्वशुरेण तु। न तच्छक्यमपाहर्तुं दायादैरिह कर्हिचिदिति॥

अन्यादृशीनान्तु दत्तमप्यपहर्त्तव्यमित्याह कात्यायनः। भोक्तुमर्हति कृप्तांशं गुरुशुश्रूषणे रता। न कुर्याद्यदि शुश्रूषाञ्चैलपिण्डे नियोजयेत्। अपकारक्रियायुक्ता निर्लज्जा चार्थनाशिका। व्यभिचाररता या च स्त्रीधनं न च सार्हति॥ नार्हतीत्यनेन न देयं जीवनपर्य्याप्तमपि। दत्तमपि च तादृश्याः सकाशादपहरणीयमिति द्वयमप्युक्तं भवति।

यत्तु तस्मात् स्त्रियोऽनिन्द्रिया अदाया इति श्रुतिवचनं तन्मूलकञ्च अनिन्द्रिया ह्यदायादाः स्त्रियो नित्यमिति स्थितिरितिमनुवचनं तद्द्वयमपि यासां पृष्ठङ्ग्राहिकया धनग्रहणं नोक्तं तद्विषयमवसेयम्। गौतममिताक्षरायां हरदत्तोऽप्येवमेवाह। केचित्तु निरिन्द्रियपदसमभिव्याहारान्निन्दामात्रपरं तदित्याहुस्तन्न। दायादत्वांशे निन्दाया निषेधकल्पनावश्यम्भावात्। रागाद्दायग्रहणप्राप्तेर्नित्यानुवादासम्भवात्। अनिन्द्रियत्वन्तु पुम्पारतन्त्र्यात् कथञ्चिदनुवादः। वस्तुस्वभावविपरीतनिषेधकल्पनस्य बाधात्। तस्मात् पूर्वोक्त एव समाधिः। पराशरस्मृतिटीकायां विद्यारण्यश्रीचरणास्तु श्रुतिमेवैनामन्यथा व्याचख्युः पत्नीवनग्रहे पत्न्या अंशो नास्तीत्यदायादपदस्यार्थः। तत्र हेतुरनिन्द्रिया इति इन्द्रियं वै सोमपीथ इत सोमेऽप्यिन्द्रियशब्दप्रयोगात्ततो निर्गता इति सोमपानानधिकृता इति पत्नीवनग्रहप्रशंसेति॥

इति पत्न्यधिकारविचारः।

PART II.

पत्न्यभावे दुहितरोऽपुत्रविभक्तासंसृष्टिधनभाजः। तथा च मनुः। यथैवात्मा तथा पुत्रः पुत्रेण दुहिता समा। तस्यामात्मनि तिष्ठन्त्यां कथमन्यो धनं हरेत्॥ बृहस्पतिरपि। अङ्गादङ्गात्सम्भवति पुत्रवद् दुहिता नृणाम्। तस्मात् पितृधनन्त्वन्यः कथं गृह्णीत मानव इति॥ अत्र पुत्रेण समा पुत्रवदिति च साक्षाज्जन्यत्वेऽपि पुत्रे पित्रवयवानां बाहुल्येन संक्रान्तेर्दुहितरि च पत्नीनां। पुमान् पुंसोऽधिके शुक्रे स्त्री भवत्यधिके स्त्रियाः। इत्यादिवचनैः स्मृतिष्वायुर्वेदे च प्रतिपादनात् पुत्रतुल्यत्वं दुहितुरुक्तमिति द्रष्टव्यम्। आत्मनि। आत्मा वै जायते पुत्र इत्यात्मभूतपुत्रतुल्यायामित्यर्थः। तिष्ठन्त्यामित्यनादरे सप्तमी तामनादृत्येत्यर्थः।

यद्यप्यनेनौरसपुत्राभावे दुहितुर्द्धनग्रहणमित्यत्र न्याय उक्तस्तथापि गौणपुत्रपत्न्योरभावे दुहितुर्द्धनग्रहणमिति को न्यायः। उच्यते। नारदेन मन्दानुग्रहाय सोऽपि स्पष्टीकृतः। यदाह। पुत्राभावे तु दुहिता तुल्यसन्तानदर्शनादिति। विवृतञ्चैतदन्तेनैव। पुत्रश्च दुहिता चोभौ पितृसन्तानकारकाविति। अयमाशयः॥ पुत्रदुहितरावुभौ पितुः पौत्रदौहित्राख्यसन्तानकारकावतः सन्तानप्रवर्त्तकत्वस्य तुल्यत्वात् दुहितुरपि पुत्रवदधिकारः। पौत्रदौहित्राख्यसन्तानयोश्च स्वरूपतस्तुल्य

त्वाभावात्कार्य्यतस्तुल्यत्वमभिप्रेतम्। कार्य्यमपि नर्णापकरणरिक्थग्रहणलक्षणम् पुत्र-पौत्रैः ऋणं देयम्। पितामहद्रव्यमधिकृत्य च। तत्र स्यात्सदृशं स्वाम्यम्पितुः पुत्रस्य चोभयोरिति। वचनाभ्यां पौत्रे सति दौहित्रस्य तदनधिकारात्। तेनादृष्टमत्र कार्य्यं श्राद्धकर्तृत्वम्। पूर्वेषान्तु स्वधाकारे पौत्रा दौहित्रका मता इति विष्णूक्तेः। एवञ्च दृष्टादृष्टोपकारकस्वसन्तानमुखेनोपकारकपुत्रात् केवलादृष्टोपकारकस्वसन्तानमुखेनोपकारिका दुहिता न्यूना। न चैवम्पत्न्यपेक्षया प्रत्यासन्ना जन्या दुहितेति पत्नीतः पूर्वं सैव धनमर्हतीति वाच्यम्। यतः सहाधिकारेणाग्निहोत्रादिवैदिककर्म्मोपकारिका कामाख्यपुरुषार्थसाधनतया सन्तानसाधनतया च दृष्टादृष्टोपकारकर्त्री देहार्द्धसंस्तुता पत्न्येव ततोऽधिका। ततश्च पुत्राभाव इति पत्न्यभावस्याप्युपलक्षकं प्राग्लिखितविष्णुवचनादस्माच्च योगीश्वरवचनात्।

यद्यपि पुत्रकर्तृकश्राद्धे सम्प्रदानतया स्वयमेवादृष्टोपकारकः पिता दुहित्रपेक्षया प्रत्यासन्न इति पिता हरेदपुत्रस्य रिक्थमितिवचनस्यावसर उचितो दुहितुः प्राक्। तथापि तस्यामात्मनि तिष्ठन्त्यामित्यनेन शरीरप्रत्यासत्त्या सैवाग्रेसरीति तदभावे तद्वचनस्यावसरः। वा शब्दोपादानेन तस्य क्रमपरत्वाभावात्।

2. जीमूतवाहनस्तु दुहितुरधिकारे सन्तानकारकत्वस्य हेतोर्निर्देशात्सन्तानस्य च पिण्डदस्यैवोपकारकत्वादपिण्डदस्यानुपकारकत्वेनान्यसन्तानादसन्तानाच्चाविशेषात् पुत्रवती सम्भावितपुत्रा वा दुहिता धनाधिकारिणी। विधवात्वबन्ध्यात्वदुहितृप्रसूत्वादिना विपर्य्यस्तपुत्रा पुनर्नाधिकारिण्येवेति दीक्षितमतमादरणीयमित्याह।

तदपि चिन्त्यम्। प्राथमिककन्याधिकारस्य। अपुत्रस्तस्य कुमारी ऋक्थं गृह्णीयात्तदभावे चोढेति पराशरवचनात् कन्याभ्यश्च पितृद्रव्यादितिदेवलवचनाच्च तेनैव प्रथमं कन्यैवैका पितृधनाधिकारिणीत्यनेन ग्रन्थेनाभिधानात् तदानीं च पुत्रसम्भावनानिश्चयाभावात्। हेतुनिर्देशस्य प्रत्यासत्त्यतिशयमात्रप्रदर्शकतयाप्युपपत्तेः। किञ्च। स्वयमेव कन्याया असम्भवे सम्भावितपुत्रायाः पुत्रवत्याश्चाधिकार इति वदन् हेतोर्व्यभिचारितां दर्शयति। तस्मादस्मदुक्तरीत्यैव प्रत्यासत्त्यर्थतया हेतुर्व्याख्येयः।

3. धारेश्वरदेवस्वामिदेवशतप्रभृतयस्तु। पिता हरेदपुत्रस्येत्यादिवचनविरोधपरिहाराय दुहित्रधिकारप्रतिपादकवचसां पुत्रिकाविषयत्वं तदभावे तु पित्रादयएव यथोक्तक्रमेणाधिकारिण इत्याहुः। तदतिपेशलम्। पुत्रिकाया औरसो धर्म्मपत्नीजस्तत्समः पुत्रिकासुतः। तृतीयः पुत्रिकापुत्रः विज्ञायत इति योगीश्वरवशिष्ठादिवचने गौणपुत्रकोटिनिविष्टायाः क्षेत्रजादिपुत्रवत् न भ्रातरो न पितरः पुत्रा रिक्थहराः पितुरिति गौणपुत्रविषयेण मानवेन वचनेन पत्न्यां सत्यामपि रिक्थग्राहिण्यास्तदभावे रिक्थग्राहित्वं दण्डापूपिकयैव सिद्धमिति वचनारम्भानर्थक्यापत्तेः। दुहितृमात्रवाचकानां वचनानां विना कारणं विशेषपरत्वकल्पनानुपपत्तेश्च। किञ्च।

भवन्मते अङ्गादङ्गात्सम्भवतीत्यादिना पुत्रिकाविषयेण वचसा पुत्रिकाया धनग्रहणे उक्ते पुनः। सदृशी सदृशेनोढा साध्वी शुश्रूषणे रता। कृताऽकृता वा पुत्रस्य पितुर्द्धनहरी तु सा॥ इत्यनेन पुनर्द्धनहरत्वप्रतिपादनन्तेनैव मुनिना क्रियमाणं विवरणमात्रतयाऽपुनरुक्तङ्कर्त्तव्यं स्यात्। सामान्यविशेषविषयतया तु स्पष्टमेवापौनरुक्त्यम्। सदृशी पितृसवर्णा। सदृशेन सवर्णेनोढेति प्रकृष्टापकृष्टवर्णसम्बन्धनिरासाय। तज्जातस्योत्तमवर्णमातामहश्राद्धादिनिषेधादिति जीमूतवाहनेनाक्तमनादेयम्। ऊढापदेनैवाधमवर्णसम्बन्धनिरासात्। नह्यधमवर्णोढत्वमुत्तमवर्णायाः सम्भवति। तस्मादुत्तमवर्णनिरासार्थमेव सदृशग्रहणम्। ननु नारदेन कन्यारूपाणां पितृभ्रातृरहितानां सर्व्वासामेव दुहितॄणां पितृधनाप्राप्तिः संसर्गतोऽभिहिता। यथाह। स्यात्तु चेत् दुहिता तस्याः पित्र्योंऽशोभरणे मतः। आसंस्काराद्धरेद्भागम्परतो बिभृयात्पतिरिति॥ तस्या इति पतिपुत्रविहीनपत्नीमधिकृत्याह। तेन तादृशा यदि दुहिता विद्यते तस्याभरणनिमित्तमात्रपित्र्योंऽशस्तस्मात् विवाहसंस्काराद्धरणार्थमेव सा पितृधनभागं हरेत्परतो विवाहादूर्द्धं पतिस्तां बिभृयात्। तेन तावत्कालभरणावशिष्टमपि ततो गृह्णीयात्। यथेष्टविनियोगार्थन्तु कन्यायाः पितृधनग्रहणं दूरापास्तमेव। ततश्चास्यापवादकानि दुहितुः पितृधनप्राप्तिप्रतिपादकानि वचनानि सर्व्वाणि पुत्रिकाविषयाण्येव वाच्यानि। अन्यथा द्वयोरपि दुहितृसामान्यविषयतयोत्सर्गापवादत्वानुपपत्तेः। तस्माद्धारेश्वरादिमतमनुमन्तव्यमिति चेन्न। स्यादेवं यदि नारदवचनं विभक्तविषयं स्यात्। पौर्वापर्य्यपर्य्यालोचनया संसृष्टाविभक्तविषयन्तत् स्फुटमवगम्यते। ततश्च विभक्तविषये दुहितृमात्रस्य पत्न्यभावे पितृधने ग्रहणप्रतिपादकानि प्रापकाण्येव नापवादकानीति न पुत्रिकामात्रविषयत्वे तेषां किमपि बीजम्पश्यामः। यत्तु सकलपितृधनग्रहणाधिकारप्रतिपादकतया कन्याभ्य इत्यादिदेवलवचनं जीमूतवाहनेनोपन्यस्तं तत् पूर्व्वापरविरुद्धम्। जीवद्विभागे कन्याभ्यः विवाहमात्रोपयुक्तधने तस्य प्रमाणतयोपन्यासात्। तदपि चास्माभिः प्राङ्निरस्तम्।

4. दुहितृष्वपि प्रथममप्रत्ताः पितृधनं गृह्णीयुस्तदभावे प्रत्ताः तासामपि मध्ये प्रागप्रतिष्ठितास्तदभावे प्रतिष्ठिता सर्व्वाः समानरूपास्तु समं विभज्य गृह्णीयुरित्यर्थः सिद्धम्। तथा च कात्यायनः। पत्नी पत्युर्द्धनहरी या स्यादव्यभिचारिणी। तदभावे तु दुहिता यद्यनूढा भवेत् तदेति। गौतमः स्त्रीधनं दुहितॄणामप्रत्तानामप्रतिष्ठितानाञ्चेति। अप्रतिष्ठिता निर्धनाः। यद्यपि स्त्रीधनमित्युक्तं तथापि तुल्यन्यायतया पितृधनविषयमप्येतत्। बन्ध्यत्वादिना सन्तानरहिता प्रतिष्ठितेति तु न युक्तम्। तस्याः सन्तानसुखेनादृष्टोपकाराभावेन धनहारित्वायोगात्।

5. सदृशी सदृशेनोढेति प्राक्पठितं वृहस्पतिवचनं स्मृतिचन्द्रिकाकार इत्थं व्याचख्यौ। अत्राद्यानि चत्वारि विशेषणानि पत्न्या ऊर्द्धमर्थग्राहिणीदुहितृविषयाणि। ततः प्राग्धनग्राहिणीदुहितृविशेषणे द्वे अवशिष्टे। कृताऽकृता वेत्यत्र

पुत्त्रिकेति विशेष्याध्याहारः। इतरत्त्र दुहितेति विशेष्याध्याहारः। वाशब्दश्च व्यवस्थितविकल्पार्थः। एवञ्चायमर्थः। औरसपुत्त्रविहीनस्य पितुर्द्धनं द्विविधापि पुत्त्रिका पत्न्याः पूर्व्वं गृह्णीयात्। सवर्णादिविशेषणोपेता तु दुहिता तत ऊर्द्ध्वमिति। एवञ्च पत्न्या ऊर्द्ध्वं सवर्णादिविशेषणोपेतप्रतिष्ठिताऽप्रतिष्ठितोढानूढानां दुहितॄणां समवाये प्रागनूढैव गृह्णाति पित्त्रा भर्त्तव्यत्वात्। तदभावे ऊढाऽप्रतिष्ठिता। भर्त्त्रा भर्त्तव्यत्वेऽपि भर्त्तुर्भरणासामर्थ्येनाप्रतिष्ठितत्वात्। तदभावे प्रागुक्तया प्रत्यासत्त्या सवर्णादिविशेषणोपेता प्रतिष्ठितापि धनं गृह्णाति।

अन्यैस्तु कृतेति पुत्त्रिकापरमकृतेति दुहितृमात्त्रपरमभ्युपेत्य वाशब्दस्य नास्थापरत्वमास्थायाखिलं दुहितृमात्त्रविषयं विशेष्याध्याहारमन्तरेणैव व्याख्यातम्। सेत्यनेन दुहितृमात्त्रपरामर्शात्।

6. दुहितर इति बहुवचनं सजातीयानां समांशोऽसमानजातीयानां वर्णक्रमेण विशेषांश इति प्रतिपादनाय।

इति दुहितुरधिकारः।

PART III.

1. दुहितुरभावे दौहित्त्रः। चशब्दादनुक्तसमुच्चयार्थात्। तथा च विष्णुः। अपुत्त्रपौत्त्रसन्ताने दौहित्त्रा धनमाप्नुयुः। पूर्व्वेषान्तु स्वधाकारे पौत्त्रदौहित्त्रकाः समाः॥ अपुत्त्रपौत्त्रेति दुहितृपर्य्यन्ताभावोपलक्षणम्। मनुरपि। अकृता वा कृता वापि यं विन्देत्सदृशात्सुतम्। पौत्त्री मातामहस्तेन दद्यात्पिण्डं हरेद्धनमिति॥ पौत्त्रीत्यनेन यथा पुत्त्राभावे पौत्त्रः पितामहधनाधिकारी तथा दुहित्त्रभावे दौहित्त्र इत्युक्तम्। बृहस्पतिरपि। यथा पितृधने स्वाम्यं तस्याः सत्स्वपि बन्धुषु। तथैव तत्सुतोऽपीष्टे मातृमातामहे धने॥ यथा येन दौहित्त्रदेयपिण्डेन दुहिता पितृधनाधिकारिणी तथैव तेनैव पिण्डदानेन दुहितृसुतोऽपि मातामहधने स्वामी सत्स्वपि बन्धुषु पित्त्रादिष्वित्यर्थः।

2. न च पुत्त्रिकापुत्त्रविषयमिदं वचनम्। तस्या इति तत्सुत इति च सर्व्वनामभ्यामकृतदुहितृमात्त्रपरामर्शात्। अतएव मनुरपि दौहित्त्रमात्त्रस्यैव मातामहधनाधिकारं दर्शयति। दौहित्त्रो ह्यखिलं रिक्थमपुत्त्रस्य पितुर्हरेत्। स एव दद्याद्द्वौ पिण्डौ पित्त्रे मातामहाय च॥ पौत्त्रदौहित्त्रयोर्लोके न विशेषोऽस्ति धर्म्मतः। तयोर्हि मातापितरौ सम्भूतौ तस्य देहत इति॥ पितुरिति मातुः पितुरिति व्याख्येयम्। अतएवाग्रे मातामहाय चेत्याह। अथवा यथा स स्वपितुरखिलं रिक्थं गृह्णाति तथाऽपुत्त्रस्य मातामहस्यापि। स्वयमेव तत्पुत्त्रकार्य्यकारित्वात्। तदेवाह स एवेति। स्वपित्त्रे मातामहाय चेत्यर्थः। मातापितराविति च न यथाक्रममन्वयः। किन्तु। पौत्त्रस्य पिता दौहित्त्रस्य माता धनस्वामिनो देहतः सम्भूताविति यथायोग्यम्।

3. केचिदपुत्रपौत्रेति यथाश्रुतविष्णुवचनात्पत्नीदुहितृतः प्राग् दौहित्रस्य धनाधिकारमाहुस्तद्योगीश्वरविरोधात्तथैव तत्सुतोऽपीति वृहस्पतिवचनेऽपि दुहितृतस्तस्य जघन्यभावावगमे हेयम्।

इति दौहित्राधिकारः।

PART IV.

1. दौहित्राभावे पितरौ धनभाजौ।

2. अत्र मिताक्षरा। यद्यपि युगपदधिकरणवचनतायां द्वन्द्वस्मरणात्तदपवादत्वाच्चैकशेषस्य मातापित्रोर्धनग्रहणे क्रमो न प्रतीयते। तथापि विग्रहवाक्ये मातृशब्दस्य पूर्व्वनिपातादेकशेषाभावपक्षे च मातापितरावित्यत्र मातृशब्दस्य पूर्व्वश्रवणात्पाठक्रमादेवार्थक्रमोऽवगम्यमानः क्रमाकाङ्क्षायां सत्यां न परित्यक्तुमर्ह इति प्रथमं माताऽपुत्रपुत्रधनभाक् तदभावे पिता। किञ्च पिता पुत्रान्तरेष्वपि साधारणो माता त्वसाधारणीति प्रत्यासत्त्यतिशयादनन्तरः सपिण्डाद्यस्तस्य तस्य धनम्भवेदिति मनुना प्रत्यासत्त्यतिशयेन धनग्रहणाधिकारस्य विनिगमितत्वात्सपिण्डसमानोदकादिष्वेव विनिगमनाकाङ्क्षायामेतद्वचनप्रवृत्तेरत्राप्यद्खवारितत्वादिति।

3. अत्र स्मृतिचन्द्रिकाकारः प्रगल्भते। सारस्वतौभवस इत्यभ्योत्पत्तिवाक्ये क्रमावगत्यभावेन याज्यक्रमेण प्रधानानुष्ठानक्रमः पञ्चमे निरूपितो नत्वेकशेषत एव काचित्क्रमावगतिरुपपादिता। तद्वदत्रापि क्रमार्थमन्यक्रमाणामन्वेषणीयन्तदभाव इतरेतरयोगस्य द्वन्द्वदेकशेषेऽप्यवगतेर्विभज्यैव पित्रोस्तुल्यतया धनग्रहणं युक्तम्। यत्तु पिता सपत्नीपुत्रेष्वपि साधारणो माता त्वसाधारणीति प्रत्यासत्त्यतिशयात्तस्या एव पितृतः प्राग्धनग्रहणन्याय्यमित्युक्तन्तदप्यन्याय्यम्। नहि जननीजनकयोर्जन्यं प्रति प्रत्यासत्तितारतम्यमस्ति। पुत्रान्तरजनकस्याप्येतज्जनकतया मातृतुल्यत्वात्। नहि जनकतापि व्यासज्यवर्त्तिनी। न च पितृगृहीतन्धनं भिन्नोदरेष्वपि संक्रामति। मातृगृहीतन्तु तत्सहोदरेष्वेवेति मातुरेव धनग्रहणमिति वाच्यम्। तस्याः प्रत्यासत्तेर्भ्रातृभगिनीधनाधिकारविनिगमकतया जनकाज्जनन्या धनग्रहणविनिगमकत्वासम्भवात्। द्वन्द्वस्थानीयैकशेषात्तुल्यतावगतौ प्रत्यासत्तेरप्रयोजकत्वाच्च। सत्यां हि क्रमाकाङ्क्षायां सा क्रमनियामिका न त्वसत्यामपि। तस्मात् पित्रोस्तुल्यस्वाम्याद्विभज्यैवानपत्यविधुरपुत्रधनग्रहणमिति श्रीकरस्तदयुक्तम्। पिता हरेदपुत्रस्य रिक्थं। स्वर्यातस्य ह्यपुत्रस्य माता दायमवाप्नुयादित्यादिवचनेषु पितुर्मातुश्च निरपेक्षस्वाम्यप्रतीतेर्युगपद् ग्रहणायोगात्। व्रीहियवयोर्निरपेक्षसाधनत्वप्रतीतौ मिश्रत्वायोगवत्। केचित्तु मातुर्गर्भधारणपोषणादिनात्यन्तोपकारित्वात् सहस्रन्तु पितुर्माता गौरवेणातिरिच्यते इत्यादिस्मरणाच्च प्रथमं मातुर्धनाधिकारमाहुस्तदपि तुच्छम्। पितुरपि संस्कारवृत्तिसम्पादनादिना बहुधा संविधातृत्वात्तयोरपि पिता श्रेयान् बीजप्राधान्यदर्शनादित्यादिस्मरणेन सत्प्रतिपक्षत्वाच्च। गौरवमात्रस्य धनग्रहणाप्रयोजकत्वे। उत्पा-

दत्तब्रह्मदात्रोर्गरीयान् ब्रह्मदः पितेत्यादिस्मरणाच्च पितृतोऽपि पूर्वमाचार्य्यस्याधिकारापत्तेर्भ्रातृभ्रातृपुत्रयोश्च सतोः पितामहपितृव्यादीनामेव प्रागधिकारापत्तेः।

4. जीमुतवाहनस्तु। पितरावित्यस्मात्पितृक्रम एवावगम्यते। तथा हि पितृप्रातिपदिकात्प्रथमं पितुरवगतौ द्विवचनबलेन तेनैकशेषकल्पनायां सरूपैकशेषासम्भवे विष्णुमन्वादिवचनसंवादाच्च विरूपैकशेषत्वनिश्चये मातुरवगमात्। अतः क्रमज्ञानं क्रमाभिधानव्याप्तं क्रमाभिधाने व्यापके निवर्त्तमाने निवर्त्तत इति श्रीकरोक्तिर्विपरीतक्रमोक्तिश्च विज्ञानेश्वरीया न युक्तेत्याह।

5. तस्मान्नैयायिकक्रमस्यात्राव्यवस्थितत्वाद् वृहद्विष्णुवचनोक्तः क्रम आदरणीयः। तत्र च दुहितृगामीत्युक्त्वा तदभावे पितृगामि तदभावे मातृगामीत्युक्तम्। मिताक्षराकारस्य तु प्रथमत एव तादृशपाठेनैव वृहद्विष्णुवचनं लिखतस्तद्विरुद्धन्यायमात्रावलम्बनेन पितरावित्यत्र पितृतः प्राङ्मातुः पुत्रधनाधिकारं सिद्धान्तयतो महत्येव हृदयशून्यता प्रतिभाति। दौहित्रस्यापि दुहितृकोटिनिविष्टत्वाद् वृहद्विष्णुना पृथगनभिधानं तेन दौहित्राभावेऽपि दुहित्रभावेनोपलक्ष्यत इति मन्तव्यम्। तस्मात् स्मृतिचन्द्रिकामदनरत्नकारकल्पतरुरत्नाकरपारिजातकारप्रभृतीनां बहूनां पितुरभावे मातुः पुत्रधनाधिकार इत्येव सिद्धान्तः।

वाचस्पतिना तु तदभावे मातृगामि तदभावे पितृगामीति वृहद्विष्णुवचनं पठित्वा यथा मिताक्षरायामेव सिद्धान्तितं तत्तु कुत्रापि तदतिरिक्तग्रन्थे तथा पाठस्यालिखनाद् भ्रान्तिविलसितमेव।

6. विग्रहवाक्ये मातृशब्दस्य पूर्व्वनिपातादित्यपि मिताक्षराग्रन्थो दुष्टः विग्रहवाक्ये पूर्व्वनिपातनियमाभावात् समासे हि तन्नियमः शाब्दिकैः स्मर्य्यते न तु विग्रहवाक्य इत्यादिविज्ञानेश्वरोक्तन्याये यद्दूषणमन्यैरुक्तं तत्परिहाराय पराक्रम्यते। युगपदधिकरणवचनता तावत् द्वन्द्वस्य वचनाधिकरणे वार्त्तिके तन्त्ररत्ने च महता प्रबन्धेन निरस्ता। इतरेतरयोगोऽपि पदान्तरान्वये द्वन्द्वाच्छाब्दरीत्या प्रतीयते तेन पितरौ धनभाजावित्यनेन युगपदन्वयेऽपि वस्तुगत्या तयोः क्रमेऽपि न वाक्यदोषः। सर्व्वैश्च श्रीकरमिश्रादिभिस्तदभ्युपगमात् सर्व्वं समाधेयमिदम्। एकशेषाभावपक्षे च मातापितरौ मातरपितरावित्यत्र मातृशब्दस्य पूर्व्वश्रवणात् समासैकशेषयोश्च तुल्यप्रतीतिजनकत्वाभावे विकल्पायोगादत्रापि तथा प्रतीतिरभ्युपेया विग्रहवाक्येष्वपि पूर्व्वनिपातनियमो नानुशासनसिद्धस्तथापि व्याख्यातृसम्प्रदायसिद्धोऽस्त्येव। न हि क्वापि पिता च माता च पितराविति विग्रहं दृश्यते किन्तु माता पिता च पितरावित्येवेत्यणुरपि विशेषोऽध्यवसायकर इति न्यायेन तस्यापि विनिगमकता सम्भवतीत्यनेनाशयेन तथोक्तः सम्भवः।

पितुः पुत्रान्तरसाधारण्यं मातुस्त्वसाधारण्यमिति प्रत्यासत्तिरपि जनकताया अव्यासज्यवृत्तित्वेऽपि तदभिप्रायेणैवोक्ता। साधारण्यासाधारण्ये हि सम्बन्धकृते व्यपदेशप्रतीतिविलम्बाविलम्बने भवत एव तथानुभवात्।

वाक्यार्थबोधे क्रमाभावे किमिति वस्तुक्रम आश्रीयत इति श्रीकरोक्तिस्तु वचनान्तरे निरपेक्षत्वाभ्यावगत्या क्रमापेक्षया स्मृतिचन्द्रिकाकारादिभिरप्यवघ्नं निरस्तैव।

7. वृद्धविष्णुवचनविरोधः परन्तुत्तरोऽवशिष्यते तत्रापि यथाशक्ति प्रतिविधीयते। गौरवप्रतिपादकानि वचनानि तावन्मातापितृविषयाणि विरुद्धानि दृश्यन्ते। तानि विषयव्यवस्थयावश्यमविरोधन्नेयानि। तथा हि। उपाध्यायाद्दशाचार्य्य आचार्य्याणां शतम्पिता। सहस्रन्तु पितुर्माता गौरवेणातिरिच्यते॥ गर्भधारणपोषाभ्यान्तेन माता गरीयसीत्यादीनि मातुरभ्यर्हितत्वप्रतिपादकानि। तयोरपि पिता श्रेयान् बीजप्राधान्यदर्शनादित्यादिस्मृतिवचनानि। पित्राज्ञया परशुरामेण मातुः शिरश्छिन्नम्। रघुनाथेन कौशल्यया निवारितेनापि पित्राज्ञया राज्यं विहाय वनवास आदृत इत्यादिपौराणिकान्यर्थदर्शनानि च पितृपूज्यताप्रत्यायकानि।

तेषाञ्चायमविरोधप्रकारः। यः पिता महागुरुलक्षणोपेतः स गुरुर्य्यः क्रियाः कृत्वा वेदमस्मै प्रयच्छतीत्यादियोगीश्वरादिवचोभिः प्रतिपादितो माता च तदाज्ञावशवर्त्तित्वादिपतिव्रतात्वप्रयोजकसमस्तलक्षणरहिता। तयोर्मध्ये मातुरपेक्षया पितैवाधिकाभ्यर्हितः। यत्र तु माताऽनन्यत्वादिवत्समस्तपतिव्रतागुणोपेता पिता तु जन्ममात्रप्रदः तत्र मातैव पितुरपेक्षयाभ्यधिकमान्या। चिरकारिकोपाख्यानादौ महाभारतादप्येवमुपाख्यानस्वरसादयमर्थ उत्तीर्य्यते। तदत्रापि मन्वादिवचनेष्वपुत्रपुत्रधनग्रहणाधिकारः क्वचित् मातुः प्रथमं क्वचित्पितुः प्रतीयमान एवमेव व्यवस्थापयितुमर्हः। तथा हि। अनपत्यस्य पुत्रस्य माता दायमवाप्नुयात्। मातर्य्यपि च वृत्तायां पितुर्माता हरेद्धनमिति मनुः। भार्य्या सुतविहीनस्य तनयस्य मृतस्य च। माता रिक्थहरी ज्ञेया भ्राता वा तदनुज्ञयेति बृहस्पतिः। पुनर्मनुरेव। पिता हरेदपुत्रस्य रिक्थं भ्रातर एव वेति॥ तदभावे पिता तदभावे मातेति प्रागदर्शितं वृद्धविष्णुवचनादि। योगीश्वरवचने तु पितरावित्यत्र विज्ञानेश्वरोक्तरीत्या प्राङ्माता तदनु पिता। अन्यमते सम्भयविभागः पितुर्वा प्राथम्यमिति विप्रतिपत्तौ पितुरधिकमान्या या माता सा पितुरपेक्षया प्रथमाधिकारिणी। या तु पितुरपेक्षया न्यूनमानभाक् सा पितुः पश्चात्। युक्तञ्चैतत्। वृत्त्यादिसम्विधानमकुर्व्वतः पितुरपेक्षया मातुरेवाधिकोपकारकत्वाद्धनग्रहणम्। वृत्त्यादिसम्विधानकर्त्तुस्तु तस्य यावज्जीवम्भरणपोषणादिनातिशयितोपकारकस्य धनग्रहणमिति सर्व्वस्मृतीनां सर्व्वनिबन्धानाञ्चादुःस्थता भवतीत्यादि सुधीभिर्विभाव्यम्।

PART V.

1. पित्रोरभावे भ्रातरो धनभाजः। यद्यप्यपुत्रधनं भ्रातृगामि अपुत्रस्य स्वर्य्यातस्य भ्रातृगामि द्रव्यं तदभावे पितरावित्यादिशङ्खपैठीनसिवचनयोः। भ्रातर एवेति मनोश्च पितृतः प्राक् भ्रातॄणां धनग्रहणं प्रतीयते। मातर्य्यपि च वृत्तायां पितुर्माता हरेद्धनमिति च मनुवचने भ्रातृतः प्राक् पितामह्याः। तथापि क्रमपरयोगीश्वर-

वृहद्विष्णुवचनाविरोधाय तेषां धनाधिकारमात्रपरत्वमेतत्क्रमाविरोधसूचनार्थमेव मनुना भ्रातर एव वेति पैठीनसिनापि ज्येष्ठा वा पत्नीति वाशब्दः प्रयुक्तोऽन्यथा तुल्यकक्ष्याधिकारिषु तत्प्रयोगोऽत्यन्तमयुक्तः स्यादिति मिताक्षराकारादयो बहवः।

कल्पतरुकारस्तु पत्नीभ्रातृस्थले श्राद्धाद्यधिकारिणी साध्वी पत्नी प्रथमाधिकारिणी तदन्या तु भ्रातृपितृतोऽनन्तरम्। पितृभ्रातृस्थले तु पितृपितामहाद्युपार्जितं यद्विभागेन पुत्रे संक्रान्तधनन्तस्मिन्नपुत्रे प्रमीते पित्रोः पितृद्रव्याविरोधेन यत्नेनोपार्जितन्तत्पित्रोः सतोरपि भ्रातृणामेवेत्याह।

मम तु प्रतिभाति मातर्य्यपि च वृत्तायामिति मनुवाक्ये। तदभावे मातापितराविति शङ्खपैठीनसिवचनयोः। ततो दायमपुत्रस्य विभजेरन् सहोदराः। तुल्या दुहितरो वापि ध्रियमाणः पितापि वा। सवर्णा भ्रातरो माता भार्य्या चेति यथा क्रमम्। तेषामभावे गृह्णीयुः कुल्यानां सहवासिन इति देवलवचने। सर्व्वत्रापि वृत्तायां तदभावे यथाक्रममित्यादिपदैः क्रमप्रतीतेर्योगीश्वरवृहद्विष्णुवचनयोरेव क्रमपरत्वमितरेषान्त्वधिकारमात्रपरत्वेन तदविरोधेन तत्तत्स्थाननिवेशोऽप्युच्यतिरिति समाधिर्नैव साधुः किन्तु क्षेत्रजादिपुत्रस्थले यथा स्मृतिवचनक्रमविपर्य्यास औरसानुकूल्यप्रातिकूल्यगुणवत्त्वागुणवत्त्वादिभिर्व्यवस्थापितस्तथात्रापि दायभागप्रकरणे पुत्रादीनाम्मित्राद्युपकारकत्वकीर्त्तनस्य गुणवत्त्वादिकीर्त्तनस्य वानन्यप्रयोजनत्वात्प्रत्यासत्तितारतम्यवत्। धनस्वाम्युपकारातिशयानतिशयगुणवत्त्वागुणवत्त्वादिभिर्यथावचनं सर्व्वोऽपि क्रमविपर्य्यासः समाधेयोऽन्ये तु समाधयः कुशकाशावलम्बनमात्रतुल्या अनुपादेया इति। एवमग्रेऽपीति सर्व्वं सुस्थम्।

2. भ्रातृष्वपि प्रथमं सहोदराः। अनन्तरः सपिण्डाद्यस्तस्य तस्य धनम्भवेदिति मनुना। बहवो ज्ञातयो यस्य सकुल्या बान्धवास्तथा। यस्त्वासन्नतरस्तेषां सोऽनपत्यधनं हरेदिति॥ वृहस्पतिना च। प्रत्यासत्त्यतिशयस्यैवासति विशेषवचने विनिगमकत्वेनोक्तेः। भिन्नोदराणां मातृकृतविप्रकर्षात्। भ्रातर इति सामान्यग्रहणात्सोदराभावे भिन्नोदराः। इदमेव व्यक्तमुक्तं संग्रहकारेण। सोदर्य्याः सन्त्यसोदर्य्या भ्रातरो द्विविधा यदि। विद्यमानेऽप्यसोदर्य्ये सोदर्य्या धनभागिन इति।

इति भ्रात्रधिकारः।

PART VI.

1. भ्रात्रभावे तत्सुताः भ्रातृसुता धनभाजः। न च तथा तत्सुता इति तथाशब्देन भ्रातृभ्रातृपुत्रयोः सादृश्यप्रतिपादनात्। अनेकपितृकाणान्तु पितृतो भागकल्पनेतिवचनाच्चानयोः पित्रभावे विभज्य धनग्रहणमस्त्विति वाच्यं। विष्णुवचनाविरोधात् तथाशब्दस्य चशब्दार्थत्वात्। अन्यथा तथापदस्य पूर्व्वत्राप्यन्वयसम्भवेन पित्रोर्भ्रातृणाञ्च विभज्यग्रहणमित्यपि कुतो न स्यात्। तच्चेद्विष्णुवचनविरोधान्नेत्युच्यते सोऽत्रापि तुल्यः। अनेकपितृकाणान्त्वितिवचने भ्रात्रभावे तेषामधिकारे सम्पन्ने

कस्मिंश्चिदप्यपुत्रे भ्रातरि प्रमीते विद्यमानानां भ्रातॄणां सर्व्वेषान्तद्धनसम्बन्धे जाते तद्विभागात् प्रागेव तन्मध्येऽपि यदि कश्चिन्मृतस्तदा तत्पुत्राणाम्पितृव्यैः सह समविभागे प्रसक्ते स्वपितृविभागमेव ते विभज्य गृह्णीयुर्न सर्व्वे पितृव्यसममित्येतदर्थम्। भ्रातृसत्वे तत्पुत्राणाम्पितृव्यधनेऽनधिकारात्। पूर्व्वभावे परः पर इति योगीश्वरवचनात्तदभावे भ्रातृपुत्रगामीति विष्णुवचने भ्रातृपरामर्षकतत्पदेन भ्रात्रभावाभिधानाच्च।

2. भ्रातृपुत्रेष्वपि प्रत्यासत्त्यतिशयात्पूर्व्वं सोदरभ्रातृजास्तदभावे भिन्नोदरजाः। युक्तञ्चैतत्। असोदरभ्रातृपुत्रो हि धनिनो मातरं विहाय स्वपितामहीविशिष्टस्य धनिपितुः पिण्डन्ददातीति सोदरभ्रातृपुत्राज्जघन्यस्तदनन्तरमेवाधिकारीति। न च सपत्नीकत्वे त्रयाणां श्राद्धदेवतात्वात्सपत्नमात्रादीनामप्यस्ति तत्रानुप्रवेश इति वाच्यम्। मात्रादिशब्दानां स्वजननीपितृजननीपितामहजननीष्वेव मुख्यत्वात्तेनैव च रूपेण श्राद्धानुप्रवेशस्मरणात्। यथा स्मरन्ति। स्वेन भर्त्रा सह श्राद्धं माता भुङ्क्ते स्वधाकरम्। पितामही च स्वेनैव स्वेनैव प्रपितामहीति॥ सपत्नमात्रादीनामनुप्रवेशः प्रत्युत। अपुत्रा ये मृताः केचित्पुरुषा वा स्त्रियोऽपि वा। तेषामपि च देयं स्यादेकोद्दिष्टन्न पार्व्वणमिति स्मरणादायाति। किञ्च। सपत्नीकदेवताकश्राद्धविधेः पुत्रादिसर्व्वजनाधिकारिकत्वात्सपत्नमात्रादीनाञ्चानित्यत्वान्नित्यानित्यसंयोगाविरोधान्मात्रादिसापेक्षमेव सपत्नीकत्वविधायकत्वं युक्तं।

इति भ्रातृपुत्राधिकारः।

PART VII.

1. भ्रातृपुत्राभावे गोत्रजाः। पूर्व्वोक्तपितृभ्रातृतत्सुतभिन्ना गृह्यन्ते गोवलीवर्द्दन्यायात्।

ते च पितामही सपिण्डाः समानोदकाश्च। तत्र प्रथमम्पितामही धनभाक्। मातर्य्यपि च वृत्तायां पितुर्म्माता हरेद्धनमिति मानवान्मात्रनन्तरम्पितामह्या धनग्रहणे प्रसक्ते पित्रादीनां भ्रातृसुतपर्य्यन्तानामबद्धक्रमाणामन्तस्तदनुप्रवेशासम्भवादुत्कर्षेऽप्यग्रे तदुत्कालनकारणाभावात्तदनन्तरम्पितामहादयोऽन्ये गोत्रजा इति विज्ञानेश्वरः।

2. अत्र स्मृतिचन्द्रिकायाङ्गोत्रजा इत्यत्र स्वरूपैकशेषेण पुमांस एव गोत्रजा न तु स्त्रीरूपाः। विरूपैकशेषो हि कुक्कुटावानय मिथुनङ्करिष्याम इत्यादि वाक्यशेषादिसमभिव्याहारादिप्रमाणान्तरावगततात्पर्य्यग्रहनिबन्धनो न चात्र प्रमाणमस्ति। प्रत्युत भ्रातृसुतादिसाहचर्य्यं पुङ्गोत्रजग्रहण एव साधकमस्ति। किञ्च पत्नीदुहित्रादीनां प्रत्यग्राहिकया धनग्रहणाधिकारोक्तेस्तस्मात् स्त्रियो निरिन्द्रिया अदायादा इति श्रुतेरस्तु तद्व्यतिरिक्तविषयता गोत्रजादिस्थले तद्विरोधाद्विरूपैकशेषकल्पनैव हातुमर्हा। अतएव जीवत्पुत्रेभ्यः पिता दायं विभजेदित्यापस्तम्बसूत्रव्याख्याने तद्भाष्यकारेण पुत्रेभ्य एव दायं विभजेत न स्त्रीभ्योदुहितृभ्य इत्युक्तोक्तं यद्यपि भ्रातृपुत्रौ स्वसृदुहितृभ्यामिति पाणिनिस्मरणात्पुत्रेभ्य इत्यत्र पुत्राश्च दुहितरश्चेति

विगृह्य विरूपैकशेषेण दुहितृणामप्यत्र पुत्रेऽनुप्रवेशः शक्यते कर्त्तुंन्तथापि पुमांसो दायादा न स्त्रियः। तस्मात् स्त्रियोनिरिन्द्रिया अदायादा इति श्रुतेरिति श्रुतिविरोधात्तात्पर्य्यग्राहकमानाभावाच्च विरूपैकशेषोऽनुशिष्टोऽप्यत्र न ग्राह्य इति भाष्यकाराभिप्रायः।

जीमूतवाहनोऽपि याज्ञवल्क्येन च पित्रादिदौहित्रस्यापि तद्गोत्रजातस्य पिण्डदानानन्तर्य्यक्रमेणाधिकारप्रतिपत्त्यर्थं गोत्रजपदग्रहणं कृतम्। सपिण्डस्त्रीणाम् व्युदासार्थञ्च तासामतद्गोत्रजातत्वात्। अतएव अर्हति स्त्रीत्यनुवृत्तौ बौधायनः। न दायन्निरिन्द्रिया अदायादाश्च स्त्रियो मता इति श्रुतेरिति। न दायमर्हति स्त्रीत्यन्वयः। पत्न्यादीनान्त्वधिकारो विशेषवचनादविरुद्ध इति।

3. तन्न साधु। मन्वादिवचनेषु प्राग्लिखितेषु पितामह्या धनाधिकारस्य प्रकृतग्राहिकयैव विधानात्तदेकवाक्यतया योगीश्वरवचनस्यापि विरूपैकशेषेण तत्संग्रहेऽपि श्रुतेस्तदन्यपरत्वेनाविरोधात्।

जीमूतवाहनस्य तु मात्रधिकारविचारप्रस्तावे पितामहसन्तानात्पूर्व्वम्पितामहाच्च परतः पितामह्या धनाधिकारः। पितुः परतो मात्रधिकारवत्। याज्ञवल्क्येन मात्रधिकारप्रदर्शनेनैव पितृव्यादिभ्यः पूर्व्वम्पितामहपितामह्योरधिकारस्य सूचितत्वात्पृथङ्नोक्ता इति वदतोऽत्र च सपिण्डस्त्रीव्युदासार्थङ्गोत्रजग्रहणं वदतः पूर्व्वापरविरोधानुसन्धानमपि नास्ति। प्रकृतग्राहिकया योगीश्वरवचने पितामह्याः पितृव्यादिपत्नीवदनभिधानस्य तुल्यत्वात्तद्वदेवादायादश्रुतिप्रवृत्तेरविरोधात्।

विद्यारण्यश्रीचरणोक्तप्राग्लिखिते तस्मान्निरिन्द्रिया इत्यादि श्रुतिव्याख्याने तु स्त्रीणान्दायग्रहणप्रतिषेधकत्वमेवास्याः श्रुतेर्नास्तीति न वा शङ्का नचोत्तरम्। परन्तु बौधायनमुनिवचनविरोधे तद्व्याख्यानङ्कथमुपपद्यताम्। अस्तु वा इन्द्रियपदस्य वाक्यशेषात्सामान्यपरता तथापि दायादत्वाभावाभिधानावलम्बनस्यान्यस्यासत्वान्निरालम्बनश्रुतेश्चासम्भवात्सिद्धवत्कीर्त्तनानुपपत्तिप्रसूतप्रतिषेधकल्पनावश्यम्भावात्। तस्माद्गर्भेणाविज्ञातेन कृतेन ग्रन्थ इत्यत्रैवेति ध्येयम्।

4. पितामह्या अभावे पितामहादयः सगोत्राः सपिण्डा धनभाजः। भिन्नगोत्राणां सपिण्डानां बन्धुशब्देन ग्रहणात्।

तत्रापि पितृसन्तानाभावे पितामही पितामहः पितृव्यास्तत्पुत्राश्च क्रमेण धनभाजः। पितामहसन्तानाभावे प्रपितामही प्रपितामहस्तद्भ्राता तत्सूनवश्चेत्येवमासप्तमात्समानगोत्राणां सपिण्डानामपुत्रधनभाक्त्वम्।

सपिण्डाभावे समानोदकानाम्। ते च सपिण्डानामुपरि सप्त। जन्मनामज्ञानावधिका वा। यथाह मनुः। सपिण्डता तु पुरुषे सप्तमे विनिवर्त्तते। समानोदकभावस्तु निवर्त्तेताचतुर्द्दशात्। जन्मनाम्नोः स्मृतेरेके तत्परं गोत्रमुच्यत इति॥ विष्णुवचने बन्धुसकुल्यपदाभ्यां सपिण्डसगोत्रौ गृह्येते इति प्रागेव प्रतिपादितम्। समानोदका अपि प्रत्यासत्तिक्रमेण धनभाजः।

5. समानोदकाभावे बन्धवो धनभाजः। बन्धवश्च त्रिविधा आत्मबन्धवः पितृ-

बन्धवो मातृबन्धवश्च। तथा च स्मृतिः। आत्मपितृष्वसुः पुत्रा आत्ममातृष्वसुः सुताः। आत्ममातुलपुत्राश्च विज्ञेया ह्यात्मबान्धवाः॥ पितुः पितृष्वसुः पुत्राः पितुर्म्मातृष्वसुः सुताः। पितुर्म्मातुलपुत्राश्च विज्ञेयाः पितृबान्धवा॥ मातुः पितृष्वसुः पुत्रा मातुर्म्मातृष्वसुः सुताः। मातुर्म्मातुलपुत्राश्च विज्ञेया मातृबान्धवा इति॥ तत्रापि प्रत्यासन्नत्वात्प्रथममात्मबन्धवस्तदनन्तरम्पितृबन्धवस्तदनुमातृबन्धव इति क्रमः।

मनुस्मृतौ तदभावे सकुल्यः स्यादाचार्य्यः शिष्य एव वेत्यत्र सकुल्यशब्देन सगोत्रसमानोदकानां मातुलादीनां बन्धुत्रयस्य च ग्रहणं योगीश्वरवचनेऽपि बन्धुपदेन मातुललक्षणमन्यथा मातुलादीनामग्रहणमेव प्रसज्येतेति तत्पुत्राणान्धनाधिकारस्ततः प्रत्यासन्नानान्तेषामेव स नेति महदनौचित्यमापद्येत।

6. बन्धूनामभावे आचार्य्योधनभाक्। यद्यपि योगीश्वरवचस्याचार्य्योनोपात्तस्तथापि शिष्य उपात्तस्ततः प्रधानतमः प्रत्यासन्नतमश्चाचार्य्य औचित्यादुपलक्षणीयः। आचार्य्यः शिष्य एववेति मनुना। पुत्राभावे प्रत्यासन्नः सपिण्डस्तदभावे आचार्य्यस्तदभावेऽन्तेवासीत्यापस्तम्बेन च स्पष्टमेवाचार्य्याभावे शिष्यस्याधिकारबोधनाच्च।

7. शिष्याभावे सब्रह्मचारी सहाध्यायी धनभाक्। यस्यैकस्मादाचार्य्यादुपनयनाध्ययने।

8. सब्रह्मचारिणोभावे ब्राह्मणद्रव्यव्यतिरिक्तं राजा गृह्णीयात्। सहाध्यायिपर्य्यन्तमधिकारमुक्त्वा तदभावे ब्राह्मणधनवर्जं राजगामीति प्रागुदाहृतवशिष्ठवचनात्। सर्व्वेषामप्यभावे तु ब्राह्मणा रिक्थभागिनः। त्रैविद्याः शुचयोदान्तास्तथा धर्म्मो न हीयते। अहार्य्यं ब्राह्मणधनं राज्ञा नित्यमिति स्थितिः। इतरेषान्तु वर्णानां सर्व्वाभावे हरेन्नृप इति मनुवचनाच्च।

9. ब्राह्मणद्रव्यं सब्रह्मचारिपर्य्यन्ताभावे श्रोत्रियो ब्राह्मणः प्रथमं गृह्णाति। तदभावे ब्राह्मणमात्रम्। यथाह गौतमः। श्रोत्रिया ब्राह्मणस्यानपत्यस्य रिक्थम्भजेरन्निति। ब्राह्मणमात्रन्तु मनुवचने ब्राह्मणमात्रग्रहणात्। नारदोऽपि। ब्राह्मणार्थस्य तन्नाशे दायादश्चेन्न कश्चन। ब्राह्मणस्यैव दातव्यमेनस्वी स्यान्नृपोऽन्यथेति॥

PART VIII.

1. पुत्रादीनां पत्नीपर्य्यन्तानां दायहराणां वानप्रस्थादिविषयेऽपवादमाह योगीश्वरः। वानप्रस्थयतिब्रह्मचारिणां रिक्थभागिनः। क्रमेणाचार्य्यसच्छिष्यधर्म्मभ्रात्रेकतीर्थिन इति। ब्रह्मचार्य्यत्र नैष्ठिको यतिसाहचर्य्यात्। तेनोपकुर्व्वाणस्य धनं पुत्रादिदौहित्रान्तानामसम्भवात्पित्रादय उक्तक्रमेण गृह्णीयुः।

क्रमश्चात्र प्रतिलोमो ज्ञेयः। तथा च नैष्ठिकस्य मृतस्य धनमाचार्य्यस्य यतेः सच्छिष्यस्य वानप्रस्थस्य धर्म्मभ्रात्रेकतीर्थिनः।

धर्म्मभ्राता प्रतिपन्नो भ्राता। तीर्थशब्दस्याश्रमवाचित्वादेकतीर्थ्येकाश्रमी। धर्म्मभ्राता चासावेकतीर्थी चेत्यर्थः।

शिष्यस्य सत्त्वन्तु न सद्वृत्तत्वम्। दुर्वृत्तपुत्रादीनामपि धनानधिकारस्य प्रमाणान्तरेणैव प्राप्तत्वात्। तच्च वक्ष्यते। किन्त्वध्यात्मशास्त्रश्रवणधारणतदर्थानुष्ठानक्षमत्वं ग्राह्यम्।

मदनरत्नकारस्तु। वानप्रस्थधनमाचार्य्यो गृह्णीयाच्छिष्योवेति विष्णुवचनं लिखित्वानुलोममेव क्रमं मत्त्वा वानप्रस्थधनमाचार्य्याभावे शिष्यो गृह्णीयादित्याह।

2. नन्वनंशास्त्वाश्रमान्तरगता इति वशिष्ठादिवचनैर्नैष्ठिकादीनान्धनसम्बन्धाभावस्य वक्ष्यमाणत्वात्तद्धनग्रहणाधिकारिकथनमत्रानुपपन्नं। न च रिक्थग्रहणस्य तेषां वशिष्ठादिभिर्निषेधेऽपि प्रकारान्तरार्ज्जिततदीयधनाधिकारप्रतिपादकमिदम्भविष्यतीति वाच्यम्। ब्रह्मचारी यतिश्चैव पक्वान्नस्वामिनावुभाविति स्मृते ब्रह्मचारिणश्च प्रतिग्रहादिनिषेधात्। अनिचयोभिक्षुरिति यतेर्द्रव्यसञ्चयस्यैव निषेधाद्दाधनमिति चेत्।

न। वानप्रस्थस्य तावत् अह्नोमासस्य षण्णां वा तथा संवत्सरस्य वा। अर्थस्य निचयं कुर्य्यात्कृतमाश्वयुजे त्यजेदिति॥ वचनाद्भोजनादिपर्य्याप्तयत्किञ्चिद्धनसंग्रहोऽस्त्येव। यतेरपि। कौपीनाच्छादनार्थं हि वासो वै बिभृयाद्यतिः। योगसम्भारभेदांश्च गृह्णीयात्पादुके तथेति॥ वचनाद्वस्त्रपुस्तकादि किञ्चिदस्त्येव। नैष्ठिकस्यापि शरीरयात्रार्थं वस्त्रादिसम्बन्ध आवश्यकः। तेन मृतानान्तेषां तत्तत्केन ग्राह्यमित्यपेक्षान्दायादान्तरापवादेनैतेऽधिकारिण उच्यन्त इति।

CHAPTER IV.

1. अथ संसृष्टिधनविभागः। तत्र मनुः। विभक्ताः सह जीवन्तो विभजेरन् पुनर्यदि। समस्तत्र विभागः स्यात् ज्यैष्ठ्यं तत्र न विद्यत इति॥ अत्र समविभागनियमादेव विषमविभागप्रकारनिरासे सिद्धे ज्यैष्ठ्यन्तत्र न विद्यत इति पुनर्वचनं ज्यैष्ठ्यादिकृत एव विषमविभागो न भवति वक्ष्यमाणधनसंसर्गानुरोधी तु विषमविभागो भवत्येवेति सूचनार्थम्।

केचित्तु संसृष्टद्रव्योपचयांशज्यैष्ठ्यादिकृतोविषमविभागो भवत्येव। संसृष्टद्रव्यविभागस्तु सम एवेत्येतज्ज्ञापनाय ज्यैष्ठ्यमिति वाक्यशेष इत्याहुः।

तन्न एतादृशव्यवस्थाया अस्मादप्रतीतेः। समस्तत्र विभागः स्यादित्युक्त्या द्रव्योपचयेऽपि साम्यनियमप्रतीतेः।

2. संसृष्टिविभागेऽप्यविभक्तविभागवत्संसृष्टद्रव्याविरोधेन विद्यादिलब्धस्याविभाज्यत्वन्तुल्यमेव प्राप्तमपवदति बृहस्पतिः। संसृष्टिनान्तु यः कश्चिद्विद्याशौर्य्यादिनाधिकम्। प्राप्नोति तस्य दातव्योह्यंशः शेषाः समांशिनः॥

3. संसृष्टिता च पित्रादिनैव कर्त्तव्या नान्येन विभक्तो यः पुनः पित्रेत्यादि प्राक्लिखितबृहस्पतिवचनादिति बहवः।

वयन्तूपलक्षणम्पित्रादिग्रहणमित्यादि प्रपञ्चितम्।

4. अविभक्तविभागवत्संसृष्टिष्वपि मिथोविभागकरणात् प्राग्येाम्मृतस्तस्य पुत्राः प्रमीतपितृकाणान्तु पितृतोभागकल्पनेतिवचनात् स्वस्वपित्र्यंशं विभज्य गृह्णीयुः।

यस्य तु संसृष्टिनोम्मृतस्य पुत्रादयो न सन्ति तद्धनग्रहणे पत्नीत्यादिवचनात्पत्न्यादीनां प्राप्ते तदपवादत्वेन स्वर्यातस्य ह्यपुत्रस्यैवेत्यनुवृत्तावाह योगीश्वरः संसृष्टिनस्तु संसृष्टीति। तुशब्दात्पूर्व्वापवादः। अपुत्रस्य संसृष्टिनोम्मृतस्य धनं संसृष्ट्येव गृह्णीयान्न पत्न्यादिरित्यर्थः। एतेन पत्न्याद्यपुत्रधनग्रहणाधिकारिगणे भ्रात्रधिकारावसरे वचनमिदं प्रवर्त्तत इति व्याचक्षाणो जीमूतवाहनो भ्रान्त एवेत्यवसेयम्।

अस्याप्यपवादः। सोदरस्य तु सोदरः। दद्याच्चापहरेच्चांशञ्जातस्य च मृतस्य चेति। संसृष्टिनः संसृष्टीत्यस्यात्रापि सम्बन्धः। तथाचायमर्थः। सोदरः संसृष्टी संसृष्टिनः सोदरस्य जातस्य पुत्ररूपेणोत्पन्नस्यांशन्दद्यात्तत्पुत्राय दद्यादिति यावत्। मृतस्य पुत्रादित्रयरूपेणाप्यजीवतोंशमपहरेदात्मसात्कुर्य्यात् स्वयमेव गृह्णीयादित्यर्थः। पदद्वयानुषङ्गं विनैव व्याख्याने तुशब्दबलायातमस्य पूर्व्वापवादत्वं भज्येत। एवञ्च सोदरासोदरसंसृष्टिसद्भावे सोदर एव संसृष्टी सोदरसंसृष्टिधनग्रहणाधिकारी न भिन्नोदर इति पूर्व्वोक्तापवादः। यत्र तु भिन्नोदर एव संसृष्टी सोदरास्च न। तत्र द्वयोर्विभज्य पुत्रादिरहितभ्रातृधनग्रहणमित्याह। अन्योदर्य्यस्तु संसृष्टी नान्योदर्य्यो धनं [illegible]त्। असंसृष्ट्यपि चादद्यात्संसृष्टोनान्यमातृज इति॥ अत्रासंसृष्टिपदं काकाक्षिवत्पूर्व्वोत्तरार्द्धयोरपि संबध्यते। तथा संसृष्ट इत्यपि। तच्च पूर्व्वार्द्धे एकोदरसंसृष्टः सोदर इत्यर्थक उत्तरार्द्धे तु संसृष्टित्वार्थकं। अन्यमातृज इत्यनन्तरञ्चैवकारोऽध्याहार्य्यः। ततश्चायमर्थः। अन्योदर्य्योऽसोदरोऽपि संसृष्टी चेद्धनं हरेत्। असंसृष्टी चेदन्योदर्य्यो न हरेत्। तथा चान्वयव्यतिरेकप्रदर्शनेन भिन्नोदरस्य संसृष्टित्वमेवैकं धनग्रहणकारणं न भ्रातृत्वमात्रमित्युक्तं भवति। तथा संसृष्टः सोदरोऽसंसृष्ट्यपि चेद्धनं हरेत्किमुत संसृष्टी। संसृष्टः संसृष्ट्यप्यन्यमातृज एवैको धनन्न हरेत्। किन्तु सोदरेणासंसृष्टिनापि सह विभज्य गृह्णीयात्। अत्रायं पर्य्यवसितोऽर्थः। असंसृष्टिसोदरे संसृष्टिभिन्नोदरे च सत्यपुत्रभ्रातुर्द्धनं सोदरत्वसंसृष्टित्वरूपैकैकधनग्रहणकारणयोगात्समं विभज्य गृह्णीयाताम्। सोदरोऽपि चेत्संसृष्टी कारणद्वययोगेन बलवत्त्वात्सर्व्वं स एव गृह्णीयादिति।

अत्र चैकैकनियमेनार्थादपरकारणनिरासासिद्धावपि दृढीकरणाय पुनस्तन्निरासः। उभयथापि वाक्यव्युत्पत्तेः।

पुंलिङ्गञ्च संसृष्टीत्यादावविवक्षितमतएव मनुना सोदरभगिनीनामपि तद्धनग्रहणमुक्तम्। यथाह। विभक्ताः सह जीवन्तो विभजेरन् पुनर्य्यदीति संसृष्टिविभागमभिधाय। येषां ज्येष्ठः कनिष्ठो वा हीयेतांशप्रदानतः। म्रियेतान्यतरोवापि तस्य भागो न लुप्यते। सोदर्य्या विभजेयुस्तं समेत्य सहिताः समम्। भ्रातरो ये च संसृष्टा भगिन्यश्च सनाभय इति॥ येषां संसृष्टिनां मध्येऽन्यतरः संसृष्टी ज्येष्ठः कनिष्ठोऽपि मध्यमोवांशप्रदानतो हीयेतानधिकार्य्यंशप्रदाने स्यात्। सार्व्वविभक्तिकत्वात्सप्तम्यर्थे तसिः।

विभागकाले पातित्येनाश्रमान्तरपरिग्रहेण वा। म्रियेत वाऽगृहीतभाग एव। तर्हि तस्य भागो न लुप्यते पृथगुद्धरणीयः। स च प्रथमं तत्पुत्रादिभ्यो देयः। तदभावे सोदर्य्या भ्रातरोऽसंसृष्टा अपि। समेत्य देशान्तरगतास्तत आगत्य सहिता मिलिताः। ये च भ्रातरो भिन्नोदरा अपि संसृष्टाः संसृष्टिनः सनाभयोस्तस्य सहोदरा भगिन्यश्च सममवैषम्येण विभजेयुर्विभज्य गृह्णीयुरित्यर्थः। अत्र सोदरभ्रातृभगिनीनामसंसर्गेऽपि संसर्गे च भिन्नोदराणामपि धनाधिकारमभिदधता मनुना योगीश्वरोक्त एवार्थः स्पष्टमुक्तो भवति।

5. अत्र श्रीकरः। संसृष्टिनस्तु संसृष्टीत्यस्यासोदरसंसृष्टिमात्रविषयत्वेऽन्यानपेक्षत्वात् सोदरस्य तु सोदर इत्यस्याप्यसंसृष्टसोदरमात्रविषयत्वे तथात्वाद्सोदरे संसृष्टिनि सोदरे चासंसृष्टिन्युभयोः प्राप्तौ यदि द्वयमेव प्रवर्त्तते तदान्योऽन्यसापेक्षयोरुभयोर्विधायकत्वं स्यात्। नचैकस्य सापेक्षनिरपेक्षोभयरूपतया विधायकत्वं विधिवैषम्यापादकमुचितम्। यथा द्वयोः प्रणयन्तीत्यस्य न वैश्वदेव उत्तरवेदिमित्यादिनिषेधकृतविकल्पसापेक्षं पर्व्वद्वये विधानमन्यपर्व्वद्वये तु निरपेक्षमिति सप्तमाधिकरणे विधिवैषम्यभयादन्यथा सिद्धान्तितम्। तथा चासोदरे संसृष्टिन्यसंसृष्टिनि च सोदरे उभयोरप्रवृत्तौ न कोऽपि तद्धनं गृह्णीयादित्यापतेत्। अतः संसृष्टिनस्त्वित्यनेन संसृष्टिधने संसृष्टिनोऽधिकार उक्तो तदपवादोऽयं सोदरस्य त्विति। तथा च संसृष्टिनोऽप्यसोदरस्य सोदरे संसृष्टित्वरहितेऽपि सति नाधिकार इत्याह।

तन्मीमांसानयतत्वानालोचननिबन्धनमभिधानं। नहि द्वयोः क्वचिन्निरपेक्षयोः प्रवृत्तयोः शास्त्रयोः क्वचिदुभयविषयसमावेशवशादेकत्र प्रवृत्तिमात्रेण वैरूप्यम्भवति। तथा सति केवलोद्गातृप्रतिहर्त्रोरपच्छेदे निरपेक्षयोः सर्व्वस्वदाक्षिण्यादाक्षिण्यशास्त्रयोर्युगपदुभयापच्छेदे प्रवृत्त्यभावाद्विरोधाभावेन किन्न बाध्यत इति विचारो निर्म्मूलः स्यादपच्छेदनये। तस्मात् क्वचिद्विध्यन्तरबाधनिरपेक्षविधानं क्वचित्तद्बाधसापेक्षं चेत्तदा वैरूप्यं यथोपात्तवपन्तीत्यत्र प्राङ्निरूपितम्। अन्यथा चतुर्होत्रा पौर्णमासीमभिमृशेत्पञ्चहोत्रामावास्यामित्यनयोरुपांशुयागाग्नीषोमीयविषय ऐन्द्रदध्यैन्द्रपयोविषये चैकैकशः प्रवृत्तयोरुभयसाधारणहविषि विषयसमावेशेऽप्येकमपि न प्रवर्त्तेत।

यदपि स्वयमुपवर्णितं संसृष्टिनस्त्वित्यस्यापवादः सोदरस्य त्वित्यादिरिति। तदप्यसम्बद्धं। विनिगमकाभावेन वैपरीत्यस्यापि सम्भवात्। पौर्वापर्य्यमात्रस्याप्रयोजकत्वात्। तस्मान्योदर्य्यवचनं संसृष्टिनस्त्वित्यस्यैव विवरणार्थमित्युक्तं। तेन वचोभङ्ग्यानर्थक्यमेव तस्योक्तम्। किञ्च सोदरेऽसंसृष्टिनि संसृष्टासोदरापवादार्थं सोदरवचनस्य वर्णनात्सोदरासोदरयोरुभयोरप्यसंसृष्टित्वे प्रवृत्त्यभावात् तुल्याधिकारो वा द्वयोरपि स्यात्। अथात्रापि सोदरवचनमेव प्रवर्त्तते तर्ह्येकत्र संसृष्टिवचनबाधसापेक्षमन्यत्र तु निरपेक्षमिति प्रत्युत तवैव विधिवैरूप्यम्। यथा सौमिकी वेदिर्विधिर्दीक्षणीयादिष्वतिदेशप्राप्तदर्शपौर्णमासिकवेदिबाधेन विधीयेत तर्हि तत्रातिदेशबाधसापेक्षस्तद्विधिरन्यत्र तन्निरपेक्ष इति वैरूप्यादवेदिमद्विषयकत्वमेव तस्य व्यवस्थापितं तन्त्रे।

अस्मन्मते तु व्याख्यातरीत्या द्वयोर्भिन्नविषयत्वेनानर्थक्यवैरूप्ययोर्न्न प्रसक्तिरितिकृतं विस्तरेण ।

6. स्मृतिचन्द्रिकाकारस्त्वाह । येषां ज्येष्ठः कनिष्ठो वेत्यादिमनुवचने चशब्देन सोदरभ्रातृभगिन्यसोदरसंसृष्टभ्रातॄणामितरेतरयुक्तानां विभागकर्त्तृतायाः समेत्यसहितशब्दाभ्यामवगतेर्योगीश्वरवचने च संसृष्टिसोदरसद्भावे भिन्नोदरस्यानधिकारावगतेरस्ति तावदनयोर्विरोधे तदविरोधपरिहारार्थं केचिदेवं मानवं व्याचक्षते । समनुप्रभागं सोदरा यदि संसृष्टास्तदा तएव गृह्णीयुर्नासंसृष्टिनः सोदरा अपि । संसृष्टसोदराभावे सर्व्वे सोदराः समेत्य मिलित्वा सहिताः समप्रधानभावेन सममन्यूनाधिकं विभजेरन् सोदराणामभावे सनाभयो भगिन्यस्तासामप्यभावेऽन्योदर्य्या इति । तदेतदनेकाध्याहारदोषादतिक्लिष्टत्वाच्चोपेक्षणीयम् । विज्ञानेश्वरव्याख्यानमपि मानवसंवादार्थमन्योदर्य्यस्तु संसृष्टी नान्योदर्य्यो धनं हरेदिति पाठेन योगीश्वरवचनस्य यत्तदध्याहृत्त्यध्याहारादिना क्लिष्टमत्यन्ताप्रतीयमानार्थकं स्वप्रज्ञाविलसितमात्रम् । तस्माद्यथाप्रतीयमानार्थकयोरेव मनुयोगीश्वरवाक्ययोर्विषयव्यवस्थयैवाविरोधो वाच्यो नातिक्लिष्टैकार्थ्येनेति । सैवोच्यते । स्थावरजङ्गमात्मकोभयविधधनसद्भावे मनुवचनं संसृष्टासंसृष्टानां भ्रातॄणां भगिनीनाञ्च विभज्य ग्रहणं बोधयति । योगीश्वरवचस्तु केवलस्थावरसद्भावे केवलतदितरद्रव्यसद्भावे वा तद्विषयम् । अन्तर्हितन्तु यद्द्रव्यं संसृष्टानान्तु तद्भवेत् । भूमिं गृह्णन्त्वसंसृष्टाः प्रगृह्णीयुर्यथांशत इति प्रजापतिस्मृते । द्रव्यमिति गोबलिवर्द्दन्यायेन प्रकटस्य द्विपदचतुष्पदादिरूपस्य जङ्गमद्रव्यस्य ग्रहणम् । संसृष्टानां भिन्नोदराणामिति शेषः । योगीश्वरवचसि नान्योदर्य्यादिति पाठः । तस्मात् केवलस्थावरसद्भावे केवलजङ्गमसद्भावे च योगीश्वरवचनादसंसृष्टोऽपि सोदरस्तद्गृह्णीयान्न तु संसृष्टोऽपि भिन्नोदरः । उभयविधधनसद्भावे तु प्रजापतिवचनोक्तव्यवस्थया संसृष्टाः सोदरा भ्रातृभगिन्यः संसृष्टा भिन्नोदराश्च विभज्य गृह्णीयुः । मनुवचनस्याप्येतदर्थतैवेति ।

तदसत् । अध्याहारक्लिष्टतादिदोषस्य तवाप्यनपायात् । प्रजापतिवचनोक्तव्यवस्थाया विज्ञानेश्वरीयव्याख्यानेऽप्यविरोधात् । अतएव मदनरत्नकृता तद्व्याख्यानमभ्युपेत्यैव प्रजापतिवचनमपि व्यवस्थापकतया पठितम् । प्रत्युत भवद्व्याख्याने योगीश्वरवचने पौनरुक्त्यं दुष्परिहरमापद्यते । अन्योदर्य्यस्तु संसृष्टी नान्योदर्य्यो धनं हरेदित्यनेनोक्तस्यैवार्थस्य संसृष्टो नान्यमातृज इत्यनेनान्यूनानतिरिक्तस्य प्रतिपादनात् । मानवसंवादिनोऽपुनरुक्तस्यार्थस्य क्लेशेनापि वक्तुं शक्यत्वे मूलभूतश्रुत्यन्तरकल्पनागौरवापादकस्यार्थान्तरस्य कल्पयितुमनुचितत्वाच्च ।

7. याज्ञवल्क्यस्मृतिटीकायां शूलपाणिः । अन्योदर्य्यः संसृष्टी नान्योदर्य्यधनं गृह्णीयात् । असंसृष्ट्यपि सोदर एव गृह्णीयात् । न तु संसृष्टः सापत्नभ्राता । नान्योदर्य्यो धनं हरेदिति पाठे अन्योदर्य्यः सन् संसृष्ट्यपि धनं न गृह्णीयादिति व्याख्या । असंसृष्टिसोदराधिकारार्थमिदं वचनमतो न पुनरुक्ततेत्याह ।

तत्तु श्रीकरमतसमानयोगक्षेमम्। रत्नाकरकृत्त्वाह यत्तु कल्पतरौ नान्योदर्य्यधनं हरेदिति पाठो दृश्यते स मूलभूतयाज्ञवल्क्यमिताक्षरापारिजातहलायुधग्रन्थेषु नान्योदर्य्यो धनं हरेदिति पाठदर्शनात्तदनुसारिव्याख्यानदर्शनाच्च लिपिप्रमाद एवेति।

8. दायतत्त्वकारस्तु सोदरेऽसंसृष्टिनि संसृष्टिन्यसोदरे च कतरस्तावद् गृह्णीयात्। एवं सोदरासोदरयोः संसृष्टिनोः सद्भावे कतर इत्यत्र प्रथम आह अन्योदर्य्यस्त्विति। अन्योदर्य्यः पुनः संसृष्टी सन् गृह्णीयान्नान्योदर्य्यमात्रः। किन्त्वसंसृष्ट्यपि पूर्व्ववचनस्थसोदरपदानुषङ्गात् सोदरो गृह्णीयात्। तेनैकत्र विषये पूर्व्ववचनोक्तसोदरत्वसंसृष्टित्वयोरेकशः सम्बन्धेन तुल्यत्वादिभिन्न्यग्रहणमेतदुभयसत्त्वे वासोदरस्यासंसृष्टिनोऽतुल्यरूपत्वान्नेति। द्वितीय आह संसृष्टो नान्यमातृज इति। सोदरे संसृष्टे सत्यन्यमातृजः संसृष्टोऽपि न गृह्णीयात्। अर्थात्तत्र संसृष्टी सोदर एव गृह्णीयात्। संसृष्टत्वाविशेषेऽपि सोदरत्वेन तस्यैव बलवत्त्वादित्याह।

तदपि मिताक्षरादिसम्बाधेव व्याख्यानाकौशलन्त्वधिकम्।

9. यदा तु संसृष्टः पिता पितृव्यो वा नास्ति तदाऽसंसृष्टभिन्नोदरो गृह्णीयात्। तदभावे त्वसंसृष्टः पिता। तदभावे तत्पत्नी। तथा च शङ्खः। स्वर्य्यातस्य ह्यपुत्रस्य भ्रातृगामि द्रव्यं तदभावे पितरौ हरेयातां ज्येष्ठा वा पत्नीति। स्वर्य्यातस्यापुत्रस्य संसृष्टस्य संसृष्ट्यभावे भिन्नोदरासंसृष्टभ्रातृगामि द्रव्यमित्यर्थः। तेन संसृष्टधनविषये यथास्थितमेवेदं वा वचनमिति स्मृतिचन्द्रिकामदनरत्नकारावाहतुः।

संसृष्टभ्रातृविषयमेवैतत्तेन पितृपत्न्योस्तदभाव इति न विरुद्धमिति मिताक्षराकारादयः।

स्मृतिचन्द्रिकायां शङ्खवचने ज्येष्ठग्रहणं सुसंयतत्वादिगुणवत्त्वकथनार्थं न तु मध्यमादिनिवृत्त्यर्थम्। पुनरपि तदभाव इति वक्तव्ये वाशब्दः प्रयुक्तः फलसाम्यात्। तथा हि। वाशब्दाद्विकल्पः प्रतीयते। न चात्र स्वाम्यरूपे वस्तुनि तुल्यवद्विकल्पः सम्भवति न हि वस्तुनि विकल्पन्त इति न्यायस्य शास्त्रसिद्धत्वात् उपपत्तिसिद्धत्वाच्च। तस्मादत्र वाशब्दादभावविकल्पावगतेः फलसाम्यमस्त्येव। एवञ्चायं क्रमः भ्रात्रभावे पिता तदभावे माता तदभावे ज्येष्ठा पत्नीति।

मदनरत्ने तु मातापित्रोर्व्विपरीतक्रमः। मिताक्षरोक्तन्यायादिभक्तासंसृष्टविषयविष्णुवचनवदत्र न्यायबाधकवचनाभावादिति तदाशयः। अतएव पत्नी दुहितर इतिवचने विष्णुवचनानुरोधेन स्मृतिचन्द्रिकावत्पितराविव्यत्र प्राक् पिता तदभावे मातेत्येव तत्रोक्तम्। प्रपञ्चितश्चैतद्विस्तरेणास्माभिः प्रागेव।

ततश्च पत्नीदुहित्रादिक्रमविरोधादविरोधायैतत्संसृष्टभागविषयमिति कल्प्यते। विभक्तोक्तनैयायिकपत्नीदुहित्रादिक्रमोऽत्र वाचनिकक्रमेण बाध्यते। अस्मिन् क्रमे कस्यचिन्न्यायस्याभावाद्वाचनिक एवायं क्रमः। नारदोऽपि। मृते पत्यौ तु भार्य्यास्तु अभ्रातृपितृमातृकाः। सर्व्वे सपिण्डास्तु धनं विभजेयुर्यथांशत इति॥ अस्यार्थः।

भार्य्याः पत्न्यः। असंसृष्टभ्रातृपितृमातृकाः याः पत्युर्भ्रातृपितृमातरस्तदभावविशिष्टा इत्यर्थः। अत्र द्वन्द्वसमासे भ्रात्रपेक्षयाभ्यर्हितपित्रादिपदपूर्व्वनिपातं परित्यज्य वैपरीत्येन समासरचनां कुर्व्वता नारदेन संसृष्टापुत्रद्रव्यं प्रथमं भ्रातृगामि तदभावे पितृगामि तदभावे मातृगामि तदभावे तत्तत्पत्न्यभिगामीति दर्शितम्।

एवञ्च संसृष्टपत्नीनां मुख्यगौणपुत्राभावे न प्रथमं दायहरत्वं किन्तु संसृष्टि-सोदरभिन्नोदरभ्रातृपितृमातॄणामप्यभावे इति द्रष्टव्यम्। सर्व्वे सपिण्डास्तित्यादेस्त्वय-मर्थः। संसृष्टापुत्रस्य ये भ्रातृपितृमातृव्यतिरिक्ताः सपिण्डा भ्रातृपुत्रादयस्ते स्वधनं पूर्व्वमपुत्रधनेन सह स्वपित्रादिना संसृष्टं तदूर्द्धं तत्पत्नीभिः सह यथांशतो भ्रातृ-पुत्राणां भ्रात्रंशो भार्य्याणां भर्त्रंश इत्येवमंशानतिक्रमेण विभजेयुरिति।

10. पत्न्यभावे संसृष्टापुत्रांशं तद्भगिनी लभते। तथा च वृहस्पतिः। या तस्य भगिनी सा तु ततोऽंशं लब्धुमर्हति। अनपत्यस्य धर्म्मोऽयमभार्य्यापितृकस्य च॥ अमातृकस्य चेति चशब्दार्थः।

11. भगिन्यभावे केवलाः सपिण्डा अनन्तराः सपिण्डास्तद्दायं विभजेरन् यथांशतः तद्दायं तस्य तस्य धनम्भवेदिति मनूक्तप्रत्यासत्तिक्रमेण लभेरन्। प्रतिपदो-क्तानामभावात्। तथा च स एव। मृतोऽनपत्योऽभार्य्यश्चेदभ्रातृपितृमातृकः। सर्व्वे सपिण्डास्तद्दायं विभजेरन् यथांशतः॥ तद्दायं संसृष्टिदायम्। मृतोऽनपत्य इत्यादेः प्रतिपदोक्तसंसृष्टधनग्राहिरहितश्चेदित्यर्थः।

सपिण्डाभावे तु विभक्तमृतधनवदेव संसृष्टस्वर्य्यातद्रव्यमपि प्रागुक्तक्रमेण प्रत्या-सत्तितारतम्येन समानोदकादिगामीति द्रष्टव्यम्। संसृष्टद्रव्यमधिकृत्य सपिण्डेभ्य ऊर्द्धं विशेषास्मृतिरिति।

12. ननु सत्यपि पत्न्यादौ वचनान्मृतसंसृष्टिधनस्य संसृष्टिभ्रात्रादिग्राह्यत्ववत् संसृष्टासंसृष्टपुत्रसद्भावेऽपि पितृधनस्याप्येतद्वचनबलात् संसृष्टिपुत्रमात्रग्राह्यत्वम-स्त्विति चेत्। न। अपुत्रस्येति पूर्व्ववचनस्थस्यानुषङ्गादपुत्रसंसृष्टिमरणस्य धनग्रहण-कारणत्वात् संसृष्टिनस्तु पुत्रेणापुत्रत्वाभावात् संसृष्टिनस्त्वित्यस्याप्रवृत्तेर्विभजेरन् सुताः पित्रोरिति वचनात्पित्रंशे पुत्रयोर्द्वयोरत्रापि समभागभागित्वम्। प्राक्तनः स्वांशः परं संसृष्टपुत्रेण भुक्तावशिष्टः पृथगुद्धरणीयः। पितुर्य्यावांस्तदानीं विद्य-मानोंऽशः स संसृष्टासंसृष्टाभ्यां विभज्य ग्राह्यः। न च संसृष्टिनस्त्वित्यत्रापुत्रपदा-नुषङ्गो माऽस्त्विति वाच्यम्। सपुत्रसंसृष्टिभ्रात्रादिधनेऽपि पुत्रादिबाधेन तदंशस्य भ्रात्रादिग्राह्यतापत्तौ सकलदेशीयानादिव्यवहारविरोधापत्तेः। अन्यथा पुत्रवदपुत्र-साधारणस्यापुत्रमात्रविषयपत्नीत्यादिवाक्यापवादकत्वानुपपत्तेस्तद्बोधकतुशब्दविरोधाप-त्तेश्च। न च भ्रात्रादिसंसृष्टिन एवायं विशेषणं व्यावर्त्तकत्वात्। पुत्रसंसृष्टिनस्तु न व्यावर्त्याभावात् असम्भवाच्च। सम्भवे व्यभिचारे च स्याद् विशेषणमर्थवदित्यभि-युक्तोक्तेरिति वाच्यम्। पृथग्वाक्यद्वयाभावादेकत्र च वाक्ये क्वचिद्विशेषणपुरस्कारेण क्वचिच्च तदपुरस्कारेण विधिप्रवृत्तौ विशेषणघटिताघटितवाक्यार्थद्वयनिबन्धनविधि-

वैषम्यरूपवाक्यभेदापत्तेः। किञ्च पित्रादिद्रव्यस्वाम्ये पुत्रत्वादिकमेवापतितत्वादिविशिष्टं प्रयोजकं न तु संसृष्टत्वविशिष्टमपि गौरवात्। तच्च सर्व्वेषां संसृष्टानामसंसृष्टानाञ्च तुल्यमिति सर्व्वेषामेव पुत्रादीनामविशेषेण तद्धनग्रहणमुचितम्। न च विभागेन पित्रादिद्रव्यार्हत्वापगमः। सर्व्वेषु पुत्रेषु विभक्तासंसृष्टिष्वपुत्रवद्भार्य्यादीनामेव तत्र धनाधिकारापत्तेः। प्रत्युतापस्तम्बेन हारीतेन च विभागोत्तरमपि पितापुत्रयोः परस्परधनाधिकारप्रतिपादनाच्च। यथाहतुस्तौ। जीवन्नेव वा विभज्य वनमाश्रयेत् वृद्धाश्रमं वा गच्छेत् स्वल्पेन वा संविभज्य भूयिष्ठमादाय वसेत् यद्युपदस्येत् पुनस्तेभ्यो गृह्णीयात् क्षीणाश्च विभजेदिति। वृद्धाश्रमं पारिव्राज्यम्। उपदस्येद्वृत्त्याभावेन क्षीयेत।

विभक्तजे तु सति पूर्वविभक्तानां पुत्राणां प्राप्तोऽपि पितृधनाधिकारो बृहस्पतिवचनेनापोद्यते। यथाह सः। अनीशाः पूर्वजाः पित्रोर्भ्रातुर्भागे विभक्तजः। पुत्रैः सह विभक्तेन पित्रा यत् स्वयमर्जितम्। विभक्तजस्य तत् सर्वमनीशाः पूर्वजाः स्मृताः। यथा धने तथार्णे च दानाधानक्रयेषु च। परस्परमनीशास्ते मुक्त्वाशौचोदकक्रियामिति॥

13. संसृष्टिधनहारकेण तत्स्त्रियः परिपालनीयास्तत्कन्याश्च विवाहपर्य्यन्तं पोषणीयाः संस्कर्त्तव्याश्चेत्याहतुः शङ्खनारदौ संसृष्टिनं प्रक्रम्य। भ्रातृणामप्रजाः प्रेयात्कश्चिच्चेत् प्रव्रजेत वा। विभजेरन् धनन्तस्य शेषास्ते स्त्रीधनं विना। भरणञ्चास्य कुर्वीरन् स्त्रीणामाजीवनक्षयात्। रक्षन्ति शय्यां भर्त्तुश्चेदाच्छिन्द्युरितरासु च। या तस्य दुहिता तस्याः पित्र्योंऽशो भरणे मतः। आसंस्काराद्भरेद्भागं परतो बिभृयात्पतिरिति॥ इतरासु भर्तृशय्यामरक्षन्तीषु दुर्वृत्तास्विति यावत्। आसंस्कारादित्यभिविधावाङ् तेन विवाहकरणमपि लभ्यते।

इति संसृष्टविभागः।

CHAPTER V.

PART I.

1. अथ स्त्रीधनविभागं वक्तुन्तत्स्वरूपन्तावन्निरूप्यते। तत्र मनुः। अध्यग्न्यध्यावाहनिकन्दत्तञ्च प्रीतिकर्मणि। भ्रातृमातृपितृप्राप्तं षड्विधं स्त्रीधनं स्मृतमिति॥ षड्विधमितिन्यूनसंख्याव्यवच्छेदपरन्नाधिक्यनिरासाय। अतएव योगीश्वरेण पितृमातृपतिभ्रातृदत्तमध्यग्न्युपागतम् आधिवेदनिकाद्यञ्च स्त्रीधनं परिकीर्त्तितम्॥ इत्याद्यशब्दउपात्तः। विष्णुनापि षडधिकानि स्त्रीधनान्युक्तानि। स यथाह। पितृमातृसुतभ्रातृदत्तमध्यग्न्युपागतम्। आधिवेदनिकं बन्धुदत्तं शुल्कमन्वाधेयमिति स्त्रीधनमिति॥ नारदः। अध्यग्न्यध्यावाहनिकम्भर्तृदायस्तथैव च। भ्रातृदत्तं पितृभ्याञ्च षड्विधं स्त्रीधनं स्मृतमिति॥ षड्विधत्वं मानववदेव व्याख्येयम्।

2. स्त्रीधनशब्दस्त्वायं यौगिकः स्त्रीस्वामिकन्धनमिति। न तु पारिभाषिकः। योगसम्भवे परिभाषाया अन्याय्यत्वात्। अतएव योगीश्वरेण रिक्थक्रयादिसाधारण-स्वत्वोपायसंग्रहायाद्यपदं प्रयुक्तम्।

ननु च क्वचित् स्त्रीधनत्वनिषेधोऽनुपपन्न एवं सति स्यात्। नहि स्त्रीस्वामिकत्वं तत्र निषेद्धुं शक्यते। बाधात्। यथाह कात्यायनः। तत्र सोपधि यद्दत्तं यच्च योग-वशेन वा। पित्रा भ्रात्राथवा पत्या न तत् स्त्रीधनमुच्यत इति॥ उपधिरुत्सवादा-वेवेदमस्य दत्तं त्वया धार्य्यमलङ्कारादि नान्यदेतिनियमस्तत्पूर्वकदत्तं सोपधि। योगश्च न दायादानां कन्यायै दत्तमिदन्तद्धनङ्कथं विभाज्यमिति। शिल्पप्राप्तं सख्यादिभ्यः प्रीत्या प्राप्तन्तदपि न स्त्रीधनमित्यप्याह स एव। प्राप्तं शिल्पैस्तु यत् किञ्चित्प्रीत्या चैव यदन्यतः। भर्त्तुः स्वाम्यन्तदा तत्र शेषन्तु स्त्रीधनं स्मृतमिति॥ पारिभाषिकत्वे भ्रात्रादिदत्तत्वेन प्राप्तं स्त्रीधनं प्रतिषिध्यते। तेनैतस्माद्भिन्नमेव पित्रादिदत्तं शिल्पादि-प्राप्तभिन्नं वा स्त्रीधनमिति परिभाष्यत इतिचेत्।

उच्यते। नात्र स्त्रीधनत्वनिषेधः। किन्तु तत्कार्य्यविभागादिनिषेधः। अत-एवोत्तरश्लोके तत्र भर्त्तुः स्वाम्यमित्युक्तम्। भर्त्तुस्तद्विनियोगे स्वातन्त्र्यन्न स्त्रिया इत्यर्थः। प्रथमश्लोकेतु स्त्रीस्वत्वनिषेधोऽपि सम्भवति उपधियोगपदयोरुपादानात्। तादृशदाने च स्वत्वाभावस्य प्रसिद्धत्वात्। योगाधमनविक्रीतं योगदानप्रतिग्रहम्। यत्र चाप्युपधिम्पश्येत्तत्सर्वं विनिवर्त्तयेदिति मनुवचनात्। भार्या पुत्रश्च दासश्च त्रय-एवाधनाः स्मृताः। यत्ते समधिगच्छन्ति यस्य ते तस्य तद्धनमित्यपि वचनम्भा-र्य्याविषये शिल्पादिप्राप्तपरमेव। एकमूलकल्पनालाघवात्।

3. अध्यग्न्यादिस्वरूपन्निरूपितं कात्यायनेन। विवाहकाले यत् स्त्रीभ्यो दीयते ह्यग्निसन्निधौ। तदध्यग्निकृतं सद्भिः स्त्रीधनं परिकीर्त्तितम्॥ यत्पुनर्लभते नारी नीयमाना पितुर्गृहात्। अध्यावहनिकन्नाम स्त्रीधनन्तदुदाहृतम्॥ प्रीत्या दत्तं तु यत्किञ्चिच्छ्वश्र्वा वा श्वशुरेण वा। पादवन्दनिकञ्चैव प्रीतिदत्तन्तदुच्यते॥ विवाहात्परतो यत्तु लब्धं भर्त्तृकुलात् स्त्रिया। अन्वाधेयन्तु तत्प्रोक्तं यल्लब्धं स्वकु-लात्तथा॥ गृहोपस्करवाह्यानां दोह्याभरणकर्मिणाम्। मूल्यं लब्धन्तु यत्किञ्चि-त्तच्छुल्कं परिकीर्त्तितम्॥ ऊढया कन्यया वापि पत्युः पितृगृहेऽपि वा। भ्रातुः सकाशात्पित्रोर्वा लब्धं सौदायिकं स्मृतम्॥ भर्त्तुः सकाशादिति कल्पतर्व्वादौ पाठः। अध्यग्न्यादिशब्दास्तु योगरूढास्तादृशस्त्रीधनएव प्रयोगात्। गृहोपस्करणादीनां यन्मूल्यं कन्यार्पणोपाधित्वेन वरादिभ्यः कन्याभरणरूपेण गृह्यते तच्छुल्कमिति मदनरत्ने व्याख्यातम्। मिताक्षरायान्तु यद् गृहीत्वा कन्या दीयते तच्छुल्कमित्युक्तम्। उभयत्रापि गृहीतृणां पित्रादीनां कन्याया इदमित्युद्देशो विवक्षितः। अन्यथा तत्स्वत्वाभावेन स्त्रीधनत्वव्यपदेशत्वानुपपत्तेः। जीमूतवाहनेन तु कर्मिणामिति पठित्वा गृहादिकर्मिभिः शिल्पिभिस्तत्कर्मकरणे भर्त्रादिप्रेरणार्थं स्त्रियै यदुत्कोच-दानं तच्छुल्कं तदेव मूल्यमप्रकृत्यर्थत्वादिति व्याख्यातम्। पुनश्चोक्तम्। यदानेतु-

भर्त्तृगृहे शुल्कन्तत्परिकीर्त्तितमिति व्यासोक्तं वा। भर्त्तृगृहगमनार्थमुत्कोचादि यद्दत्तं तच्छुल्कमित्यर्थ इति। तदुभयमपि स्त्रीस्वामिकं भवत्येव तस्या एव दत्तत्वादिति तत्र स्त्रीधनत्वव्यपदेशोऽन्यस्त्रीधनवत् सुगम एव।

आधिवेदनिकं स्त्र्यन्तरविवाहकाले पूर्व्वभार्य्यायै यद्दीयते। यदाह याज्ञवल्क्यः। अधिविन्नस्त्रियै दद्यादाधिवेदनिकं समम्। न दत्तं स्त्रीधनं यासान्दत्ते त्वर्द्धं प्रकल्पयेदिति॥

4. पित्रादिभिर्ज्जीवनार्थं स्त्रीभ्यो धनदाने विशेषमाह कात्यायनः। पितृमातृपतिभ्रातृज्ञातिभिः स्त्रीधनं स्त्रियै। यथाशक्त्या द्विसाहस्राद्दातव्यं स्थावरादृते॥ स्थावरेतरधनं यथाशक्ति कार्षापणसहस्रद्वयपर्य्याप्तं देयमित्यर्थः। व्यासोऽपि। द्विसहस्रः परो दायः स्त्रियै देयो धनस्य तु। आद्विसहस्रादिति कात्यायनेन पर इति च व्यासेनोक्तेरितोऽधिकं धनिनापि न स्त्रीभ्यो देयमिति दर्शितम्। अयञ्च नियमः प्रतिवत्सरमसकृदर्पणे ज्ञेयस्तेनानेकवत्सरेषु जीवनार्थं दीयमानमितोऽधिकमपि भवति चेन्न दोषः। जीवनार्थत्वाद्दानस्य यावज्जीवञ्च द्विसाहस्रमात्रेण तन्निर्वाहासम्भवात्।

5. स्त्रीधनेऽपि भर्त्रनुमतिमन्तरेण स्त्रीणान्न स्वातन्त्र्यमित्याह मनुः। न निर्हारं स्त्रियः कुर्य्युः कुटुम्बाद्बहुमध्यकात्। स्वकादपि च वित्ताद्धि स्वस्य भर्त्तुरनाज्ञयेति॥ निर्हारो व्ययः।

क्वचित् तु स्त्रीधने तासां स्वातन्त्र्यमस्ति। यदाह सौदायिकस्वरूपमुक्त्वा कात्यायनः। सौदायिकं धनं प्राप्य स्त्रीणां स्वातन्त्र्यमिष्यते। यस्मात्तदानृशंस्यार्थं तैर्दत्तमुपजीवनम्। सौदायिके सदा स्त्रीणां स्वातन्त्र्यं परिकीर्त्तितम्। विक्रये चैव दाने च यथेष्टं स्थावरेष्वपि॥

भर्तृदत्ते तु स्थावरेतरस्यैव स्वातन्त्र्यमित्याह नारदः। भर्त्त्रा प्रीतेन यद्दत्तं स्त्रियै तस्मिन् मृतेऽपि तत्। सा यथाकाममश्नीयाद्दद्याद्वा स्थावरादृते॥ स्थावरे भर्तृदत्ते स्त्रिया निवासाद्युपभोगमात्रं न दानविक्रयादिकमित्यर्थः। अपुत्रा शयनं भर्त्तुरित्यादि कात्यायनवचोऽपि भर्तृदत्तस्थावरविषयमेव नारदैकवाक्यतयेति केचित्। अस्माभिस्तु पत्नी दुहितर इति व्याख्यानावसरेऽस्य विषयः प्रपञ्चितः।

6. पुरुषाणामपि कस्मिन्नपि स्त्रीधने न स्वातन्त्र्यं स्वाम्याभावादित्याह कात्यायनः। न भर्त्ता नैव च सुतो न पिता भ्रातरो नच। आदाने वा विसर्गे वा स्त्रीधने प्रभविष्णवः। यदि त्वेकतरोऽप्येषां स्त्रीधनं भक्षयेद् बलात्। सवृद्धिकं स दाप्यः स्याद्दण्डञ्चैव समाप्नुयात्। तदेव यद्यनुज्ञाप्य भक्षयेत् प्रीतिपूर्व्वकम्। मूलमेव तदा दाप्यो यदा स धनवान् भवेत्। अथ चेत्सद्विभार्य्यः स्यान्न च तां भजते पुनः। प्रीत्या विसृष्टमपि चेत् प्रतिदाप्यः स तद् बलात्। ग्रासाच्छादनवासानामुच्छेदो यत्र योषितः। तत्र स्वमाददीत स्त्री विभागं रिक्थिनान्तथा॥

स्त्रिया धनं गृहीत्वा यद्यपरभार्य्यया सह वसत्येनाञ्चावमानीते तदा गृहीतं तद्धनं राज्ञा बलाद्दाप्यः। भक्ताच्छादननिवासान् यदि भर्त्ता न ददाति तदा तेऽपि

स्त्रिया बलाद् ग्राह्यास्तत्पर्य्याप्तं धनं वा ग्राह्यमिति श्लोकद्वयस्याथ चेदित्यस्यार्थः। इदमपि तस्या दोषराहित्ये बोध्यं दुष्टा पुनः किमपि स्त्रीधनं न लभत इत्याह स एव। अपकारक्रियायुक्ता निर्लज्जा चार्थनाशिका। व्यभिचाररता या च स्त्रीधनं न तु सार्हति॥ नार्हतीत्यनेन तया लब्धमप्याच्छिद्य ग्राह्यमिति सूचितम्। अपकारक्रियायुक्ता सदा भर्तृप्रतिकूलाचरणपरा। निर्मर्य्यादार्थनाशिकेत्यपि पाठः।

7. देवलः। वृद्धिराभरणं शुल्कं लाभश्च स्त्रीधनं भवेत्। भोक्त्री तत् स्वयमेवेदं पतिर्नार्हत्यनापदि। वृथा मोक्षे च भोगे च स्त्रियै दद्यात् सवृद्धिकमिति॥ वृद्धिर्वर्द्धनार्थं पित्रादिना दत्तमिति स्मृतिचन्द्रिकायाम्। मदनरत्ने तु वृत्तिरिति पठितम्। वृत्तिर्ज्जीवनार्थं पित्रादिभिर्दत्तमिति व्याख्यातञ्च। लाभो गौर्य्यादिप्रीत्यर्थं यल्लभ्यते कुतश्चित्। वृथा आपदमन्तरेण। मोक्षस्त्यागो दानमिति यावत्। अननुज्ञातस्त्यागभोगविषयमेतत्। तदनुज्ञया त्वनापद्यपि न दोषः। स्वयमेवेत्येवकारः स्वापत्यानां व्युदासार्थः। भर्तृव्युदासस्य पतिर्नार्हतीत्यनेनाभिधानात्॥ भर्तृव्युदासे ततो वहिरङ्गानां भ्रात्रादीनां व्युदासस्यापि दण्डापूपिकया सिद्धत्वात्। अनापदीत्यभिधानादापदि न दोषः। अतएव पुत्रार्तिहरणे चापि स्त्रीधनम्भोक्तुमर्हतीति तस्यैव वाक्यशेषः। पतिरित्यनुषङ्गः। पुत्रग्रहणं कुटुम्बोपलक्षणं तस्यार्तिर्भक्ष्याद्यभावनिमित्ता पीड़ा तस्या हरणे। चशब्दादन्यस्मिन्नपि धनाभावनिमित्ते सङ्कटे स्त्रीधनमननुज्ञातमपि पतिस्त्यक्तुं भोक्तुञ्चार्हतीत्यर्थः।

ननु परधने त्यागभोगयोः स्वाम्यनुज्ञया विना कथमर्हता बाधितानेन बोध्यते। अनुज्ञायान्त्वनापद्यपि न विरोधः। उच्यते। वचनवलात्तादृशविषये व्यये स्वत्वमेव तस्य तत्रेत्यदोषः। अतएव योगीश्वरोऽपि। दुर्भिक्षे धर्मकार्य्ये च व्याधौ सम्प्रतिरोधके। गृहीतं स्त्रीधनं भर्ता नाकामो दातुमर्हति॥ धर्मकार्य्ये आवश्यके नित्ये नैमित्तिके च। सम्प्रतिरोधके दण्डाद्यर्थं राजावरोधे कृते। वाचस्पतिस्तु सम्प्रतिरोधक इति व्याधिविशेषणं कार्य्यानुष्ठानबाधक इति च तदर्थ इत्याह। नाकामो दातुमर्हतीत्यपि दारिद्र्यादिकृतदानासामर्थ्ये वोध्यं। सति तु सामर्थ्ये दुर्भिक्षादिगृहीतमप्यवश्यं देयम्। एतावतैव वचनेोपपत्तौ सामर्थ्येऽप्यदानमिच्छयेत्यस्य कल्पयितुमनर्हत्वात। प्रतिग्रहणादापद्यपि पत्युरेव पत्नीधनग्रहणाधिकारो प्रतिदानस्वेच्छया नान्यस्येति ज्ञेयम्।

8. भर्त्रा दातुं प्रतिश्रुतं भार्य्यायै तस्मिन् मृते पुत्रादिभिस्तस्यै देयमित्यप्याह स एव। भर्त्रा प्रतिश्रुतं देयमृणवत् स्त्रीधनं सुतैरिति। सुतग्रहणं पौत्रप्रपौत्रयोरुपलक्षणमृणवदित्यभिधानात्। अनेन स्त्रीधने जीवन्त्यान्तस्यां सुतानां जन्मना स्वत्वेऽपि नास्ति विभाग इति गम्यते।

एवं स्त्रीधनमुक्तम्।

PART II.

1\. अथ तद्विभागो निरूप्यते। तत्र मनुः। जनन्यां संस्थितायान्तु समं सर्वे सहोदराः। भजेरन् मातृकं रिक्थं भगिन्यश्च सनाभयः॥ अत्र द्वन्द्वसमानार्थकचशब्दोपादानात् सोदरभ्रातृभगिनीनां मिलितानां मातृधनाधिकारो गम्यते। सोदरग्रहणं भिन्नोदरव्यावृत्त्यर्थः।

देवलः। सामान्यं पुत्रकन्यानां मृतायां स्त्रीधनं स्त्रियाम्। अप्रजायां हरेद् भर्ता माता भ्राता पितापि वा॥ अत्र तु द्वन्द्वस्यैव श्रवणात्पुत्राणां कन्यानाञ्च सहाधिकारः प्रतीयते।

इदञ्चान्वाधेयपतिप्रीतिदत्तद्विविधस्त्रीधनविषयम्। यथाह मनुरेव। अन्वाधेयञ्च यद्दत्तं पत्या प्रीतेन चैव यत्। पत्यौ जीवति वृत्तायाः प्रजायास्तद्धनम्भवेत्॥ अन्वाधेयं पूर्वलक्षितं यच्च पत्या प्रीत्या दत्तं तत् स्त्रीधनं वृत्तायाः मृतायाः स्त्रियाः प्रजा पुत्रदुहितृरूपा तस्याः स्वम्भवति। पत्यौ जीवतीत्यनादरे सप्तमी। जीवन्तमपि पतिमनादृत्येत्यर्थः। तस्यानधिकारस्तत्रेति यावत्। अत्र च प्रजाया इति सामान्याभिधानात् स्त्रीपुंसप्रजायाः समस्वाम्यावगतेस्तुल्यवद्विभज्य मातृधनग्रहणं। न पुनः पूर्व्वं भगिनीनां तदभावे भ्रातॄणामिति।

भगिन्यश्च मनुवचनेऽनूढा ग्राह्याः। तथा च वृहस्पतिः। स्त्रीधनं स्यादपत्यानां दुहिता च तदंशिनी। अप्रत्ता चेत् समूढा तु लभते मानमात्रकम्॥ अपत्यानां पुत्राणाम् दुहितुः पृथगुपादानात्। तदंशिनी पुत्रसमांशिनी। मानमात्रकमिति गौरवार्थं तदनुसारेण किमपि लभते न तु पुत्रसमांशमित्यर्थः।

अप्रत्तानामभावे प्रत्तानामपि सभर्तृकाणां भ्रातृसमभागित्वमित्याह कात्यायनः। भगिन्यो बान्धवैः सार्द्धं विभजेरन् सभर्तृकाः। विभागकाले दौहित्रेभ्योऽपि किञ्चिद्देयम्। तथा च मनुः। यास्तासां स्युर्दुहितरस्तासामपि यथार्हतः। मातामह्या धनात्किञ्चित्प्रदेयं प्रीतिपूर्वकम्॥ यथार्हत इत्युपयोगदारिद्र्याद्यपेक्षयेत्यर्थः। न च दौहित्रीणां तदा धनस्वाम्याभावात् किमिति दानमिति वाच्यम्। यथा पैतृके पुत्रस्वत्वे कन्यानां दायानर्हत्वेऽपि वचनबलात्तुरीयांशदानमेवमत्राप्युपपत्तेः। अतएव प्रीतिपूर्व्वकमित्युक्तम्। प्रीतिपूर्व्वकत्ववचनादेवानावश्यकत्वमपि सूचितमत्र। तत्र तु पतिताः स्युरदित्सव इति दोषकीर्तनादावश्यकत्वमिति भेदः।

2\. यौतकन्तु कुमारीणामेव मातृधनम् न पुत्राणां नापि प्रत्तदुहितॄणामित्याह मनुरेव। मातुस्तु यौतकं यत् स्यात् कुमारीभाग एव स इति। युमिश्रण इति धात्वनुसाराद्विवाहकाले एकासनोपविष्टयोर्वधूवरयोर्यद्बान्धवैर्दीयते तद्युतयोरिदं यौतकमिति व्युत्पत्त्या यौतकमित्युच्यते। केचित्तु विवाहे स्त्रीपुंसयोरेकशरीरतया मिश्रता भवति। अस्थिभिरस्थीनि मांसैर्मांसानि त्वचा त्वचमिति श्रुतेः। भर्तुर्वध्वस्थ्यादिभिरस्थ्यादीन्येकीभवन्तीत्यर्थ इत्याहुः। यदेतद् हृदयन्तव तदस्तु हृदयं मम यदेतद् हृदयं मम तदस्तु हृदयन्तवेति अत्र लिङ्गाद्विवाहे

मिश्रतेत्यन्ये। युतयोर्यौतकमिति निघण्टौ। यौतकं यौतुकञ्च तदिति कोषाद्यौतुकमित्यपि पाठः। भर्तृगृहलब्धात्पृथग्धनतया पितृगृहलब्धं मातृधनं यौतुकम्। यौतशब्दस्यामिश्रणमप्यर्थः। युमिश्रणामिश्रणयोरिति धातुपाठात्। युतसिद्धाविति प्रयोगाच्चेति देवस्वाम्याह। तदसत् पितृगृहलब्धात्पृथग्धनतया भर्तृगृहलब्धं यौतकमित्यस्यापि विनिगमकाभावे वक्तुं शक्यत्वेनास्य कल्पनामात्रत्वात्।

कुमारीणामनेकत्वे समं स्यादश्रुतत्वादिति न्यायेन सम एव विभागो विशेषाश्रवणात्।

3. एतत्त्रिविधभिन्नं मातृधनं दुहितॄणाम्। तत्रापि प्रथममप्रत्तानां तदभावे प्रत्तानां तत्रापि प्रथममप्रतिष्ठितानां तदभावे प्रतिष्ठितानां सधवानां तदभावे विधवानाम्। तथा च गौतमः। स्त्रीधनं दुहितॄणामप्रत्तानामप्रतिष्ठितानाञ्चेति। अप्रतिष्ठिता अनपत्या निर्द्धना दुर्भगा विधवा वेत्यपरार्केण कल्पतरुकारेण च व्याख्यातम्। प्राप्तानं द्वयमेव विज्ञानेश्वरादिभिः। अत्र च स्त्रीधनमिति सामान्योक्तिरपि त्रिविधप्रागुक्तस्त्रीधनभिन्नविषया। स्मृतिचन्द्रिकामदनरत्नयोरेवमुक्तम्।

4. जीमूतवाहनस्मार्तभट्टाचार्याभ्यान्तु प्रागुक्तं गौतमवचनं। मातुर्दुहितरोऽभावे दुहितॄणां तदन्वय इति नारदवचनम्। दुहितॄणामभावे तु रिक्थं पुत्रस्य तद्भवेत् इति कात्यायनवचनम्। मातुर्दुहितरः शेषमृणात् ताभ्यऋतेऽन्वय इति योगीश्वरवचनम्। एवमन्यान्यपि स्त्रीधनस्य दुहितृग्राह्यत्वपराणि स्मृतिवचनानि प्रागुक्तमन्वादिवचनविरोधान्मातुस्तु यौतकमिति प्रागुक्तमनुवचनानुरोधान्मातुः पारिणाय्यं स्त्रियो विभजेरन्निति वाशिष्ठानुसाराच्च यौतकमात्रविषयाणीत्युक्तम्। पारिणाय्यं परिणयनलब्धं यौतकमिति यावदिति ताभ्यां व्याख्यातम्। कल्पतरौ विवादचिन्तामणौ च पारिणाय्यमिति पठित्वा स्त्रीपरिच्छदादर्शकङ्कतिकादीति व्याख्यातम्।

5. विज्ञानेश्वरास्तु।

सर्वमेव स्त्रीधनं पुत्रादिसत्त्वेऽपि प्रथमं दुहितृदौहित्रीदौहित्रगामि तदभावे पुत्रादिगामि। अप्रजःस्त्रीधनन्तु व्यवस्थापयिष्यते। मातुर्दुहितरः शेषमृणात्ताभ्यऋतेऽन्वय इति योगीश्वरवचने दुहितृमात्रन्ताभ्य इत्यनेन न परामृश्यते किन्तु दौहित्रीदौहित्रावपि। मातुर्दुहितरोऽभावे दुहितॄणां तदन्वय इति नारदवचनात्। अत्र तदन्वय इत्यनेन तच्छब्देन दुहितरोऽनन्तराः परामृश्यते। तथा च दुहित्रन्वयो दौहित्रीदौहित्ररूपः। तत्रापि प्रथमं दौहित्री तदभावे दौहित्रः। दुहितॄणां प्रसूता चेददिति वक्ष्यमाणयोगीश्वरवाक्ये दुहितृशब्देन दुहितृदुहितरो गृह्यन्ते। साक्षाद्दुहितॄणां मातुर्दुहितर इत्यत्र तेनैवोक्तत्वात् पुनरुक्त्यापत्तेः। दुहितॄणामन्वय इति सामान्योक्तेर्दौहित्राधिकारोऽपि।

पुत्राधिकारस्तु विभजेरन् सुताः पित्रोरूर्द्ध्वमृक्थमृणं समभित्यत्र पित्रोरित्येकशेषाल्लभ्यते तच्च प्रागेव प्रपञ्चितम्। ताभ्य ऋतेऽन्वय इत्यत्राप्यन्वयपदेन योग्यतया वद्यन्तमातृपदान्वयात् दुहितॄणाञ्च पृथगुपादानात् पुत्रादिरेव गृह्यते। दुहित्रभावे तदधिकारप्रतिपादनार्थत्वञ्च न पौनरुक्त्यम्।

जनन्यां संस्थितायान्त्विति मनुवचनस्य त्वयमर्थः। सर्व्वे सहोदरा मातृकं रिक्थं स्वाधिकारावसरे समं भजेरन् सनाभयः सोदरा भगिन्यश्च स्वाधिकारावसरे। न तु द्वयेऽपि सम्भूय विभजेरन्नित्यर्थः। इतरेतरयोगस्य द्वन्द्वैकशेषयोरभावादप्रतीतेः। चशब्दस्य तु विभागकर्तृत्वान्वयमात्रेणाप्युपपत्तेः। यथा देवदत्तः कृषिं कुर्य्याद्यज्ञदत्तश्चेत्युक्ते नेतरेतरयोगप्रतीतिः। वाक्यान्तरेण च द्वयोरपि मातृधनाधिकारे प्राप्तेऽपि सममित्यनेनाज्येष्ठोद्धारादिविषमविभागनिवृत्त्यर्थं वचनम्।

सोदरसनाभिग्रहणमसोदरभ्रातृभगिनीनिवृत्त्यर्थम्। अतएवाधमजातिस्त्रीधनं भिन्नोदरापि प्रकृष्टजातीयसपत्नीपुत्री तदभावे च तदपत्यं गृह्णातीत्युक्तं मनुना। स्त्रियास्तु यद्भवेद्वित्तम्पित्रा दत्तं कथञ्चन। ब्राह्मणी तद्धरेत्कन्या तदपत्यस्य वा भवेदिति॥ अत्रानपत्यक्षत्रियादिजातीयस्त्रिया इति विवक्षितं ब्राह्मणीपदञ्चोत्तमजात्युपलक्षणम्। अप्रजस्त्रीधनं भर्त्तुरित्यस्य चायमपवादः। अतश्चानपत्यवैश्याधनं क्षत्रियादुहिता अनपत्यशूद्राधनञ्च वैश्यादुहिता गृह्णाति। तदभावे तदपत्यानि तदभावेऽप्रजस्त्रीधनमित्यस्य तत्र प्रवृत्तिः।

तस्मात् स्त्रीधने सापत्यायाः प्राग् दुहित्राद्यधिकारस्तदनु पुत्रादीनामित्याहुः।

6. अत्र जीमूतवाहनः। मनुबृहस्पतिशङ्खलिखितवचनेषु द्वन्द्वाश्रवणेऽपि समुच्चयवाचिचशब्देन तदर्थलाभाद्देवलवचने तु पुत्रकन्यानामिति द्वन्द्वस्यापि श्रवणात्संवादेन तत्रापि चशब्दस्येतरेतरयोगार्थकत्वौचित्याद् भ्रातृभगिनीनां सोदराणां विभज्य सहैव धनग्रहणं युक्तम्। किञ्च। केवलदुहितॄणामेव सकलमातृधनाधिकारे यौतके विशेषवचनमनर्थकम्। न च कुमारीपदोपादानात्प्रत्तदुहितृव्यावृत्त्यर्थन्तदिति युक्तम्। तद्व्यावृत्तेः सर्व्वस्त्रीधन एव गौतमादिवचनेषूक्तत्वात्। कुमार्य्यभावे प्रत्ताद्यधिकारस्यात्राप्यवर्जनीयत्वात्। तस्मात्पुत्रपुत्र्योस्तुल्यवदधिकार एव मन्वाद्यभिप्रेतोऽध्यग्न्यादिस्त्रीधनविषयो यौतकविषयस्तु पुत्रीमात्राधिकार इत्येव व्यवस्था। अन्वाधेयपतिप्रीतिदत्तमात्रग्रहणान्तु मनुवचनान्तरेऽध्यग्न्याद्युपलक्षणमितरथा यौतके पृथगारम्भस्यानर्थक्यापत्तेरित्याह।

दायतत्त्वकृदादीनामप्येतदेव मतं।

7. अत्रेदं प्रतिभाति अन्वाधेयादिग्रहणस्योपलक्षणत्वे प्रमाणाभावात्तदुभयव्यतिरिक्तसर्व्वमातृधने दुहित्रधिकारः प्रथमन्तदनु पुत्राधिकारः। यौतके विशेषवचनन्तु प्रत्तादिनिवृत्त्यर्थम्। अन्यत्रापि सा समैवेति चेत्सत्यम्। किन्तु। न नियता यौतके तु नियता। तेन यौतकं कुमार्य्यभावे विवाहभेदेन स्त्रीधनभर्त्रादीनामेव भवति न प्रत्तादीनामिति स्मृतिचन्द्रिकाकारादीनामाशयः।

विज्ञानेश्वराचार्य्याणान्त्वयमभिप्रायः। सामान्यतः स्त्रीधनमात्रस्य दुहितृग्राह्यताबोधकमनन्यथासिद्धवचनानुरोधेन सङ्कोचः कर्त्तव्यः। न च मन्वादिवचनमनन्यथासिद्धं पुत्रकन्यानां सहाधिकारप्रतिपादकम्। पुत्राधिकारमात्रप्रतिपादनमात्रपरत्वात्। न च चशब्दद्वन्द्वाभ्यां सहाधिकारः। विभागकर्तृत्वान्वयेनापि तदुपपत्तेः।

अन्यथा पितराविल्यादौ मातापित्रोस्तदिष्यत इत्यादौ च द्वन्द्वैकशेषश्रवणे सकलनिबन्धसम्मतः क्रमो मातापित्रो र्न स्यात्। विष्णुवचनाद्यनुरोधात्तत्र शब्दान्वयसाहित्यमात्रेण तदुपपत्तिरर्थक्रमस्त्वन्यथाप्यविरुद्ध इत्युच्यते। तर्ह्यत्रापि ताभ्य ऋतेऽन्वयः। दुहितॄणामभावे तु रिक्थं पुत्रेषु तद्भवेदित्यादियोगीश्वरकात्यायनवचनावगतार्थक्रमान्यथाभावे द्वन्द्वचशब्दादीनां शाब्दान्वयसाहित्यमात्रेणोपपत्तिरस्तु न तु तदनुरोधेन तेषामेवान्यविषयत्वम्। सिद्धे सहाधिकारे तेषां सङ्कोचस्तत्सङ्कोचे चैषां सहाधिकारपरत्वनिश्चय इतीतरेतराश्रयत्वञ्चेति।

अन्वाधेयादौ विशेषवचनमनर्थकमिति चेत्। न। यौतके चन्द्रिकाकारादिमतवदेव सार्थकत्वात्। अन्वाधेयग्रहणस्योपलक्षणतया प्रजामात्राधिकारे तेन प्रतिपादिते जनन्यां संस्थितायान्त्वित्यादिवचनैः साम्यादिविधानमित्येवं सर्व्वेषां सार्थकत्वात्। तस्मात्सर्व्वं सुस्थमिति।

श्रीविद्यारण्यश्रीचरणैस्तु स्मृतिचन्द्रिकामिताक्षरयोर्द्वयोरप्यनुसारेण द्वयमपि लिखितन्न तु विविक्तम्।

8. पुत्रादिभ्यः प्राग् दुहितृदुहितुस्तदनु दौहित्राणामधिकार इति तु मिताक्षराचन्द्रिकामदनरत्नकाराणांविद्यारण्यश्रीचरणानां चाविसम्वादेन सम्मतः।

जीमूतवाहनदायतत्त्वकारौ तु दुहित्रभावे पुत्राणामेवाधिकारो न तु दौहित्र्याद्यधिकारानन्तरम्। तथाहि नारदवचने दुहितॄणान्तदन्वय इत्यत्र दुहितुरन्वयपदेनान्वयपुत्रादिवाचकेन नान्वयः सम्भवति। दुहितृपदस्य जन्यविशेषवचनस्य जन्यान्तरे समत्वेन निराकाङ्क्षतयान्वयासम्भवात्। तच्छब्दस्यापि दुहितृत्वरूपेणैव तदुपस्थापकस्य नैराकाङ्क्षाविशेषात्। किञ्च। याज्ञवल्क्यवचने तावत्। दुहितर इति प्रथमान्तस्य ताभ्य इति च पञ्चम्यन्तस्य च षष्ठ्यन्तान्वययोग्येनान्वयपदेनानन्वयाद्व्यवहितस्यापि मातुरित्यस्यैवान्वयस्तदेकवाक्यतयात्रापि मातुरन्वयएव पुत्रादिर्लभ्यते न दुहित्रन्वयः। किञ्च। सत्स्वङ्गजेषु तद्गामी ह्यर्थो भवतीति बौधायनवचनादनन्तराङ्गजपुत्राधिकार एव प्रत्यासत्तेरुचितो न तु व्यवहिताङ्गजदौहित्रादेरित्याहतुः।

तन्मन्दम्। जन्यवाचकस्य जन्यान्तरेणानन्वये पुत्र इत्यादावप्यन्वयो न स्यात्। तज्जन्यप्रतिसम्बन्धितयान्वयाविरोधस्त्वत्रापि तुल्यः। अन्यथा दुहितुः पुत्र इत्यत्राप्यन्वयो न स्यात्। तस्माच्छाब्दव्युत्पत्त्यज्ञानमेवेदम्। याज्ञवल्क्यवचने च यद्यपि मातुरन्वयः पुत्रादिरेवोक्तस्तथापि विभजेरन् सुताः पित्रोरित्यनेन प्राप्ताधिकाराणामेव ऋणापाकरणदुहित्रभावोपाधिकत्वज्ञापनार्थोऽनुवादः। स च दौहित्रानन्तरमप्यविरुद्धः॥ सत्स्वङ्गजेष्विति बौधायनवचनन्तु मातृसाधारण्येन पुत्राणान्धनाधिकारमात्रमङ्गजपदस्यापत्यमात्रवाचकत्वात् पुत्रदुहितृसाधारणमधिकारं प्रतिपादयद्वचनान्तराविरुद्धप्रत्यासत्त्यैव व्याख्यातुं युक्तमिति न किञ्चिदेतत्।

9. सन्तानाभावे त्वाह योगीश्वरः। अतीतायामप्रजसि बान्धवास्तदवाप्नुयुः। अप्रजसि दुहित्रादिप्रपौत्रपर्य्यन्तरहितायामतीतायां मृतायां बान्धवा वक्ष्यमाणक्रमोक्तास्तत्स्त्रीधनमवाप्नुयुः।

विवाहभेदेन व्यवस्थया बान्धवानामधिकारमाह स एव। अप्रजः स्त्रीधनम्भर्त्तुर्ब्राह्मादिषु चतुर्ष्वपि। दुहितॄणां प्रसूता चेच्छेषेषु पितृगामि तदिति ॥ चतुर्षु ब्राह्मदैवार्षप्राजापत्येषु। अपिशब्दाद्गान्धर्वपरिग्रहः। यद्वा अतद्गुणसंविज्ञानबहुव्रीहिणा ब्राह्मभिन्ना दैवार्षप्राजापत्यगान्धर्वाश्चत्वारः। तेन ब्राह्मदैवार्षगान्धर्वप्राजापत्येषु यद्धनम्। अप्रजायामतीयां भर्त्तुरेव तदिष्यत इति मनुवचनाविसम्वादः।

ब्राह्मादिविवाहोढाया धनमनपत्याया भर्त्तुर्भवति। तदभावे भर्त्तुः प्रत्यासन्नानाम्। स्वामिप्रत्यासत्तेर्भर्त्रैवान्तराये भर्तृप्रत्यासत्तेरेव पुरस्करणीयत्वात्।

शेषेष्वासुरादिषु परिणीतायास्तु पितृगामि। एकशेषेण मातापितृगामि। तत्रापि प्राङ्मातृगामि तदनु पितृगामि। पितराविति त्रोक्तान्न्यायात्। विरुद्धवचनान्तराभावाच्च। अतएव मनुना। यत्त्वस्याः स्याद्धनं दत्तं विवाहेष्वासुरादिषु। अतीतायामप्रजसि मातापित्रोस्तदिष्यत इति ॥ द्वन्द्वे मातृशब्दपूर्व्वनिपातेन मातुः प्राथम्यमवगमितम्।

कन्याधने च मातुरभावे पितुरधिकारश्रवणादत्रापि तथैवौचित्यात्। यथाह बौधायनः। रिक्थं मृतायाः कन्याया गृह्णीयुः सोदराः स्वयम्। तदभावे भवेन्मातुस्तदभावे भवेत्पितुरिति ॥ मातापित्रोरभावे तत्प्रत्यासन्नगामि।

पूर्व्वोक्तेषु सर्व्वेष्वेव विवाहेषु प्रसूतापत्यवती चेत् दुहितॄणां तद्धनम्। दुहितृशब्देन चात्र दुहितृदुहितरो लक्ष्यन्ते इति प्रागेवोक्तम्। तत्राप्यनूढादिक्रमो गौतमादितो दुहितृधनग्रहणकाले दौहित्रीभ्योऽपि प्रीत्या किञ्चिद्दानमिति च प्रागेव निरूपितम्। दौहित्रीणाञ्च मातामहीधनग्रहणं भिन्नमातृकाणां विषमानां मातृद्वारेण। पौत्राणां पितृद्वारेणैव। प्रतिमातृ वा स्ववर्गेभाग इति गौतमस्मरणात्।

10. जीमूतवाहनस्तु। ब्राह्मादिविवाहेषु यद्धनं तदेवानेन व्यवस्थाप्यते नतु तत्तद्विवाहोढायाः सर्व्वं धनम्। ब्राह्मादिषु यद्धनमिति सम्बन्धे वर्त्तमानसम्बन्धे भूतकाललक्षणातस्तदूढस्त्रीपरत्वेऽतीतविवाहक्रियाद्वारकसम्बन्धे भूतलक्षणाया जघन्यत्वादित्याह।

तदनुगामी दायतत्त्वकृदप्येवम्।

तदपेशलम्। पूर्व्ववचने अप्रजःस्त्रीधनं बान्धवा गृह्णीयुरिति सामान्यत उक्ते कीदृश्या अप्रजसः के बान्धवा गृह्णीयुरित्येवाकाङ्क्षोदयाद् ब्राह्मादिपदानां तद्विशेषणत्वस्यौचित्यात्। यच्च वर्त्तमानभूतसम्बन्धकृतं विनिगमकमुक्तं तदपि तुच्छम्। विभागकालेऽतीतत्वस्योभयत्राविशेषात्। धनलाभकाले वर्त्तमानत्वस्य चाप्रयोजकत्वात्। विवाहजन्यभार्य्यात्वसम्बन्धस्यान्तरङ्गत्वाच्च।

11. यत्तु सर्व्वेष्वपि विवाहेषु पित्रोः सकाशात् तया प्राप्तं विवाहोत्तरं तद् भ्रातॄणामेव। यदाह कात्यायनः। पितृभ्याञ्चैव यद्दत्तं दुहितुः स्थावरं धनम्। अतीतायामप्रजसि भ्रातृगामि तु सर्व्वदा ॥

विश्वरूपजीमूतवाहनौ तु कन्यादशायां यत्पितृभ्यां दत्तं तद् भ्रातृगामि। विवा-

ह्णात्परतो लब्धस्यान्वाधेयत्वात्। विवाहकाललब्धस्य च विवाहभेदेन भर्तृगामित्वान्मातापितृगामित्वाच्चेत्याहुः।

तन्न। स्थावरविषयत्वादस्याविरोधात्। न च दण्डापूपिकया स्थावरग्रहणे जङ्गमग्रहणं भ्रातॄणामायात्येवेति वाच्यम्। अपवादे तन्न्यायाप्रवृत्तेः।

12. शुल्कन्तु सोदराणामेव। भगिनीशुल्कं सोदर्य्याणामिति गौतमवचनात् सोदराभावे मातुः। ऊर्द्धं मातुरिति तद्वचनादेव। पूर्व्वश्चैक इति तु परमतम्।

13. बन्धुदत्तं प्रथममप्रजसो मृताया बन्धूनां तदभावे भर्तुः। बन्धुदत्तन्तु बन्धूनामभावे भर्तृगामि तदिति कात्यायनवचनात्।

14. पूर्व्वोक्ताप्रजःस्त्रीधनाधिकार्य्यभावे त्वाह बृहस्पतिः। मातृष्वसा मातुलानी पितृव्यस्त्री पितृष्वसा। श्वश्रूः पूर्व्वजपत्नी च मातृतुल्याः प्रकीर्त्तिताः। यदासामौरसो न स्यात् सुतो दौहित्र एव वा। तत्सुतो वा धनन्तासां स्वस्रीयाद्याः समाप्नुयुः॥ अत्रौरसपदेन पुत्रपुत्र्योरुपादनन्तयोः सर्व्वापवादकत्वात्। अपवादक्रमश्च प्रागुक्त एव। सुतपदेन च सपत्नीपुत्रस्य। सर्व्वासामेकपत्नीनामेका चेत् पुत्रिणी भवेत्। सर्व्वास्तास्तेन पुत्रेण प्राह पुत्रवती र्मनुरिति मनुवचनात्। न तु सुतपदमौरसविशेषणम्। आनर्थक्यात् सपत्नीपुत्रसद्भावेऽपि स्वस्रीयाद्यधिकारापत्तेरनादिव्यवहारविरोधाच्च। तथा च दौहित्राभावे औरसपुत्रादिस्तदभावे सपत्नीपुत्रः। तत्सुत इति तच्छब्देन व्यवहितयोरौरससपत्नीपुत्रयोरुपादानं नानन्तरस्यापि दौहित्रस्य दौहित्रपुत्रस्य तस्य पिण्डदाने वहिर्भावात्। तथा च दौहित्रपर्य्यन्ताभावे प्रथममौरसस्तदनु तत्पुत्रपौत्राः। पुत्रपौत्रैर्ऋणं देयमिति ऋणापकरणाधिकारिणां पिण्डदानाधिकारिणाञ्च तेषामेव रिक्थग्रहणौचित्यात् तदभावे सपत्नीपुत्रतत्पुत्रतत्पुत्राणाम्। तेषामेव तदा पिण्डदातृत्वादृणापाकर्तृत्वाच्च। प्रागुक्तमनुवचनाच्च। तदेषामभावे सत्स्वपि श्वशुरादिषु सपिण्डेष्वनन्यगतिकैतद्वचनबलाद्भगिनीपुत्राद्यानामेव मातृष्वस्रादिधने प्रत्यासत्तितारतम्येनाधिकारः।

15. स्नुषादीनां तु ग्रासाच्छादनमात्रभाक्त्वम्। वचनविरोधे सपिण्डत्वप्रत्यासत्तेरप्रयोजकत्वात्। तस्मात् स्त्रियोनिरिन्द्रिया अदायादा इति श्रुतेः। अनिन्द्रियाह्यदायाश्च स्त्रियोऽन्तर्मिति स्थितिरिति तन्मूलकमनुवचनाच्च। घुणाक्षरन्यायिकया यत्र क्वचिटोक्तः पत्नीदुहितर इत्यादौ यासां स्त्रीणान्धनाधिकारस्तासामेव। अन्यासान्तु श्रुतिमनुवचनाभ्यां दायग्रहणनिषेध एवेति स्मृतिचन्द्रिकाकारहरदत्तादीनान्दाक्षिणात्यनिबन्धृणाञ्जीमूतवाहनादिपौरस्त्यसर्व्वनिबन्धृणां सिद्धान्ताच्च।

इति स्त्रीधनविभागः।

CHAPTER VI.

1. अथ विभागकाले केनचिदपकृतस्य पश्चाद् ज्ञातस्य विभागप्रकारः। तत्र मनुः। ऋणे धने च सर्व्वस्मिन् प्रविभक्ते यथाविधि। पश्चाद्दृश्येत यत्किञ्चित्तत्सर्व्वं समतान्नयेत्॥ योगीश्वरः। अन्योन्यापहृतन्द्रव्यं विभक्तैर्यत्तु दृश्यते। तत् पुनस्ते समैरंशैर्व्विभजेरन्निति स्थितिः॥ अत्र समपदादुद्धारविभागो निषिद्धः। विभजेरन्नितिवचनाद् येनैव दृष्टन्तेनैव न ग्राह्यं नाप्यपहर्त्त्रेऽल्पन्दातव्यमिति बोध्यते।

2. एतावता वचनार्थवत्त्वे स्तेयदोषाभावः समुदायद्रव्यापहारे स्वबुद्धा गृहीतत्वादिति केषाञ्चिद्वचनं प्रलापः। साधारणद्रव्ये परस्वत्वस्यापि सत्वेन परस्वापहारस्य स्तेयपदार्थस्यावारणीयत्वात्। अथ परकीयबुद्धा न गृहीतमिति न स्तेयमित्युच्यते। तत्र अपह्नवे परकीयबुद्धेरावश्यकत्वात्। अतएवापहृतमित्युक्तम्। न तु मनुना ज्येष्ठस्यैव समुदायद्रव्यापहारे दोषो दर्शितो न कनीयसाम्। यो लोभाद्विनिकुर्व्वीत ज्येष्ठो भ्रातॄन् यवीयसः। सोऽज्येष्ठः स्यादभागश्च नियन्तव्यश्च राजभिरिति॥ सत्यम् परन्तु सम्भावित अस्य पितृस्थानीयस्य ज्येष्ठस्यापि दोष उक्ते तत्परतन्त्राणां पुत्रस्थानीयानान् दण्डापूपन्यायेन दोषः सुतरामुक्त एव भवतीति। अतएव समुदायद्रव्यापहारे समविभागवचनस्य स्तेयदोषाभावपरत्वमाचक्षाणा अनेन मनुवचनेन दूरापास्ताः। अविशेषेण दोषप्रतिपादिकया श्रुत्या च यथा। यो वै भागिनम्भागान्नुदते चयते न सः। अथ वैनन्न चयतेऽथ पुत्रमथ पौत्रञ्चयत इति। यो भागिनम्भागार्हं भागान्नुदते निरस्यति। भागन्तस्मै कथञ्चिद्बलाद् वञ्चनया वा न प्रयच्छतीति यावत्। स भागान्नुन्न एनं नोत्तारञ्चयते नाशयति दोषवशात्। यद्येनन्न नाशयति तस्य पुत्रं पौत्रं वा नाशयतीति श्रुतेरर्थः। श्रुत्यज्ञास्तु प्रलपन्तु नाम साधारणद्रव्यस्यापि परस्वत्वेनापहारपदार्थानपायादित्युक्तमेव। यथा मौद्गे चरौ विपन्ने सादृश्यात्प्रतिनिधितया माषेषु गृह्यमाणेषु मुद्गावयवबुद्धा गृह्यमाणत्वादयज्ञिया वै माषा इति निषेधो न प्रवर्त्तते मुद्गावयवबुद्धा गृह्यमाणत्वादिति पूर्व्वपक्षिते निषेधस्य प्राप्तिमात्रापेक्षित्वात्तत्रापि माषावयवानामप्यवर्जनीयग्रहणं यज्ञसाधनत्वञ्चेति निषेधप्रवृत्त्यनपायात्प्रतिनिधितयापि तदनुपादानं सिद्धान्तितम्।

3. राज्ञे तु भागिभिर्न्न निवेदनीयं राज्ञे निवेदितमपि तेन सामादिनैव दापनीयमिति प्रीत्यविच्छेदादिदृष्टप्रयोजनकमेव कात्यायन आह। बन्धुनापहृतं द्रव्यम्बलान्नैव प्रदापयेत्। अविभागकालेऽनेन बहुभुक्तमित्यपि न वक्तव्यं भुक्तमपि राज्ञा न ग्राह्यमित्याशयेनाह स एव। बन्धूनामविभक्तानाम्भोगन्नैव निवर्त्तयेदिति। नहि न्यूनाधिकभोगो वारयितुं शक्योऽवर्जनीयत्वादितिभावः। एवं दृष्टार्थतयैवोपपत्तौ नास्यापि स्तेयदोषाभावपरत्वमदृष्टार्थत्वापत्तेस्तस्मादत्रापि स्तेयप्रायश्चित्तं राजदण्डश्च भवत्येवेत्यवधेयम्।

———

CHAPTER VII.

1. अथाविभाज्यम्। तत्र योगीश्वरः। पितृद्रव्याविरोधेन यदन्यत् स्वयमर्जितम्। मैत्रमौद्वाहिकञ्चैव दायादानान्न तद् भवेत्। क्रमादभ्यागतं द्रव्यं हृतमभ्युद्धरेत्तु यः। दायादेभ्यो न तद्दद्याद्विद्यया लब्धमेव च॥ पितृद्रव्याविरोधेनेति सर्व्वशेषः। स्वातन्त्र्ये पितृद्रव्योपघातेन यन्मैत्रादिकं तस्याप्यविभाज्यत्वायत्तौ महाजनाचारविरोधो विद्यालब्धे नारदवचनविरोधश्च। कुटुम्बम्बिभृयाद्भ्रातुर्यो विद्यामधिगच्छतः। भागं विद्याधनात्तस्मात् स लभेताश्रुतोऽपि सन्निति॥

कात्यायनस्त्वविभाज्यविद्याधनलक्षणमुखेनैतदेव द्रढयति यथाह। परभक्तोपभोगेन विद्या प्राप्तान्यतस्तु या। तया प्राप्तन्धनं यत्तु विद्याप्राप्तं तदुच्यत इति॥ मनुरपि स्पष्टमाह। अनुपघ्नन् पितृद्रव्यं श्रमेण यदुपार्जयेत्। दायादेभ्यो न तद्दद्याद्विद्यया लब्धमेव च॥ श्रमेण सेवादिना।

क्रमादभ्यागतायाम्पितृद्रव्याविरोधेनोद्धृतायामपि भूम्यां विशेष उक्तः शङ्खेन। पूर्व्वनष्टान्तु योभूमिमेकश्चेदुद्धरेत् श्रमात्। यथाभागं लभन्तेऽन्ये दत्वांशन्तु तुरीयकमिति। उद्धर्त्तें चतुर्थांशमुद्धरणमूल्यमधिकन्दत्वांशत्रयं सर्व्वे समं विभजेरन्नित्यर्थः। यद्यप्येतादृशाविभाज्यत्वं यद्येन लब्धं तत्तस्यैवेति न्यायादेव प्राप्तं तथापि प्रायो व्यवहारशास्त्रे न्यायसिद्धानुवादकान्येव वचनानीति परिभाषाप्रकरणे प्रपञ्चितमिति न दोषः।

2. अविभाज्यान्तरमप्युक्तं मनुना। वस्त्रम्पत्त्रमलङ्कारं कृतान्नमुदकं स्त्रियः। योगक्षेमं प्रचारञ्च न विभाज्यं प्रचक्ष्यते॥ पत्त्रं वाहनम्। वस्त्रादि यद्येन धृतं तत्तस्यैव। अधृतन्तु विक्रयाद्यर्थं विभाज्यमेव। कृतान्नं पक्वान्नं सर्व्वैर्यथाशक्ति भोक्तव्यं न तु तोलयित्वा विभाज्यम्। उदकमुदकाधारः कूपादिः सर्व्वैर्यथोपयोगमुपभोज्यः। स्त्रियो दास्योविषमा न विभाज्याः पर्य्यायेण कर्म्म कारयितव्याः। पित्रवरुद्धास्तु समा अपि न विभाज्याः। स्त्रीष्ववरुद्धासु न विभाग इति गौतमवचनात्। योगक्षेमशब्दाभ्यामिष्टापूर्त्ते उच्यते। तयोरविभाज्यत्वं पितृद्रव्यविरोधेनार्जितयोरपि दृष्टान्ततयोच्यते। न हि स्वतः फलतो वा तस्य विभागः सम्भवति पैतृकस्य तु सुतराम्। तथा चाह लौगाक्षिः। क्षेमम्पूर्त्तं योगमिष्टमित्याऊस्तत्त्वदर्शिनः। अविभाज्ये च ते प्रोक्ते शयनासनमेव च॥ इति योगक्षेमशब्देन तत्कारिणो राजमन्त्रिपुरोहितादय उच्यन्ते इति केचित्। शस्त्रचामरोपानत्प्रभृतय इत्यन्ये। प्रचारो गृहारामादिप्रवेशनिर्गममार्गः। तस्याप्यविभाज्यत्वम्।

3. पितृधृतं वस्त्रादिकं श्राद्धभोक्त्रे दातव्यम्। यथाह बृहस्पतिः। वस्त्रालङ्कारशय्यादि पितुर्य्यद्वाहनादिकम्। गन्धमाल्यैः समभ्यर्च्य श्राद्धभोक्त्रे तदर्पयेदिति॥

4. स्त्रीधृतोऽप्यलङ्कारो न विभाज्यः। पत्यौ जीवति यः स्त्रीभिरलङ्कारो धृतो भवेत्। न तम्भजेरन्दायादा भजमानाः पतन्ति ते इति। धृत इत्यनेनाधृतस्य विभाज्यत्वमेव। पत्यौ जीवतीत्यनेन पतिजीवनचिह्नतया यत्र देशे यो धार्य्यते स न विभाज्य इति सूचितम्।

5. पितृप्रसादलब्धस्यापि न विभागः। पितृप्रसादाद् भुज्यन्ते वस्त्राण्याभरणानि च। भुज्यन्ते इति वचनादविभाज्यत्वम्। तथा पितृदत्तस्यापि पितृभ्यां यस्य यद्दत्तन्तत्तस्यैव धनम्भवेदिति च स्मरणात्। पितृप्रसाददानप्रीतिदाने ऽर्थौचित्यानुरोधेनैव ज्ञेये। न तु यथाकामम्। महाजनाचारविरोधात्।

6. पितृद्रव्याविरोधोपार्जितप्रपञ्चो भूयःसु शौर्यादिविषयमादाय स्मृतिवचःसु दृश्यते स ग्रन्थविस्तरभिया न लिख्यते।

CHAPTER VIII.

1. अथ विभागानधिकारिणः। तत्र योगीश्वरः। क्लीबोऽथ पतितस्तज्जः पङ्गुरुन्मत्तको जडः। अन्धोऽचिकित्स्यरोगाद्या भर्त्तव्याः स्युर्निरंशकाः॥ तज्जः पतितजः। क्लीबान्धौ यदि जन्मत आरभ्य तदा विभागानानर्हावेव। यदि त्वन्तरा तदा तदपगमश्चेदौषधादिना तर्हि दृष्टाद्वा तद्विभागः स्यादायव्ययविशोधितादिति रोगविभागार्हावेवेति ध्येयम्। आद्यशब्देनाश्रमान्तरगतपितृद्वेष्युपपातकिवधिरमूकनिरिन्द्रियाणां ग्रहणम्। यथाह वशिष्ठः॥ अनंशास्त्वाश्रमान्तरगता इति। नारदोऽपि। पितृद्विट् पतितः षण्ढो यश्च स्यादौपपातिकः। औरसा अपि नैतेऽंशं लभेरन् क्षेत्रजाः कुत इति॥ मनुरपि। अनंशौ क्लीबपतितौ जात्यन्धवधिरौ तथा। उन्मत्तजड़मूकाश्च ये च केचिन्निरिन्द्रिया इति॥ व्याधिना निर्गतमिन्द्रियं यस्य स निरिन्द्रियः। तेन क्लीबाद्भेदः। कश्चित्तु निरिन्द्रियाः पाणिपादादिहीना इत्याह।

2. एते क्लीबादयोऽंशभाजो न भवन्ति किन्तु ग्रासाच्छादनदानादिना भर्त्तव्याः पोषणीयाः। अभरणे तु महान् दोषः। यथाह मनुः। सर्व्वेषामपि चैतेषां दातुन्न्याय्यं मनीषिणा। ग्रासाच्छादनमत्यन्तं पतितोऽह्यददद्भवेदिति॥ अत्यन्तं यावज्जीवम्।

3. तत्रापि पतितोपपातकिनोर्यावत्प्रायश्चित्ताचरणमनंशित्वम्। औद्धत्यादिना प्रायश्चित्तमकुर्वतोऽस्तु निपतनमेव।

4. एतेषाञ्च विभागात्प्रागेव दोषभाक्त्वेऽनंशित्वम्। न पुनर्विभागोत्तरमपि दत्तविभागापहरणं प्रमाणाभावात्।

पश्चादप्यौषधादिना दोषनिर्हरणेऽस्त्येवांशभागितेति विज्ञानेश्वराचार्य्याः। युक्तञ्चैतत्। दोषप्रयुक्तत्वाद्विभागानर्हतायाः। विभक्तेषु सुतो जातः सवर्णायां विभागभागिति न्यायसाम्यात्।

5. पतितादिषु लिङ्गमविवक्षितमनुपादेयत्वात्। ब्राह्मणो न सुराम्पिवेदित्यादिवत्। तेन यथासम्भवे पत्नी दुहितर इत्यादेरप्ययमपवादः।

6. क्लीबादीनामनंशत्वेऽपि तत्पुत्राणामंशोऽस्तीत्याह योगीश्वरः। औरसाः क्षेत्रजास्त्वेषां निर्दोषा भागहारिणः। निर्दोषाः पूर्व्वोक्तानंशत्वप्रयोजकदोषशून्याः। तत्र क्लीबस्य क्षेत्रजपुत्रः सम्भवत्यन्येषामौरसोऽपि पुत्रद्वयग्रहणमितरपुत्रव्युदासार्थम्।

7. पतिततत्सुतयोर्न भरणम्। तथा च देवलः। मृते पितरि न क्लीबकुष्ठ्युन्मत्तजड़ान्धकाः। पतितः पतितापत्यं लिङ्गी दायांशभागिनः॥ तेषां पतितवर्ज्जेभ्योभक्तं वस्त्रञ्च दीयते। तत्सुताः पितृदायांशं लभेरन् दोषवर्जिता इति॥ लिङ्गी प्रव्रजितादिः। पतितपदेनाच पतितसुतस्यापि ग्रहणं पतितोत्पन्नत्वेन तस्यापि पतितत्वात्। पतितापत्यं पतितमेवान्यत्र स्त्रियाः सा हि परगामिनी भवतीति स्मृतेः। मृत इति विभागकालोपलक्षणं जीवद्विभागेऽप्यमर्हत्वात्।

8. कात्यायनोऽपि। अक्रमोढा सुतश्चैव सगोत्राद्यश्च जायते। प्रव्रज्यावसितश्चैव न रिक्थन्तेषु चार्हति॥ हीनस्त्रोपरिणयानन्तरमुत्तमस्त्रोपरिणयने द्वयोरप्यक्रमोढात्वन्तयोः। सगोत्रादनियोगोत्पन्नः क्षेत्रजः पुत्रो नार्हति धनम्।

न च क्लीवादेरुपनयनाभावेन पतितत्वात् कथं दारसम्बन्ध इति वाच्यम्। उपनयनानर्हतयाऽनुपनीतत्वे शूद्रवदपतितत्वात्।

9. एतेषां क्लीवादीनां दुहितरो विवाहपर्य्यन्तं भर्त्तव्याः संस्कर्त्तव्याश्च। तत्स्त्रियस्तु पुत्ररहिताः साध्व्योभरणीया अप्रतिकूलाश्चेत्। अन्यथा वहिष्कारणीयाः। तदाह योगीश्वरः। सुताश्चैषां प्रभर्त्तव्या यावन्तो भर्तृसात्कृताः। अपुत्रा योषितश्चैषां भर्त्तव्याः साधुवृत्तयः। निर्व्वास्या व्यभिचारिण्यः प्रतिकूलास्तथैव च॥

10. आपस्तम्बः। अपपात्रितस्य रिक्थपिण्डोदकानि निवर्त्तन्ते। अपपात्रितो भिन्नोदकीकृतः। तथा वृहस्पतिः। सवर्णाजोऽप्यगुणवान्नार्हः स्यात् पैतृके धने। तत्पिण्डदाः श्रोत्रिया ये तेषां तदभिधीयते। उत्तमर्णाधमर्णेभ्यः पितरन्त्रायते सुतः। अतस्तद्विपरीतेन नास्ति तेन प्रयोजनम्। तया गवा किं क्रियते या न धेनुर्न्न गर्भिणी। कोऽर्थः पुत्रेण जातेन यो न विद्वान् न धार्म्मिकः। शास्त्रशौर्य्यार्थरहितस्तपोज्ञानविवर्जितः। आचारहीनः पुत्रस्तु मूत्रोच्चारसमः स्मृतः॥

अयमर्थः। पित्रादेरौर्द्ध्वदेहिककर्म्मणः कर्त्ता सुतोऽसंस्कृतोऽपि वरः श्रेष्ठः। ज्येष्ठो वेदपारगोऽप्यपरो न वर इति।

पुन्नाम्नो नरकाद्यस्मात् पितरन्त्रायते सुतः। तस्मात्पुत्र इति प्रोक्तः स्वयमेव स्वयम्भुवेति स्मृतेः पुत्रकर्म्मकर्तुः पितृधनस्वाम्यमेव वेतनमतस्तदकुर्व्वतः कुतो वेतनाधिकार इति भावः।

मनुरपि। सर्व्वं एव विकर्म्मस्था नार्हन्ति भ्रातरो धनमिति। श्रौतस्मार्त्तकर्म्मानधिकारिणो विकर्म्मासक्ताश्च भागानर्हा इति भावः।

इति विभागानधिकारिणः।

CHAPTER IX.

1. अथ विभक्तकृत्यम्। तत्र नारदः। यद्येकजाता बहवः पृथग्धर्म्माः पृथक्क्रियाः। पृथक्कर्म्मगुणोपेता न चेत्कार्य्येषु संमताः। स्वभागान् यदि दद्युस्ते विक्रीणीयुरथापि वा। कुर्य्युर्यथेष्टं तत्सर्व्वमीशास्ते स्वधनस्य हीति॥

अस्यार्थः। एकस्माज्जाता बहवो भ्रातरो यदि विभक्ता इति शेष इति केचित् वयन्तु पृथग्धर्म्मा इत्यादेरेव विभक्ता इत्यर्थः। तद्विधानस्यात्राप्रतीतेरानर्थक्याच्च। पृथग्विभिन्नो धर्म्मो देवपितृद्विजार्च्चनरूपो येषां न त्वग्निहोत्रादिरूपः। तस्य द्रव्यसाध्यत्वेऽप्यविभागेऽपि पृथक्त्वात्। तथा च बृहस्पतिः। एकपाकेन वसतां पितृदेवद्विजार्च्चनम्। एकं भवेद्विभक्तानां तदेव स्याद्गृहे गृहे॥ एवञ्च प्राङ्निरूपितम्। पृथक्क्रिया लौकिककृष्यादिरूपा येषां पृथग्विभिन्ना ये कर्म्मणां कण्डनपेषणादीनां गुणा उपसर्जनभूता मुसलोलूखलदृषदुपलादयस्ते येषाम्। ते चेत्कार्य्येषु न संमताः परस्परमनुमतिं यद्यपि न कुर्व्वन्ति। तथापि ते स्वभागान्यदि दद्युर्विक्रीणीयुर्वा। तत्सर्व्वमन्यदप्याधीकरणक्रयणादानादि यथेष्टं स्वेच्छया कुर्य्युः।

विभक्ता यद्यनुमतिं कुर्व्वन्ति व्यवहारसौकार्य्यमात्रं भवति। अथ न कुर्व्वन्ति तथापि न दानाद्यनिष्पत्तिः। तत्र हेतुः हि यस्मात् ते स्वधनस्यासाधारणस्वत्वापन्नस्य धनस्येशाः स्वामिनः। साधारणे स्वत्वे हि परस्परानुमत्यपेक्षा न त्वसाधारणेऽपीति भावः।

2. यत्तु बृहस्पतिनोक्तम्। विभक्ता वाऽविभक्ता वा सपिण्डाः स्थावरे समाः। एको ह्यनीशः सर्व्वत्र दानाधमनविक्रये इति॥ तदप्यविभक्तानुमतिं व्यवहारसौकर्य्यार्थमेव प्रतिपादयति ग्रामाद्यनुमतिवदित्यवसेयं। स्थावरे हि चिरकालस्थायि नियतसाक्ष्यादिविगमे विभागाविभागनिर्णयो दुःशकः स्यात् कालान्तरे। सर्व्वानुमतौ विभागनिर्णयानपेक्ष एव व्यवहारः सिद्ध्यति सर्व्वानुमत्या दत्तत्वादित्याशय इति विज्ञानेश्वरादयो बहव आहुः। स्मृतिचन्द्रिकाकारस्तु यदि विभक्ता अपि स्थावरविभागं दुष्करं मन्यमानास्तत्फलमेव फलकाले विभज्य भोक्ष्याम इत्यभिसन्धिना तदितरधनमेव पृथग्विभज्य गृहीत्वा स्थावरं मध्यकमेव स्थापयन्ति तादृशस्थावरविषयमिदमित्याह।

तत्कल्पनामात्रम्। अविभक्तत्वादेव तत्रानुमत्यपेक्षणात्।

3. स एव। येनांशो यादृशोलब्धः प्राप्य तन्न विचालयेदिति। प्राप्य स्वीकृत्य। विभागकाले मत्त्वा पश्चादप्रतिपद्यमानो राज्ञा वारणीयोऽत्याग्रहे दण्ड्यश्चेत्याह स एव। स्वेच्छागतविभागो यः पुनरेव विसम्वदेत्। स राज्ञांशे स्वके स्थाप्यः शासनीयोऽनुबन्धकृत्॥ अनुबन्धो निर्बन्ध आग्रह इति यावत्।

इति विभक्तकृत्यम्।

CHAPTER X.

1. अथ विभागप्रकारे उक्ते तत्सन्देहे निर्णयप्रकार उच्यते। तत्र याज्ञवल्क्यः।
विभागनिह्नवे ज्ञातिबन्धुसाक्ष्यभिलेखितैः। विभागभावना ज्ञेया गृहक्षेत्रैश्च यौतकैः॥

विभागस्य निह्नवेऽपलापे विभक्तमध्ये केनचित्कृते ज्ञातिभिः पितृबन्धुभिः। बन्धुभिर्मातुलादिभिः साक्षिभिश्चोदासीनैः साक्षिलक्षणलक्षितैः। यद्यपि ज्ञातिबन्धवोऽपि साक्षिविधयैव निर्णयकारणं तथापि बहिरङ्गसाक्ष्यपेक्षयान्तरङ्गास्ते भ्राद्यादिपृथग्-

भावरूपविभागलिङ्गतत्त्वज्ञा विभागकर्त्तारश्चेति गोबलीवर्द्दन्यायेन पृथगुपात्ताः। लेख्येन विभागपत्रेण च विभागस्य भावना निर्णयो ज्ञातव्यः। तथा यौतकैः पृथक्कृतैः। युमिश्रणामिश्रणयोरिति धात्वनुसारात्। गृहैः क्षेत्रैश्च।

नारदः। विभागधर्म्मसन्देहे दायादानां विनिर्णयः। ज्ञातिभिर्भागलेख्येन पृथक्कार्य्यप्रवर्त्तनात्॥ ज्ञातिग्रहणात् तेषु सत्सु नान्यसाक्षिपुरस्कार इत्येतदर्थम्। कार्य्यं कृष्यादि तस्य पृथक्प्रवर्त्तनात्।

शङ्खः। गोत्रभागविभागार्थे सन्देहे समुपस्थिते। गोत्रजैश्चाप्यविज्ञाते कुलं साक्षित्वमर्हति॥ कुलं बन्धवो मातुलादयः। अतएव नारदेन मुख्यत्वाज्ज्ञातय एव निर्दिष्टाः। ज्ञातृभिरिति पाठस्त्वनाकरः पुरातनपुस्तकेषु निबन्धेषु चादर्शनात्।

लिखितन्तु साक्षिभ्योबलवदिति परिभाषायां निरूपितम्।

2. नारदः। दानग्रहणपश्वन्नगृहक्षेत्रपरिग्रहाः। विभक्तानां पृथग्ज्ञेयाः पाकधर्म्मागमव्ययाः। साक्षित्वं प्रातिभाव्यञ्च दानङ्ग्रहणमेव च। विभक्ता भ्रातरः कुर्युर्नाविभक्ताः कथञ्चन। येषामेताः क्रिया लोके प्रवर्त्तन्ते स्वरिक्थतः। विभक्तानवगच्छेयुर्लेख्यमप्यन्तरेण तान्॥ धर्म्मो वैश्वदेवादि एकपाकेन वसतामिति प्रागुक्तवचनात्। भ्रातॄणामविभक्तानामेको धर्म्मः प्रवर्त्तते। विभागे सति धर्म्मोऽपि भवेत् तेषां पृथक् पृथगिति नारदेनैवोक्तत्वाच्च।

वृहस्पतिः। साहसं स्थावरं न्यासः प्रागविभागश्च रिक्थिनाम्। अनुमानेन विज्ञेयं न स्यातामत्रसाक्षिणौ॥ न स्यातामित्यत्र यदीत्यध्याहारः। पृथगायव्ययधनाः कुसीदञ्च परस्परम्। वणिक्पथञ्च ये कुर्य्युर्विभक्तास्ते न संशयः॥ आयोव्ययोधनञ्च पृथग्येषामिति विग्रहः। कुसीदं वृद्ध्यर्थं धनप्रयोगः। वणिक्पथो वाणिज्यम। परस्परमिति। एकोऽन्यतोत्तमर्णः परश्चाधमर्णः। एकोविक्रीणीते परश्च क्रीणाति। इत्येवमादिभिर्लिङ्गैर्विना विभागमनुपपद्यमानैर्विभागः प्रमातव्य इत्यर्थः।

एताः क्रिया इति बहुवचनान्मिलितानामेवैषां लिङ्गत्वमिति न भ्रमितव्यम्। व्यस्तसमस्तानामपि तद्विधानात्। न्यायमूलकत्वाच्च वचनस्य।

3. अनुमानेनाप्यनिर्णये दिव्यैः शपथैश्च विषयाल्पत्वभूयस्त्वानुसारेण निर्णयः। युक्तिष्वप्यसमर्थासु शपथैरेव मर्हयेदिति परिभाषायां निरूपितं।

4. यत्र तु मानुषं निर्णायकन्नास्ति युक्तयश्चाभासाः। दिव्यशपथाध्यवसायश्चान्यतरस्य न भवति। तत्र पुनर्विभागः कार्य्य इत्याह मनुः। विभागे यत्र सन्देहो दायादानां परस्परम्। पुनर्विभागः कर्त्तव्यः पृथक्स्थानस्थितैरपीति॥ स च परिशोध्योभयव्ययमित्यादि संसृष्टिविभागादिरीत्येत्यनुसन्धेयम्।

यच्च मनुनैवोक्तम्। सकृदंशो निपतति सकृत्कन्या प्रदीयते। सकृदाह ददानीति त्रीण्येतानि सकृत्सकृदिति॥ तत् परावृत्तिकारणाभावे। कन्यादानदानान्तरयोरप्येवम्।

इति विभागसन्देहे निर्णयः।

समाप्तश्चेदन्दायभागाख्यं विवादपदम्।

VIRAMITRODAYA.

CONTENTS.

CHAPTER I.

INTRODUCTORY REMARKS ON PARTITION OF HERITAGE.

CHAPTER II.

LAW OF PARTITION.

PART I.

Page

PART II.

CHAPTER III.

LAW OF SUCCESSION

TO THE ESTATE OF A PERSON SEPARATED AND NOT RE-UNITED.

PART I.

PART II.

Page

PART III.

PART IV.

PART V.

PART VI.

PART VII.

PART VIII.

CHAPTER IV.

RE-UNION.

Page

CHAPTER VIII.

Exclusion from Inheritance.

CHAPTER IX.

Rights of Separated Co-Sharers.

CHAPTER X.

Ascertainment of a Contested Partition.

ERRATA.

Page 11, line 14, *for* property *read* the notion of property.
" 17, " 5, *for* the father *read* his father.
" 19, " 10, *for* desires *read* the Rágas.
" 29, " 24, *for* deities *read* deities being pleased.
" 37, " 1, *for* even it *read* even if it.
" 107, " 36, *for* fact *read* determinate thing.
" 125, " 22, *for* shares *read* sharers.
" 126, " 33, *for* give *read* pay.
" " " 34, *for* of performing *read* for performing.
" 160, " 22, *for* moreover *read* "moreover.
" 165, " 21, *for* wife *read* wife".
" 168, " 18, *for* with *read* by.
" 175, " 13, 14, *for* what is contrary to the naturo, meaning as it does of things *read* meaning as it does what is contrary to the nature of the thing.

VÍRAMITRODAYA.

PARTITION OF HERITAGE.

CHAPTER I.

SEC. 1. Introduction.—2. Partition of Heritage defined.—3. Heritage defined.—4. Partition defined.—5. Heritage divided into two classes, obstructed and unobstructed.—6 to 22. Arguments against this division.—23 to 54. These arguments refuted.—55, 56. Jímútaváhana's view in respect of partition and heritage noticed and criticized.—57. Nature of the right of a co-sharer to the joint estate, &c.

1. Partition of Heritage, wherein the learned dispute in various ways about the interpretation of the texts of Manu and other sages, is to be explained by this treatise.

2. Nárada thus declares its definition:—"Where the division by the sons of the paternal property is treated of, that topic of litigation is by the wise called partition of heritage."

"Paternal" signifies what belongs to the parents; for the affix *ya* (in the term *pitrya* rendered into paternal) is added to the term *pitri* which is the result of the uni-residual conjunctive compound (of two words *mátri* and *pitri* equivalent to mother and father respectively). Because the division of the mother's estate also has been in the sequel ordained (by Nárada).

Both the terms "paternal" and "sons" indicate any relation; for in the text,—"The wife and the daughters also, &c."—partition by other relations also, of the property of the husband and the like, is ordained (by Yájnavalkya).

sons, &c. to the property of the father and the like, accrues from the very birth, through the relation of sonship, &c., although the (previous) owner, such as the father, is alive,—that is their unobstructed heritage, because the existence of the (previous) owner does not constitute an obstruction. But the property of a deceased person who is destitute of male issue, and who was separated but not re-united, when it devolves on the father, brother, or the like, is called the heritage with obstruction; for their right thereto accrues only on the cessation of the owner's existence which formed the obstruction.

6. But is not heritage in every case obstructed? For it cannot be asserted that the right even of sons, &c. arises by birth alone while the owner is alive.

Because if by birth alone the right of the sons and the like accrued to the property of the father, &c. then the property would be common (as well to the father, &c. as) to the sons and others as soon as they would be born; consequently without their permission the father and the like could have no right to the establishment of the sacred fires, which can be accomplished by means of wealth. But this would be opposed to the following Sruti:—"One who is black-haired and to whom a son has been born shall establish the sacred fires."

7. Moreover the texts declaring the impartibility of what has been, previously to partition, received by favor of the father and the like would become unmeaning. For, if the gift has been made by the father with the consent of the sons, then the gift is made by all; therefore the prohibition (of partition) becomes useless, in consequence of the very absence of the possibility of partition: again, in the absence of the consent (of the sons), no gift of joint property is possible. Hence the texts concerning the affectionate gift and the like, by the father and others would become unreasonable.

8. Similarly, because without the consent of sons, also the affectionate gift by the husband and others to the wife and the like, would be impossible, and in case of

their consent, the gift is made by sons also; hence in the following text—"What has been given by the affectionate husband to his wife, she may, even when he is dead, consume it or give it away, excepting immoveable property," —the declaration,—in the passage "consume it or give it away"—of the impartibility of what has been through affection given by the husband, would become meaningless. Nor can it be contended that the text does not intend to establish the affectionate gift in the undivided state, and its impartibility; but, by construing together "what has been given" with "excepting immoveable property," it establishes that even after partition, immoveable property shall not be given, through affection, by the husband to the wife, and even if given by him through ignorance, shall be resumed and divided by the sons and the like,—but that moveable property when given shall not be resumed is only a superfluous injunction; and it signifies, as its purport, only the prohibition of gift through affection of immoveable property to the wife. Because such a construction is unreasonable, involving as it does the connection of terms which are apart from each other. If the intention were merely the prohibition of affectionate gift of immoveables, then the other portion would become a superfluous precept which is another term for what is useless.

9. Now the text, namely,—"The father is master of all the gems, pearls and corals; but neither the father nor the grandfather is so of the whole immoveable property," —also the following text, viz.,—"By favor of the father, apparels and ornaments are used; but immoveable property may not be enjoyed even by favor of the father,"—must be admitted to imply the prohibition of affectionate gift of immoveable property, before partition; for the mention of its prohibition is preceded by the authorization of gifts through affection, of gems, pearls, &c.: otherwise these (texts) would be useless as superfluous precepts. Accordingly as the right of the sons and the like, arises by birth, therefore in the gift, even without their consent, of gems, pearls, and the like, the father is independent; but in the case of immoveable property, the distinction is, that a gift can be made only with their

consent. This being the plain meaning of the above two texts, right by birth follows.

This is wrong:—for the texts refer to immoveable property inherited from the grandfather. The meaning of the texts is,—that although when the grandfather is deceased, his right being extinguished, the right to his estate is common to the father and the son, still the consent of the son is requisite in the case of immoveable property, but not in the case of gems, pearls, and the like.

10. As for the text of Gautama, namely,—"By birth alone one acquires ownership of property: this the sages declare,"—which is, by the author of the Mitákshará, cited as an authority for holding birth to be a means of proprietory right.

That has been already explained (in a different way) by the author of the Dáyatattva, thus,—"Inasmuch as it is through the relation of mere birth—which is the cause of sonship and which is stronger than any other relation,—that the son's right to the property of the father accrues at the time of the cessation of the father's right, the son and not any other relative, should take that property; this the sages declare."—Its meaning, however, is not that even while the father's right continues, the son's right accrues thereto; for that would be in conflict with the texts of Nárada and Devala. Since in the text—"When the father is dead, the sons shall divide the wealth of the father,"—Nárada speaks of the father's wealth, otherwise he would have simply said "shall divide the wealth;" also in the text—"When the father is dead, let the sons divide the father's wealth; for they have not ownership while the father is alive, and free from defect,"—Devala also, after having said "the father's wealth," has, by the latter half, viz., "for they have not ownership &c.," clearly set forth the absence of their right as the reason thereof. "Free from defect" signifies, having no defects, such as, degradation, &c., which extinguish right. Manu also clearly declares the absence of the ownership of the sons in his property while the father and the mother are alive, thus:—"After (the demise of) the father and the mother, the sons having assembled together, shall divide the paternal heritage; for these are not masters while those are alive."

11. As for what is asserted, namely, Sankha and Likhita say, in the text,—"The sons shall not divide the heritage while the father is alive; although ownership is subsequently acquired by them, the sons are certainly incompetent by reason of the absence of independence in respect of wealth and religious duties,"—which has been interpreted by the author of the Smritichandriká in the following way:—"Although ownership" in the property of the father "is by them," *i. e.* by the sons "acquired," *i. e.*, gained "subsequently," *i. e.*, immediately after their birth and not afterwards, still "while the father is alive" they shall not divide his wealth except at his desire, the sons being incompetent to make partition "by reason of the absence of independence" *i. e.* by reason of their being dependent on the father "in respect of property and religious duties;"—hence from this text it follows that the right of sons, &c. to the property of the father and others accrues by birth.

This too is not tenable; for, consistently with the various texts of Manu and other sages, which ordain the absence of right (during the lifetime of the father), this text ought to be explained otherwise, and it has been so explained in the Kalpataru, thus:—"Although ownership is subsequently acquired in the wealth gained by the sons through learning &c., without making use of the paternal property; still by reason of the absence, during the lifetime of the father, of their independence in respect of property and religious duties, there is not (absolute) ownership even in the property so acquired,—then what ownership can there be in the father's estate?

12. Moreover the notion of the proprietory right (and of the means of its acquisition) is derived solely from the Sástras: but in these birth is not, as inheritance or purchase or the like is, set forth as a means of such right; therefore right by birth is without authority. Hence is refuted also the argument that as the text,—"A wife, a son and a slave, these three are incapable of having pro-

perty: whatever they acquire belongs to him whose they are,"—is intended to establish mere dependence, so are the texts declaring the absence of ownership (during the lifetime of the father). Because in the cases of a wife, a son and the like, their ownership (in the wealth acquired by them) by means of spinning, &c. and of tutorship, being established by texts like,—"What has been obtained before the fire, &c,"—the interpretation that the above text refers only to the absence of independence is consistent with reason; for otherwise the competence—of sons and others, mentioned in the Puránas and the other Sástras, to the performance of religious duties, which can be accomplished by means of property, would also be contradicted. But here on the contrary there being no authority for holding that birth is a cause of proprietory right, it would be merely useless to put on various texts other interpretations (than what they plainly signify).

13. Besides if the notion of the proprietory right were derived from profane authority, then also the notion of the means of its acquisition would be deducible from profane authority; consequently the text of Gautama, namely, —"An owner is by inheritance, purchase, partition, seizure or finding: acceptance is an additional mode for a Bráhmana; conquest for a Kshatriya; gain for a Vaisya and a Súdra,"—would become unnecessary, for it would embody a superfluous injunction. Indeed useless sacred texts, embodying superfluous precepts, such as,—food is prepared from rice by cooking,—are not declared (by sages).

The meaning of the above text is as follows:—"Inheritance" is heritage; "purchase" is well-known; "partition" is the division of heritage, whereby the right to specific portions is indicated; "seizure" is appropriating grass, water, wood and the like appertaining to common tracts such as forests,—which have not been appropriated by any other; "finding" is obtaining hidden treasure whereof the owner is unknown; a person is owner where these causes of right exist and becomes one, whenever these happen; "for a Bráhmana, acceptance" *i. e.* acquisition in the shape of receiving presents and the like "is an additional," *i. e.* peculiar "mode,"—for inheritance and the like are common to all (the classes): the terms "additional mode" is to be construed with all (the clauses that follow); "for a Kshatriya, conquest" *i. e.* what is gained through victory in battle as well as through fines and the like, is a peculiar mode; "gain (*nirvesa*) for a Vaisya" is what is acquired as profit from agriculture, tending of cattle, and the like, and "for a Súdra," what is received as wages for serving the twice-born classes: the root *Visa* with the prefix *nir* signifies gain, for in the vocabulary called Trikándi, it is laid down that *nirvesa* signifies gain or enjoyment. The terms Vaisya and Súdra being illustrative, the occupations,—such as driving horses, &c. in the case of the Sútas,—of the mixed classes, namely, those that are sprung from a father of a superior class and a mother of an inferior class, as well as those that are descended from a mother of a superior class and a father of an inferior class,—which are laid down in the Ausanasa and the like, are included under the term "gain," for all these are in the nature of "gain."

14. Moreover, in the text,—"A Bráhmana, who seeks even by officiating at sacrifices or by becoming a preceptor to obtain any property from the hands of one who takes what is not given to him is the same as a thief," —the provision of punishment for one who acquires wealth even by means of his own (lawful) profession, such as officiating at sacrifices, "from one who takes what is not given to him" *i. e.* a thief, would be unreasonable, if the notion of proprietory right were derived from profane authority; since the acquisition through one's own (lawful) profession constitutes no offence.

In my opinion, however, right being derived from divine authority, no right can by virtue of this very text, accrue in the wealth given by a thief for officiating at the sacrifices performed by him, consequently the provision of punishment is very reasonable.

15. Again if the notion of right were derived from profane authority, then such language as 'my property has been stolen by this person,'—could not be used; for the thief himself would have right therein.

In my opinion such expression is correct, because theft, by reason of the prohibition of it cannot generate right.

16. If, like gold &c., the right too therein were perceivable by the authority of the senses, then it being ascertained, the doubt—whether a certain property is this person's or another's,—could not arise, just as no doubt arises as to what is gold. This is also what the author of the Sangraha has said:—" Whatever is in the hands of a person, he is not necessarily the owner of it. Is not the property of one found in the hands of another (transferred) by theft and the like? Therefore it is from the Sástras alone that the notion of proprietory right springs, and not even from perception. For otherwise it cannot reasonably be said that the property of one has been stolen by another. The means of acquisition are found in the Sástras and are likewise separately described."

" In the Sástras" such as " An owner is by inheritance, &c."; " the means of acquisition of wealth,"—both which are common (to all classes) as well as what are peculiar (to any one class,) "are separately described", and known therefrom. Otherwise if it were deducible from profane authority, the Sástras regarding it would be useless; the rest is clear. " As I have separately described," is the reading (of the above text) in the Smritichandriká; the prior reading is written in the Madanaratna.

17. Nor can it be contended that,—it being well-known to all people that what is capable of being used according to one's pleasure is his property,—the distinctive feature of property is the capability of being dealt with according to pleasure: hence there is not the defect of including (in the definition of property) what is acquired by theft or the like, for in such property there is not the capability of being used by the thief or the like according to pleasure; inasmuch as their fear is observed at the time of dealing with such property: accordingly there being no similarity between the proprietory right and gold, &c. as such, the doubt also (as to the right of any person to a particular property) is consistent.

Because it is impossible; for special rules are laid down by the Sástras, directing the use of property for the purposes of the support of the family and the like; and it is nowhere found that property consists in what can be dealt with according to pleasure. This too has been said by the author of the Sangraha after setting forth the opposite view, thus,—"Nor is that called property, which can be dealt with according to pleasure; the application of all this, is inculcated by the Sástras alone." Here in the first half the adverse opinion is set forth; and in the latter half, the same is refuted.

18. Nor can it be said that inasmuch as, *utpatti* also, which is another name for birth, is like inheritance, &c., set forth as a means of proprietory right, in the text of Gautama, namely, "By birth alone, &c."; therefore although property and the means of its acquisition be deducible from the Sástras alone, still the right by birth of the sons and the like, to the property of the father and the like, is unaffected.

Because it has been already stated that the above (meaning) being open to many exceptions, a different interpretation is to be put upon the text. With this very intention, Dháresvara also has come to the conclusion, that the right of property is exclusively known from the Sástras alone.

19. Again, if right by birth of the sons and the like accrued even when the father and the like are alive, then partition would, at the desire of the sons and the like, take place even against the will of the father and the like. It cannot be contended that it would not take place by reason of the texts declaring absence of independence (of the sons during the father's lifetime). For in that case, (notwithstanding the texts declaring dependence), there would be a mere breach of the rules of morality and religion, but an action at law (for partition) would certainly lie. Just as on the occasion of explaining the text, namely,—"But when there is a mutual dispute between the preceptor and the disciple, the father and the son, the husband and the wife, or the master and the servant, no action lies,"—it has been previously shewn at length that the meaning of the text is, that if an action consisting of the four elements (*viz.*, the plaint, the written statement, the rejoinder, and

the determination of the matter contained therein) be instituted by the sons and the like against the father and the like, then there would be only injury to their welfare in this world and the next: the same would also be the case here. Nor can it be said, be it so; for that would be contrary to all the commentaries.

20. As to the passage in the ancient books, namely, "Sometimes by birth alone,"—that also is to be explained to mean the mediate cause; because the relation of the father and the son is based upon birth, and because the demise of the father is the cause of the extinction of his right.

21. Besides, according to the contention, that the right of the sons accrues by birth, as the ownership of the sons also arises (in the property of the father) while the father is alive, and consequently partition might take place against his will,—therefore the text of Manu, namely, "After the demise of the father, &c." must be explained (consistently with the contention) to prohibit previous partition by declaring that it takes place by their desire after his demise. But this again would be unreasonable; for it would be liable to the objection of intending a meaning not its own. Nor is it reasonable to suppose that the object of the above text is to enjoin the time for partition to be on the demise of the father and to enjoin partition. For both the injunctions would be unreasonable, inasmuch as the purposes of partition are (only) secular (and no spiritual good is derived therefrom so as to require any injunction, the natural inducement of man to effect it being sufficient). Neither can it be an obligatory injunction regarding partition (*viz.*, that it must be effected). For the making of partition is declared by Manu to be optional;—thus he says: "Either let them live together, or let them dwell apart for the sake of religious merit." If it be considered as a restrictive injunction as to the time (for partition), then partition must be made (if made at all) immediately after the death of the father and not afterwards, (for otherwise) there would be a contradiction of the rule, *viz.*, the effect is the immediate sequence

of the cause. For there is not in this instance, as there is in that of the sacrifice on the birth of a child, an objection analogous to the hazard of the newborn infant's life (that it may be postponed).

22. Hence the texts of Manu and the other sages must be taken, as shewing that sons have no ownership in the property of the living parents, but in the estates of both when deceased. But partition, which may by reason of the ownership (accruing on their death) take place at that time, if desired, is (only) noticed (and is not enjoined, for that is not necessary to be enjoined, which men do of their own accord). Accordingly also by reason of the conflict with these texts, it cannot be asserted that right accrues by birth. It will be hereafter stated that degradation, &c. also cause, as death does, the extinction of the right of the father and the like.

Hence it is only on the extinction of the right of the father and the like, that the right of the sons and the like accrues to their property, but not while their right subsists. Consequently as the existence of the owner and the like constitutes the obstruction in all cases, therefore heritage is in all cases obstructed and never otherwise. Accordingly the division (of heritage) into two classes is unreasonable.

23. To (all) this we say. If it be only on the extinction of the right of the father and others, that the right of the sons &c. accrues to their property, in that case it would follow that while the father and others are alive and free from defect, the sons would be incompetent to perform the ceremonies enjoined by the Vedas,—which can be performed by (one's own) wealth, and consequently there would be the same (§ 6) conflict with the following Sruti, namely,—"One who is black-haired and to whom a son has been born shall establish the sacred fires." Nor, is the restriction (of the application) of the Sruti reasonable, for the purpose of conformity with a meaning of the Smritis which is evolved out of one's inner consciousness. Because the Sruti is, without distinction, applicable to sons &c., even while the father and the like who have

established the sacred fires, and who have performed the first sacrifice, are alive; and because performance of what is enjoined by the above Sruti, by all the learned persons who perform sacrifices,—is observed; and because in the gloss and the commentary &c. on the subject of conflicts, it has been concluded that the two terms "black-haired" and "to whom a son has been born" are intended to forbid the skipping over the seniors in age, but they are not to be taken in their literal sense which is indefinite. Nor can it be said that as in our opinion, the father's competence to the performance of sacrifices arises by permission of the sons, so in your opinion the competence of sons &c. would arise by permission of the father and the like. For, in the opinion of both, the father's right exists in the property, hence the accomplishment of what is of the essence (of sacrifices), namely, the relinquishment of property, is unobstructed; but, according to your opinion, how can the performance of what is of the essence of sacrifices &c. take place, inasmuch as the sons have no right at all (during the lifetime of the father), nor is proprietary right generated by permission? But in fact, however, the permission of the sons is not even required, the father being independent; but sons and the like are, on account of their dependence, under the need of permission of the father and the like; this much is the distinction,—in the same way, as women in performing religious and charitable acts by means of their own wealth are to take the permission of their husband by reason of the declaration of their dependence. But if the permission be not taken, then the independent conduct gives rise to sin or imperfection in the act, but what is of the essence of such acts is not (on that account) invalid. And the supposition, if made for the above reasons, that right is generated by permission of the father and the like, is supported by neither sacred nor profane authority. Therefore even if proprietary right be held to be deducible from the Sástras alone, then anyhow the inclusion of birth also by the term "finding" (*adhigama*) in the text,—"An owner is by inheritance, &c."—is necessary, for the sake of the right of the sons and the like to the performance of sacrifices, &c. even when the father and the like are alive and free from defect,—(the right) which rests on the authority of the Sruti, the Smriti, the Purános and the custom observed by the learned. It will be shewn that in fact, however, the notion proprietary right is derived from profane authority alone; and the ownership of the sons &c. in the estate of the father and the like (during their lifetime) is recognised by people (without the assistance of the Sástras): and (ownership itself,) by others (who have nothing whatever to do with your Sástras).

24. As also for what has been said (§ 6), namely, that if the right be common as well to the father or the like as to the sons &c. who are incapable of signifying permission, how can the ceremonies of establishing the sacred fires and the like, take place in the absence of their permission? That has already been almost refuted, thus—that the father, by reason of his independence, does not stand in need of the permission of sons &c. even when they are capable of giving permission; therefore *a fortiori* when they are incapable of giving permission. But Professor Vijnánesvara says—that the competence (of performing sacrifices at the expense of the joint property) follows by force of the very injunction for the performance of them.

25. Hence also the interpretation (§ 10) which is put by Jímútaváhana and Raghunandana upon the text of Gautama,—"By birth alone one acquires ownership of property,"—namely, that birth is intended to be the mediate cause of right,—is useless.

26. As for the text of Sankha, the interpretation (§ 11) given in the Smritichandriká is preferable: but if the interpretation were as put in the Kalpataru, then the terms like "acquired by learning" &c. being imported, (the defect of) the importation of many terms not occurring in the text would take place. The importation, however, of the term "birth" (in the interpretation given in the Smritichandriká) is not unreasonable, because it presents itself through the suggestion of the terms sons &c., and because the importation is of fewer terms.

27. Hence in conformity with the texts (§ 9) of the Smriti which are supported by the Sruti, it is more proper to

interpret that the texts (§ 10) of Manu, Nárada and Devala refer to the absence of independence (of sons &c. during the lifetime of the father and not to the absence of their right).

28. As also for what has been said (§ 7), namely, that on the hypothesis of right accruing by birth, the texts declaring the impartibility of what has been gifted through affection would become unreasonable; that too is not tenable, for they may be reconciled as having reference to (the sons') permission, and as having the object of establishing the invalidity of the affectionate gift of immoveable property: or, what is declared (in those texts) is the impartibility, by reason of the father's independence, of what, other than immoveable property, has been given by him even without the permission of the sons.

29. Accordingly with regard to immoveable property, there is the following special rule, namely,—" Immoveables and bipeds although acquired by a man himself, shall not be gifted away or sold without the consent of all the sons." And the text, namely,—" The father is master of all the gems, &c." is, however, more reasonable on the hypothesis that right accrues by birth. Nor is it right to say that it refers only to immoveable property acquired by the grandfather, for both are enumerated in the text, " neither the father nor the grandfather." The declaration that what is even acquired by the grandfather himself is not to be given away when there is a son or even a grandson, indicates right by birth. As in the opinion of the adversary, the father alone has the right to the gems, pearls and corals of the grandfather, by reason of it being so declared; so, in this opinion also, notwithstanding the son and the like have a right thereto by birth, co-existing (with that of the father,) the father has the competency of making gifts: thus there is no difference.

30. Hence it is to be observed, that although the right of the sons &c. to the property of the father and the grandfather accrues by birth alone, still for the performance of the necessary religious ceremonies and for the purpose of affectionate gift, maintenance of the family, deliverance

from danger and the like that are prescribed by the sacred texts, the father possesses independence in dealing with the (joint) property other than immoveable: but with respect to immoveable property, whether self-acquired or inherited from the father or other ancestor, the dependence on the sons &c. is alike, by reason of the following text:—"Although immoveables and bipeds be acquired by a man himself, there can neither be a sale nor a gift (of them) without convening all the sons. Those that have been born, as also those that are unborn, as well as those that are in the womb, all of them require maintenance: neither a gift nor a sale" (can take place).—To this (rule) again, there is an exception which will be mentioned.

31. As for what has been said, (§ 12) namely, that inasmuch as the notion of proprietary right is derived solely from the Sástras, and as the generation by birth of such right is nowhere declared in the sacred texts, how can it be admitted that the right of the sons &c. to the property of the father and the like, arises by birth? That, however, has been already refuted (§ 23), even granting that the idea of right is derived solely from the Sástras; since in the text of Gautama and others, birth also is declared as a means of right.

32. But, in fact however the proposition that the notion of right is derived solely from the Sástras, does not stand the test of reason. Amongst the Mlechchhas and the like also residing in their own country, who are devoid of even the slightest knowledge of the Sástras, the expression that "this much is so-and-so's *property*" and transactions, such as sale and purchase based thereupon are found. Therefore it must be admitted that property—which is determined by proprietorship—whereof purchase and the like are the means of acquisition is, by means of co-existence and absence of separate existence, known by them (the Mlechchhas) solely through the (profane) authority of the senses and the like, either as consisting in the capability of being dealt with according to pleasure, or as a substance of a distinct category of its own.

33. An enthymeme too based upon this reason has been mentioned by Vijnánayogin, thus:—"Property is

known from profane authority, for it effects transactions relative to profane purposes, like rice, &c.;" the instance shows co-existence: "the sacrificial fire and the like, that are known from sacred authority, do not give effect to transactions relative to profane purposes;" this is an instance shewing absence of separate existence. Hence the reason consists in co-existence and absence of separate existence. "Although sacrificial fire and the like effect also transactions relative to secular purposes, such as, the boiling of food; still they do so, in the character of fire &c., as known from profane authority. but not in the character of sacred fire &c.:" thus there is no infraction of the rule. "But here, purchase and the like are effected by means of gold &c. not as such but (by gold) as property only." Just as when gold &c. become the cause of secular works, such as, ornaments, that is the secular phase (of gold &c.), similarly property also which exists in all (in gold as well as in other things) is only secular. "Since in this world transactions such as purchase are not effected by what is not property."

34. Nor can it be said that in this view, an objection would arise, namely, that the texts of law such as,—"An owner is by inheritance &c.,"—would be useless as superfluous precepts, affirming, as they do, what is otherwise established by profane authority. For the above texts may reasonably be explained as referring to what conduces to spiritual good or to spiritual evil, like the consideration, in the Smriti of grammar, of the correctness and incorrectness (of words) consisting (respectively) in the expression of immemorial meaning or its absence.

Thus on the subject of correct expression, (in the Mímánsa) it has been concluded,—"That the Sástras treat of the correctness which is known from profane authority alone, but which is not discriminated by the people who use correct as well as incorrect words; but not of the correctness which is not deducible from profane authority: for (were it so, then) in the injunction,—'shall speak with correct words' &c. there would be the fallacy of mutual dependence &c." Similarly also is the case here.

35. Accordingly in the Nayaviveka, Bhavanáth says:—"The means of acquisition such as birth &c. are

derived from the profane authority; for what are discriminated to be the impressions on the mind of the primeval men, are unimpeachable, and the Smriti has for its object the consolidation of them, like the Smriti of grammar and the like." By the term "&c." in the phrase "birth &c." are included purchase and the like; and by the term "and the like" in the phrase "grammar and the like" are included, music, examination of precious jewels, palmistry &c. It has been said by the venerable Professor while treating of the subject of Smriti, that desires and the like also which are undoubtedly deducible from profane authority are defined (in the sacred books) for the sole purpose of discriminating them for the benefit of the unthinking.

36. The text, namely, "An owner is by inheritance &c." has already been explained (§ 13). Professor Vijnánesvara, in the Mitákshará, has made the following comments:—"The term 'inheritance' refers to unobstructed heritage; and the term 'partition' refers to obstructed heritage."

The author of the Smritichandriká, however, has, after commenting that the term 'inheritance' signifies birth alone which causes ownership of the sons &c. in the property of the father, and the like, explained the term partition to mean the distribution engendering ownership limited to a definite portion of the wealth of the father and the like. But this is not right. For partition is made of that in which proprietory right has already arisen, consequently partition cannot properly be set forth as a means of proprietory right. Indeed what is effected by partition is only the adjustment (of the proprietory right) into specific portions. If the enumeration be taken to comprise the principal as well as the secondary causes, then there would be variableness in the meaning of the term 'owner.' Accordingly in the Mitákshará, Professor Vijnánesvara says, that "the term partition is generally understood to relate to property belonging to several owners, and does not relate to what appertains to another nor to what is unowned;" and that "the right of the sons and the like, by birth alone is most familiar in the world."

37. As also for the text,—(relating to succession), namely,—"The wife and the daughters &c."; that again is

intended to prevent mistakes with regard to the proprietory right—notwithstanding it is derived from profane authority—when there are many persons who are recognized as heirs by reason of their relationship to the (late) owner. For it is held by all the commentators that the sacred Institutes on positive law mainly consist of superfluous precepts embodying matters derived from profane authority.

38. That property whereof the means of acquisition are prescribed, is deduced from profane authority alone—is approved also by the venerable Guru. For while setting forth the third interpretation which the Aphorism on the desire of acquisition admits of, he in the following passage, doubts the possibility of the adverse argument, namely,—If restrictions relative to the acquisition of property referred to sacrifices, then there could be no property at all, since proprietory right is not derived from profane authority;—and then shows that the proper adverse argument is—That acceptance and the other modes of acquisition of property are the means of proprietory right, is a fact derived solely from profane authority:—"Nor does (the text relating to) the means of acquiring property concern sacrifices, for (if it did so), there could be no property at all, consequently sacrifice itself could not be performed. This has been irrationally asserted by some one. To say that acquisition does not produce proprietory right, is a contradiction in terms."

The meaning of this passage has been expounded by the commentator in the following way:—"If the restrictions regarding the acquisition of property (laid down in the texts such as,—'An owner is by inheritance &c.') related to sacrifices, (so that they could be performed only by property acquired agreeably to those restrictions), then this text could not signify that the restrictions relate to the means of acquisition of property; for by signifying that the restrictions relate to sacrifices, its power of signification becomes exhausted. That being so, there would be no authority to show that what is gained by acceptance (of presents), and the like, becomes property, consequently sacrifices consisting in the relinquishment of property, could not be performed by that (*i. e.* any thing so acquired) which is not property; therefore, to what does relate the text embodying the rules regarding the acquisition of property? (*i. e.* does the text ordain that nothing but what is acquired in the modes mentioned, becomes property or that sacrifices can be performed by no other property than what is so acquired?) This is the adverse argument, the possibility of which is doubted: and the above is the meaning of the doubt. The passage beginning with 'This has been irrationally asserted &c.' constitutes the answer to it; its meaning is as follows: inasmuch as it is established by profane authority, that acceptance and the like, are the means of proprietory right, that cannot be a subject of the sacred books; consequently the text signifies only that the rules have reference to sacrifices: consequently neither is there the impossibility of performing sacrifices, nor are the restrictions useless."

Also in stating the conclusion, the venerable Guru does,upon the very assumption that the notion of property is derived from profane authority, explain the purpose of the disquisition thus,—" Hence a breach of the rules affects the person, not the sacrifice." The meaning of this passage also has been thus explained :—" If restrictions respecting the acquisition of property related to sacrifices, then a sacrifice might be performed with such property only as was acquired consistently with the restrictions, and not with property acquired by violating the restrictions; but the fault arising from the violation of the restrictions would not attach to the person (who performs the sacrifice). This is agreeably to the adverse argument. But what is affirmed in the conclusion is, that inasmuch as the restrictions regarding the acquisition of property do not relate to sacrifices, but affect the person, the performance of a sacrifice is not imperfect even with property acquired by infringing the restrictions: therefore the fault of violating the restrictions attaches to the person only." It is here admitted that even what is acquired by infringing the restrictions, becomes property; because otherwise the statement that sacrifices may be performed thereby would be contradicted.

39. While treating of the very same subject, the venerable Kumárilasvámin also is of the opinion that the notion of property is derived from profane authority. And this is easily accessible to those who feel curiosity for the valuable exposition of the subject (given by that venerable author).

40. Accordingly in the Sástradípika, Párthasárathi says:—"Acquisition which takes place out of (man's) desire (for property) is not derived from the Sástras." It takes place from (human) desire as one of the ends of man, for property which when acquired delights the man, is from perception, known as one of the ends of man, it cannot from any inference, be deemed as having for its sole object the performance of sacrifices. Therefore it is to be remarked, that property which is one of the ends of man, is used for the performance of sacrifices, in the same way as for any other transactions, for a sacrifice also is one of the transactions of man: but property is not subservient to sacrifices only, because, if that were so, no sacrifice could take place inasmuch as life (of man) would be extinguished (for want of property to sustain it, consequently who is to perform sacrifices?) This (explanation) is given by Praghattaka. Here by refuting that acquisition is deduced from the Sástras, it is very clearly indicated that the notion of property and the means of its acquisition is derived from profane authority. It is further stated by him:—"Hence acquisition of property,—which is one of the ends of man,—thus becomes one of which the object is temporal. But the restrictions (relative to acquisition of property), having no temporal object, must have some spiritual object. The spirituality again of the restrictions, referring as they do to acquisition—which is an end of man,—must be taken to affect the man alone; hence it is indicated that a person acquiring (property) in any other mode (than what are prescribed by the Sástras) commits sin."

41. Hence also, it cannot be apprehended that the texts like "An owner is by inheritance &c.," are unnecessary; since, by declaring as superfluous precepts, that inheritance and the like are the causes of proprietory

right,—a fact deducible from profane authority they intend to lay down restrictive rules with a view to prohibit any other means of property than those (declared in the texts): like the restrictions relative to the direction of the posture of taking food which produces satisfaction of the appetite. The difference in the opinions of Bhatta and Guru consists in this only: (the one says) that the acquisition of property alone forms the instance in the disquisition of what affects sacrifices and of what affects the person (performing sacrifices); but the restriction is set forth as the argument of the adversary: (while the other says) that the restriction alone forms the instance there. But both of them concur in holding that property is derived from profane authority. This is the substance (of what they say). The arguments for and against their respective opinions are dwelt upon in the works of the learned on the subject, but are not set forth here as they do not bear upon the point in question.

42. Hence is refuted also the argument of Dháresvara and the author of the Sangraha, namely, that if the notion of property were derived from profane authority, then what is obtained by means of theft and the like would become property. For in the world, theft and the like are not recognized to be the means of proprietory right, inasmuch as such expression is used (in cases of theft &c.) as that "this property belongs to another and not to this person." Again a doubt relating to proprietory right in the form,—'Whether this property belongs to this person or to another'—(a doubt) which arises from a doubt regarding the (person's) means of acquiring the property, such as purchase—is not unreasonable. Hence also the argument, that if the notion of proprietory right were derived from profane authority, then no one could say "that my property has been stolen by him," for the property (which is the subject of theft) would belong to the thief alone,—entirely falls to the ground.

43. As for what has been said by the author of the Sangraha (§ 17), namely that, since the application of property is laid down by the Sástras, therefore it cannot possibly

be said that property consists in the capability of being dealt with according to pleasure; because the use to any purpose according to one's pleasure is impossible. This too is only plausible. For we say, not that it is what *is* used according to pleasure, but that it is what is *capable* of being so used. (Were it) otherwise, (then) when the will (to use property in a particular way) is restrained for fear of the King and others, it would cease to be property; moreover this anomaly would result, namely, that the same thing would be one's property when he desires to use it, and cease to be so while he feels no such desire. It may be that sometimes property is not dealt with according to pleasure, by reason of rules (regarding the use of property) laid down by the Sástras, as by reason of the restraint put by the King and others, but still the capability of being dealt with according to pleasure remains unaffected. Hence even if property be used by a person of perverse character in a way contrary to the Sástras, still it would not be a case of dealing with what is not property: but only sin would be incurred for violating the rules prescribed by the Sástras. For there is certainly the capability of being so dealt with arising from its being acquired (by him.) Accordingly it has been said also in the Nayaviveka, that "what is acquired by one is capable of it by him." "Capable of it" signifies, capable of being dealt with according to pleasure. (It is) similar to the capability in a seed of producing sprout,—resulting from the seed as such, although it does not produce a sprout owing to any obstacle. But in reality there is indeed a difference between the distinctive feature of property and the capability of being dealt with according to pleasure, in the same way as between the distinctive feature of seed and the capability of producing germ; otherwise so long as the *differentia* of the capability is unknown, the capability (itself) will remain indeterminate. Hence like the caste of Bráhmanas, property is certainly a substance of a distinct category of its own, which is liable to production and destruction, and is manifested by the cognizance of its means. The only distinction is that the caste of Bráhmanas being a class is eternal. This is explained in the treatise on the subject and in the Lilávati and other works.

44. The object of the disquisition here, namely, whether the notion of proprietory right is derived from profane authority or from sacred authority has been explained in the Mitákshará, thus:—" If the notion of property were deduced from sacred authority alone, then by reason of the text of Manu, namely,—'If Bráhmanas acquire wealth by means of a blameable act, they become purified by the relinquishment of that wealth, with prayer and rigid austerity,'—a person having no right to the property acquired by means of improper acceptance of presents, or by other means which are prohibited to that person,—in the same way as to what is acquired by theft and the like, such property would not be partible even among his sons. But if the notion of property be derived from profane authority, then the father's right accrued to what was so acquired; consequently that being paternal property, may be divided by his sons. The acquirer alone is liable to perform expiation for the sin incurred in consequence of the violation of the prohibition: but his sons, who acquire that property by means of inheritance, which is not unlawful, are not required even to perform the expiation. Since Manu says:—'There are seven lawful means of the acquisition of property, namely, inheritance, finding, purchase, conquest, investment, performance of (religious) acts (for others,) and acceptance of presents from proper persons.'—'Investment,' is the laying out of property for the purpose of profit; 'performance of acts,' means, officiating as a priest; of these the three beginning with inheritance are lawful to the four classes alike; but conquest is so, to the Kshatriya; and investment when made in person, to the Vaisya and the Súdra; but when not carried on personally, or even if carried on personally in times of distress, to all the classes; but the performance of religious acts (on behalf of others) is peculiar to the Bráhmanas alone: this is the distinction."

45. To this, the author of the Madanaratna raises the following objection:—Even if the notion of property be taken to be derived from sacred authority alone, still the prohibition of the acceptance of presents from improper persons and of the other reprobated means, intends not that they do

not produce the proprietory right, but that they engender merely sins. Because by the following texts, namely,—" A Bráhmana taking food or accepting presents from any person, when in distress, is not tainted with sin, for he is equal to the burning sun; a twice-born is not stained with sin, if he carries on, but not personally, money-lending, agriculture, or trade, or does it personally at a time of distress,"—it is declared that he " is not stained with sin." Hence it appears that no sin is incurred at a time of distress, consequently it is clear that sin is incurred in the absence of distress; for it is proper that the prohibition and the exception to it should refer to the same subject. Accordingly when there is no distress, expiation consisting of prayer and rigid austerity after the abandonment of the property,—only has been ordained. But with regard to the acceptance of presents from improper persons, and other reprobated means of acquisition, there is no text whatever providing punishment, similar to that in cases of theft and the like. Hence agreeably to both, the adverse opinion and the conclusion, there being no difference as to the generation, by the acceptance of presents from improper persons and other reprobated means, of the proprietory right of the person acquiring by such means, the partibility too amongst the sons and the like, of what has been so acquired is alike (in both opinions). Therefore what has been said to be the object of this disquisition is not reasonable.

46. What we say here is this. As in the opinion of those who assert that the notion of property is derived from sacred authority alone, the prohibition of theft and the like implies the non-generation of proprietory right, the infliction of punishment and the liability to penance, similarly let the prohibition also of the acceptance of presents from improper persons and of the like imply the same. Again, in the event of distress, as by virtue of the exception laid down in the following text,—viz. " Thus likewise may a person who has not eaten at the time of six meals (i. e. has fasted for three days together,) steal at the time of the seventh meal, from a man of mean conduct, (so much as is sufficient for that day only) without intending

to provide for the morrow: and if the owner asks, it should be confessed to him when he asks,"—there is none of those three incidents in theft, let the same be the case in the acceptance of presents from improper persons, and in the like. For otherwise, in both the instances, the five great sacrifices and the like could not be performed by such property. It may be objected that upon the assumption that the notion of property is derived from the Sástras, how can the prohibition of theft which is not recognized (by the Sástras) as a means of property,—be justified? Hence it must be admitted that there is an indirect recognition of it by reason of its inclusion under "seizure." For otherwise the prohibition itself would be unreasonable. Also for fear of the objection that in the case of the prohibition of what has been enjoined by the Sástras, obedience would be optional, as in the instance, "The initiated are not to perform the *homam*," it must *ex necessitate* be acknowledged either according to the opinion of the author of the Bhásya, that the injunction refers to cases other than what are prohibited, or according to the other opinion, that agreeably to the rule governing general and particular provisions the prohibition which is particular supersedes the general injunction (in the cases to which the prohibition refers). But the acceptance of presents &c., as means of acquisition for Bráhmanas &c., have been declared (by the Sástras); hence in the event of distress and in its absence, the exception (to the prohibition) and the prohibition respectively are very reasonable, If it be objected that, in that case a Bráhmana would by accepting presents from improper persons and by personally carrying on trade and the like, otherwise than in the emergency of distress, be liable to judicial punishment. (The answer is) be it so; for it is not held by any one, that there is no judicial punishment for one who renounces the duties of his class. The punishment again which is to be inflicted in particular cases, is what is generally provided, while in some other cases it is specifically laid down: but this is a different question altogether. Hence there is also another defect in the opinion of those who maintain that the notion of property is derived from sacred authority, namely *multiplicity*, inasmuch as the prohibition of theft (according to them) implies three things (namely, the non-generation of property, the infliction of punishment and the liability to penance); as well as the *multiplicity* consisting in the admission of the limitation of a general proposition. But in the opinion of those who assert that the notion of property is derived from profane authority, the prohibition implies punishment and sin only; because it is a matter derived from profane authority that theft and the like are not the means of property: and as the prohibition refers to what may happen under the influence of the springs of human action, there is no defect in the shape of the admission of the limitation of a general proposition. Hence (in this opinion) there is *fewness* (of assumptions as opposed to *multiplicity* in the other opinion). Therefore if the notion of property were held to be derived from sacred authority alone, then acceptance of presents from improper persons, and the like being not (lawful) means of property the father could have no right to what is so acquired; consequently as there can be no partition of the property acquired by the father by means of theft and the like, so also what has been acquired by means of acceptance of presents from improper persons would be impartible. But if the notion of property is derived from profane authority, then as these also are in the world considered to be legitimate means of acquisition, therefore it is established that what is so acquired is partible. Hence the object (of the disquisition) as set forth in the Mitákshará is perfectly consistent with reason. The object (as set forth in the Mitákshará,) however, is illustrative; for agreeably to the adverse opinion, the sons &c., would have been liable to punishment and penance even in taking paternal property acquired by improper acceptance &c., just as in taking what has been acquired by the father by means of theft and the like. (To obviate) this too is to be properly considered as an object (of the disquisition) by reason of what has been said (in the Mitákshará), namely "The acquirer alone is to perform the penance."

47. But this question ought to be solved here,—namely, if the notion of property is derived from profane authority, and it is a matter established by profane authority, that theft is not a means of property, then, when theft is allowed in the emergency of fasting for three days together, whether or not property arises in what is stolen accordingly. The first (alternative) is not tenable; for it being established by profane authority that theft is not a means of property, the generation of property by theft cannot be maintained. Indeed a fact against the authority of the senses, such as the generation of acid curd by water, cannot be established by a thousand texts. Neither is the second tenable; for the five great sacrifices which are principally considered cannot be performed by what is not property. Nor can it be said that let that stolen property accomplish only the gratification of the appetite and not any religious rite; because that would be contrary to the practice of the learned, and because it is ordained that,—"The learned never partakes of it without performing the five great sacrifices: the very same food which a person partakes in this world, is offered to his gods." Accordingly the following anecdote is related in the Purânas:—"When Visvámitra having stolen a hind leg of a dog from the house of a butcher, and having made up his mind to partake of the same, and to offer a portion of it to Indra and the other gods, was about to present to the gods their share, then Indra and the other deities created rain, and abundant crops instantly sprung up." But if property be held to be a matter derived from the Sástras, then the generation or the non-generation of property by theft and the like,—as is laid down by the Sástras, are not contradictory. While those who maintain that the notion of property and the means of its acquisition are derived from profane authority, are fixed on the horns of a dilemma.

48. The above argument we meet thus: Although it is not deduced from profane authority, that theft is a means of right, still it is derived from the very text cited above, which authorizes theft at the time of the seventh meal, by one who has not taken food during the time of six meals. But the position that the notion of property is solely derived from the Sástras is untenable, inasmuch as purchase and the like transactions that can be accomplished by property would be unaccounted for among those who are

ignorant of the Sástras. Hence the prohibition of theft indicates punishment and sin only; but it does not imply non-generation of right, since generation of right by theft is not recognized. As for instance although the class Bráhmanyam is perceptible in all (the individuals constituting the class) still in so far as regards the superiority of the caste, it is deduced from the Sástras alone; because the rules regarding the superiority and inferiority of men are derived solely from the Sástras. Thus the venerable preceptor says—"But here this much only is to be admitted as derived from the sacred authority, since this rule regarding the superiority and inferiority of men is not deducible from profane authority." He further says:—"Then again, the class Bráhmanyam is manifested in an individual descended lineally from a particular person; hence what is derived from the Sástras is only the relation between that which is manifested and that whereby it is manifested, (*i. e.* between the class Bráhmanyam and the descent from a particular person): and the class Bráhmanyam in an individual described above, is certainly perceptible to a person who is conscious of that whereby it is manifested; inasmuch as there are all the conditions for the perception of the class after the perception of the individual." In the present case, however, unconditional theft alone being considered to be not a cause of property, only the generation of property by theft under the circumstances mentioned is taught by the Sástras. Nor can it be said that it is against the authority of the senses, and what is against the authority of the senses cannot be taught by a thousand texts. Because the non-generation too (by theft, of proprietory right) is not a matter derived from perception: but inasmuch as what is a means of property is deduced from the co-existence and the absence of separate existence, of that means and of the free use of property acquired thereby,—the fact that theft is a means of property is not deduced, since stolen property (as such) cannot be applied to any use. Just as the production of a son by means of the sacrifice for a son,—a fact which is beyond profane authority, is taught by the Sástras, notwithstanding there are visible means for the generation of a son; let the same be the case here also.

As for the sacrifices aiming at heavenly happiness, which are purely spiritual in their consequences, there is in addition the absence of visible means: but that is a different question. As (for another instance) the fact that the reviving *mantras* have the power of producing the burning property (of fire) which has been counteracted by any neutralizing agent is known from the Sástras such as the Arthavan, since it is not deducible from profane authority. Because it cannot be asserted that the reviving power is anything more than the causality of an effect counteracted by a neutralizing agent; since (if the power be held to be a separate substance, then) there would be great multiplicity in supposing the destruction of the power and the production of it.

49. As for what Jímútaváhana has, while refuting the position that right accrues by birth, said,—after explaining that the intention of the ancient passage, viz., "Sometimes by birth," is to indicate the mediate cause, since birth is the cause of the relation of the father and son and the demise of the father is the cause of the (son's) right;—and anticipating the objection, viz., how can the son's right arise by the father's act consisting in the generation?—namely;—"The production of the right of one person even by the act of another is not inconsistent, it being based upon the authority of the Sástras; and that is also seen in the world, since in the case of donation, the donee's right to the thing arises from the act of the donor, namely from his relinquishment in favor of a sentient being. Neither is the right (of the donee) created by (his) acceptance, for then the acceptor himself would (virtually) be the donor; since gift consists in the effect of raising another's right to the property, and that effect would here depend on the donee. Just as a sacrificer (*i. e.* the person at whose cost and for whose benefit a sacrifice is performed),—though making relinquishment of (his right) to the things offered to the gods—is not called the *hotá* (the performer of the *homam,*) but the priest alone is denominated the *hotá*, as performing the act of throwing (the things in the sacrificial fire) which is the reason of the name *homam* (being applied to the ceremony). The same would be the

case here. Besides the term gift is used even previous to the acceptance (by the donee), in the following sacred text,—'Thinking in the mind of the intended donee shall pour water on the earth: an ocean has a limit, but a gift has none.' But is not receipt acceptance? For the affix in the word *svikára* (acceptance) implies a thing becoming what it before was not; and the act of making his own, what before was not his, constitutes acceptance or *svikára*. How then can right (of the donee) accrue antecedent to that? The answer is, though right has already arisen, still it is by the act of the donee consisting in the knowledge that the property is his own, rendered capable of being dealt with according to pleasure; and such is the meaning of the term acceptance (*svikára*). From its association with officiating as a priest and teaching, receipt (*pratigraha*) is, without question, a mode of acquisition though it do not immediately create proprietory right: for in the case of officiating as a priest, and so forth, right (in the wealth so gained) arises solely from the gift of the fees. Or the survival of the son at the time of the father's demise, may constitute his acquisition. Besides in the case of property left by a brother or any other relative, the right of the rest of the brethren or other heirs must, however reluctantly, be acknowledged to arise either from the death (of the proprietor) or from the survival of the rest at the time of his decease. Let the same be the case here also."

50. But this is not tenable. For the argument, "it being based upon the authority of the Sástras,"—has already been obviated by the demonstrated conclusion that the notion of property is derived from profane authority. As also for what has been said in the passage,—"And that is also seen in the world &c.,"—that too is only specious; for should the donee refuse to accept, his right certainly does not arise; again, if by (mere) relinquishment in favor of a particular person, his right accrued, notwithstanding his refusal to accept (the gift,) then it would follow that the donor could not possibly grant (the property relinquished in favor of a particular person) to any other person. As also for the argument, "for then the acceptor

himself would (virtually) be the donor;" that again is not consistent with reason; because, gift being an act whereof the effect is the generation of another's right, the term gift implies the act of inference &c., (by the donor) in favor of the acceptance by the donee, but the production of that effect is not possible without the acceptance by the donee; hence the act of the donee completes the gift, but that alone does not constitute the gift. As also for what has been said in the passage "just as &c.,"—that too is not correct. For the distinction does not obtain in the *agnihotra* and the like *homas* which are (personally) performed by the sacrificer; again in the *darsapúrnamása* and other sacrifices where the relinquishment only is made by the sacrificer, but the offerings are (actually) thrown (in the sacrificial fire) by the priests, the function (of the priests) being distinct (from that of the sacrificer,) the use of the term *hotá* (for a priest) implying that function, is not open to exception. The term *homa*, however, does not signify the throwing (by the priest) of what has not been relinquished (by the sacrificer). But whether that relinquishment which is the distinctive feature (of a *homa*) is carried out through the agency of one's self, or through the agency of another person, that makes no difference. Hence a sacrifice (*yága*) does not depend, for its completion, on the throwing (of offerings), but a *homa* depends on that alone. The act of the donee, however, is the *sine qua non* of gift, for without it gift cannot be accomplished.

Again what has been said in the passage, "Besides &c.," that also is nothing. For abdication alone is ordained therein, but not gift; accordingly it has (subsequently) been said that "the donor reaps its fruit," for otherwise this (portion) would be superfluous. Had the fruit of gift been otherwise deducible in what is intended for gift, the passage "the donor reaps its fruit," would have become useless. Hence what is intended by the verb "give" (in the term gift) in the passage cited before, is abdication only—consisting of the pouring of water, in favor of the intended donee, but the completion of the gift takes place only in case of acceptance by the donee of what is so abdicated. This is the best interpretation. Accordingly, in the formula for declaring the intention (of making a gift,) the expression used by the learned is, "I abdicate," and not "I will give" or "I give." Hence, although the fruit of gift arises (before acceptance), still because the right of the donee accrues from acceptance, therefore the proposition that acceptance is an acquisition, is not liable to exception. For the term acquisition means an act producing property. Accordingly Prabhákara says:—"This has been irrationally asserted by some one: to say that acquisition does not produce property is a contradiction in terms." The text of this has already been explained. Moreover if acceptance, consisting in the knowledge that this property is mine, did only render that property to be capable of being dealt with, wherein the right accrued merely by the act of the donor, then the term acquisition as applied to acceptance would be metaphorical in its meaning; and the bestowal of that property on any other person (in case the intended donee refuse to accept the gift) would be, as mentioned before, unreasonable; also in case of his non-acceptance, the destruction of his right already produced will have to be assumed. Nor can it be said that it must be acknowledged by you also, that by the act of the donor his right being extinguished, a common right of donees is produced; otherwise if his right be extinguished and no other's right accrue, then the thing being without an owner, the right of any person might, by means of seizure &c., arise in that thing, just as in grass, fuel, &c. of a forest, which have not been appropriated, and the preservation (of the thing by the donor so long as it is not given to any other person) would be impossible: so also in our opinion, the right of a particular person produced on the abdication in favor of that particular person, is extinguished by his non-acceptance, and the right of another arises by his acceptance; thus there is no such contradiction as the destruction of a common right and the production of an exclusive right (which you cannot but admit). Because a common right in such a thing being not recognized, the production thereof is without authority, and is neither acknowledged by reason of *multiplicity*. But notwithstanding the extinction of the donor's proprietory right, consisting in the capability of being dealt with according to pleasure, the gift itself being incomplete in the absence of the effect, namely, the production of another's property, the donor who aims at attaining the merit held out by the injunction (for gifts) certainly retains the right of preserving (the subject of the gift) till the bestowal (of the same on some other fit person); in the same way as (a sacrificer has the right of preserving) the clarified butter poured on the sacrificial fire until it is burnt to ashes, by reason of the declaration of imperfection which would otherwise be the consequence of non-conformity with the prohibition of (the offering) being touched by what should not be touched. Hence it follows that although another's right be not generated, still there is no harm in not preventing (by the supposition of a common right) the (supposed) consequences of the thing being without an owner, and of its seizure. Upon this alone is based the practice of the learned, consisting in the preservation of the subject of gifts (to men and gods). Nor can it be argued that the injunction being assumed by us to refer solely to abdication, the fact of the production of another's right would not at all be important, because abdication, such as is described above, is what (we say) is intended by the injunction, for otherwise in the case of *homa* also, the state of being burnt to ashes would be unimportant.

As for what has been said, namely,—from its association with officiating as a priest and teaching, acceptance though it do not immediately create proprietory right, is still an acquisition in a metaphorical sense only,—that also is from ignorance. Since in the case of officiating at a sacrifice, the shares to which the priests and others are entitled, are, at the time of distributing the fees (*dakshiná*), allotted to them in the shape of wages. Accordingly in the aphorism of Jaimini, viz., " Salary is the service of a master," the use of salary (to signify the fees) has been ascertained: the details, however are to be found there. Salary is no other than the wages causing inducement of a servant. So also, in teaching, the pupil at the end of his education gives to the teacher such wages for teaching as satisfies him. But in case of regular service for wages, the paid tuition is *quasi* degradation. Hence as distinguished from acceptance as well as from service (*nirvesu*) implying (regular) wages, officiating at a sacrifice and teaching have been separately enumerated as being a mixture of both. Hence these too are acquisitions in the primary sense. Accordingly also the term *honorarium* (*dakshiná*) is applied to what is given to a priest and a teacher.

As also for the argument that it is undisputed that in the property left by a brother or any other relation the right of the rest of the brethren or other heirs is produced either by the demise of the owner or by the survival of the brethren &c. at the time of his decease; therefore also in the case of sons &c. let the demise of the father &c., or the survival at the time of their decease, be the cause of right, but not the birth of the sons &c., which is not applicable to all cases;—that also has been already confuted by showing that it must be admitted that birth is a cause of right.

51. As also for what has been said, namely, that if birth be held to be a cause of proprietory right, then the text of Manu, viz:—"After the father and mother &c.," cannot consistently be explained;—for if it be considered to mean the prohibition of previous partition, then the objection would arise that it intends a meaning not its own; and as the purpose of partition is mundane, an injunction for partition as well as an injunction for its time is impossible. Nor can it be taken to mean an obligatory injunction regarding partition which stands (but for this injunction) optional, for in that case there would be a conflict with the injunction regarding dwelling together; therefore it must be admitted that the text is intended for establishing that while the father and the mother are alive there is no ownership by birth to their property, but that it is on their demise that the right of the sons &c. accrues to their estate.

52. The above argument is extremely unsound. Because the objection that it imparts a meaning not its own, is equally applicable (to the view taken by him); and because there can be no incongruity in considering the above text to be an injunction as to the time for partition, inasmuch as there was no independence (of the sons) before

(the demise of the father); and because even it be held as a superfluous injunction regarding the time (for partition) which proceeds from the desire (of the co-sharers for partition) there can be no impropriety, it being a text on positive law.

Hence is obviated also the objection that partition would be admissible only at the moment immediately following the father's decease, for there is not in this instance any particular objection like the danger to the new-born infant's life in the case of a sacrifice on the birth of a son,—against the immediate sequence of the effect (when the cause is present). Neither is the causality of the father's decease indicated by the injunction regarding the time for partition, for otherwise, as the effect must necessarily follow the cause, it would be sinful if partition be made after the death of the parents (and not immediately on their death). Moreover the extinction of the father's right arises also from degradation and retirement: but the right (of the sons) by birth holds equally good (in these cases). In the case of degradation, however, the extinction of right and the disqualification for participation arise only if expiation be not performed. Otherwise penance too, which can be accomplished with (one's own) wealth, could not be performed by the parents with their own wealth.

Accordingly, (it must be admitted that) the following text also, namely, "When the mother is past child-bearing &c.," declares an injunction with reference to the time for partition. There is not, however, in that event the extinction of right as in degradation &c.: but the extinction of (the father's) right is deduced solely from profane authority as well as from the prohibition of (his) participation, as in the case of a brother and others (who are excluded from inheritance by reason of disqualification); this will be mentioned (hereafter).

53. Moreover, Jímútaváhana himself appears to give up his prior contention, and to admit partition by sons even when the father's right is not extinguished; for he has, after having asserted that—"Thus there are two periods of partition: one, when the father's right ceases; the

other, by his choice while his right endures,"—and then meanwhile having found fault with the three periods of partition mentioned in the Mitákshará—come to the conclusion that,—"Therefore two periods of partition are rightly affirmed: one, when the father's right is extinguished by degradation, extinction of temporal affections and death; the other, by the choice of the father while his right subsists." Now how does (in the latter case) the right of the sons arise in the property of the father? And how is it that there is no conflict with the texts ordaining absence of ownership (of the sons) while the parents are alive? Partition being impossible of what is not property, how can partition be made by them? Where is the consistency of one part with another of his (Jímútaváhana's) own book? For (in another part) he says, "The cessation only of the father's right is intended by the text, 'After (the demise of) the father and mother &c.'; with this purpose the term *after* is used instead of the term *dead*: the meaning being "after the cessation of the father's right, and the cessation of the father's right arises as well from his degradation and extinction of worldly affections as from his death &c."

Again he says:—"Here also, as it is indicated that the son's right in the father's wealth arises from such causes as the extinction of the temporal affections, this is one period of partition." Now if by the term, "from such causes as the extinction of the temporal affections," the cessation alone of the father's right be intended, in that case it is contradictory to what has been said, namely, the other period of partition is by the choice of the father while his right subsists.

Again when he maintains that the survival alone of the sons and others at the time of the extinction of the father's right is a means of acquisition, how can he assert the right of the sons to the property of the father while the father's right subsists. Certainly the father's right cannot (according to his opinion) cease simply by reason of the mother's being past child-bearing in the absence of the father's retirement to a forest; therefore it becomes difficult to apply the term 'heritage' to the property whereof partition is made while the father's right is not extinguished; for the meaning of the term heritage as explained by himself is wanting, viz.: "The term heritage is technically used to signify wealth in which right dependent on relation to the former owner arises on the extinction of his right." These and similar confusions arise (in pursuance of the doctrines propounded by Jímútaváhana).

54. But it is to be observed by those that are unprejudiced that every thing becomes consistent if right by birth be admitted. Accordingly in the Mitákshará and other works it has been said that the term *heritage* signifies that wealth wherein another's right arises dependent on relation to the former owner: but the phrase "on cessation of the previous owner's right" has also not been inserted in it. Hence it is established that heritage is two-fold.

The argument in support of the three periods of partition mentioned in the Mitakshara will be set forth at length when that subject will be dealt with; there is no use of discussing here what is incidental to the subject under enquiry.

55. The term 'partition' has been explained in the Mitákshará, thus, "Partition is the adjustment into specific portions, of divers rights arisen in the entire estate." But Jímútaváhana introduces this definition as the opinion of the adversary in the following passage,—"Nor can it be affirmed that partition is the adjustment into a particular portion of that right which all the co-sharers have through the sameness of their relation over the entire property;"—and then finds faults with it, thus,—"Because the relation (of one co-heir to the owner) opposed by the coexistence of another relative produces a right—determinable by partition—to portions only of the estate; for (otherwise) there would be *multiplicity* in the assumption of the accrual and extinction of a right to the entire estate; and it would be useless as there would not result the effect, viz. the power of dealing with the property according to pleasure;" and then goes on,—"What we say is, that partition consists in the act of manifesting, by the casting of lot or otherwise, the right which had arisen in lands, gold &c. and which extended only to a portion of them,

and which was previously unascertained, being unfit for exclusive appropriation, because no evidence of any ground of discrimination existed; or partition is the act of ascertaining the right or of making it known,—by the derivation of the term."

56. The author of the Dáyatattva has referred to this view of Jímútaváhana, and censured it thus:—"For how may it be certainly known, since no text declares it, that the lot for each person falls precisely on that article which was already his.

"Again if wealth be gained after the father's demise, by a brother riding one of two horses, which belonged to the father, it is universally acknowledged, that two shares of it appertain to the acquirer; and one to any other co-heir. In such a case when the original property is subsequently divided, if that very horse be obtained by the acquirer, then according to the opinion of those who affirm partial rights, the horse was already his; why then should another brother share the wealth gained by him? But if the horse be obtained by another, equal participation of wealth so acquired would be proper, since it is gained by the personal labour of the one and by the work of a horse belonging to the other.

"But in fact, partition is the adjustment by lot or otherwise into a right over a specific portion, of that right which did, by reason of the same relation of the co-heirs, accrue to the whole property, upon the extinction of the right of the previous owner.

"Thus, even the accrual and extinction of rights over the entire estate are to be admitted, in the same manner, as in the case of the re-union of co-heirs, the destruction of rights over portions, and the production of rights over the entire estate, are acknowledged.

"This too is (in a manner) acknowledged by the author of the Dáyabhága who himself writes:—In the following text of Vrihaspati, namely: 'He who being (once) separated dwells again through affection, with his father, brother or paternal uncle is termed re-united,' because the father, the brother, the paternal uncle and the like, are from their birth likely to be united as regards the property acquired by the father or the grandfather; they alone may become re-united, when being once separated they annul, through mutual affection, the previous partition with the agreement to this effect, that the wealth which is thine is mine, and what is mine is thine, and remain like one house-holder in any transaction. But not an association of merchants who, unlike the co-parceners, are by the mere union of stocks formed into a partnership, nor the mere union of estate of separated co-parceners without the stipulation based upon affection (are to be looked upon as instances of re-union).

"By reason of the right being common, the text of Kátyáyana, which says: 'A co-parcener is not liable for the use of any article which belongs to all the undivided relatives,' becomes consistent in its literal sense; inasmuch as his own right extends over every article; accordingly there can be no theft in such a case, as will be shewn hereafter.

"Similarly also, by the text of Nárada, namely: 'Separated, not unseparated, brethren may reciprocally bear testimony, become sureties, bestow gifts and accept presents,' the prohibition of mutual gift &c. amongst undivided co-parceners becomes logically consistent; because (in such a case) there is an impossibility of gift and acceptance, inasmuch as the acceptor had a right to the property given, even before a gift of it was made.

"All the co-parceners are entitled to the fruits of all acts, either temporal or spiritual, which are performed with the use of the joint property; since their right is common. This is affirmed also by Nárada: 'Among undivided brethren, duties continue common; but when partition takes place, their duties also become different.'

"Vyasa ordains: 'Let no one without the consent of the others, make a sale or gift of the whole immoveable estate nor of what is common to the family.' Here, from the use of the adjective 'whole,' it appears that the right of each parcener accrues to the entire estate.

"Therefore, when there are two persons equally related to the deceased, each of them considers the property left by the deceased to belong to himself as well as to the other coheir. Gift and the like by the one for his own purpose, is prohibited, should the other's consent be wanting.

"Therefore it is established that the right does not accrue to a fractional portion."

57. It appears that this is subscribed to also by the author of the Mitákshará; for, he says: "Partition is the adjustment into specific portions, of divers rights which have arisen in the entire estate."

But what is to be decided here is this: Whether ownership inhering in the owners and determined by the whole of the property, also whether property inhering in the entire estate and determined by the owners, exists jointly in all or exists separately in each? The first (alternative) is not tenable. Since in case of destruction of any one of those in which the ownership or the property inheres, there would be great *multiplicity* in assuming their destruction, and the production of them in all the remaining ones; and since the dealing with any article by any one (of the co-owners) would be impracticable in consequence of the want of power (in any one co-owner) of giving away or selling or using in any other way, according to pleasure. Neither is the second (alternative) tenable; because on partition the destruction and the reproduction of all of them would have to be assumed; and because that would be contrary to the following passage (of the Mitákshará), *viz.* "Partition is made of what was property, but property is not generated by partition."

What we say here is this:—there are certainly rights existing separately in each, by reason of the sameness of the relation: when partition takes place amongst the co-owners, the right of each ceases to what is allotted to the others, in the same way as by death, retirement and the like: so there is no inconsistency. And this is what is meant by "adjustment;" otherwise, the generation of right to a specific portion would have been used. Accordingly the cessation only of the right is assumed, but the production of a different right is not assumed. Agreeably to the opinion of Jímútaváhana, it being not determined previous to partition, as to what property the right of a co-sharer accrues in reality, there would be an end of all temporal affairs as well as spiritual ones enjoined by the Sruti and the Smriti;—which can be performed by wealth. You (Jímútaváhana) impute to the author of the Mitákshará, the defect of *multiplicity* for his assumption of the destruction and the production of rights, but yours is a still greater one (that of inconsistency) when you admit the production of a different right of each (of the co-sharers) in the property of the others by consent given by all (on re-union) after partition. You ascribe uselessness to the right over the entire estate by reason of its unfitness for use: but the same is equal if the right be admitted to arise in a fractional portion. There is no use in spinning out the matter.

CHAPTER II.

LAW OF PARTITION.

PART I.

SEC. 1—8. When and by whom partition is made.—9. Distribution by the father not arbitrary.—10. Of allotment of shares to wives.—11. Of equal Distribution.—12. Father's double share in self-acquired property.—13. Not so in ancestral property.—14. Equality of shares preferable in all cases.—15. Partition with one who wishes not to take any share.—16. Partition of heritage extends to the third degree; participation *per stirpes* not *per capita*.—17. Of partition of ancestral property recovered by father and of the father's right of disposal.—18. Mother's life no bar to partition.—19. The mother entitled to a share.—20. Initiation of uninitiated brothers.—21. Marriage of sisters, &c.—22. Of alienation of immoveable property.—23. Partition may take place at the desire of a single co-sharer.—24. Of a co-sharer born after partition.—25. Of partition by brothers of different classes.

1. Now are determined the periods, when, and the persons by whom, partition may be made.

On that subject Manu says:—"After (the death of) the father and also the mother, the brethren being assembled together shall equally divide the paternal estate; for they are not masters while those are alive."

"Paternal," signifies, belonging to the parents, since both are previously mentioned: hence by the phrase "after the father," a period of partition of the paternal property, is expressed; and by the phrase "after the mother," a period of partition of the maternal property, is shown; the term "and also" (*cha*) however, is used for the purpose of indicating other periods, but not for the purpose of laying down the restriction, (that partition is to be made only) "after the death of both," for the mother's life does not constitute a bar to the partition of the paternal property, nor the father's life to the partition of the maternal property.

Accordingly the author of the Sangraha says :—" Partition of paternal property may take place notwithstanding the mother is alive, because in the absence of the husband, the mother has no independent ownership (in the property of her husband ;) likewise also the partition of the maternal property may be made while the father is alive, for when there are children, a woman's lord is not the lord of her property." The meaning is: Inasmuch as, when there are sons, the mother has not independent ownership in the property of her husband even after his death, therefore even while she is alive the partition of the paternal property is reasonable; and because the husband has no right to the property of the wife, when there are children, therefore even while he is alive the sons are entitled to divide the maternal property.

Hence also the text, " For they are not masters while those are alive" is to be held as establishing the absence of independence in respect of the property of the father and mother respectively; and not as establishing the absence of right, since it has been demonstrated that the sons' right to the property of the father (and the mother ?) accrues by birth.

In the following text, namely,—" Should the father effect partition, he may separate the sons at his own desire, or (may separate) the eldest son with the best share; or all may be equal sharers ;"—Yájnavalkya, by declaring that the father may separate the sons at his desire, indicates that while the father is alive, that too is a period of partition when the father feels a desire for it. In that case, again, the father alone is the person who is competent to make partition; since the want of the sons' independence has been established by the text, viz.,—" For they have no right while the father is alive and free from defect." From the adjective " free from defect," it appears that what is meant is, that although the father be alive who has defects like degradation, still because the sons are not required to remain under his control, therefore that too is a period of partition when they desire; and in that case the sons are competent to make partition.

There is also another period of partition at the desire of the sons, namely, when the father feels no concern for property and has his sexual appetite extinct, and the mother is past child-bearing. Thus Nárada having spoken of partition after (the demise of) the father, in the text, namely,—" Hence after (the demise of) the father, the sons may divide his estate equally;"—goes on to say:—" Also when the mother is past child-bearing and the sisters have been given in marriage; or when the father's sexual propensity has become extinct and his affection (for property) has ceased."

Jímútaváhana, however, reads the text as " the father is lost or houseless," (instead of " the father's sexual propensity has become extinct;") and explains that " lost," means, degraded; and " houseless," signifies, no longer a householder. He also says that the reading, viz.,—" the father's sexual propensity has become extinct," is unauthorized. But this is unreasonable, for that reading has been adopted in the Mitákshará and other commentaries. The passage " the sons may divide his estate" (occurring in the preceding text) is to be construed with the latter text (of Nárada).

Gautama also, after declaring,—" After (the demise of) the father, the sons may divide his wealth,"—goes on to say,—" Also in his lifetime, when he desires, if the mother be past child-bearing."

Also Vrihaspati ordains,—" On the demise of the parents, partition among brethren has been declared; it may also take place while they are alive if the mother be past child-bearing."

Again even when the mother is capable of bearing more sons, and the father is unwilling, partition may take place at the desire of the sons, if the father suffer from a lasting disease or be addicted to vice. Thus Sankha says:—" Partition of inheritance may take place against the will of the father, if he be old, diseased, and have his intellect perverted;"—also Nárada says:—" A father who is afflicted with disease, or is influenced with wrath, or whose mind is engrossed with a beloved object, or who acts otherwise than the Sástras permit, is not competent to make partition."

2. To what has been said on the subject in the Mitákshará, namely, that the father's death is one period, when the mother is past child-bearing is the second, and the third is in the lifetime of the father when he desires,—the following objection is raised by Jímútaváhana:—"If the cessation of the mother's courses be joined, as a condition, with the extinction of the father's affections, then since the nubile age is ordained by Manu in the text, viz.,—'A man of thirty years shall marry a lovely girl of twelve years; or a man of twenty four, a girl of eight years: one who marries sooner deviates from virtue;'—and since the same sage ordains the age in which a man should adopt another order, in the text,—'After fifty a man shall retire to a forest;'—therefore at that time, the cessation of the mother's courses being impossible, there could be no partition at the desire of the sons although the father become a hermit or his temporal affections be extinct. If it be said that the extinction of the father's temporal affections without the condition annexed to it, constitutes a period of partition of paternal property, then even when the father is degraded partition could not take place if his temporal affections be not extinct. If it be alleged that this too is another period of partition, then there would be four periods of partition, *viz.*, the demise of the father, his degradation, the extinction of his affections and his desire. Hence two periods only are reasonable: one, when the father's right ceases by death, degradation or the extinction of terporal affections; the other, at the pleasure of the father while his right subsists."

This objection has arisen from not understanding the intention of the author of the Mitákshará. For he does not lay down the restrictive rule that there are only three periods of partition; because he does immediately establish other periods by the passage 'likewise, &c.,' and because there is no reason for such a rule. The proposition, again, that one period of partition is on the cessation of the father's right, and the other, at the father's desire although his ownership have not ceased,—is erroneous. Since in that case, the text, "when the mother is past child-bearing," would become unmeaning, for the father's right is not extinguished by reason of the mere fact of the cessation of the mother's courses; and since the cessation of the father's right cannot possibly be the occasion of partition, inasmuch as right has been established to accrue by birth. Similarly also, right does not cease under the circumstance of being afflicted with a lasting disease; hence also the restrictive rule asserted by you that there are only two periods of partition is difficult to be maintained. Nor can you say that you approve the proposition that right does not cease when the father is afflicted with a lasting disease, for it would be contrary to the text which enjoins partition on that event.

3. As for what has been said by the same author, namely,—"The condition 'when the mother is past child-bearing,' refers to the property inherited from the grandfather and other ancestors. Since, the mother being past child-bearing, the birth of more sons becomes impossible, hence partition among sons may then take place, but by the choice of the father, for if ancestral property were divided while the mother was capable of bearing children, then those born subsequently would be deprived of subsistence; nor is that reasonable, for it is ordained,—'Those who are born and those who are not yet begotten, as well as those who are in the womb, all require maintenance; the dissipation of their hereditary source of maintenance is censured.'—Inasmuch as there are two periods for partition of paternal wealth, therefore Manu, Gautama and other sages have used the term 'after,' leaving the term death. 'After,' signifies, extinction of the father's right. But if the above text referred to paternal property, then the text,—'But one born after partition shall take the father's share only,'—would be without any subject to which it may be applicable, because there is no possibility of the birth of more sons, when the mother is past child-bearing; nor can it be at all supposed to relate to the mother's estate, for in that case the mother would be deprived of her property. Hence the condition 'when the mother is past child-bearing,' refers to the estate of the grandfather. Nor can the circumstance of the mother being incapable of bearing more children be a cause of partition independently of choice, for there can be no partition without a will to effect it; then

the question occurs, whose must that will be? and the solution is that it must be the father's will, as deduced from the text of Gautama, which says,—' After (the demise of) the father, the sons may divide the estate, or while he lives if the mother be past child-bearing, and he desires it.' Hence there are only two periods for partition of the grandfather's estate; one is, when the parents are no more, and the other, when the mother is past child-bearing and the father desires it."

This too is, but the effect of carelessness: because the objection of dissipation of the subsistence is equally applicable to paternal property; and because the objection that the text, ' But one born after partition, &c.,' would be without a subject, holds equally good in case that text be held to refer to the estate of the grandfather and other ancestors; also because it cannot but be admitted, as it is universally admitted, that when a father who retains his temporal affections becomes tainted with degradation and the like, partition of even the grandfather's estate may take place at the desire of the sons. But as it will be established that in the property of the grandfather, the ownership of the father and the sons is equal by reason of texts such as, —" The ownership of the father and the son is the same &c.,"—therefore in fact partition thereof at the desire of the sons is not improper. As for a different interpretation of the above text, and the supposition that the absence of mastery relates to his estate &c., all these will be refuted on the occasion of considering that text.

4. We say that there are only three periods of partition in this way, namely, when the father is alive and worthy of independence, his desire alone is the cause of partition; but if he is not worthy of it by reason of degradation, mendicancy and the like, then the desire of the sons only; on the demise of the father, however, the causality of the sons' desire, necessarily follows. Otherwise there would be great confusion, for it would be unreasonable to suppose that the circumstances, namely, extinction of desires and the like, do sometimes separately and sometimes conjointly constitute the cause of partition, and because it would be difficult to discriminate between what

constitutes the principal cause and what its concomitants. Hence in certain texts the enumeration of some of the circumstances and the omission of the others become consistent.

By reason of the simplicity of the supposition of one radical revelation, all the texts should be considered to indicate only the absence of the father's independence by 'extinction of desire' and the like. To this very effect is the import of texts like the following:—"For they are not masters while the parents are alive:" (Manu). "For sons have not ownership while the father is alive and free from defect:" (Devala). "And it is right even while they are both living:" (Vrihaspati).

Hence Vyása and other sages have declared two alternatives, namely, one which is preferable, is the common abode of brothers while the parents are alive; the other, where by their consent and the like, the eldest or any other who is capable of managing the affairs of the family becomes the head of the family and the rest live under his control. Thus Vyása says:—"For brothers, common abode is ordained while the parents are alive." Hárita declares,—"While the father lives, the sons have no independence with regard to receipt, expenditure and deposit of wealth. But if he be deceased, remotely absent, or afflicted with disease, let the eldest manage the estate." Sankha and Likhita, however, most clearly declare,—"If the father becomes incapable, let the eldest manage the affairs of the family, or with his consent a younger brother conversant with business; partition of the wealth does not take place, if the father be not desirous of it; when he is old or his mental faculties are impaired, or his body is afflicted with a lasting disease let the eldest like a father protect the goods of the rest; as (the support of) the family depends upon the wealth, they are not independent while they have their father living, or while the mother is so."

Therefore there are only three periods for partition, in the way mentioned above.

5. In the text of Manu on this subject the term "assembled together" only recites (but does not enjoin) the

assemblage (of co-sharers) which may take place, like the plurality (recited by the plural number in the term "brethren,") otherwise partition could not take place, at the desire of one co-parcener or where there are two brothers. Thê term "equally" however is restrictive; but this will be fully considered hereafter.

6. Jímútaváhana says:— "Since the term 'parents' (in Vrihaspati's text) bears the dual number, therefore partition by uterine brothers, of even the paternal property should be made only on the demise of the mother. But the use of the mother's demise has no reference to the partition of the mother's estate; because the text 'even while they are living' cannot consistently refer to the mother's estate, therefore it must be admitted to refer to another's property: hence, because by the term 'even' in the text 'even while they are both living,' the existence of the parents is declared to relate to the very same case to which the non-existence of the parents stands as the cause, therefore the demise of the mother ought not to be interpreted as referring to the estate of the mother."

But this is not consistent; for in the text of Manu the terms 'father' and 'mother' are separately set out: also where it is otherwise, (as in Vrihaspati's text) it is reasonable to interpret the dual number as only intending reference to partition. If it were not so, then there would be no earthly reason for connecting the property of one with the demise of another.

What again is the meaning of the passage, namely,— "Because the text, 'even while they are both living &c.' cannot consistently refer to the estate of the mother &c."? If it be that the text does not refer to the property of the mother, by reason of the absence of her independence while the father is alive, in that case the father has ownership even in the property of his wife notwithstanding the sons, therefore her demise too cannot have any bearing upon that, hence would arise the objection of having reference to something else.

And as for a different meaning of the above passage, it will be shown that that is an absurd assertion. Hence the proposition, affirmed by the author of the Sangraha and others,—viz., that the mother's demise relates to her property,—is consistent; since the reason is earthly.

7. The common abode of the brethren, however, is preferable, as while the parents are alive as likewise after their demise. Thus Sankha and Likhita declare,—"They may live together if they please, for being united together they may attain to prosperity." The meaning is, that being "united together," *i., e.*, dwelling together they may attain to prosperity through the assistance rendered by each other in the acquisition of property. So Nárada says.—"Let the eldest brother, like a father maintain the rest together; or let a younger brother who is capable, do so: the maintenance of the family depends upon ability."

So Manu ordains,—"The eldest brother may take the patrimony entire, and the rest may live under him as under a father. By the eldest son as soon as born, a man becomes father of male issue, and is exonerated from the debt to the ancestors:- such a son therefore is entitled to take the entire heritage. That son alone on whom he devolves his debt and through whom he tastes immortality, was begotten from a sense of duty; the rest are considered as begotten from love of pleasure. Let the eldest like a father, support the younger brothers, and let them according to law behave like sons towards the eldest brother. The firstborn exalts the family, or on the contrary, destroys it; the firstborn is the most respectable in society, the firstborn is honored by the good in this world. If the eldest brother acts as an eldest brother should do, he is as a mother, he is as a father. But one who does not act as an eldest brother should do, is still to be respected as a relative. The eldest brother who from avarice defrauds his younger brethren shall not be considered as the eldest, shall forfeit his share and shall be punished by the king."

Agreeably to all these texts, the joint abode of all the brethren in obedience to the eldest brother who is possessed of good qualities, is preferable.

But if increase of religious merit be desired then partition should be made. It has been so declared by Manu and Prajápati;—"Thus let them dwell together, or apart for the sake of religious merit, since religious duties are multiplied apart, therefore separation is virtuous." Religious duties consist in the worship of gods &c., for that alone is never heard to be separate in a joint family. Accordingly Vrihaspati says:—" Among those who live in commensality, the worship of the manes of ancestors and of gods and Bráhmanas, is common : but among the separated the very same worship takes place in the house of each."

The author of the Sangraha, however, says that the term increase of religious merit, includes also the increase of religious merit by means of the establishment of the sacred fires and the like ceremonies :—thus he says,—By partition the paternal estate is rendered the property of the sons; when the right of property arises, they commence ; hence separation is virtuous : " commence," *i. e.* accomplish the ceremonies of establishing the sacred fires and the like.

But this has already been refuted by us when establishing the right of sons to the performance of ceremonies enjoined by the Sruti and the Smriti, even before partition by reason of the sons' right to the paternal property accruing by birth alone. Therefore by the term religious duties, are to be understood only such religious duties as the five great sacrifices.

8. The phrase " and the sisters given in marriage," is however inserted not for the purpose of marking a period of partition, but for the purpose of shewing that their marriage must be celebrated: similarly the text of Nárada, *viz.*,—" Whatever remains after the father's gifts are given and the paternal debts liquidated out of it, should be divided by the brothers so that the father may not remain a debtor,"—ordains the obligation of paying off the father's debts, but not a period of partition.

9. Again when the father separates the sons at his desire, then also arbitrary will shall not be exercised, but the meaning of Yogísvara's text is, that of the two methods *viz.* " Or (may separate) the eldest with the best share, or all may be equal sharers,"—that method which he chooses may be adopted.

Professor Vijnánesvara explains the above text in the following way :—" The eldest, with the best share; the middlemost, with the middlemost share; the youngest, with the smallest share; or all the eldest and the rest may be made equal sharers."

The oriental writers, however, say that the phrase 'at his desire' indicates a separate method altogether, and distinct shares of the eldest and others and equal shares constitute two methods : thus there are three methods ; accordingly the first term " or " in the text " or (may separate) the eldest,"—becomes significant, as having reference to the mode indicated by the phrase " at his desire :" it would become far-fetched, had it reference to the method which is subsequently set forth.

And they assign the following reason for that (view): —In the text of Nárada, viz.,—" Or the father himself when old may separate the sons, either (he may separate) the eldest with the best share, or in any way he pleases,"—because one mode of unequal distribution is set forth by the passage " either the eldest &c.," and then it is said " or in any way &c." therefore it is indicated that there is also another mode of distribution by the desire of the father. Also Hárita says :—" A father, having during his lifetime distributed his property may retire to the forest, or enter into the order suitable to an aged man ; or he may remain at home having distributed a small portion (of his property amongst his sons) and retaining a greater portion ; should he be pinched, he may take back from them."—" The order suitable to an aged man," means the fourth order; " be pinched," means, be reduced to poverty :—here too a different mode is expressed by the passage " having distributed a small portion." Therefore by reason of the same foundation (of Yogísvara's text) with these (texts) it is reasonable to say, in order to include the above mode of partition in Yogísvara's text, that the passage " at his desire" (in Yogísvara's text) indicates nothing but a separate mode.

This is wrong : for the term " or" does not become far-fetched (by having reference to the subsequent mode,) since it may, with propriety, be construed in either way. Neither is the reason assigned correct. Because if the object of the phrase 'at his desire' (in Yogísvara's text) be to include another mode mentioned in other texts, then the latter half (of Yogísvara's text) would be merely unnecessary; for as those two modes also are mentioned in other texts, these may likewise be included under the phrase "at his desire": there would certainly be very little necessity if the object of that phrase were to include a mode other than these (two modes). And because desire being under no restraint, the meaning of that (other supposed mode) cannot be ascertained without consulting other texts, (but it must be ascertained) so that arbitrariness may be prevented: but there would be no necessity for consulting other texts, if the phrase "at his desire" be interpreted to be inserted for the purpose of removing the idea of any rule regarding the applicability of the two modes mentioned by (Yogísvara) himself. Nor can it be said that inasmuch as option is indicated by the very assertion of the alternative, the phrase "at his desire" is useless; since it is far more reasonable to say that the phrase though it is superfluous, is intended to have reference to the two modes mentioned by himself, with the object of removing the idea of the alternative being governed by any rule, rather than that the latter half (of Yogísvara's text) is useless.

Again, the same foundation (of Yogísvara's text) with the texts of Nárada and other sages, is not inconsistent with the interpretation put by Vijnánesvara; for the two modes mentioned in Yogísvara's text, are declared in other texts also. Nor can it be said that let the meaning of Yogísvara's text be, that arbitrary will alone constitutes a distinct mode; for in that case the following text would be meaningless, viz.: "A father who acts otherwise than the Sástras permit has no power in distribution"; for, if (the exercise of) unqualified will were agreeable to the Sástras, then acting otherwise than the Sástras permit, would be impossible. Had will been the only cause, then the following text of Kátyáyana also would have been useless, viz.:— "But let not the father distinguish one son at a partition made in his lifetime, nor whimsically deprive any one (of his share) without sufficient cause."—"Let not distinguish," means, let him not make any son benefitted by any arbitrary special consideration, otherwise than by the specific deductions for the eldest and others,—as enjoined by the Sástras; "sufficient cause" again, is such as degradation &c., permitted by the Sástras; "whimsically" means, through anger or through affection towards the son of a beloved wife; "deprive" signifies, render destitute of shares.

As for the following text of Yogísvara, namely,—"Among those separated with greater or less allotments, (the distribution) made by the father is pronounced, lawful,"—that again has, consistently with the text, viz.,—"A father who is afflicted with disease or incensed with wrath &c,"—been explained by Vijnánesvara himself to mean only this:—"lawful" *i. e.*, if in accordance with law, then what is made by the father is pronounced as finally made *i. e.*, cannot be revoked; but what is not lawful *i. e.*, not made agreeably to the Sástras, can certainly be revoked.

Similarly are to be explained also the following texts of Vrihaspati and Nárada (respectively):—"Shares which have been assigned by the father to the sons, whether equal, greater or less, ought to be kept unaltered by them: else they shall be chastised."—"For such as have been separated by their father with equal, greater or less allotments of wealth, the same is a lawful distribution; for the father is the lord of all."—The meaning is that even in case of partition with the best and the like shares allotted by the father to the eldest and the like respectively, the others should not be dissatisfied; nor should the eldest and others be so, in case of partition with equal allotments: accordingly Nárada says, that "that is a lawful distribution."

Partition with the best and the like shares has been declared also by Manu thus,—"The twentieth part of the estate together with the best of all chattels, constitutes the specific deduction for the eldest; half of that for the middlemost; and a quarter, for the youngest." Baudháyana has declared the case of equal shares, thus:—"'Manu distributed the heritage among his sons; hence the share of all is equal by reason of the absence of distinction." The meaning is, that all the sons shall have equal shares inasmuch as no distinction is mentioned in the Sruti, *viz.*, "Manu distributed the heritage among his sons."

10. If a father, by his own will, separates his sons with equal shares, then he must give to each of his wives a share equal to that of a son. Thus Yâjnavalkya says:—"If he makes the allotments equal, then his wives to whom *woman's property* has not been given by the husband or father-in-law, shall be made equal sharers."—To whom *woman's property* has not been given through affection &c., by the husband or the father-in-law: the mention of the husband &c. is illustrative; the meaning is, who are devoid of *woman's property* described hereafter. What is laid down is, that each of such wives is entitled only to a share equal to that of a son. Thus the following meaning is deduced:—When the father separates his sons even with the best and the like shares, then also after having deducted the best and the like shares he shall, out of the whole property from which the specific deductions have been made, allot to each of his wives a share equal to that of a son; but they are not entitled to specific deductions for their seniority.

Whatever, however, a wife is entitled to as her specific deduction, that too the wife gets; accordingly A'pastamba says:—"The furniture in the house and the jewels belong to the wife."—"Furniture" means pots for eating and the like. What furniture of a woman is not joint property and what ornament is not so, will be considered hereafter.

Nor is it reasonable to say that when Vijnánesvara explains the above text (of Yogísvara) to intend that a wife is entitled to a share equal to that of a son in both the modes (of partition), then the condition consisting in the equality of shares, as ordained in the passage, "If he makes the allotments equal,"—is useless: this much only ought to have been said that the wives do not get specific deductions according to their seniority. Because a mode of mere unequal distribution without the specific deductions,—has been declared by Manu in the text,—"When the specific deductions have thus been made, let equal shares (of the residue) be allotted: but if the specific deductions be not made, then the distribution of shares among the sons shall be in this manner,—let the eldest have a double share; the next born, a share and a half, and the younger sons each a share: this is the settled law,"—by Gautama in the text,—"Or the first-born may have a double share, and the rest one share each,"—by Vasishṭha, in the text,—"The partition of heritage among brothers is now declared: let the eldest take two shares, to him also belongs a tenth of the oxen and horses; the goats, the sheep and the house belongs to the youngest; the iron instruments and the furniture of the house belong to the middlemost,"—and by Nárada, in the text,—"To the eldest an additional share should be given; for the youngest the best share is ordained; the rest shall partake of equal shares and so the unmarried sister."—If this mode be adopted, then in order to establish the absence of the wives' shares in that case, the restrictive rule, namely, "If he makes the allotments equal,"—has been ordained. Hence there is no defect.

Accordingly in interpreting the following text of Manu, viz.—"Among undivided brethren, if there be exertion in common, then the father shall on no account make unequal allotments,"—which prohibits the distribution of unequal shares, if in acquiring the property there has been "in common" *i. e.*, equal "exertion" *i. e.*, labour of all the brethren,—Jimútaváhana says:—But the specific deductions may certainly be given by the father, these do not partake of the nature of allotments; unequal allotments only being prohibited.

The following is the opinion of Vijnánayogin:—Hence also in a case of partition with specific deductions, as declared by Yájnavalkya in the text, "or the eldest with the best share,"—the sons certainly take equal shares; consequently to that case also, the above text (of Yájnavalkya) is applicable. But it does not apply to the case of partition with double shares &c.

But if *woman's property* has been given (to a wife,) in that case the allotment of a half share is subsequently ordained in the text,—"If any have been assigned, let him allot the half." Although this has been ordained with reference to what the husband is to give to a wife who is superseded by the marriage of another wife, still by parity of reason it is to be applied to the present case where the question occurs (as to what should be allotted to a wife who has received *woman's property*). For Baudháyana says:— "What is affirmed of even one among many that have a common property, the same is to be extended to all, since they are declared to be similar."

Jímútaváhana and his follower the author of the Dáyatattva appear to explain the term "exertion in common" in the text of Manu, viz.,—"Among undivided brothers &c.,"—to mean, if all ask for partition; for they say:—"But when the sons request partition in the father's lifetime, an unequal distribution should not be made by him." But this interpretation is improper inasmuch as the term "in common" *(saha)* becomes unmeaning, and the term "exertion" *(utthánam)* although importing labor must be taken to signify, desire for partition; hence the interpretation put by us is to be preferred: thus we get also harmony with the following text of Yogísvara, viz.,— "When there is an augmentation of the common stock, then however, the distribution is ordained to be equal": hence that text is reasonably construed by putting no other interpretation than what is approved by us.

It has been said in the Mitákshará:—"Again in the text,—'If any have been assigned, let him allot the half,'— the term 'half' does not signify an exact equal division; hence so much should be given as what was given before and what is given now may be equal (to the share of a son)." The purport of which is this:—although the term *ardha* (half), in the neuter gender, signifies equal division according to the *kosha* (vocabulary) which says,—"*ardha* in the neuter gender, implies equal division,"—still the intention is that a wife is entitled only to a share equal to that of a son, so that the share of a wife may not be unsettled, that is, sometimes greater than that of a son, and sometimes less; also that the restriction as to an exact half share may not have an ultra-mundane object.

With regard to this the author of the Madanaratna says:—"From the plural number in the term 'wives,' (in Yájnavalkya's text) it appears that the father himself is to take a share for each wife; but separate shares are not to be allotted to them; since that would be contrary to Hárita's text which ordains,—'There can be no partition between husband and wife.'"

This is not tenable; for partition between husband and wife is not affirmed here, so that there would be conflict with the text of Hárita, but (what is affirmed is) the gift to the wives, at the time of separating the sons, of shares equal to theirs, like the gift through affection; for this reason it has been said that a half share shall be assigned if *woman's property* has been given. Hence there is no defect.

11. The partition, however, which takes place at the desire of the sons during the lifetime of the father,—must be equal; because there is no provision for inequality (of distribution,) and because the term "equally" which occurs in the previous text is to be construed with the text of Manu (Nárada ?) viz.,—"When the mother is past child-bearing."

So also the partition after the demise of the father must be equal; for it is so declared by the term, "equally" in Manu's text cited before; also Hárita says, "When the father is dead, the division of the heritage shall be equal;"—so Paiṭhínasi declares,—"When the paternal property is to be divided, the shares of the brothers shall be equal"; so also Yájnavalkya ordains,—"After the demise of the parents, the sons shall equally divide the heritage and the debts."

This text (of Yájnavalkya) has been explained in the Mitákshará, thus:—"After the demise of the parents," indicates the period of partition, "the sons" shows the persons by whom partition is to be made, "equally" restricts the mode of partition.

If it be said that when Manu, after having premised partition after the demise of the father, and having ordained the alternative of joint abode to be preferable, in the following text,—"The eldest alone, however, may take the paternal estate in its entirety, and the rest may live under him as under a father,"—has also spoken of unequal division in the text,—"The specific deduction for the eldest is the twentieth part &c." :—then how can the restriction, be obtained that the distribution shall be equal? The answer is, although this unequal distribution is laid down by the Sástras, whether the father be alive or dead; still the restriction,—that the distribution shall be but equal in this *kaliyugam* (age of discord,)—is to be maintained in pursuance of other texts; for Yogísvara ordains,—"But practise not what is abhorred in the world though it be legal, for it secures not spiritual good."

Here the term "world," means *yugam* (age); the meaning is, "what is abhorred" *i. e.*, prohibited to be practised in one age, although it may be legal in another age, ought not to be practised. Otherwise there would be the following defects:—it would be contradictory to say that the same thing is legal, and (at the same time) is one which secures not spiritual good; the abhorrence of what is agreeable to the Sástras by one who is versed in them would be contradictory; the abhorrence of mortals in ignorance of the Sástras does not, however, render anything incapable of affording spiritual good, because the same might extend to cruelty &c. in the ceremonies of *agnisoma* and the like. Accordingly, those only that are ordained to be shunned in the *kaliyugam*, such as the killing of cattle in honor of a venerable guest and the sacrifice of cows, have been set forth in the Mitákshará as examples of what are abhorred in the world.

Again wherever the re-marriage of an undefiled widow, and the like, have been mentioned under what are to be shunned in the *kaliyugam*, there have been also included the specific deductions for the eldest &c.; thus in the A'dipurána it has been said,—"The re-marriage of a woman once married, the specific deduction for the eldest, the sacrifice of kine likewise, the intercourse with a brother's wife, and the use of a *kamandalu*; these five shall not be done in the *kaliyugam*." So also it has been said in the Smritisangraha,—"As neither the law of appointment to raise issue, nor the sacrifice of kine, so neither the partition with specific deductions, now exist."—"The law of appointment to raise issue," means, intercourse,—in the prescribed way, by appointment of venerable relatives,—with a brother's affianced bride if the brother dies, (before the completion of marriage); "the sacrifice of kine," is as ordained in the text,—"Sacrifice a barren cow as a victim consecrated to Mitra and Varuna;" "now," means, in the *kaliyugam*.

Accordingly A'pastamba, having declared his own opinion,—"A father, in his lifetime, shall equally distribute the heritage among the sons;"—and having stated as the opinion of some, the taking of the entire estate by the eldest, in the text,—"Some (say that) the eldest is the heir;"—and having shewn, as the opinion of others, a distribution with specific deductions, in the text,—"In some countries, the gold, the kine, and the black produce of the earth belong to the eldest; the car appertains to the father; and the furniture in the house and ornaments are the wife's, as also wealth (received by her) from kinsmen;"—has refuted the same in the text,—"That is contrary to the Sástras;"—and has himself explained the inconsistency with the Sástras, in the text,—"No distinction is mentioned in the Sruti,—'Manu distributed his heritage among his sons.'"

Hence unequal distribution, though ordained by the Sástras, ought not to be carried out in the *kali* age.

As for what has been said by the author of the Mitákshará, namely,—"it is also contrary to scripture;"—that is open to question. For if there be inconsistency with scripture, then unequal distribution could not be practised in other ages also (besides the *kali* age,) consequently the texts ordaining it would be altogether without authority; hence it is inconsistent to say that it is one which is to be shunned in the *kali* age. Neither is here direct conflict with scripture; for inasmuch as distinction is not ordained in the Sruti (cited above), therefore equality (of distribution) is inferred according to the maxim,—"Equality is the rule where no distinction is expressed."

In the following passage of the Smritichandriká, however, there is written a different text of scripture, cited by Baudháyana, which ordains unequal distribution:—He himself has declared that there is a different text of scripture, bearing upon the specific deductions for seniority, "The eldest shall set apart one from every kind of property agreeably to the Sruti,—'Therefore set the eldest son at ease with a property';" by speaking of "one from every kind of property," he indicates that the singular number in the term 'a property,' occurring in the Sruti, is significant; 'set at ease,' means satisfy.

Jímútaváhana and others, however, say that the equal or unequal distribution are determined respectively with reference to the consent or not (of the younger brothers,) in the passage :—"When there is the consent of the brothers by reason of great respect &c., (for the eldest) then there may be unequal distribution with specific deductions and the like: accordingly equal division alone is observed in the world, because persons of the present day (who are younger brothers) entertain no great respect (for their elders), also because elder brothers deserving of deducted allotments are now rare."—This is, however, not acceptable as it is inconsistent with the first half (of Yájnavalkya's text,) because in that case, the sons' desire alone would be the cause; and the interpretation,—that the father's will constitutes another independent mode (of partition)—has, however, been previously shewn to be erroneous.

12. When the father distributes his self-acquired property amongst the sons, he shall himself take two shares. This has been declared by Nárada,—" The father while dividing his own property shall take two shares." Also Vrihaspati says,—" If partition takes place in his lifetime, the father shall take two shares."

It is said by Sankha and Likhita that the father takes two shares in case he has an only son; thus,—" If he be the father of an only son, he shall allot two shares to himself." The author of the Vyávahárapárijáta, however, has explained the above text, thus ;—Here the term " only" (*eka*) means, excellent; accordingly if the son, being accomplished, is capable of acquiring wealth, then on separation with him, two shares shall be taken by the father.

Jímútaváhana, however, has explained the above text, thus ;—" The term *ekaputra* (rendered above into 'the father of an only son') signifies, the son of one father, *i. e.*, the true (*aurasa*) son; it is not a compound called *vahubrihi*, signifying, 'the father of an only son'; for, as in a *vahubrihi* compound what is principally considered is an object different from what the constituent words of such a compound mean, it is not preferrable to a *shashṭhitatpurusha;* accordingly the *wife's son* (*kshetraja*) is excluded by reason of his being the son of two fathers: hence a father being a true son (of his own father) shall take two shares out of the estate of his own father, but not a father who is *kshetraja* or the *wife's son.*"

This is wrong, for in that case this text would refer to the estate of the grandfather; but it will be established that even a father who is a true son (of his father) is entitled to (no more than) a share equal to that of a son, because the father and the sons have equal right to the estate of the grandfather: accordingly here the *vahubrihi* compound is to be necessarily preferred.

The author of the Mitákshará, however, has not noticed the above text at all.

Kátyáyana says,—"A father takes either a double share or a moiety by reason of his acquisition of both son and wealth; and a mother also, if the father be deceased, is entitled to a share equal to that of a son."

(In commenting) on this text Jímutaváhána says:— "The term *putravittárjanát* (rendered above into 'by reason of his aquisition of both son and wealth') means, from a son's acquisition of wealth, *i. e.*, the father is entitled to two shares of the wealth acquired even by a son, in the same manner as of his self-acquired property: but it does not signify, 'by reason of the acquisition of both son and wealth;' for it is admitted that when partition is made with brothers, then even one who has not got a son takes two shares as the gainer of the wealth; hence it must be affirmed (by the adversary to be the meaning of the above text) that if any relative exist who is entitled to participate, the acquirer takes two shares &c.; but if there be none, he takes the whole. But thus the specific mention of father and son would be unmeaning, like the singing of a drunkard. Besides acquisition is an act causing right of property, for it has been declared that 'it is a contradiction to say that acquisition does not produce right of property'; but it has been shewn under the topic of the gift of whatever a man owns that there can be no such right over sons; hence the term acquisition would be metaphorical in regard to sons and literal in respect of wealth; but this two-fold meaning of a term once uttered is unreasonable. Nor can it be argued that the text would be superfluous, since the son's right to a double share is obtained from the fact of his being the acquirer, and since the father's right to two shares is also deducible from other texts, independently of the above text. For this text is not superfluous; since without this text there is no authority for holding that the father is entitled to two shares of his son's wealth."

This is not tenable; for the compound (*putravittárjanát*,) as explained by you, conveys a secondary meaning, depending at it does upon the genitive case to be imported, and as such, is less reasonable than the conjunctive form (maintained by us). As for the objection raised to the conjunctive form by the argument "for it is admitted &c."; that is extremely incongruous; for the text does not relate to participation &c. by brothers, the father's property being the subject dealt with. Nor can it be contended that the term *putra* "son" (in the above text) is useless, the acquisition of property alone being a sufficient cause for taking two shares. Because the term shews the absence of independence (in the son): the purport is, a son too being acquired by him like property is dependent, and as such can be no obstacle to the taking by the father, of two shares of his self-acquired property. As for the objection, "but this two-fold meaning &c."; that too is not good. For the father's right over the sons too is admitted. It cannot be said that this would be contradictory to what is said under the topic of the gift of whatever a man owns, the purport of what is said there being against such right of the father and others. Because the absence of the gift of sons &c. which is concluded in that topic, has been established by reason of conflict (of the gift of sons &c.) with what is shewn in the Bháshya, to be the inducement (for giving away all that a man owns). It is for this reason that the provisions regarding the gift &c. of sons and daughters, bear only the primary meaning, they do not convey gift &c. that are secondary, such as making sons &c. dependents of others.

13. But the appropriation of two shares by a father relates to his self-acquired property; it has no reference to the property acquired by his father. For the father and the sons are entitled to equal shares of the grand-

father's estate, since their co-equal ownership therein has been ordained by Yájnavalkya in the following text,—"The ownership of father and son is, indeed, similar in the acquisitions of the grandfather, whether land, any settled income or moveables."

And the meaning of this text is this:—"land," signifies, rice-field and the like; "any settled income," is what is given by reason of written grants by kings to the following effect,—"To such and such a person, so many betel-leaves or the like shall be given from such and such a plantation of betel leaves or orchard of betel-nuts;" "moveables," are gold &c.; by the term "indeed," it is indicated that the ownership of father and son in these is well-known, right accruing by birth alone; that again is "similar," *i. e.*, co-equal: hence in respect of the grandfather's estate, the sons are not dependent on the father, as they are in respect of the father's self-acquired property; consequently partition (of the grandfather's estate) may be made (by the sons) even against the father's will, and the rule regarding the father's two shares does not obtain.

So Vrihaspati has declared,—"In the property acquired by the grandfather, whether immoveable or moveable, the parcenership of both father and son is ordained to be co-equal indeed."

The author of the Madanaratna says:—The meaning is that the father shall take an equal share only, but not a double share as in the case of his self-acquired property, nor shall adopt the mode of unequal distribution.

On this, Jímútaváhana says:—"Where of two brothers, one dies, while the father is alive, leaving a son, and the other brother survives and subsequently the father dies; in that case the son alone, by reason of his proximity, would have inherited the father's estate, but not the grandson whose father is previously deceased, by reason of his distance; in order to prevent this, it has been declared that 'the ownership is similar;' hence, as the father had ownership in the grandfather's estate, so his son too has: there is, however, no distinction by reason of greater or less propinquity, both being equally competent to offer oblations in the *párvana* mode. This is the purport. Hence also a great-grandson whose father and grandfather are dead is equally entitled to the estate of the great-grandfather, for there is no distinction as to the offering of oblations. But if the sons had ownership in the grandfather's property while the father is alive, then on partition by two brothers having sons, their sons too would have been entitled to shares by reason of their equal ownership. Hence the text (of Yájnavalkya) relates to a grandson whose father is dead and not to grandsons generally. Nor can it be said that such cannot be the purport of the text, as being not the subject premised. Because the case of grandsons by different fathers is the subject previously proposed. But what is intended to be shewn by the declaration of the similarity of ownership, is that there cannot be unequal distribution by the father at his will, as it can be in the case of self-acquired property. Thus Vishnu says:—'When a father separates his sons from himself, his will regulates the division of the wealth acquired by himself; but in the estate inherited from the grandfather, the ownership of father and son is co-equal.' Hence as regards self-acquired property, a father may separate his sons with unequal allotments; but in the grandfather's estate the ownership being co-equal, the father cannot act according to his pleasure. These texts being reasonably construed by this interpretation alone, the general rule,—that the father's desire constitutes the period of partition, and that the father is entitled to a double share,—is not affected (by them). Again, although it may be conceded, as is maintained by Dháresvara, that the texts relate even to grandsons whose father is alive, still the object is no other than to prevent unequal distribution by the choice of the father; they do not however shew that partition may take place at the desire of the sons, nor that the father is not entitled to two shares. When, agreeably to the following text of Vrihaspati, viz.—'The eldest by birth, by science, and by good qualities shall obtain a double share of the heritage; and the rest shall share alike: for he is as a father to them,'—a father, who delivers his father from the lower regions and is the eldest by good qualities,—is, on partition with his brothers entitled to a double share as being like a father: then it is not proper on the part of yourself and the sages, to say that the father himself, on partition with his sons does not obtain a double share of the estate inherited from the grandfather, although it is through him alone that the relation of the sons arises to the grandfather's property. Hence the rule that the father's desire constitutes the period for partition, as set forth in the text, 'He may separate his sons by his choice' and that the father is entitled to a double share, as is laid down in the text,—'shall take two shares,'—is applicable also to the property inherited from the grandfather; but it is only the unequal distribution amongst the sons, that does not take place at his will. Nor can it be said that in the following text, viz.,—'In the property acquired by the grandfather, whether immoveable or moveable the parcenership of both father and son is ordained to be equal indeed,'—the equality of the shares of father and son being clearly declared by Vrihaspati, how are two shares for the father obtained in this case too? Because the meaning is that 'the parcenership,' *i. e.*, the act of one who distributes is 'equal,' that is to say, the father is not, however, entitled to make a distribution of greater and less shares at his choice: it it does not imply that the shares must be alike. Or the declaration of equal parcenership may be taken to have reference to a father who is the son of two fathers, such as the *wife's son*, since it has been shown that the term *eka-putra* in the text,—'If he be the father of an only son &c.,'—refers to one who is a true son."

This is not acceptable, being opposed to the context. Since after ordaining that among grandsons by different fathers the allotment of shares is according to the father,—it is declared,—"The ownership of father and son is, indeed, similar in the acquisitions of the grandfather whether land, any settled income, or moveables."—Now here three doubts arise, namely, whether, when the father is alive, the grandsons have no ownership in the grandfather's property, or there can be no partition, or partition can take place only by the choice of the father as in the case of his self-acquired property. Hence what the author of the Mitákshará says, namely, that the latter text is ordained only with a view to remove these doubts,—is consistent with the proper mode of interpretation. Wherefore should it be restricted to the case of grandsons whose father is dead? Nor, can it agreeably to what is maintained by Dhåresvara, be said, that the text is intended to prevent only unequal distribution by the choice of the father, and not the determination of the time for partition by the father's choice, nor his double share, which are without distinction applicable to this case. Because there is no ground of discrimination (as to what is the intention).—Moreover, the causality of the father's desire, is literal, being expressed by the instrumental case in the text, "may separate *by his choice*;" but the determination, by the father's desire, of the time for partition, is only inferential: it is very strange that when the literal causality is prevented by this text, it does not prevent the determination (by the father's choice) of the time for partition—which is inferential. And if the ownership be admitted to be co-equal, as you have taken upon yourself the difficulty of admitting it,—then the causality of the son's desire, and the determination by it, of the time, cannot be opposed.

If it be said,—That the father is entitled to a double share by reason of his being the father and not by reason of his greater right, nor by reason of his being the acquirer; for (otherwise) that (*i. e.*, the acquirer's double share) being established by the general text of Vasishtha, namely,—"Whatever any one of them has himself acquired, he is certainly entitled to two shares" (of the same,)—the particular text,—viz.—"The father......shall himself take two shares,"—would be useless; therefore in the same way as, by virtue of special texts, he is, by reason of his being the eldest son, entitled to two shares of the property acquired by his father, so likewise is the father, of the property inherited from the grandfather: hence in our opinion the father is entitled to a double share even of the property acquired by a son.

(The answer is,) true, but the text which ordains co-equality of right, and which is applicable without restriction, is against that (conclusion).

That the father is not entitled to a double share of the property acquired by a son, has been already established by impugning the meaning assigned by you, to the text cited by you, namely, *putravittárjanát*. Nor can it be said, that even if a double share cannot be deduced from that text, still the father's double share in the property acquired by a son, follows from the general text itself. For (in that case), the specification of the acquisition of the property as the reason thereof,—would become meaningless. Nor can it be argued that that part of the text which specifies the reason, is merely illustrative, otherwise there would be no use of this special text inasmuch as a double share by reason of acquisition is established by the very text of Vasishtha. Since, as the double share of the son, by reason of his being the acquirer, is not prohibited in that text, therefore although the father be entitled to two shares by reason of his being the father, still the result would be the equality of shares; but the father's share does not become greater than the son's share, as you contend, for there is no express text to that effect.

As for the impropriety mentioned in the passage, "Moreover &c."; that is nothing. For there can be no question of propriety as to the equality ordained by a text of law: neither can impropriety be avoided by you, (for you say) the eldest is entitled to two shares by reason of his being the eldest, and the father is so entitled by reason of his being the father, hence follows the equality (of the father) with the eldest son.

14. It appears, however, from the following text of Kátyáyana, cited in the Madanaratna, that the participation of equal shares by all the brothers, and by the father and sons, is the preferable mode:—"When the parents and the brothers take in equal shares, all sorts of properties, such a partition is declared to be lawful."—Accordingly, Yogísvara has employed the term "all" in the text, "or all may be equal sharers," otherwise he would have said "or shall make the sons equal sharers."

15. But with reference to a co-parcener who is capable of maintaining himself by his own exertion and does not wish to take a share of the paternal property &c., it is said by Manu:—"If any one of the brethren having a competence by his own exertion, feels no desire for the heri-

tage, he may be debarred from his share by giving him something in lieu of maintenance." So Yájnavalkya says :—" The separation of one who is able to support himself and is not desirous (of taking his share) is to be effected by giving him something."—" May be debarred," signifies, may be made to have no concern (with the property); the same is the meaning of the term " separation" (in Yájnavalkya's text); " by giving him something," means, by giving him anything, even a trifle, as a sign of partition : and this is to be done for the purpose of preventing his sons from claiming the inheritance.

Haláyudha, however, has in order to make the above text of Manu correspond with the following text of Nárada, viz.,—" He who being employed in the management of the affairs of the family, performs its business, is to be honored by the brethren with food, raiment and conveyance,"—assumed the reading *sa nirvátyas* and has explained the meaning to be,—his share is to be made up by the brethren who have taken their shares, by deducting wealth from the share of each. But this is to be rejected; because the term " feels no desire" would become meaningless, and because it is improper to assume a reading which is not noticed by the commentators such as Medhátithi; and because the other reading is consistent with the clear declaration (in Yájnavalkya's text) of " separation."

The author of the Prakása, however, has, even adopting the correct reading (*nirvásyas*), explained the text of Manu in the following way :—" If any one of the co-sharers who are engaged in the acquisition of wealth, do not through negligence or laziness, 'feel desire' *i. e.*, co-operate, *i. e.*, render any assistance, although 'having competence,' *i. e.*, capable of rendering assistance 'by his own exertion,' *i. e.*, by his co-operation, he should be debarred from his share, *i. e.*, from the wealth acquired by the others' own exertion, 'by giving him something in lieu of maintenance,' *i. e.*, by allowing him to participate in the capital alone." This is not reasonable; because the term " although" (*api*) is to be imported, and because the meaning which is consistent with the text of Yogísvara, does most clearly appear, and because the interpretation put by you depends upon a different text.

16. Kátyáyana says:—"When one himself dies unseparated, his son who has not received maintenance from the grandfather, shall be made participator of the heritage; he is to get, however, the paternal share from the uncle or uncle's son: the very same share shall equitably belong to all the brothers: or his son also shall get: afterwards cessation (of succession) takes place."

"One himself," signifies, a brother,—"his son," the brother's son; "maintenance," means share; the question occurring,—'what short of share is he to get?' it is said, "the paternal share;" "his son," intends the great-grandson of the person whose estate is divided, because the case of a grandson is considered; "afterwards," *i. e.*, after his son, "cessation" *i. e.*, cessation of succession takes place; the meaning is that the great-grandson's son is not entitled to any share.

Accordingly also Devala says:—"Partition of heritage among undivided parceners and second partition among divided parceners dwelling together, extends to the fourth in descent: this is the settled law."—The meaning is that partition of heritage extends to the fourth degree counting from the proprietor. This rule is alike applicable if divided coparceners dwell together after re-union, by reason of the expression "dwelling together."

The term "the paternal share" being used by Kátyáyana, it is indicated that the allotment of shares is to be according to the fathers. Accordingly Yájnavalkya says:—"Among grandsons by different fathers the allotment of shares is according to the fathers."—The meaning is this:—The right by birth of grandsons to the estate of the grandfather is not distinguishable from that of the sons; hence although it is proper that the grandsons who are alike to the sons, should have a share equal to that of a son;—still their share being adjusted through their father, they are entitled to the shares of their fathers respectively; the participation, however in the grandfather's property is not with reference to themselves. What is intended is this:—If unseparated brothers die leaving sons, and the number of sons be unequal, one leaving two sons, and others three, four &c., the two shall take the share of their father by dividing it into two; the three, four &c. also shall take the share of their fathers by dividing the same into three, four &c. respectively: but the distribution of the grandfather's estate is not to be made according to the number of grandsons. In the same way when some of the brothers are alive, and the others die leaving sons, then the surviving brothers shall take their own shares, and the sons of the others shall take the shares of their fathers respectively: this distinction is based upon the authority of the texts. Hence this text indicating as it does, the case of similar co-heirs (*i. e.*, the case of grandsons only) is superfluous. Unequal distribution with specific deductions also is based upon the authority of texts. But equal participation which follows from the co-equality of ownership has been superfluously laid down by the texts.

17. Whatever property of the grandfather was lost by theft or the like, but has been recovered by the father, therein the grandsons participate, only by the choice of the father, in the same way as in the property acquired by the father. This has been declared by Manu,—"But if a father recovers his paternal property, which was not recovered before, he shall not, if unwilling, share that property with his sons, (like what is) acquired by himself."

The term "acquired by himself" is to be construed by supplying the term "like what is"; or it may be construed in this way,—because that property passed from the grandfather, and was recovered by him alone, hence it became as it were his self-acquired property; the term "if unwilling" shows that it is by the choice of the father alone and not by the choice of the sons, that partition takes place of such property although inherited from the grandfather.

Likewise there is another passage of law:—"Whatever property of the grandfather was taken away, but has been recovered by the father by his own exertion, and whatever has been acquired by means of science heroism, &c., therein the father's ownership is ordained; he may at his pleasure, make a gift of it or allow partition to be made of such property; but in his absence, the sons are pronounced to be equal sharers."

"Taken away," *i. e.*, wrongfully taken possession of by strangers; the meaning is, that it was not recovered by the grandfather but was recovered by the father: the meaning of the expression "by his own exertion," is, without the use of the grandfather's property; but if it be recovered by means of the grandfather's property, then the father obtains two shares on account of his being the acquirer by reason of the text of Vrihaspati, namely,—"Among these, he who acquires himself, shall get only two shares." And this is to be construed also with what is acquired by means of science &c.; but this will be (hereafter) stated at length.

The substance of what is intended in the above text is this:—Although the ownership of the sons and the grandsons in the property of the father and the grandfather arises by birth alone, still by reason of the texts previously cited, the sons being dependent on the father, with respect to the father's self-acquired property, and the father being entitled to superiority on account of his being the acquirer, the sons must give their assent to the disposal by the father of his self-acquired property excepting land and slaves, by reason of the previously cited text, namely,—"Immoveables and bipeds &c." With respect to the grandfather's property, however, there is also the power of forbidding (any disposal by the father); but with respect to property which was not recovered by the grandfather but has been recovered by the father, the sons are certainly dependent on the father's will, although the property be the grandfather's; but as regards gems, pearls &c., though inherited from the grandfather, the father alone has independence by reason of the previously cited texts, namely, —"The father is master of all the gems, pearls, and corals &c."

18. Jímútaváhana says:—"When partition is made by the brothers after the demise of the father, then as regards the paternal estate too, it should take place after the demise of both the parents, since the demise of the father as well as of the mother is mentioned (in the text of Manu). The opinion of the author of the Sangraha, that the demise of the mother refers to the maternal

property is not, however, to be preferred; because there is no authority to support the supposition that the term 'paternal' is the result of the uni-residual conjunctive compound, signifying, belonging to the *parents*. And because, if this be taken to be a provision regarding partition of the mother's estate, then there would be tautology, since partition of the mother's estate has been subsequently declared (by Manu) in the text,—'But when the mother is dead, let all the uterine brothers and the uterine sisters equally divide the maternal estate.'—Yájnavalkya also has, in the following text, namely,—'Let sons divide equally the effects and the debts, after the death, of both parents: but daughters share the residue of their mother's property after payment of her debts; and the (male) issue, in default of daughters;'—declared the partition of the mother's estate in the passage, 'but daughters &c.' And the construction intended (of the first part of this text) is not that 'Let sons divide the effects of both parents,'—but that 'after the demise of both parents': it is, however, by implication that the relation, namely,—'the effects and debts *of the father*,'—is obtained, because in the latter part the partition of the mother's effects and debts has been mentioned. Accordingly in the previously cited text of Sankha and Likhita, namely,—'Since the support of the family depends on the wealth, the sons are not independent when the father is alive, as also while the mother is so,'—the meaning expressed by the portion 'as also while the mother is so,'—is, that the uterine brothers are not independent of the mother, and are not entitled to effect partition even while she is alive. Hence also in the text of Vyása, namely,—'For brothers, a common abode is ordained so long as both the parents are alive: if separated after their demise, the religious merit of them increases,'—separation being prohibited by the injunction regarding the common abode, and partition being prohibited in the lifetime of the father and the mother, the association of their lives is not intended by the passage, 'while the parents are alive': hence if any one of the parents be living, partition is not lawful; but it is so, when both are gone to rest.

"Also in the text of Vrihaspati, namely,—'On the demise of the parents, partition among brothers is allowed, and even while they are both living, it is right if the mother be past child-bearing,'—since partition during the lifetime of the mother who is past child-bearing, cannot be relative to the mother's property, and since the very partition which is mentioned to take place after the demise of both parents, and which is referred to by the particle 'even' in the passage 'even while they are both living'—is pronounced to be right; therefore it is ascertained that the partition among brothers after the death of the parents is relative to the father's estate alone.

"Accordingly Vyása propounds that if partition takes place in the lifetime of the mothers, it is to be made according to the mothers:—'If there be sons of one man, by different mothers, but equal in number and alike by class, a distribution among the mothers is approved.' —Likewise Vrihaspati ordains,—'If there be many sprung from one, alike in number and class, but born of rival mothers, then according to law, partition should be made by them, by distribution amongst the mothers.'—Since there is not in reality any difference in the shares of (the different sets of) the half brothers, for they are equal in number and in class, hence the provision of allotment of shares to the mothers refers to the superiority of the mothers. And the purport is, that this is not a partition among the sons, but the partition is to be made avowing it to be one among the mothers. Therefore as in the mother's property, so in this case also, the separation of the sons from each other is not lawful in the lifetime of the mother. Hence what is said by Gautama and other sages, namely,—'In partition there is increase of religious merit,'—must be understood to refer to one after the demise of the mother."

This has already been refuted on the ground that some spiritual object will have to be assumed, if it be held that the mother's death has reference to paternal property.

As for what has been said, namely,—that the term "paternal" has no reference to the mother's property, because there is no authority for considering it to be the result of the uni-residual conjunctive compound, and because there would be tautology;—that again is unreasonable.

Because for fear of the objection of assuming some spiritual object it cannot but be admitted that the term is the result of the uni-residual conjunctive compound ; the objection of tautology, however, is not consistent with reason, for the injunction regarding the partition of maternal property may rightly be taken to be a repetition with a view to lay down particular rules.

As for the text of Yájnavalkya, the author of the Mítákshará construes it thus, "Let the sons divide the effects of the father and the mother ;" he has removed the objection of tautology by introducing the latter half thus, "The sage states an exception in regard to the mother's separate property" ; and he has,—after explaining the text, "and the issue succeeds on their default," thus, "In default of daughters, the issue, *i. e.*, the son and the like, shall take the mother's wealth after payment of debts," —said,—"Although this is established by the first part of the text, namely,—'Let the sons divide equally the effects and the debts, after the demise, of the parents,'—still it is again declared for the sake of greater perspicuity."

Nor can it be argued that let this only be the construction here, namely, "after the demise of the parents ;" the terms "the effects and the debts" become by implication connected with "father's", since in the latter half, the partition of the mother's estate is ordained ; and thus the portion,—"the issue succeeds on their default"—does not become an useless repetition. Because, the terms "the effects and the debts" implying as they do, relation to some person, the question occurs who is that person. consequently the construction of these terms with the term "of the parents" which occurs in the same sentence—is preferrable to the construction of these terms with the term "of the father", which is to be known by implication after the perusal of the whole verse; and it is proper even to admit, as a consequence of such a construction, that the portion, "the issue succeeds on their default,"—is a mere repetition. According to the opinion of those, however, who explain the term "issue" to mean, the issue of the daughter, *i. e.*, the daughter's son,—there can be no fear whatever of that portion being a useless repetition. All this will be dwelt upon at length when the partition of *woman's property* will be discussed.

The absence of independence in the lifetime of the mother, as ordained by Sankha and Likhita, may certainly be reconciled by supposing it to be intended to extol the veneration due to the mother, or to refer to her property.

Also the text of Vyása, namely,—" For brothers &c.," —merely lays down that during the joint lives of both the parents, the common abode is approved; neither is there any defect in considering that the association of their lives is intended by the phrase, " while both the parents are alive." But, in fact, the joint abode is preferable also after the demise of the parents by reason of the text " The eldest alone shall take the entire property &c.," and partition is calculated to increase religious merit, and religious duties such as the five great sacrifices must be performed even while the mother is alive, hence for the purpose of increasing it, partition is certainly proper.

As to what has been said, namely, " Also in the text of Vrihaspati,—' On the demise of parents' &c., since partition during the lifetime of the mother who is past child-bearing &c.,"—the answer is: By the first half (of the text) it is declared that the common abode is preferable while both parents are alive, and that partition takes place after their demise; therefore the meaning (of the latter half) is, that inasmuch as there is a possibility of the birth of other sons if the mother be not past child-bearing, and the dissipation of the means of their support is censured by the text,—" Those that are born and those that are not yet begotten &c.,"—but that it is not possible if the mother be past child-bearing, therefore partition is approved just as when the father's affections become extinct: that being so, the mother being past child-bearing, there is no possibility of the birth of daughters who are entitled to her wealth (in preference to sons), therefore the sons may, by her choice, divide her wealth also; hence this text may relate also to maternal property. Therefore the objection is nothing.

As for what has been said in the texts of Vyása and Vrihaspati, namely, that partition by half brothers is to be made by a distribution amongst the mothers;—that is not against my opinion. Since, just as by virtue of the texts, like—" A person with his family shall not be independent while the parents are alive,"—the dependence on the father and mother continues even after partition, so likewise by virtue of the above texts, (the half brothers) shall, as long as the mothers are alive, remain obedient to their orders, thinking the partition to be as between the mothers only. How from this can it follow, that there is no right to the partition of the paternal property while the mother is alive? There is no use in enlarging upon the subject.

19. As in the case of partition during the lifetime of the father, the father is to make his wives equal sharers with his sons, so also in the case of partition after his demise the sons are to make them partakers of shares equal to those of themselves: this has been ordained by Yájnavalkya,—" The mother also, of those effecting partition after the demise of the father, shall get an equal share."—If *stridhanam* has not been given (to her): when it has been given, then it is ordained that a half share shall be allotted. Notwithstanding, the term " half" here does not signify a moiety (or equal division); but what is intended is, that so much shall be given which (together with her *stridhanam*) will make her an equal sharer with a son.

The term " mother" which signifies the parent does not include a step-mother also; for the term mother which has been once used (in the text) cannot reasonably convey two meanings one of which is primary and the other secondary.

From the following text of Vyása, namely,—" The father's sonless wives, however, shall be made equal sharers; as also the paternal grandmothers, for they are declared to be equal to mothers;"—and from the use of the term " wives" in the text of Yogísvara (§ 10), it follows that, in partition during the lifetime of the father, all his wives without distinction are entitled to equal shares with the sons; for the terms " son" and " wife" convey meanings in correlation with " father," hence there can be no objection of their bearing primary and secondary meanings. But in partition after the demise of the father, it is effected by the sons, and the term mother which appears to be used in correlation to them, cannot, by reason of the variableness in its meaning, imply a step-mother also; therefore those only who are mothers of sons, are entitled to shares equally with their own sons. But those who are sonless are entitled to food and raiment only, like the wives of coparceners who are undivided or re-united. And this is reasonable, since the father is independent in partition during his lifetime, and the sons are independent in partition after his demise; and since this appears to be the intention of the use of the term "mother" and the term "wife." It is also reasonable that those who are destitute of sons are entitled only to maintenance. This appears to be the intention of various commentaries.

That all the wives of the father, whether sonless or having sons, are entitled to shares equally with the sons, even in partition after the father's demise—appears to be the opinion of the learned author of the Mitákshará; since he introduces the text of Yájnavalkya, namely "The mothers also of those effecting partition after the demise &c.,"—with these remarks:—"It has been ordained that the wives are entitled to shares equally with the sons in partition during the lifetime of the father, now the sage declares that the wives are entitled to shares equally with the sons in partition after the demise of the father."

Accordingly also the author of the Madanaratna says:—"The use of the term mother indicates also the sonless step-mothers, as also the paternal grandmothers, agreeably to the text of Vyása,—'The father's sonless wives &c.'"

The following seems to be the intention of the authors of the Mitáksharà and the Madanaratna:—And this is consistent with reason, since otherwise, in the phrase "father's wives," (in Vyása's text) the use of the term father, the correlative of son,—would be useless. Had the participation of equal shares with the sons, referred to the partition in the lifetime of the father, then the term "mothers" would have been used instead of "the father's wives." Hence it follows that it is only in consequence of their being the wives of the father, that they get equal shares with the sons, whether the partition takes place in the lifetime of the father or after his demise.

But if the genitive case in the term "father's" (in Vyása's text) be held to be used to denote the agent, then what is affirmed (in the text of Vyása) amounts to this,—"The wives are equal sharers in partition made *by the father*," and it follows by implication that the term "wives" stands in correlation with him; hence it is proper to say that this text relates only to partition in the lifetime of the father. But in Yájnavalkya's text the term mother cannot properly refer to the parent as well as to the stepmother; and for its correlative the term sons occurs suggested by the term mother itself; therefore in order that the term mother may have its primary meaning it is proper that it should imply the parent alone. This is also the practice of the learned. This is here reasonable; this ought to be accepted: there is no use in dilating upon the matter.

Vrihaspati ordains:—"After his death, however, the mother *(janani)* or the daughter gets an equal share." Here by the context the term "his" means, the father's.

20. If at the time when the father is dead, any of the brothers be uninitiated, then after having performed their initiation at the charge of whole estate, the residue shall be divided according to shares. Thus Yájnavalkya says:—"The uninitiated ought to be initiated by the brothers who have been previously initiated."—From the mention of the term "by the brothers," it appears that "the uninitiated" brothers are intended. The mere provision that they ought to be initiated, having no concern with the subject of the Partition of Heritage, what is intended is,—at the charge of the whole estate. Accordingly Vyása says:—"Those, however, among them, that are uninitiated shall be initiated by the elder brothers, out of the patrimony; so also the maiden daughters according to law."

Nárada declares the necessity of the initiation of the uninitiated, although no wealth of the father exists, thus:—"If no wealth of the father exists, the initiation must, without fail, be made by brothers already initiated contributing funds out of their own shares."

21. The marriage of unmarried sisters also is necessary. If there be paternal property, then shares also are to be allotted to them. This is ordained by Yájnavalkya,—"The sisters also, giving (them) a fourth part from one's own share." The passage "uninitiated ought to be

initiated" (occurring in the previous text § 20) is to be construed with this text. Manu says:—"To the maiden daughters, however, let the brothers give separately from their own shares; (they) shall be degraded, if unwilling to give a fourth part from every one's share."

In the Ratnákara and the Chintámaṇi it has been explained that, here the meaning of both the texts (of Manu and Yájnavalkya) is not that to each of the sisters is to be given by all the brothers a fourth part of every one's own allotted share; for in that case she who has many brothers would get much wealth, and a brother who has many sisters would be deprived of everything; therefore what is intended, is only the allotment of so much property as is sufficient for marriage. And in support of their view the following text of Vishṇu is set forth:—"The marriage of the maiden daughters, however, shall be effected according to the estate."

This is not reasonable. Since it cannot properly be said that in neither of the texts the allotment of shares is intended; and since the sin for refusal to allot shares has been mentioned as distinguished from the sin for non-performance of marriage; otherwise, also the declaration of sin for refusal to give (shares) in the text,—"shall be degraded if unwilling to give,"—would have to be interpreted to intend sin for non-performance of marriage.

For this reason Medhátithi and the author of the Mitákshará and others have explained the texts thus:—The ablative case in the terms "from one's own share" *(nijádansát)* and "from every one's share" *(svát svádansát)* is, however used in the stead of a participle understood; that being so, the meaning is *having-regard-to* that (i. e. "one's own share" and "every one's share.") Hence, to a maiden daughter shall be allotted a fourth part of such a share as is assignable to a son of the same class with her. Accordingly the following meaning is deduced: if the maiden be daughter of a Bráhmaṇí, her share is the quarter part of what will be stated hereafter to be the allotment for a son by a Bráhmaṇí wife; similarly also if the maiden be daughter of a Kshatriyá or the like. For instance if a Bráhmaṇí is the only wife of any person, and she has one son and one daughter; then dividing the whole paternal property into two parts, and subdividing one such part into four shares, he shall give one such share to the sister, and himself take the residue. Similarly if there be two sons and one maiden daughter, then dividing the entire property into three parts, and sub-dividing one such part into four shares, one such share shall be given to the sister, and the remainder shall be divided by the two brothers, according to shares. But if there be one son and two maiden daughters, then dividing the property into three parts and subdividing one such part into four shares, and allotting two shares to the two maiden daughters, the rest shall be taken by him. Similarly when the brothers and sisters are of the same class, whether their number is equal (or unequal), it is to be understood that in all cases the sisters are entitled to get a quarter of the share assignable to a brother of the same class. But if there be one son by a Bráhmaṇí wife and one daughter by a Kshatriyá wife, then dividing the paternal property into seven parts and subdividing the three parts which would be the allotment for a son by a Kshatriyá wife into four shares, and giving one such share to the daughter of the Kshatriyá wife, the son of the Bráhmaṇí wife shall take the residue. But when there are two sons by the Bráhmaṇí wife and one daughter by the Kshatriyá wife, then the paternal estate is to be divided into eleven parts; and the three parts which would be assignable to a son by a Kshatriyá wife, must be subdivided into four shares; and giving one such share to the daughter of the Kshatriyá, the two sons of the Bráhmaṇí shall take the whole of the rest dividing the same. It must be similarly understood in any case of equal or unequal number of brothers and sisters dissimilar in caste.

Also Vishṇu says:—"Mothers are entitled to shares according to the shares of the sons; also the maiden daughters, according to the shares of the sons: as the sons are entitled to four shares, or three, or two, or one, according to the classes, so are the wives of the same class." Here by the passage "the maiden daughters are entitled to shares according to the shares of the sons,"—although it appears that the daughters are entitled to all the shares, namely four, &c. (equally with the sons of the same class;) still because Manu and Yogísvara have declared the allotment (to them) of a fourth part of a share in the passages "from one's own share," and "from every one's share," therefore the accordance with the shares of the sons is to be understood in that way only; but they are not entitled to shares equal to those of the brothers of the same class. Thus there is no conflict.

Vrihaspati distinctly says:—"The mothers, however, are equal sharers with them, and the maiden daughters are entitled to a quarter share." This is approved also by Kátyáyana, for he says:—"For unmarried daughters, a fourth share is intended, and for the sons, three shares: but equality is ordained if the property be small." The meaning, however, of the passage "but equality &c." is this:—if there be not paternal property even sufficient for marriage, then the daughters are entitled to shares equally with the sons.

Also the text of Vishṇu, namely, "The marriage of the maiden daughters, &c.," (para. 2)—is not opposed to the explanation given by Medhátithi and others. The marriage of the unmarried daughters of the father, *i. e.* of their own sisters shall be performed according to wealth. By this, only the necessity of marriage is ordained, but not the giving or not giving of shares.

The author of the Smritichandriká, however, has, in accordance with the following text of Devala, namely, —"And to the maiden daughters shall be given the father's wealth, (and) nuptial property"—held that property sufficient for marriage is to be allotted; his intention is that the qualifying term "nuptial" in the passage "nuptial property" would otherwise become meaningless.

What we say here is this. The passage "To the maiden daughters, shall be given paternal wealth," constitutes a distinct injunction; and that consists only of a fourth part, according to Manu and others. And the portion "nuptial property," forms a different injunction, being in accordance with the following text of Sankha;—"When the heritage is divided, a maiden daughter gets the ornaments and nuptial *stridhanam*." And this text of Sankha has been explained by the venerable Vidyáraṇya in his commentary on the Institutes of Parásara, thus:—"At the time of partition of the paternal estate, a maiden daughter gets also the ornaments put on by her, as is declared by Sankha."[1] But if the meaning (of the text of Devala) were that "the father's wealth" which is "nuptial" *i. e.* so much as is sufficient for marriage, shall be given to the maiden daughters; then the term "property" would be superfluous. Therefore it is reasonable to suppose that here are two distinct injunctions.

This text (of Devala,) however, is read by the author of the Dáyatattva, thus,—"To the maiden daughters shall be given nuptial property from the father's wealth." It is to be observed that in this reading too, the explanation given by us deserves to be preferred, so that this text may have the same meaning with the text of Sankha; it does not however intend that property sufficient for marriage is to be given.

Now although, sometimes the term "sister" and sometimes the term "maiden daughter &c." are used in the texts of Manu and others, still it is to be held that the subject being the partition by brothers, they convey the same meaning by interpreting the term "sister" to be used in correlation with the brothers, and the term "daughter," in correlation with their father.

Hence in partition after the demise of the father, the (maiden) sisters are entitled to get shares out of the paternal property; and not that they are only to be disposed of in marriage. But if (partition takes place) previously (to the father's decease) they get only whatever the father gives, for there is no particular text regarding the point.

But Jímútaváhana says:—Since Manu and Yájnavalkya have respectively declared "let the brothers *give*" and "*giving* a fourth part," therefore the sisters are not to take the fourth part, under the impression that they have a right thereto: certainly it is never said that let one brother *give* from his own share to another brother, what the latter has a right to get; similarly (is to be understood) also the giving of a fourth part. The brothers incur moral guilt, if they refuse to give; but the sister has no right to compel them.

This is not reasonable. For this conclusion does not follow from what is merely a variety of expression, just as in the texts,—"He may separate the sons by his choice" and "giving deductions to the eldest" and the like.

As for what he has said again, namely,—"Since in the text of Nárada,—'Of those whose forms of initiation have not been regularly performed by the father, these ceremonies must be completed by the brothers out of the patrimony,'—the pronoun 'whose' *(yeshám)* is used in the masculine gender; and since immediately after this text, is commenced the following text,—'If no wealth of the father exists &c.,' therefore the text refers only to the initiation of a brother. Hence, when there is paternal property then since the necessity of the sister's marriage appears from the texts of Manu and other sages, therefore the intention is that only so much property as is sufficient for marriage shall be given."

That is to be rejected; for the necessity of the sister's marriage appears from other texts. Thus in the text,—"The father, the paternal grandfather, a brother, a kinsman *(sakulya)* the mother likewise; on failure of the first among these the next in order who is of sane mind is the giver of a girl in marriage; and omitting to dispose of the girl in marriage becomes guilty of causing miscarriage in every course" —Yogísvara declares that a brother too failing to perform the ceremony of a sister's marriage becomes guilty of causing miscarriage. Hence because the text of Nárada is also based upon the same foundation with Yogísvara's text, it is proper to admit that the terms "whose" *(yesnám)* and "of those" *(teshám)* are in the genitive case in the neuter gender, by reason of the rule that neuter gender is to be used when both the sexes are intended and by reason of the rule that a term is to be taken in its widest acceptance; or that the terms are the results of the uni-residual conjunctive compound of dissimilar terms.

The author of the Madanaratna reads a text of Vrihaspati, thus,—"The younger brothers, however, who may be uninitiated, shall be initiated by the elder ones out of the common paternal property"—intending that the term *yabiyasas* "younger" (in later Sanskrit *yabiyánsas*) is used in the Vedic form; and explains it thus,—the term "brothers" is illustrative, it includes the sisters also.

Here again it is to be understood that the maiden daughters are intended by reason of association with initiation, and because the adjective "unmarried" is mentioned in the text (of Kátyáyana),—"For unmarried daughters &c.": hence the maiden sisters alone get a quarter share, the others get some trifle out of propriety. This will be explained in detail while treating of the mother's property.

22. Of immoveable property, whether ancestral or self-acquired, the father may make gift and the like only with the consent of the sons, by reason of the text previously cited, viz.,—"Immoveables and bipeds although acquired by a man himself, shall not be gifted away or sold without the consent of all the sons." By the passage "although acquired by a man himself" it is *a fortiori* shewn that the consent of the sons is indispensable in (the disposal of) ancestral property. But in case of distress of the whole family, any member is competent, even without the consent of the rest, to make a sale, gift or the like (disposal) of immoveable property, since the support of the family is indispensably necessary, by reason of the following text,—"Even a single coparcener may make a gift, mortgage or sale of immoveable property at a time of danger, for a family purpose and especially for religious purposes."—By "religious purposes" are intended, indispensable religious ceremonies such as the *sráddha* of the father.

But a passage of law runs as follows:—"Separated or unseparated kinsmen are equal in respect of immoveable property; for in both cases one member is incompetent to make a gift, mortgage or sale;"—which is to be interpreted in this way. Although the incompetency without the consent of the others, is settled by reason of the co-equality of ownership, in joint property, of undivided coparceners, still the same is here particularly mentioned in respect of immoveable property for the purpose of extolling its worth. But as regards the separated coparceners, what is said in this text is for the purpose of facility of proof in case of dispute; for if, at a future time, the question arises whether the family is separated or undivided, then in that case, the fact of partition must be made out by the evidence of witnesses or the like; because otherwise the gift or the like of joint property would be invalid. But if there be consent of the other co-sharers, the transaction is valid, independently of partition. Nor can it be said that let the ownership of even the separated coparceners be, as is ordained by this text, common in immoveable property. For then it would follow that partition (of immoveable property) takes place for some ultra-mundane purpose. Hence the validity of the gift or the like, as regards its essence, may be established even in the absence of the consent of the other co-sharers; and the determination of the dispute can take place on proof of partition. (The consent of the separated co-sharers is) like the consent of the village-men and the consent of the headman of the village, as in the text,—"Land passes by six formalities: by the consent of (the owner) himself, of the village-men, of kinsmen, of the headman of the village, and of heirs, and by gift of gold and water." But the consent of the headman is also for the purpose of preventing boundary dispute. The consent of the kinsmen and the heirs, however, is to be explained in the very same way as is previously mentioned; accordingly there is another passage of law, viz.—"Acceptance shall be public especially of immoveable property." Otherwise, gift or other alienation would be invalid for want of the consent of also the village-men and the headman of the village. The passage, "by gift of gold and water," shows that since the sale of immoveable property is prohibited by the text,—"There can be no sale of immoveable property; mortgage may be made with the consent,"—and since gift is praised in the text,—"He who accepts land and he who gives it, they both are performers of a virtuous act and will certainly go to heaven";—therefore when a sale is indispensable for the maintenance of the family and the like (necessity), the sale of immoveable property shall be made with the formalities of gift by giving gold and water to the purchasers, so that there may be even one element of gift.

But Jímútaváhana, after citing the two texts of Vyása namely,—"One parcener, shall not, without the consent of the others, make a gift or sale of the whole immoveable property common to the family; separated or unseparated kinsmen are equal in respect of immoveable property; for in both cases a single member is incompetent to make a gift, mortgage or sale,"—says:—" These are not for establishing that one coparcener has no power to make a sale, gift or other transfer. Since as the proprietory right which is defined to consist in the power of disposal according to pleasure, exists without distinction in immoveable as in any other property, these texts cannot show the incompleteness of the relinquishment of right; for a fact cannot be altered by a hundred texts. But the prohibition is levelled against wicked persons, and is intended to show that an alienation is sinful if it is made to the injury of the family when there is no necessity for alienation such as distress of the family. Accordingly Nárada authorizes generally a sale or any other alienation:—' When there are many persons sprung from one man who have duties apart and transactions apart, and are separate in business and character, if they be not accordant in affairs, should they give or sell their own shares, they may do all that they please, for they are masters of their own wealth.' Since this text specifies the reason in the passage ' for they are masters of their own wealth,' it relates to immoveables also, for else it would be unmeaning."

This is all right, but that it is not reasonable to say that it is intended to show that an alienation is sinful. Since the sale of immoveable property even by all the co-sharers being prohibited in the absence of necessity, an objection would arise that the use of the term "a single member" is unmeaning; and since it is unreasonable to assume an ultra-mundane object in a rule of positive law, when there may be a visible object such as facility of proof in case of dispute: otherwise, even in case of the consent of co-sharers, the objection of injuring the family may arise; hence the texts would have to be interpreted as referring solely to sin in consequence of injuring the family, as is laid down in other texts.

23. Here again, partition at the desire of the sons, whether in the lifetime of the father or after his demise, may take place by the choice of a single co-parcener, since there is no distinction. Hence what, after premising par-

tition, is said by Kátyáyana, in the text,—"The wealth of those who have not attained to maturity and likewise of those who are absent in a distant place, shall be deposited, free from disbursement, with relatives and friends,"—is also in support of this view. Otherwise if partition could not take place without their consent, the declaration of the deposit of their wealth with relatives and friends would be unreasonable. So also Vishnu says:—"Likewise the wealth of a minor shall be preserved till he attains to majority."

23*a*. This distribution among sons extends equally to them and to grandsons and great-grandsons in the male line. There is not here an order of succession following the order of proximity according to birth. For the three descendants, namely, the son, the grandson and the great-grandson are competent to offer oblations in the *parva* occasions. Hence it is that Devala says:—"A father, a grandfather and likewise a great-grandfather assiduously cherish a new-born son, as birds the holy fig-tree, (reflecting) he will present to us a funeral repast with honey, meat and herbs, with milk, and with sweet rice and milk in the season of rains and under the asterism Maghás." Likewise Sankha, Likhita and Gautama says:—"A father, a grandfather and likewise a great-grandfather welcome a new-born son as birds the holy fig-tree, (reflecting) he will give us satisfaction with honey and meat and especially the flesh of the rhinoceros and with milk, and with sweet rice and milk in the season of rains and under the asterism Maghás." Thus the competency being equal and the right by birth also being equal, equal participation would have followed but is prevented by the text,—"Among grandsons by different fathers the allotment of shares is according to the fathers."

Jímútaváhana says:—"The grandsons and the great-grandsons whose fathers are alive cannot confer oblations in the *parva* occasions, they are not therefore entitled to the estate of their grandfather and great-grandfather respectively. If there be one son, and sons of another son (who is dead,) then one share appertains to the surviving son, and the other share goes to all the grandsons; for their interest in the grandfather's wealth is founded on their relation by birth to their own father, consequently they have a right to just so much as should have been their father's share."

This, however, is not acceptable; because, it has been established that in the grandfather's property the grandsons also acquire ownership by birth; hence the equality of the grandsons' share (with a son's share) in the grandfather's property is based upon the authority of the texts, and not founded upon any equitable principle.

As for what he has further said, namely,—"Where one brother has left a large number of sons, and another a lesser number, there the text,—'Among grandsons by different fathers &c.'—is intended to prevent equal distribution amongst all of them by reason of their being grandsons; but if the grandsons had ownership in the estate of the grandfather while the father is living, then in the case of partition by two brothers, one of whom has sons and the other has none, the sons also of that brother would have been entitled to share by reason of the co-equality of right."

That has already been refuted before. By this again is removed also the above-mentioned incongruity. Hence is refuted also the objection that when there are uncles and nephews, then because the property belonged to the father of the uncles, therefore the nephews would get no share by reason of the absence of their ownership.

As for what has been said, namely,—"The grandsons and the great-grandsons whose fathers are alive &c."—that too is wrong. For the capacity for presenting funeral oblations is not alone the criterion of the right to heritage, since the younger brothers are entitled to the heritage although they are not competent to offer oblations while there is the eldest brother. And the fitness for presenting oblations, (which the younger brothers have) is not wanting in grandsons too (while their father is alive). But when there are many claimants to the heritage, amongst the gentiles *(gotrajas,)* and the like, then the fact of conferring benefits on the proprietor of the wealth by means of the offering of oblations and the like,—only excludes those that do not confer (such) benefit: it is not, however, the criterion here.

24. Whether partition is made in the lifetime of the father or after his demise, if the pregnancy of any of the father's wives or of any of a brother's wives, be evident, then partition ought to be postponed till parturition, by reason of the following text of Vasishtha,—" Now, the partition of heritage amongst brothers takes place after the delivery of sons by those women who are childless (but pregnant"). From the passage " after the delivery of sons" it appears that the postponement is to be made if their pregnancy is evident, but not if it is not evident.

Hence it is that Yogísvara has declared the mode of participation by one who is born subsequently to partition;—" One who is begotten by one of equal class, after tho co-parceners have been separated, is taker of the share." When the co-parceners have been separated during the lifetime of the parents, whether by the desire of the father or by the desire of the sons, one who is subsequently brought forth by a wife of equal class is taker of the share: " is taker of the share," means, gets the share allotted to the parents. The meaning is, that after the parents, he alone gets their share: the distinction is, that he gets the mother's share if there be no daughters. From the adjective " one of equal class," (*savarnáyám*) it appears that one who is begotten, however, by a wife of a different class, gets only his proper share from the father's wealth, and the entire share of his mother should there be no daughter. For this very reason, a son begotten by a wife of an unequal class after partition, gets only the share proper to his class, although the partition took place during the lifetime of the father: it must not be concluded that he is entitled to obtain all that belong to the father.

With this very intention, Manu says:—" But he who is born after partition shall get only the paternal wealth." He shall get " the paternal wealth," *i. e.* the wealth belonging to both the parents in the manner mentioned above; the term " only" shows that the brothers are not to make him participant of a share equal to their own, by deducting from their own shares. Also Gautama says:—" One born after partition (shall get) the paternal (share) only."

But those who have been separated during the lifetime of the father, not knowing at the time that the mother or her co-wife was with child, shall make the brother, born subsequently to partition, participant of a share equal to their own by deducting from their own shares. Thus Vishnu says:—"To one born after partition, his share shall be given by those who have been separated with the father." And it is the father alone who, by taking that share of the new-born son, given by the brothers, shall maintain him; by reason of his having a preferable right thereto, and by reason of the previously cited text, namely, "The wealth of those who have not attained to maturity, &c." (§. 23.)

Also the text, namely,—"One born before has no claim in the allotment of the parents; nor one begotten after partition, in that of a brother"—refers to this very subject. The meaning is, one born before partition, and (consequently) who has received his share of the paternal property, has no claim, *i. e.*, has no ownership in the allotment of the parents; and one begotten after partition has no claim in the share of a brother who has previously been separated.

And also what is acquired by the father, after partition, belongs only to the son born after partition, by reason of the following text of Vrihaspati;—"Whatever is acquired by the father himself who has been separated with his sons; all that belongs to the son born after partition; therein the sons born before have no claim; as in the wealth, so in the debts likewise, and in gifts, mortgages and purchases. They have no claims on each other, except for acts of mourning, and libations of water." He also says;—"The younger brothers of those who have made a partition with the father, whether children of the same or of a different mother, shall however take the paternal allotment." The reason here is the same as is declared in the text,—"One born before has no claim, &c."

But if some of the sons have been re-united with the father, then the after-born son is not entitled to the whole of the paternal property, but he shall participate with them. This is declared by Manu;—"Or he shall participate with those that are re-united with him." "Him," *i. e.*, the father.

If after the paternal property has been taken by the brothers, on partition after the demise of the father, a son is delivered by a wife of the father, whose pregnancy was not known at the time of partition; they shall make him participant of a share equal to theirs, out of their own shares as modified by income and expenditure. This is said by Yájnavalkya;—"Or his allotment must be made out of the visible estate corrected for income and expenditure."—"Visible estate," means what has been taken by the brothers. "Income," means monthly, daily and annual increment to the visible estate. "Expenditure," means the liquidation of the father's debts, and the expenses attending the initiation of brothers and sisters, for it must be made at the expense of the common property; it does not, however, include any expense that a brother had to incur, for that has no concern with it.—The meaning is, that out of the paternal property corrected for such income and expenditure, one born after partition shall get an equal share with those previously separated. What is said is this: including in the share of each of the co-sharers, the income arising therefrom, and subtracting the necessary common expenditure, and deducting a part from the remainder of every one's share, a (posthumous) son born after partition shall be made an equal sharer. The particle "or" signifies an alternative based on distinct circumstances, with reference to the first half of this text, namely,—"One who is begotten by one of equal class after the co-parceners have been separated is taker of the share,"—and the distinct circumstances (to which the first half is applicable) have already been set forth.

Halâyudha, however, after interpreting the term "out of the visible estate" to mean, from the perceptible property of the father, but not from what is concealed,—says that this alternative refers to a son born after partition, who is possessed of less good qualities than the separated brothers.

This is to be rejected. Since concealed property too, when discovered after partition, is liable to be divided in equal shares, and there is no authority to show the inapplicability of the above rule to this case; and since in supposing the above text to embody this restriction, there would arise the objection of assuming some ultra-mundane purpose; and since the text becomes perfectly consistent by the interpretation put by Vijnánesvara.

25. The mode of partition among brothers dissimilar in class is declared by Yogísvara:—"The sons of a Bráhmaṇa, in the several classes, (*varṇasas*), have four shares or three or two or one; the sons of a Kshatriya have three shares or two or one; and the sons of a Vaiṣya have two shares or one."

In the text, namely,—"The wives of a Bráhmaṇa, a Kshatriya and a Vaisya may, as regards the classes, be three, two and one respectively; the wife of a Súdra is one of the same class,"—Yogísvara has declared that a Bráhmaṇa may have three wives belonging to the (inferior) classes, different from that of himself; (similarly) a Kshatriya two, and a Vaisya, one: and including one of the same class with them, a Bráhmaṇa may have four, a Kshatriya three, and a Vaiṣya two. If the enumeration referred to wives of similar as well as dissimilar tribes, then a wife of the Súdra class being excluded, the two of a Vaisya also, would be reduced to one of his own class; consequently the part "the wife of a Súdra is one of his own class" could not consistently be put in contradistinction to a Vaiṣya; hence this enumeration is intended to have reference to the wives of dissimilar classes. This text has been so explained by Vijnánayogin.

That being so, (the meaning of the text in the first para. is this:—) "The sons of a Bráhmaṇa" born of wives belonging to the Bráhmaṇa and other classes respectively; "in the several classes, (*varṇasas*)" *i. e.* according to the classes to which their mothers belong,—the affix *sas* (in *varnasas*) shows that the term *varna* (class) is in the locative case and bears a distributive sense, agreeably to the grammatical rule,—"To a noun in the singular number, signifying quantity, the particle *sas* is affixed in a distributive sense:"—to those who are begotten by a Bráhmaṇa or the like father on a Kshatriyá or the like wife, is applied the term *játi* (mixed class) such as that of Múrdhábhishikta, and *játi* cannot possibly be comprised by the term class, therefore the meaning is, according to the classes to which the mothers belong; "have four shares or three or two or one,"—what is said is, that the sons of a Bráhmaṇa, born of a mother of the same class, shall each get four shares; the sons of the same Bráhmaṇa born of a Kshatriyá mother, three shares each; the sons of the same person, born of a Vaisyá mother, two shares each; sons of the same person born of a Sudrá mother one share each. The passage, "in the several tribes" is to be construed with every clause in the latter half of the text: that being so, the sons of a Kshatriya born of Kshatriyá and other mothers shall each respectively get three shares, or two, or one; the sons of a Vaisya born of Vaisyá and Súdrá mothers shall each get two shares, or one respectively. A Súdra cannot have a wife of a different class, partition among his sons must be one among the sons of the same class,—which has been already mentioned.

Although the marriage of a Súdrá woman by a twice-born person is much censured, and espousing a Súdrá with the intent of having sons by her is on all hands prohibited, as in the text of Manu and Vishnu,—"Men of the twice-born classes, who, through infatuation, marry women of the lowest class, very soon degrade their family with their progeny to the state of a Súdra: according to Attri and the son of Utathya, he who marries a woman of the Súdra class, becomes degraded instantly; according to Saunaka, by the birth of a son; and according to Bhrigu, by having issue by her"—"by having issue by her," means by having issue born of the Súdrá wife alone;—and marriage of a Súdrá woman by a Bráhmaṇa, however, is declared by them, to be more reprehensible than by a Kshatriya or Vaisya, thus,—"A Bráhmaṇa, if he takes a Súdrá woman to his bed, becomes degraded, and by begetting a son on her, he loses his priestly rank too";—Yogísvara also says,—"The marriage of Súdrá wives by the twice-born persons, as has been declared (by other sages), is not approved by me, inasmuch as a person himself is born of her (in the shape of a son)"—and it may hence occur, that as there cannot be a son begotten by a Bráhmaṇa &c., on a Súdrá wife, why has his allotment been declared?

Still, a marriage for the purpose of pleasure, and a marriage for the purpose of religion (*i. e.* for the purpose of having sons) being secondary to each other, a son may be born of a married woman of the Súdrá class by reason of the relation of the purposes through the act (whereby any one of the purposes may be attained); consequently the declaration of his allotment is certainly reasonable, in the same way as the declaration of his caste (*játi*) in the text,—"One born of a Súdrá mother (by a Bráhmaṇa father) is called a *nisháda* or *párasava.*" To this effect is the conclusion demonstrated in the Mitákshará on the book of Achára (or customary rites). Hence in the text,—"But for such as are impelled by love of pleasure the following may, in the order of the classes, be (wives of the twice-born) though not preferrable,"—Manu by saying "by love of pleasure" and "not preferrable" ordains that the marriage of a wife of the same class is preferrable. Sankha and Likhita say,—"Wives must be espoused, women of the same class are preferrable for all persons: this is the principal rule. The succedaneous mode is: (wives of) four (classes) are allowed to a Bráhmaṇa, in the direct order; (wives of) three (classes), to a Kshatriya; (wives of) two (classes), to a Vaisya; (wives of) one (class), to a Súdrá." By the term "in the direct order," the inferiority of the next in order is indicated.

But Manu has declared two modes of partition among sons of the four classes, thus,—"Let a Bráhmaṇa son take three shares; a son born of a Kshatriyá mother, two shares; a son born of a Vaisya mother, one share and a half; and a son of a Súdrá mother, one share: or by dividing into ten equal shares, the entire property of all descriptions, let a lawyer allot legal shares in the following manner: a Bráhmaṇa shall get four shares; a son of a Kshatriyá mother, three shares; a son of a Vaisyá mother, two shares; a son of a Súdrá mother, one share."—Of these the latter mode corresponds with what is declared by Yogísvara (para. 1.) And these are to be reconciled, as having reference to the sons of the Kshatriyá mothers &c., according as they are possessed of good qualities or are not possessed of good qualities. Hence it is that if the son of a Bráhmaṇa, born of a Kshatriyá mother, be the eldest by birth and possessed of good qualities, he gets an equal share with a son of a Bráhmaṇi mother; again if a son begotten on a Vaisyá mother by a Bráhmaṇa or a Kshatriya father, be of the same description, he takes an equal share with a son born of a Kshatriyá mother. This is declared by Vrihaspati,—"A son begotten on a Kshatriyá mother by a Bráhmaṇa father, if eldest by birth and possessed of good qualities, becomes equal sharer with a son of the Bráhmaṇa class; so likewise a son born of a Vaisyá mother." Likewise Baudháyana says,—"If, between a son born of a wife of the same class, and a son born of a wife of the class next in order, the son born of a wife of the class next in order be possessed of good qualities, he shall take the share of the eldest; for one possessed of good qualities becomes the supporter of the rest."—Since it has been generally laid down in this text that a son born of a wife of the class next in order takes, by reason of his good qualities and seniority, an equal share with a son of the next better class, therefore it is to be observed, though it is not mentioned by Vrihaspati, that a son begotten on a Súdrá mother by a Vaisyá father, if, of the above character, gets an equal share with a son of the Vaisyá mother. The meaning of the portion,—"shall take the share of the eldest," is only this,—shall take an equal share with a son of the next better class, by reason of this being consistent with the text of Vrihaspati, and by reason of the impropriety of taking a larger share than that of a son of a superior class.

When, however, a Bráhmaṇa has only one son born of a Súdrá wife, then he shall get a third part of his property; the remaining two parts shall go to *sapindas*, in their default to the *sakulyas*, and in their default to him who performs the funeral obsequies: as is declared by Devala,—"If a *nishháda* be the only son of a Bráhmaṇa, he gets a third part; a *sapinda* or a *sakulya* or the giver of the oblations, takes the other two parts",—"*nishháda*" means a son born of a Súdrá mother by a Bráhmaṇa father.

But if a Súdra be the only son of a Kshatriya or a Vaisya, he gets a moiety, the other half is taken by those entitled to succeed to the property of a sonless man, in the same order. Accordingly Vishnu says,—"But when a Súdra is the only son of the twice-born he gets a moiety; the succession to the other moiety is the same as to the property of a sonless man." By the term "twice-born" here, the Kshatriyas and the Vaisyas only are intended, because Devala has declared a distinct rule with regard to the Bráhmaṇas. "Only son" (*ekaputra*) is a compound of an adjective and noun.

But this rule (regarding a third and a moiety) has reference to a son by a Súdrá wife, having good character and many good qualities; for else, this would be in conflict with the text of Manu, namely,—"But whether he has or has not sons by other wives, no more than a tenth part shall be given to his son by a Súdrá wife,"—and,—"The son of a Bráhmaṇa, a Kshatriya or a Vaisya, by a wife of the Súdra class, shall not share the inheritance; whatever his father may give him, let that only be his property."

Although this mode of partition is generally laid down, still it refers to property other than land acquired by means of acceptance (of gift); because participation of that by sons begotten by a Kshatriyá or the like wife, is prohibited. So Vrihaspati says,—"Land received by acceptance shall never be given to sons by a wife of the Kshatriya or the like class; even if their father gives it, the son by a Bráhmaṇa wife may, nevertheless, resume it after the father's death."—Here the term "acceptance" being used, it is indicated that of lands acquired by means of purchase &c., they too shall have shares proper to their caste. Hence it is that, with regard to lands generally, Devala has laid down a separate prohibition levelled against a son by a Súdrá wife.—"A son sprung from a Súdrá mother and a twice-born father, is not entitled to a share of land; those born of wives of the same class shall take the whole of it: this is the settled law."

But as for the text of Manu,—"The son of a Bráhmaṇa, a Kshatriyá, or a Vaisya, by a wife of the servile class, shall not share the heritage; whatever his father may give him, let that only be his property,"—that has been explained by the southern writers, to apply when there is property given by the father through affection. But the oriental commentators say that it refers to a son by an unmarried Súdrá woman, destitute of good qualities. This is wrong; because it is not proper to discard the distinction mentioned in the latter part,—"whatever his father may give &c.," and to assume a distinction between having and not having good qualities,—which is not mentioned (in the text); and because the share of a son by an unmarried Súdra woman will be stated (by Manu) when treating the subject of slaves. Hence the previous distinction only is right.

PART II.

§ 1. Principal and subsidiary sons, described by Yájnavalkya.—2. The legitimate son.—3. The son of the appointed daughter.—4. The wife's son including the son of two fathers:—5. The secret-born son.—6. The maiden-born son.—7. The son of the twice-married woman.—8. The adopted son.—9. The purchased son.—10. The son made.—11. The self-given son.—12. The son received with a bride.—13. The deserted son.—14. The son by a Sudra woman.—15. The *aurasa* is the principal, the rest subsidiary.—16. Partition by these.—17. Partition by the legitimate son and the son of the appointed daughter.—18. Partition by the legitimate son and the adopted son &c.—19. The conflicting tests, dividing the twelve sons into two classes the first of whom are heirs to kinsmen, how reconciled.—20. All this is relative to the same class.—21. The son by a Sudra woman cannot get the whole property. —22. Of the son of a Sudra by a female slave.—23. Of the son of a twice-born by a female slave.

1. In order to show the law of partition among principal and subsidiary sons, their nature is ascertained. On this subject, Yájnavalkya says:—"The legitimate son *(aurasa)* is one born of a lawful wife. Similar to him is the son of an appointed daughter *(putrikásuta)*. A son begotten on a wife by a kinsman *(sagotra)* or any other is the wife's son. One secretly begotten in the house is declared the secret-born son. The maiden-born son is one born of an unmarried daughter; and is considered as son of the maternal grandsire. A son begotten on a woman who has not been deflowered, or on one who has been deflowered, is called the son of a twice-married woman. He whom his father or mother gives for adoption is declared to be the son given. The son bought is one who was sold by them. The son made, is one adopted by

one's self. One who gives himself is self-given. One received while yet in the womb is the son received with a bride. He, who is taken for adoption, having been forsaken by his parents, is the deserted son."

2. It is said in the Mitákshará:—"A woman of equal class, espoused in a lawful form of marriage, is 'a lawful wife'; one born of her is the legitimate *(aurasa)* son". But in fact it is not to be so understood; for it is contradictory to what (the author of the Mitákshará) himself has said, viz.,—"because the *múrddhábhishikta* and other mixed classes sprung from superior fathers and inferior mothers, are included under the term legitimate sons"; and since, if the sons born of women espoused in forms of marriage which are not strictly lawful for Bráhmaṇas and others respectively, were not legitimate sons, then notwithstanding such sons, others would take the heritage. Hence the term "of equal class" is to be held to be used (in the Mitákshará) for the purpose of indicating superiority. But what is mentioned in the text, namely—"One born of a lawful wife," constitutes the definition, which excludes the wife's son.

Accordingly Manu says:—"He, whom a man himself has begotten on his own wedded wife, is the legitimate and the principal son." Vasishṭha also says:—"Only twelve kinds of sons are mentioned by the ancients; the first is the legitimate son begotten by a man himself on his own wedded wife." Also Vishṇu says, "Now there are twelve kinds of sons, the first is the legitimate son, begotten by a man himself on his own wedded wife." Here in both the texts (of Vasishṭha and Vishṇu), the term "wedded" *(sanskritáyám)* is to be considered as an explanatory adjunct of the term "own wife" *(svakshetre)* for otherwise there would be repetition. Devala says:—"He, who is begotten by a man himself on his own wedded wife, is called the legitimate son, is the first in rank and the perpetuator of the father's lineage." A'pastamba says:—"The sons of one who in proper time meets a lawfully wedded wife of the same class; they have a religious connection and cannot be deprived of the property of the father and the mother." Baudháyana says:—"One who is begotten by a man himself on a wedded woman of the same class is known as the legitimate son. Also it is declared (by the ancient sages):—You are born from every limb, you are sprung from the heart, you are one's self in the name of son, you, who are such, live for hundred years; the ancestors put on a garland of lotus, (in joy) when you were in the womb; just as a person himself is in this world, so you become born here (a part of him); a man himself is called by the name of *put-tra* on account of the benefits conferred upon the father and the mother; because you deliver from the lower regions called *put*, therefore you are named *put-tra*."

In the texts of A'pastamba and Baudháyana, the term "of the same class," is used with the intention of indicating superiority. Hence the mention of the mode of partition among the sons too, who are begotten on wives of dissimilar class, while dealing with legitimate sons, becomes consistent. The text of A'pastamba is read in the Ratnákara as—"of the same class, who had no previous (husband)"—and is explained thus: "who had no previous (*apúrvám*) *i. e.* who had no previous husband; the meaning is—one who was not even affianced to another; this is said by the author of the Prakása." In the Párijáta also it is said:—The term, "of the same class," here means that a woman of any twice-born class, is of the same class with a man of any twice-born class; and that a Súdra woman is of the same class with a Súdra.

It does not, however, imply that a Bráhmaṇi woman is equal in class to a Bráhmaṇa; a Kshatriyá to a Kshatriya and a Vaisyá to a Vaisyá: for if that were so, then the sons of Kshatriyá or other women espoused by a Bráhmaṇa or any other (of a superior class) would not be included under any of the twelve kinds of sons.

3. "The son of an appointed daughter (*puttrikasuta*) is similar to him" (*i. e.* the legitimate son). The same is described by Vasishṭha,—"This damsel who has no brother, I will give unto thee, decked with ornaments: the son that may be born of her shall be my son." Also Manu says,—"He who has no son may appoint his daughter in this form to raise up issue for him: whatever child may

be born of her shall perform my obsequies. In this very mode Daksha himself, a creator of beings, appointed daughters for the purpose of multiplying his race. He, with a delighted heart, gave ten daughters to Dharma, thirteen to Kasyapa, and twenty-seven to the king Soma (moon) having received them with honor." Here it is laid down that a son, born of a daughter who is given in marriage with the express declaration of appointment, becomes the *puttrika-puttra* of his maternal grandfather. That a son born of a daughter who is given in marriage without such express declaration, may be the *puttrika-puttra*—is determined in the following passage of the Mitákshará in the book of A'chára:—"The epithet 'having brother' has been used to prevent the apprehension of the bride's appointment; by this it appears that a daughter may be appointed, though not declared to be so." Accordingly, also Gautama says:—"The sonless father shall give away the appointed daughter in marriage with the express agreement that the issue shall be mine. Some say that (even in the absence of any express agreement) a daughter becomes appointed by the mere intention of the father." It is said also in the Brahmapuráṇa:—"A daughter who has been appointed to raise issue by her sonless father, whether mentally or in the presence of the king, fire and kinsmen, or anywhere else, previously to conception, even if she has received fees (from the bridegroom) and is given to the bridegroom whether by the father (himself) or (by any other) when the father is dead,—is known as the appointed daughter. Such a daughter gets an equal share from the father's property." Manu says:—"A son of the appointed daughter shall offer the first oblation to his mother, the second to her father, and the third to the father's father."

Or the (compound) term *puttrika-suta* (in Yájnavalkya's text § 1) may mean the appointed daughter as well as son, *i. e.* the appointed daughter herself is the substitute of a son. Our opinion is that although she is (like a son) sprung from the breast (*uras*), still being a daughter she is similar to (and not the same as) a legitimate (*aurasa*) son. But the author of the Mitákshará says:—"She is declared to be similar to a legitimate son because (in a female child) there are more of the mother's limbs, than of the father's limbs". So Vasishṭha says:—"The appointed daughter herself, is the second son."

4. The Dvyámushyáyana or the son of two fathers is as described by Yájnavalkya in the following text—"A son begotten by one who is without male issue, on the soil of another, under an appointment, becomes legally the heir and the giver of oblations to both." Although he is sprung from the breast (or *aurasa* son) of the owner of the seed, still being begotten on another's wife, he is certainly inferior to the *aurasa* or legitimate son. Hence it is that the sage himself has given the following definition of the *aurasa* or legitimate son:—"The *aurasa* or legitimate son is one born of a lawful wife," (§ 1.) And we also will explain the Dvyámushyáyana as falling under the description of the wife's son, since the distinctive feature of the wife's son is not wanting in him.

Also Manu says:—"When by a contract of work, the soil is given in consideration of the seed: the owner of the soil and the owner of the seed are found in the world to be sharers of that."—Just as in the world by a contract for cultivation—when one has land but has no seed such as paddy for sowing, and another has seed, but no land; and if they enter into a contract, *i. e.* an agreement, that mine is the seed and yours the land, let us cultivate by sowing that in this, and let the produce grown therein be ours, then it is observed that both become sharers of the crops thereof. Similarly also, in the case of the Dvyámushyáyana or the son of two fathers, if one sows his (virile) seed in the soil of another, by an agreement that let the son begotten on the soil be ours,—then the issue begotten thereon belongs to both. Such a son of the wife, belonging to two fathers is called the Dvyámushyáyaṇa.

Yájnavalkya, in defining the Dvyámushyáyaṇa, (para. 1) has said "begotten under appointment", therefore what is intended is that the husband's younger brother or any other *sapinda* can, only when appointed by her venerable protector, beget a son on the wife of a brother and the like, in the prescribed mode such as rubbing the body with clarified butter; otherwise sin would be incurred by both. Accordingly Manu says:—"The husband's younger brother, or a *sapinda* or a *sagotra*, being appointed by the venerable protector, and rubbing his body with clarified butter, shall with the desire of begetting a son, have an interview with a sonless woman after catamenia: one born in this mode becomes the son of the wife of a person."

When, however, without the agreement that the produce is to belong to both, seed is sown in the soil of another by the husband's younger brother or the like, then that son belongs to the owner of the soil alone. This also is declared by Manu,—"Should there be no agreement that the produce is to belong to the owner of the soil as well as to the owner of the seed, then clearly the fruit belongs to the owner of the soil, for the soil is more important than the seed."—Where without the agreement about the produce which is here the offspring, a child is begotten on the soil of another, that belongs to the owner of the soil alone. The meaning of the term "clearly" is that as in the world, if seed be sown in the land of another without any agreement with him, or if an elephant, a horse or the like belonging to one person causes a female of the same species belonging to another person to conceive, then in both cases, the fruit produced therein is seen to belong to the owner of the soil alone: and the reason for this is stated in the passage, "for the soil is more important than the seed;" the purport is that this is found in the case of cows, mares &c. Accordingly the meaning which follows is, that if there be an agreement, then only the wife's son becomes the son of two fathers or Dvyámushyáyana, by reason of the right of the owner of the seed; but the owner of the soil has right over the wife's son in both the cases, (*i. e.* whether there be an agreement or not). Hence it is that although Yájnavalkya has made no mention of the agreement with the owner of the seed, in the text,—"A son begotten by one without male issue &c.,"—still that is to be understood since the text is based upon the same foundation with that of Manu. Accordingly in the text,—"A son begotten on a wife by a kinsman (*sagotra*) or any other,"—a comprehensive definition of the wife's son is given, irrespective of the agreement; otherwise there would have been repetition: "a kinsman (*sagotra*)" means, the husband's younger brother or a *sapinda* or the like: "any other," signifies one other than a *sagotra*; this is the secondary alternative, for Manu says,—"or a *sapinda* or a *sagotra*."

The A'cháryas say that appointment to raise issue is relative to an affianced woman only. Because raising up issue in pursuance of appointment is restricted by Manu to her case only, as in the text,—"When the husband dies after the verbal betrothal of a damsel, her husband's younger brother shall have intercourse with her in this mode." And because the appointment of a widow is rather prohibited; since after setting forth the appointment of a widow in the text,—"On failure of issue, the desired offspring may be obtained by a woman duly authorized, from the husband's younger brother or a *sapinda*: but one who is appointed to raise issue on widow, shall, rubbing his body with clarified butter, and being silent, beget in night only one son and by no means a second,"—Manu himself forbids it in the following text,—"No widow should be authorized by regenerate men to beget children by other persons, for those that authorise her to conceive by other men, violate the primeval law: such appointment is nowhere mentioned in the Vedic texts on marriage; neither is the re-marriage of widows mentioned in the law of marriage: this practice, fit only for brutes, and reprehended by learned regenerate men was introduced among men while Veṇa held the sovereign sway: he, ruling the whole earth, and eminent among the royal saints, gave rise to confusion of tribes, while his intellect was perverted by passion: since his time, the virtuous censure him who through delusion of mind authorizes a widow to have intercourse with another man for the sake of progeny."

Here it is to be remarked that the term "affianced" means a damsel who has been given in marriage by the person having the right to give, with the declaratory sentence,—"I give unto thee;" and that the term "widow" signifies one who has been married with the connubial ceremony ending in the rite of going seven steps, but whose husband is subsequently dead. But the term "affianced" does not include one who has been betrothed by a promise at an indefinite time before marriage, such as with the following declaratory sentence,—"I will give this damsel in marriage, in the presence of gods, the spiritual preceptor and the holy fire, to him (or thee) who is (or art) not destitute of any limb, or not impotent, not degraded and free from the ten defects." Hence it is that the term "husband" has been used by Manu; the previous executory promise being no part of the marriage ceremony, the promisee's status of husband does not arise thereby, consequently he cannot reasonably be referred to by the term "husband." Although a person does not become the husband of even a damsel betrothed by a promise, inasmuch as like the status of wife, the status of husband, which consists in the sacred initiation and which is to be effected by the ceremony of marriage, can never arise before its completion; still in the commencement of the connubial ceremony the use of the term "husband," the status whereof will be the effect of it, is not unreasonable, like the use of the word sacrificial fire before the commencement of the sacrifice by the sacrificer. Hence it is that among western, northern and the like people, if the promisee dies a little before the marriage of the betrothed damsel, her marriage with another person is allowed by the learned, who are not censured. Otherwise in the *kali* age when the appointment to raise issue is prohibited, if the re-marriage of those whose marriage is not consummated be also forbidden, it would be a very objectionable practice. Accordingly the meaning (of the text of Manu) is this,—When "the husband" *i. e.* person about whom the ceremony of marriage takes place whereby the status of husband is effected, "dies after the verbal betrothal," *i. e.* after the gift has been made with the declaratory sentence. Nor can it be said that let the appointment of widows to raise issue be optional, inasmuch as it is prohibited after having been enjoined. Because option cannot reasonably be supposed with reference to a fact, for it is not reasonable to say that a person undertaking to procreate issue on a widow, under appointment, does or does not incur sin. And because the law of appointment to raise issue cannot apply to widows, as it is restricted to affianced damsels, by the text,—"When the husband

&c." And because the injunction and the prohibition are not of equal force, inasmuch as those who give the authority are censured, as in speaking of the duties of women, unchastity has been declared to be the source of numerous faults, and as a life of austerity (led by the widows) has been highly praised. Accordingly in the text,—"Let her rather emaciate her body by (living upon) the pure flowers, roots and fruits; but let her not when the husband is dead, pronounce even the name of another man,"—Manu himself has prohibited the resorting to the protection of another man, for livelihood; and in the text, —"Longing for the unparalleled virtue of those having only one husband, shall continue till death, forgiving all injuries, observing strictly the rules and foregoing all sensual pleasure: many thousands of bachelor Vipras continuing in the order of the student have ascended the celestial regions without leaving any issue: like those life-long students, a chaste woman leading a life of austerities after the death of her husband goes to heaven though destitute of sons: a woman who being covetous for offspring proves faithless to her (deceased) husband, brings disgrace on herself in this world, and becomes excluded from the regions of her lord (in the next world,)"—he has forbidden with extreme censure the living with another man for progeny; and subsequently in the text,—"When the husband dies &c."—he himself has declared the legality of appointment relative to an affianced damsel. Having mentioned, "in this mode," he has declared other ceremonies, in the text,—"Having espoused her in due form, she being clad in a white robe, and pure in her conduct, let him privately approach her once after each course till delivery." The pronoun "this" in the passage "in this mode" means the mode which has been mentioned before, *viz.* rubbing of the body with clarified butter, appointment by the venerable protector, &c.,—and includes what is stated in other Smritis. The term "husband's younger brother" includes a *sapinda* and the like, in conformity with other texts. The term "husband" and the expression "after the verbal betrothal" have been already explained.

The following passage of the Mitákshará, namely,—"From this very text it appears that the person to whom the damsel is betrothed becomes her husband even without acceptance,"—must be taken as implying the meaning explained by us, since it has been shewn that the meaning which appears on the face of the passage, is erroneous. Accordingly there is the following passage further down,—"This espousal with the restrictions, namely, sprinkling the body with clarified butter &c. forms part of the intercourse to be had with the woman appointed to raise issue; but it does not secure for her the status of a wife of the husband's younger brother. Hence the offspring begotten on her belongs to the owner of the soil, should there be no agreement; but if there be an agreement, it appertains to both by virtue of the agreement itself."

Nárada says:—"The issue of the seed sown in another's soil by the owner's permission is considered as belonging to both the owner of the seed and the owner of the soil." Sankha and Likhita say:—"According to Angirasas, the offspring belongs to him who espoused her with Vedic texts: but Usanás holds that the produce of the seed sown with an agreement between the owner of the seed and the owner of the soil belongs to both." Kátyáyana ordains:—"When one raises produce with the consent of the owner of the soil; then both of them become here the sharers of the same, since the fruit could not come into existence in the absence of either."

Háríta says:—"(If begotten) in the lifetime (of the husband) he is called the wife's son, by reason of the absence of independence; but after the death, he is called the son of two fathers, by reason of the seed not being sown (by the husband): others say that soil bears not fruit without seed, nor does seed germinate without soil, hence both being necessary, the offspring belongs to both. Of these two fathers, he becomes first the offspring of the natural father. Let them offer two *pindas* in the (*nirvápa*) sacrifice in honor of the ancestors, or in one *pinda* declare the name of both (the fathers); let his son do the same when offering the second *pinda*, and his grandson when offering the third *pinda*. And let the remote descendants down to the seventh, pronounce the name of two while offering *lepa* or divided oblations to the three ancestors entitled to the *lepa* or divided oblations."

The meaning of this text is :—If begotten "in the lifetime" *i. e.* of the owner of the soil, he is, by some, called the wife's son, who belongs to the owner of the soil alone; the reason for this is,—"by reason of the absence of independence" *i. e.* of the wife: "but after the death," *i. e.* of the owner of the soil; although the absence of independence is the same, by reason of the subsequently cited text of Manu, viz.—"A sonless woman keeping unsullied &c.;" —still the son does not belong to the owner of the soil alone; and the reason for this is, "by reason of the seed being not sown" *i. e.* the owner of the soil must have given permission to the owner of the seed; "soil bears not fruit &c." shows that what has been said is reasonable: "in the *nirvápa*" which means that in which oblations are given, *i. e.* the sacrifice in honor of ancestors; there let the Dvyámushyáyanas "offer" separately "two *pindas*" to two fathers, "or in one *pinda*, declare the name of both" the fathers; it is to be understood that in each of the *pindas* the names of two ancestors are to be declared; for Ápastamba ordains,—"If he be the son of two fathers, he shall offer each oblation to two ancestors"—*i. e.* by reason of the three ancestors being double; "the second," *i. e.* in offering the second and the third oblations: "the three ancestors entitled to the *lepa*," *i. e.* while offering divided oblations to them shall pronounce the names of two.

Also Nárada says :—"The sons of two fathers shall separately offer to the two (sets of ancestors) the *pindas* and libations of water; and shall likewise take a moiety of the property of the owner of the seed and of the owner of the soil."—The term "moiety" indicates a share that is reasonable under the circumstances.

Baudháyana says :—"The son of two fathers shall offer oblations (in this way); shall proclaim the names of both in each oblation; three oblations shall be offered to the six: he who does so, errs not."—"The six" means the two fathers, the two grandfathers and the two great-grandfathers. He again says :—"The son begotten on the wife of a person deceased or impotent or diseased, by one duly authorized, is the wife's son; he is the son of two fathers, belongs to two *gotras*, performs the funeral obsequies of both and takes their heritage."

Manu says:—"He who is begotten on the duly appointed wife of a man deceased or impotent or diseased is called the son of the wife."

Here in all cases where the owner of the soil is alive, but is incapable of begetting a son on account of disease &c., the appointment and the agreement may, according to the circumstances, be made by the venerable protectors and the husband also; but if he be dead, then by the venerable protectors alone.

Thus there are two descriptions of the *kshetraja* or wife's son: one has two fathers, and the other has the owner of the soil for his father.

5. "One secretly begotten in the house" by a gallant, and subsequently ascertained to be of the same class, is the secret-born son of the owner of the soil. Thus Manu says,—"When a son is begotten on one's wife, and it is not known who is its father, he is the secret-born in the house and belongs to him from whose soil he is sprung," —"And it is not known &c.," means, that although it is not known by what particular person he is procreated, still it must be held that it is known that he is begotten by a person of equal class, by reason of the following text of Yogisvara.—"This law is propounded by me in regard to sons equal by class." This text will be explained hereafter.

6. "The maiden-born son is one born of an unmarried daughter," begotton by a man of equal class, he "is considered as a son of the maternal grandsire:" that is, the son belongs to him, of whose daughter he is born. But one born of a married daughter becomes the secret-born son of the husband; as is said by Manu.—"When a maiden daughter secretly conceives a son in her father's house, that son sprung from the maiden daughter is called by the name of the maiden-born son and belongs to the husband."—From these texts it appears that one begotten on an unmarried damsel residing at her father's house, by a gallant of equal class, is called a maiden-born son, and that he becomes son of the maternal grandfather.

But in conflict with this is the following passage of the Brahmapuráṇa cited in the Ratnákara,—"But one begotten in the father's house, on a damsel who has not been given (in marriage), by a man of equal class is called the maiden-born son and becomes the son of him to whom she is given (in marriage);" also the following text of Nárada cited in the same book,—"The maiden-born son, also the son received with the bride, and he who is secretly born: their mother's husband is to be known as their father; and they are pronounced to be heirs." Here (*i. e.* in the passage of the Brahmapuráṇa) there is no conflict as to his being the maiden-born son, who is begotten on an unmarried damsel in her father's house, by a man of equal class: but the conflict lies in the portion,—"and becomes the son of him to whom she is given in marriage;" also in what has been declared in the above text of Nárada, namely,—that the damsel's husband becomes the father of the maiden-born son, of the son received with a bride, and of him who is secretly born; and in what Manu says, namely,—"and belongs to the husband:" since it is not said (in these texts) that he becomes a son of the maternal grandsire. As for the reconciliation made by the author of the Mitákshará, namely,—"if begotten on a maiden daughter, he becomes the son of the maternal grandfather, and of the husband alone, if begotten on a married daughter,"—that is not satisfactory. For if that were so, then such a son could not be called a maiden-born son (*kánína*), being not begotten on an unmarried daughter, meant by the term maiden or *kanyá*. It cannot, however, be said that the term *kanyá* (maiden daughter) refers to any female child (whether married or unmarried). Since the definition (of the maiden-born son) would be unmeaning, inasmuch as it would not exclude the secret-born son, who is begotten by a daughter,—all women being daughters of some body. Again, the conflict with the passage of the Brahmapuráṇa is not got rid of (by this), for there the term—"who has not been given in marriage"—has been used. Accordingly also, it is difficult to reconcile the inconsistency with the text of Manu. The author of the Kalpataru, however, who has cited the texts contradictory to each other, has not at all reconciled the conflict, for like a thoughtless man he makes no mention of the distinct cases to which the texts are applicable. Indeed, he having set forth many texts showing that the maiden-born son belongs to the maternal grandfather, has immediately cited the text of Nárada and the passage of the Brahmapuráṇa, which are in conflict with the above texts. There are cited the following text of Vasishtha,—"The maiden-born son is the fifth; he, whom an unmarried damsel begets through passion in her father's house, is the maiden-born son, he becomes the maternal grandfather's son: this is also declared (by the ancient sages),—'If a sonless daughter begets a son in the house; in him the maternal grandfather has a son's son, he shall offer *pinda* and take the property'"—likewise the following text of Nárada,—"The maiden-born son, whose father is unknown, and whose mother was senseless, shall offer *pinda* to the maternal grandfather and take his property"—and also the following text of Baudháyana,—"If one approaches a damsel who has not been espoused and who has not been given; the son begotten on her is the maiden-born son."

We remove the difficulty thus: The texts which declare that the maiden-born son belongs to the maternal grandfather, are relative to a son begotten by a man of equal class on a damsel who has not in any way been given: and the texts which declare that such a son belongs to the husband, have reference to the son begotten by a man of equal class, on a damsel who has been declared to be given but who has not acquired the status of wife, which is effected by the marriage ceremony ending in the rite of going seven steps. The term, "who has not been given" in the text of Nárada (in the passage of the Brahmapuráṇa?), and the term "who has not been given," in the text of Baudháyana mean, the ceremony of whose marriage has not been completed,—but they do not signify, who has not at all been given. And this is consistent with reason. By the declaration of the intention (to give the damsel in marriage), the destruction of the father's right and the generation of the bridegroom's right are commenced; and the father's right not being wholly destroyed (just after the declaration of the intention) the term "maiden-born son" may reasonably be applied, and there being the commencement of the bridegroom's right, the son may reasonably belong to him; but it is consistent with reason that when the father's right is complete (over the damsel), the son born of her becomes the son of the maternal grandfather. The same is also the meaning of the text of Manu (para. 1):—A damsel, who has been declared to be given, but whose marriage ceremony has not been completed, continues a maiden, because the status of the intended bridegroom's wife has not been acquired; a son sprung from such a maiden daughter is called by the name of the maiden-born son and belongs to the husband *i. e.* to the person by whom she is married: hence the phrase "in her father's house" is consistent as supporting this meaning, for immediately after the marriage she enters the husband's house. The passage of the Mitákshará also (on this subject) bears the same meaning: "unmarried" *i. e.* whose marriage ceremony is not commenced, "married" *i. e.* whose marriage ceremony has commenced;—the past participle in the word "married" *úḍhá* is used in the sense that the act is commenced, but not in the sense that the act is completed. But if the marriage ceremony of a damsel has been completed, then a son procreated on her by a gallant of equal class, becomes the secret-born son: hence it is said,—"one begotten secretly in the house" *i. e.* born in the husband's house without his knowledge.

7. Twice married women are of two descriptions: the first is one who was not deflowered on her first marriage, and is espoused by another; and the second is one who has, previously to the marriage, been polluted by intercourse with the other sex. One born of such a woman is the son of the twice-married woman; hence it is declared (by Yajnavalkya § 1),—"begotten on a woman who has not been deflowered or on one who has been deflowered." Manu says:—"If a woman who has been deserted by the husband or a widow begets (a son) by becoming, of their own accord, the wife of another person; he is called the son of the twice-married woman." Kátyáyana says:—"When a woman having deserted a husband who is impotent or degraded, gets another husband;

a son born of her is the son of the twice-married woman, and it is clear that he belongs to his natural father." Vasishṭha and Vishṇu say:—"The fourth is the son of the twice-married woman." His being the fourth is agreeably to the order stated by them.

8. He, whom the mother with her husband's assent or the father gives to another, becomes his adopted son; thus Manu says:—"That son whom his mother or father affectionately gives with water, at a time of distress, and who is alike (by class) is known as the adopted son." By specifying "at a time of distress," it is indicated that the giver incurs sin in the absence of distress; the mother and the father (may give) separately or jointly; the term "with water," indicates the mode of gift and acceptance; "alike" means equal in class; "affectionately" (*pritisanyuktam*) is an adverb.

An only son shall neither be given nor accepted. So Vasishṭha ordains,—"A person, produced from the virile seed and the uterine blood, is an effect whereof the mother and the father are the cause: the mother and the father are competent to give, to sell, or to abandom him. But let no one give or accept an only son, since he is to continue the line of the ancestors. Let not a woman, however, give or accept a son unless with the assent of her husband."

Some say that the adoption of a son by a woman without the assent of her husband, being prohibited in this text, the son taken by a widow whose husband died without giving authority does not become an adopted son. This is not tenable; since a sonless person has no access to heaven, and the procreation of a son is ordained to be necessary, therefore the permission which he was bound under the Sástras to give, is not to be considered as wanting in such a case. Nor can it be said that thus the portion, namely, "unless with the assent of her husband"—would be useless, inasmuch as there is no case to be excluded, and as the authority which a person is bound under the Sástras to give, is in all cases necessary (and so assumed as given). Because the prohibition is levelled against a woman who wishes to adopt a son for her own sake, when her husband who is desirous of having *moksha* or freedom from the necessity of repeated deaths and births, or who has a son by another wife, cannot possibly give an authority to adopt. So it is declared,—"If one among all the wives of the same person be mother of a son, then all of them becomes, by that son, mothers of male issue: this is ordained by Manu." The purpose for which a son is desired, namely, the performance of *sráddha* &c. being served by the son of a co-wife, no son need be adopted by such a woman without the assent of her husband. The purport is, that in such a case, the object of both (the husband and the wife) is accomplished by that son; since he being the *aurasa*, is the principal son to the husband, while to the wife, he is a subsidiary son, like an adopted son; hence another son shall not be taken in adoption without the permission of the husband. But in reality the meaning of the part,—"unless with the assent of her husband,"—is, that while the husband is alive, a son shall not be adopted by the wife without the permission of the husband; because the following text,—"If among uterine brothers, one becomes father of a son, then all of them become by that son, fathers of male issue: this has been declared by Manu"—which is similar to the previous text,—(If one among all the wives &c.)—has been explained in the Mitákshará and the Smritichandriká to mean that when a brother's son is available for making a subsidiary son, such as an adopted son, any other shall not be made a substitutionary son.

But when the husband is dead, the assent of those only is necessary, on whom she is dependent. In this view, the object of the prohibition becomes reasonable. Therefore, although the husband be deceased without giving permission to adopt, still an adoption by the widow is not invalid. The reason also for putting the interpretation mentioned above on the two texts of Manu—has been set forth in the Mitákshará itself, thus:—"Otherwise in the texts, namely,—'The wife and the daughters also &c.'—and—'The property of a woman without issue &c.'—which refer to the heirs who take the property of one destitute of issue,—the declaration of the succession of the brother's son and the step-son respectively, in default of the wife &c., and in default of the husband &c., would be in conflict with the above texts." This will be dealt with in detail while explaining the texts.

Although there may be many sons, still the eldest shall not be given in adoption; for in the text,—" As soon as the eldest is born, a man becomes father of a son" —he is declared to be preferable in performing the duties of a son.

The reason being equal, the prohibition in respect of an only son and the eldest son, applies to the cases of the son bought, the son self-given, and the son made. Hence in the anecdote of Harischandra in the Bahbricha Bráhmaṇa, there is found a suggestion of the prohibition in respect of the eldest son in the case of the son bought :— " He, on taking the eldest son, said."

The mode of accepting a son is propounded by Vasishṭha,—" A person being about to adopt a son shall take an unremote kinsman, or a near relation of a kinsman, having convened his kindred and announced his intention to the king, having performed the *homam* with recitation of the hymns denominated *vyáhriti* in the middle of the dwelling-house." Here by the term " unremote kinsman" is intended, the exclusion of one who is remote by country and language. Similarly, in the cases of the son bought and the like, for the reason is the same. In the Kalpataru, however, the text is read as— *adúrabándhavam asannikrishṭam eva*, and is explained thus: *adúrabándhavam*, (rendered above into an unremote kinsman), means, one whose maternal uncle &c. are near; *asannikrishṭam*, means, one whose virtues and defects are unknown; *eva* means even. And he has written the following as the remaining portion of the text of Vasishṭha :— " But if a doubt arise, let him set apart like a Súdra one whose kindred are remote, for it is declared (in the Vedas), 'many are saved by one,' "—and explained thus: 'But if a doubt arise,' *i. e.*, should a doubt with respect to his caste arise, on account of his kinsmen not being near, 'let him set apart like a Súdra' destitute of initiation: the intention is that even a Súdra may be a son adopted.

9. " A son bought is one who was sold by them,"— " by them," *i. e.*, by the mother and the father: that is,

one given to another by the mother with the husband's assent, or by the father, on receipt of price; 'excepting an only son and the eldest son, at a time of distress,'—is also to be inserted (in the definition); he must be one of the same class, by reason of the concluding text,—"This law is propounded by me in regard to sons equal in class." As for the text of Manu,—"He, who is purchased from the mother and the father to become a son, is the purchaser's son bought, whether similar or dissimilar,"—that is interpreted,—"whether similar or dissimilar" in good qualities, but not dissimilar in class, for there would be conflict with the text,—"This law is propounded, &c." Also Baudháyana says,—"He, who being purchased from the mother and the father, or from either, is taken for progeny, is the son bought."

10. "A son made is one" of an equal class, "who" having been induced by the show of money, field, &c., is asked—'be you my son,' and "is adopted by the man himself" who is desirous of having male issue; provided that he is destitute of the mother and the father, for if they be alive he cannot, by reason of his dependence on them, become another's son. Also Manu and Vishnu say,—"When one alike (in class), capable of discriminating between right and wrong and possessed of the virtues of a son, is adopted, he is to be known as the son made";—"alike," *i. e.*, alike in class, "is adopted" by the mother and the father jointly or separately.

11. "One who gives himself is self-given," *i. e.*, one who himself has given himself to another, *i. e.*, one who comes of his own accord by saying, 'I become your son,' and is bereft of the mother and father, or is abandoned by them, is equal in class and is not degraded,—is called a self-given son. So Manu says,—"He, who being bereft of the mother and the father or abandoned (by them) without any cause, delivers himself to another, is pronounced his self-given son";—"abandoned," *i. e.*, by the mother and the father at a time of famine or the like, on account of inability to afford maintenance, &c., "without any cause" such as degradation,—that is to say, independent, (so that he can give himself).

12. "One received, while yet in the womb, is a son received with a bride," *i. e.*, one, who is in the womb, being begotton by a gallant of equal class in the unmarried state of a damsel, and is received or *vinna*,—*vinna* being the past participle of *vid*, to get,—when she is married in the pregnant state,—is called one received with a bride, and becomes the husband's son. So Manu says,—"When a pregnant damsel is espoused, whether known or not known (to be so), the child in the womb belongs to the husband and is called the son received with a bride." Also Vishnu says,—"The seventh is the son received with a bride; he is the son of a damsel married when pregnant, and belongs to the husband." "The seventh," *i. e.*, with reference to the order in which the enumeration is made by the sage.

13. "He, who is taken for adoption, having been forsaken (by the parents), is a deserted son," *i. e.*, one who is abandoned by the mother and the father, and is taken by a person desirous of having male issue,—becomes son of the taker, and is called a deserted son. These two must be alike in class. Likewise, Vishnu also says,—"The eleventh is the deserted son, belonging to him by whom he is taken, having been forsaken by the father and the mother." Vasishṭha says,—"The fifth is the deserted son, who is taken, having been forsaken by the mother and the father." "The eleventh" and "the fifth" place is agreeably to the order in which enumeration is made by the two sages respectively.

14. The son of a Súdra woman, however, who is called *párasava*, and is enumerated by Manu among the subsidiary sons, is not mentioned by Yájnavalkya; inasmuch as the sage lays down a restrictive rule in the shape of the conclusion contained in the text,—"This law is propounded by me in respect of sons equal in class,"—and as he can, by no means, be considered as equal in class. Hence, the sage speaks of such a son in the text,—"One begotton even on a female slave &c. (§ 22)," since a son of a twice-born by a Súdra woman, cannot succeed to his paternal property even in default of other sons.

This will be resumed. Likewise, Manu says,—" The son whom a Bráhmaṇa impelled by passion begets on a woman of the servile class, is a carcass though living and therefore called a *párasava*, (a living carcass)." Also Baudháyana says,—" A *párasava* is one begotton on a woman of the servile class by a person belonging to the first of the regenerate tribes, impelled by passion."

15. Of these (twelve descriptions of sons,) those described after the *aurasa* or legitimate son are subsidiary sons, but the *aurasa* alone is the principal one. Accordingly Manu says,—" These eleven (kinds of sons,) beginning with the wife's son, as have been described above, are declared by the wise substitutes of sons—for failure of the object."—The term " for failure of the object," *i. e.* for failure of the object of marriage &c.—forms the reason for substitution. But in the Smritichandriká it has been explained thus,—The wise, *i. e.* the sages apprehending, in default of the legitimate son, the extinction of the ceremonies of the *sráddha* and the like that might be performed by him, have declared the eleven substitutionary sons, as what should be adopted. Vrihaspati says,—" There are thirteen kinds of sons, that are described by Manu in the order of priority: of them the legitimate son perpetuates the lineage, the appointed daughter and the rest,"—this text has been explained by adding,—'are declared as what should be made subsidiary sons.' Vrihaspati declares,— " As in the absence of clarified butter, the linseed oil is declared by the virtuous, as the substitute, so are the eleven descriptions of sons, in the absence of the legitimate son and the appointed daughter." In the Brahmapuráṇa, (it is said):—" The son given, the son self-given, the son made, as well also the son purchased, and the deserted son are always to be maintained: those that belong to a different *gotra* or family, present distinct oblations, and perpetuate a different lineage, become impure for three days on the occasions of birth and death, as well of those that give food and raiment as of those to whom the seed and the soil belong. The Vipras have rarely a *párasava* son of the servile Súdra class. But persons of the royal class, that is, labouring under a curse, and is gradually perishing, and

is always engaged in warfare, have sometimes these; if there be neither the legitimate son nor the appointed daughter, then they have eleven sons of different descriptions beginning with the wife's son, who, however, merely perpetuate the lineage; all of them perform like a slave, their *sráddha* &c. on the specified occasions. The secret-born son, the maiden-born son, the son received with a pregnant bride, the wife's son and the son of the twice-married woman, these five, the wealthy Vaisyas may not have even for fear of punishment from the king; they may have all the rest. The Súdras whose occupation is service, who depend upon others for livelihood, and whose person is under the control of others, can have no son anywhere; therefore of a male slave and a female slave, none but a slave can spring."

16. Having thus determined the nature of these sons, their right to heritage is now determined, on this Yogísvara says,—"In default of the preceding one among these, every succeeding one is the giver of the *pinda* and the taker of the heritage." Inasmuch as a distributive sense is indicated by the term "every succeeding one," the term "the preceding one," also, is to be taken in a distributive sense.

17. When there are a legitimate son and the son of an appointed daughter, then agreeably to the above text it would follow that the son of the appointed daughter is not entitled to the heritage while there is the legitimate son, but Manu propounds an exception (to the above rule,) in the text,—"A daughter having been appointed, if a son be afterwards born, the division of heritage must in that case be equal; since a woman has no right to specific deductions for seniority." Also Vrihaspati says,—"The legitimate son alone is pronounced to be the owner of the paternal property; an appointed daughter is declared to be equal to him; the other sons, however, are to be maintained." Nor is it reasonable to say that if the son of the appointed daughter be born first—(in point of time) and subsequently the legitimate son be born, then because the son of the appointed daughter

is the eldest by birth and not a female, he is therefore entitled to specific deductions for seniority. Since he holds the status of a son's son, as is declared by Manu in the text,—"When a daughter, appointed or not appointed to raise issue, gives birth to a son begotten by a man of equal class; in that son, the maternal grandsire has a son's son; let him present oblations and take the heritage;"—"has a son's son," since the appointed daughter is a (subsidiary) son, hence her son though a daughter's son is a son's son. And since it is nowhere declared that a son's son is entitled to a greater share (than a son) by reason of seniority. Nor can it be said that this is in conflict with the text,—"The son that will be born of her shall be my son,"—as it affirms sonship of the son of an appointed daughter. Because the above meaning being in conflict with Manu, this text must be explained as intending the term son in a secondary sense on account of his being the giver of oblations. As the term son is applied to an appointed daughter in a secondary sense she being not a male child, so also to the son begotten by an appointed daughter who is begotten by a man himself; since although he is male he is not begotten by the man himself, and since the term 'son' primarily signifies a male child begotten by a man himself.

18. Likewise it would follow from that (text of Yogisvara § 16), that other sons too are not entitled to any share, should there be the next preceding son; but an exception is ordained by Vasishṭha in the text,—"If a legitimate son be born after a son has been adopted, the son given is entitled to a quarter share." Here the term "son given" is indicative of others also, such as a son bought, for they are equally adopted; accordingly Kátyáyana says,—"If a legitimate son be born, the rest of the sons are entitled to a quarter share provided they be *savarna* (of the same class); but if they be *asavarna* (of a different class) they are entitled to food and raiment only." The meaning of the text of Kátyáyana is this: *savarṇa*, *i. e.* the wife's son, the son given &c., they are entitled to a quarter share when there is a legitimate son; *asavarṇa*, *i. e.* the maiden-born son, the secret-born son, the son received

with a pregnant bride and the son of the twice-married woman; these however, are not entitled even to a quarter share when there is a legitimate son, but are entitled to food and raiment. Accordingly Vishṇu prohibits the participation of a quarter share by a maiden-born son and the like, if there be a legitimate son, in the text,—"But the maiden-born son, the secret-born son, the son received with a pregnant bride and the son of the twice-married woman are not preferable; they are not at all entitled to participate in the *pinda* and the heritage." In default of the legitimate son &c., the maiden-born son &c., are certainly entitled to take the paternal property in its entirety, by reason of the text—"In default of the preceding one among these, every succeeding one &c.," (§16.) As for the text of Manu, *viz.*,—"The legitimate son alone is the master of the paternal estate; but for the sake of humanity, he shall allow sufficient maintenance to the rest,"—that also is to be explained to prohibit the quarter share in case the son given and the like be inimical to the legitimate son and devoid of good qualities; and to refer to the maiden-born son &c., since they being declared (in the text of Kátyáyana) to be entitled to food and raiment only, this text should be taken to be based upon the same foundation.

Again Manu himself has declared that the wife's son is entitled to a fifth or sixth share,—"Let the legitimate son, when dividing the paternal heritage, allot to the wife's son a fifth or a sixth share out of the patrimony." The distinction is, that a sixth share should be allotted to him, if there be both animosity (towards the legitimate son) and want of good qualities; and a fifth, if there be either of these defects. But the quarter share for the son of an appointed daughter, whom Manu has declared to be entitled to an equal share, and the third share for the wife's son who has been declared to be entitled to a fifth or sixth share,—as mentioned in the passage of the Brahmapuráṇa, namely,—"The legitimate son though next born, is entitled to the entire patrimony; the wife's son takes a third share; and the son of the appointed daughter, a fourth,"—are to be considered to refer to a son of the appointed daughter who is utterly devoid of good qualities and is of a different class, and to a son of the wife who is highly endowed with good qualities and friendly to the legitimate son.

In order to show that, in default of the legitimate son, the son given takes the entire estate, Manu has set about the text,—"But if the son given of a person be endowed with all good qualities, he shall certainly take the estate of that person,—though accepted from a different *gotra* or family,"—the particle 'though' signifies, and *a fortiori* if accepted from the same *gotra* or family. The very same sage has prohibited the taking by the son given of the property belonging to the natural father, in the text,—"A given son must not claim the family and the estate of the natural father: to him who gives away his son in adoption, the ambrosial *pinda* which follows the family and the estate is lost." The *pinda* which the giver would have received from that son is lost to him; "ambrosial," *i. e.* causing satisfaction to the manes of ancestors,—is the adjunct of *pinda;* "which follows the family and the estate," embodies the reason.

The following text relative to the given son alone and showing his right to a quarter share when there is a legitimate son, is declared by Vasishṭha,—"If after he has been taken in adoption a legitimate son be born, the given son takes a quarter share." A text of Kátyáyana has already been cited (para. 1) which is applicable also to the son bought and the like. That text is read in the Kalpataru,—"are entitled to a third share;" and if this reading be correct, then that text is to be explained to mean that the participation of a third share takes place in case the son given and the like are endowed with more good qualities than the legitimate son.

Manu himself has declared also the equal participation of the wife's son with a legitimate son, in the texts,—"If a younger brother begets a son on the wife of an elder brother, then the distribution in such a case shall be equal; this is the settled law. The (wife's son who is) inferior, cannot get in right of the superior; the father is superior on account of pro-creation, therefore (the wife's son) shall legally take the aforesaid share. He, who protects the estate and the wife of a deceased brother, shall, after generating a son to the brother, make over his estate to him. If there be a legitimate son and a wife's son entitled to the property of the same father, each shall take what belonged to his natural father, and not the other." The legitimate son being the subject commenced, although it seems that the equal participation of the wife's son is mentioned relatively to the legitimate son, still because the meaning that is suggested by the context cannot be adopted should there be conflict of texts, therefore it is to be understood that the above text means the participation of a share equal to that of the natural father. Hence in the subsequent passage the superiority of the natural father is set forth. Also by the text,—"he shall, after generating a son to the brother &c.,"—it is declared that he shall give him the property of him to whom the wife's son belongs, *i. e.* such a son being the representative of the brother shall take a share equal to his.

Similarly are to be anyhow reconciled the texts of Vrihaspati and other sages, which declare greater or lesser shares for the wife's son &c. Thus Vrihaspati says, "The other five or six sons beginning with the wife's son are equal shares." Háríta ordains,—"One about to distribute shall allot one-twenty-first to the maiden-born son, one-twentieth to the son of a twice-married woman, one-nineteenth to the son of two fathers, one-eighteenth to the wife's son, one-seventeenth to the son of an appointed daughter; and the rest shall be given to the legitimate son." In the Brahmapurána it is said, "A legitimate son though next born (or begotten on a woman of inferior class) takes the entire estate, the wife's son takes a third part, the son of an appointed daughter a fourth, the son made a fifth share, the secret-born son a sixth, the deserted son a seventh share, the maiden-born son an eighth share, the son received with a pregnant bride a ninth part, the son bought gets a tenth, the son of a twice-married woman, however, obtains the next, the self-given son a twelfth; but the son of a Súdra woman, a thirteenth part of the paternal property; a person of the same *gotra* or a virtuous student (shall take the remainder)." Here with every clause should be construed, 'when there is a legitimate son,' by reason of the text,—"In default of the preceding one among these, every succeeding one &c.," (§16.) It has previously been shown (para. 2) to what case is applicable the first verse of the above passage, namely, "A legitimate son &c." The reconciliation of the others also is to be made as is proper according to the local customs or agreeable to a comparison of the qualities.

19. Manu has divided the sons into two sets of six, and declared that the first six are heirs (*dáyádas*) and kinsmen, and that the latter six are not heirs but kinsmen, as in the text,—"The legitimate son and the wife's son also, the son given and the son made, the secret-born son and the deserted son, these six are heirs (*dáyádas*) and kinsmen: the maiden-born son, the son received with a pregnant bride, the son bought, likewise the son of a twice-married woman, the self-given son and the son of a Súdra woman, these six are not heirs but Kinsmen." The meaning of this text is as follows:—In default of any near heir of the *sapindas* and the *samánodakas* of their father, the first six are entitled to their estate, but the latter six are not entitled to the same; but the division into those that are heirs (*dáyádas*) to the father and those that are not so, would not be reasonable, because the right of all the sons in default of the preceding one, to take the property of the father is equal, by reason of the text,—"In default of the preceding one among these &c.," (§16); and because the text,—"Neither the brothers nor the parents but the sons take the estate of the father,"—which is declared after the text,—"The legitimate son alone is the master of the paternal property"—establishes that all the subsidiary sons are entitled to take the paternal property; and because the term *dáyáda* is mostly applied to heirs other than the son, in many texts such as,—"Shall compel even the *dáyádas* to give:" but the status of kinsman, *i. e.* the qualification of performing the ceremonies of offering libations of water &c., by reason of being *sapinda* or *samánodaka*, is common to both the sets of six.

But Hárita says,—"Six are kinsmen and heirs; the son begotten by a man himself on his chaste wife, the wife's son, the son of the twice-married woman, the maiden-born son, the son of the appointed daughter, and one secretly born in the house are kinsmen and heirs: the son given, the son bought, the deserted son, the son received with a pregnant bride, the son self-given and the son found by chance are not heirs of kinsmen."—"The son begotten by a man himself on his chaste wife," means the legitimate son; "the son found by chance" is one that is bereft of the mother, father &c., and is suddenly found by a person who, after satisfying him says,—'be you my son,' and so adopts him,—that is to say, the son made.

Now here the conflict with Manu is clear. Because by him, the maiden-born son and the son of the twice-married woman are enumerated among those that are not heirs to kinsmen; while by Hárita among those that are kinsmen as well as heirs: again the son given, the son made and the deserted son are reversely enumerated. Hence the conflict is to be removed thus; their applicability is to be determined with reference to qualities such as equality in class, or with reference to local customs.

Baudháyana, however, concurs with Manu in what he says (about this subject) in the text,—"The legitimate son, the son of the appointed daughter, the wife's son, the son given, the son made, the secret-born son and the deserted son are pronounced to be heirs: the maiden-born son, the son received with a pregnant bride, the son bought, likewise the son of the twice-married woman, the self-given son and the son of a Súdra woman are pronounced to be kinsmen."

Devala, having described the legitimate son, the son of the appointed daughter, the wife's son, the maiden-born son, the secret born son, the deserted son, the son received with a pregnant bride, the son of the twice-married woman, the son given, the self-given son, the son made and the son bought, says,—"These twelve sons are declared for the sake of issue: some are sprung from himself; some are sprung from another; some are acquired; and others become sons independent of any exertion. Of these, the first six are heirs to kinsmen, the latter six are so to the father alone: a distinction also among the sons according to the priority in the order of enumeration is ordained: all these sons indeed are considered entitled to take the heritage of one having no legitimate son; but should a legitimate son be subsequently born, they have no right on account of seniority: of these sons, those that are equal in class take a third share; but those inferior in class, shall remain dependent upon him, receiving food and raiment."—Of the sons enumerated, it is clear who are sprung from himself and so forth.

Nárada also says,—"The legitimate son, the wife's son, the son of the appointed daughter, the maiden-born son, the son received with a pregnant bride, likewise the secret-born son, the son of the twice-married woman, the deserted son, the son given, the son bought, likewise the son made, and the self-given son; these are pronounced to be the twelve descriptions of sons. Of these, six are kinsmen and heirs; and six are not heirs but kinsmen. Each, according to the priority in order, is considered as superior; and the next in order, as inferior. On the death of the father, they succeed to his estate according to their order: on default of the superior let the inferior take the estate."

Manu says,—"On failure of the superior, the inferior in order is entitled to the heritage; but if there be many equal, all become sharers of the estate."

Vrihaspati says,—"The son given, the deserted son, the son bought, the son made and likewise the son of a Súdra woman; all these when pure in class, are considered as sons of middle rank, entitled to the heritage: the wife's son is censured by the virtuous, so likewise are the son of the twice-married woman, the maiden-born son, the son received with a pregnant bride and the secret-born son."

Hárita says,—"The son of a Súdra woman, the self-given son, and the son purchased; all these who are pronounced kinsmen are undoubtedly *káṇḍaprishṭha;* there is no doubt that, inasmuch as he having left his own family joins a different family, therefore by reason of that misconduct he is called *káṇḍaprishṭha.*

Yama says,—"The son given at a time of distress, the self-given son and the son of a Vaishṇaví, all these three described by Manu are *káṇḍaprishṭha;* since the family is called the *káṇḍa*, and they left their previous family. But let him who is eldest remain in the family. He, who having left his own family, betakes himself to a different family is considered as *kándaprishtha* on account of that misconduct."—In the Kalpataru it is said that Vaishṇaví means a Súdra woman.

20. In the following text, Yogísvara lays down a restrictive rule in the shape of the conclusion of what has been said,—"This law propounded by me refers to sons equal in class."—This law which is propounded by me in the text,—"In default of the preceding one among these, every succeeding one &c.,"—is to be understood to refer to the wife's son &c., that belong to the same class with the father, and not to those of a different class. Of them the maiden-born son, the secret-born son, the son received with a pregnant bride and the son of the twice-married woman can be of the same class, through their natural father; for they themselves have not the distinctive feature of the pure and mixed classes. Since Yogísvara himself having discriminated the pure and mixed classes, says, "This law is declared to refer to married women."

The sons sprung from a father of a superior class and a mother of an inferior class,—and belonging to the mixed classes such as the Múrdhábhishikta, are included under the definition of the legitimate; hence the mode of partition by them has been declared by the text,—"The sons of a Bráhmana have four shares or three or two or one according to the class &c.," (Part 1, § 25, para. 1.) Consequently, it is on their default, that the wife's son and the rest are entitled to the paternal estate.

21. The son of a Súdra woman, however, although legitimate, is not entitled to take the entire paternal property, notwithstanding the default of other sons. Accordingly, Manu says,—"Whether one has a son or is destitute of a son, let him not, according to law, give more than a tenth to a son by a Súdra woman." Whether one has a son by a wife of equal class or destitute of sons by a wife of equal class; when he is dead let not his wife's son &c., or any other heir give to a son by a Súdra woman more than a tenth out of his property. From this text it appears that in default of a son by a wife of equal class, a son by a Kshatriya or a Vaisya wife, takes the entire paternal property. As for the right of a son by a

Súdra woman to take one share, declared by Yogísvara and other sages in texts like,—"The sons of a Bráhmana, according to the class, take four shares, or three, or two, or one &c.,"—that is to be understood to refer to a Súdra woman's son of a very good character; since, otherwise, there would be conflict with Manu. And the text of Manu, namely,—"A son of a Brahmaṇa, a Kshatriya or a Vaisya, by a Súdra woman, is not entitled to take the heritage,"—has already been explained.

22. A special rule is propounded by Yájnavalkya with regard to the partition of the property of a Súdra, in the text,—"One begotten by a person of the servile class, even on a female slave takes a share by the choice (of the father); when the father is dead, let the brothers make him partaker of a half share: when there is no brother, let him take the whole, provided there be no daughter's son." A son begotten on a female slave by a Súdra obtains a share by the choice of the father: after the father's death, however, let the brothers, *i. e.*, the sons by a Súdra woman lawfully wedded, make him, *i. e.*, the son of the female slave, partaker of a share equal to half of their own share. Here from the plural number (in brothers) it should not be erroneously concluded that every one must give half of his share; for if that were so, then one having many brothers would get a much larger portion of the property than they, and that would be very unreasonable: but the sons by a Súdra woman, each take a half share of what is allotted to a legitimate son; the singular number (him) and the plural number (brothers) indicate the class and the individual. But in default of a son by a lawfully wedded Súdra woman and of his sons &c., the son of a female slave, also, gets the entire property of the Súdra father; this appears to be the purport.

23. From the use of the term "a person of the servile class" (in Yájnavalkya's text, § 22) it appears that one begotten by a twice-born person on a female slave, cannot, notwithstanding the desire of the father, get a share, or a half share after his death; the taking of his entire property is out of the question: but he is entitled only to maintenance, provided he be not disobedient.

CHAPTER III.

LAW OF SUCCESSION

TO THE ESTATE OF A PERSON SEPARATED AND NOT RE-UNITED.

PART I.

§ 1.—General rule of succession.—2. The wife's succession; wives of different classes; effect of marriage in different forms; her right to perform religious ceremonies, and to take the entire estate.—3. Limitation of her right; two texts of Kátyáyana, interpretation of these by the author of Smritichandriká; that by Jímútaváhana, stated and criticized; conclusion.—4. Other texts on the priority of the wife's succession.—5. Texts in conflict with these.—6. Reconciliation by Dháresvara.—7. Criticized.—8. Reconciliation by Sríkara; criticized.—9. Another reconciliation; criticized.—10. Reconciliation by the author.—11. The term "sonless" in texts on succession explained; *sapinda* relationship explained.—12. Jímútaváhana's objection to the above reconciliation, stated at length.—13. The same criticized; re-union explained; chaste widows entitled to maintenance only when the husband is unseparated.

1. Now are mentioned those, who, in default of the principal and subsidiary sons, are entitled to take the estate of one who is deceased, degraded, gone to retirement or the like.

On this Yogísvara says,—"The wife *(patní)* and the daughters also, the parents, brothers likewise, their sons, the gentiles *(gotraja)*, cognates *(bandhu)*, a pupil, the fellow student: in the absence of the preceding one, every succeeding one is indeed heir to the estate of a sonless person, who departed for heaven. This rule extends to all classes." The meaning is: The wife and the rest shall, agreeably to the order in which they are mentioned, *i. e.*, in the absence of each preceding one, the next succeeding one,—take the estate of a person who departed for heaven, *i. e.*, is deceased, and is sonless, *i. e.*, destitute of the twelve kinds of sons previously described; this rule is to be understood to apply to all, *i. e.*, the mixed classes whether they are sprung from a high-caste father and a low-caste mother, or from a low-caste father and a high-caste mother,—as well as to the (four principal) classes, such as the Bráhmaṇa.

2. First of all the *patni* or the lawfully wedded wife takes the estate. The term *patni* itself signifies a woman espoused in the prescribed form of marriage, agreeably to the Aphorism of Páṇini,—"The term *pati* (husband) is changed into *patni* (meaning the correlative) implying relation through a sacrifice." The singular number (in the term *patni* in Yogísvara's text, § 1) implies the class; hence if a person leaves more wives than one, then all of them,—first those of the same class (with the husband) and after them those of a different class,—shall take the husband's property dividing the same amongst themselves.

From the use of the term *patni* (in Yájnavalkya's text, § 1) it appears that a wife espoused in the *ásura* or the like (disapproved) form of marriage has no right to take the property when there is another wife espoused in a lawful form of marriage. To this effect is the following passage of law,—"A woman, however, who is purchased by giving price, is not to be considered as a *patni;* for neither in a sacrifice in honor of the gods, nor in one in honor of the departed ancestors she (can be the companion of her husband, *i. e.*, the purchaser, when performing such a sacrifice): the poets (prophets or sages) look upon her as a female slave."—In this text her status of a female slave is mentioned with the intention that she has not the right of becoming the indispensable companion in the performance of ceremonies having spiritual merit for their end, but not with the intention that intercourse with her is forbidden; for she being espoused (though in a disapproved form), the objection of her being the wife of another man, cannot arise. Accordingly Manu, having described the virtuous and the vicious forms of marriage, declares that the virtues and vices attach solely to the issue (of such marriages),—"If a wife is espoused by a man in the blameless forms of marriage, the offspring becomes unblameable; and if in the reprehensible forms, the progeny becomes reprehensible; therefore the reprehensible forms should be studiously avoided." The reprehensibility of the offspring, again, refers to the absence of good conduct and character, not, however, to exclusion from the castes pure or mixed; for the sole fact of being begotten on a married woman by the man who marries her, determines the caste pure or mixed (of the offspring,) by reason of the text,—"This law is ordained with regard to married women." Hence, by the text,—"For neither in a sacrifice in honor of the gods, nor in one in honor of the departed ancestors she &c."—the right to be the companion is prohibited.

Accordingly it is indicated by the term *patní* that the competency also, of performing the rites in honor of the ancestors, is a reason for the succession to the property of the husband. Hence Prajápati says that the estate of the husband may be taken only by a wife who is chaste and who is competent to associate with the husband in the performance of ceremonies enjoined in the Sruti and the Smriti, as in the text,—"Dying before the husband, a wife devoted to the husband partakes of his consecrated fire; but if the husband die before her, she takes his property: this is the primeval law." Also Vriddha Manu says,—"The sonless wife (*patní*) alone, keeping unsullied the bed of her husband and persevering in religious observances, shall offer oblations to him and take his entire share." With reference to this text, the author of the Smritichandriká says, that since the order of reading of the latter half, is opposed by the order indicated by the sense, therefore the widow first obtains his entire share and then presents oblations. This is to be rejected. Because nothing is intended to be expressed by the order: the sole object of the text is to establish her right to both. Otherwise the funeral ceremonies would have to be postponed till the share be obtained: but that is prohibited in various passages of law. Also because there would arise the objection of assuming some spiritual purpose. By the particle "alone" in the term "the wife alone," it is shown that even to the performance of the funeral ceremonies of her sonless husband, she alone, like a son (had there been one) of her sonless husband, is entitled, notwithstanding a brother and the rest enumerated in the text,—"The wife and the daughters also &c."

The very same meaning is expressed at length by Prajápati,—"Having taken his moveable and immoveable property, the precious and the base metals, the grains, the liquids, and the clothes, let her duly offer his monthly, half yearly and other funeral oblations. With funeral repast and by pious liberality, let her honor the paternal uncle of her husband, the spiritual preceptor (or the parents) and daughter's sons, the children of the sisters, the maternal uncle, and also decrepit persons, guests and females (or the other wives of inferior status)."—"The base metals" are lead, tin and the like (*i. e.* other than gold and silver;) "funeral repast" signifies the food intended for the ancestors; "pious liberality" means reservoir of water and the like (works for public good) or the fees and the like (given to Bráhmaṇas) for the performance of a ceremony. What is intended is this: Having obtained the husband's entire estate including even the immoveables, the *patní* should, under the superintendence of the husband's relatives, perform the ceremonies conducive to the spiritual benefit of her husband and herself, (the ceremonies) which can be accomplished by wealth and which a female is competent to perform.

The same sage declares that those that cause injury to her who conducts herself in this way are to be punished as robbers,—"The gentiles and the cognates, however, who become her adversaries or injure her property, let the king chastise by inflicting on them the punishment of a robber."

The following passage prohibitory of the taking by the *patní* of immoveable property, is quoted in the Smritichandriká as a text of Vrihaspati;—"When the husband is separated, the pledge and various others that are recognised as property, the wife (*jáyá*), after the death of her husband, obtains, excepting the immoveable."—And in order to prevent the inconsistency of this text with that of Prajápati, namely,—"Having taken his moveable and immoveable &c."— it is concluded that this refers to a wife destitute of daughters, by rejecting the opinion of others, namely, that this passage refers either to a wife without good character or to the property of an unseparated husband,—as being contradictory to the remaining part of the above text, namely,—"Even when partition has been made, the wife *(stri)*, though preserving her character, is not entitled to immoveable property."

The author of the Madanaratna points out a defect in the above conclusion on the ground that the above text of Vrihaspati is an interpolation inasmuch as it is not cited in the Mitákshará, the Kalpataru, the Haláyudha and the other commentaries,—but that the text of Prajápati, namely,—"Having taken his moveable and immoveable &c." —is a genuine one, since it is quoted in all the commentaries; and characterizes the conclusion come to by the author of the Smritichandriká to be unreasonable, being simply an emanation from his inner consciousness: and he himself forms the following reconciliation, supposing the text of Vrihaspati to be a genuine one, namely, that the taking of the entire property including the immoveable —refers to a wife espoused in the forms of marriage, called Bráhma and the like, inasmuch as the term *patní* is used in these texts; but that the text of Vrihaspati is relative to a wife espoused in the A'sura or the like form of marriage, because the terms *jáyá* and *strí* only are employed in that text.

This is refuted in the Smritichandriká itself, in which it is said that a wife wedded in the A'sura or the like form is not comprised by the term *patní;* and the texts also, in which the term *jáyá* and the like occur, refer to her *(i. e.,* the *patní)*, inasmuch as these texts rest on the same foundation (with the texts in which the term *patní* is used). As for what is said, namely, that the conclusion arrived at by the author of the Smritichandriká is a dogmatic one,—that also is not tenable. Because, if there be a daughter, then through her son there is a possibility of the enjoyment of immoveables, and of the spiritual benefit of the proprietor, therefore even the immoveables are taken (by the wife); but one that is destitute of daughter does not take the immoveable property by reason of the absence of such possibility: in this therefore may consist the reason (for the above conclusion of the author of the Smritichandriká). Accordingly it has been previously set forth that without the consent of the sons the father has no right to alienate even his self-acquired property.

3. As for what appears from the text of Kátyáyana, viz.—" When the husband is dead, (the wife) preserving the honor of the family shall take the share of the husband for her life (or livelihood), not, however, the right to make gift, mortgage or sale,"—namely, that the wife succeeding to the property of the husband is entitled to mere maintenance out of the estate, but has no right to make gift, mortgage or sale thereof;—that also refers to the want of right to make gifts to players, dancers, &c. for secular purposes. Because he (Kátyáyana) himself sets out her right to make gifts for spiritual purposes, also to mortgage or sell so much as is sufficient for such purposes, in the text,—" Persevering in religious observances and fasting, leading a life of austerity, and constantly engaged in the control of passion and in making gifts, (the widow) though sonless, ascends to heaven,"—from the phrase " ascends to heaven" it appears that she has power to make gifts, &c., even in religious ceremonies that are optional, and *a fortiori* in those daily and occasional ceremonies which are enjoined by the Sástras, and the omission whereof entails demerit. And because to the same effect is the text of Prajápati cited before, namely—" Having taken the moveables and immoveables &c." The author of the Smritichandriká, and others, say, that in this text too, the first (of the series of duties) being enumerated, her power to perform the optional ceremonies (at the expense of her husband's property) follows.

There is again another text of Kátyáyana himself, namely,—" Let the sonless (widow), preserving unsullied the bed of her husband, and abiding with her venerable protector, only enjoy (her husband's property) being moderate until her death, after her, let the heirs (or co-heirs, *dáyádas)* take."

In interpreting this text the author of the Smritichandriká says;—The meaning is, " let her being moderate," *i. e.*, patiently enduring any opposition, offered by the (husband's) co-heirs *(dáyádas)*, to the application of the wealth, " enjoy until her death." This again refers to such undivided property as the widow herself has taken for her livelihood, when the father-in-law &c. being engaged in other pursuits are unable to afford protection, maintenance and the like; for had it referred to divided property, it would have been contrary to the doctrine propounded by Manu and others.

The oriental commentators, however, putting an interpretation which appears on the face of the text (of Kátyáyana) say that the wife has no power of making gift, mortgage, or the like (disposition) of her husband's property, in the following passage:—" 'Abiding with her venerable protector,' *i. e.*, with her father-in-law or the like (kinsman of her husband), let her only enjoy her husband's estate during her life; but let her not, according to her pleasure, deal with it as with *stridhan* by making a gift, mortgage, sale, or the like: after her, let the heirs, *i. e.*, the daughters and others who would be entitled to his property (in default of the wife), take the estate, but not the kinsmen; since they being inferior to the daughter &c., ought not to exclude these: for the widow debars them (the daughter &c. from succession), and the absence of the obstacle (in the shape of the widow) is equal either in the case of the destruction, or in the case of utter absence, of her right; they (the daughters &c.) therefore cannot reasonably be excluded. Nor can it be said that "let the heirs" to *stridhan* "take," for then there would be tautology, inasmuch as Kátyáyana himself has declared in other texts the heirs to *stridhan*. Hence those persons who, in the text,—" The wife and the daughters also &c."—are in the absence of the preceding ones, exhibited as next heirs to the property of a sonless deceased person [who was separated and not re-united] shall, in like manner as they would have succeeded in case of the utter absence of the wife's succession, succeed to the residue of the estate after her enjoyment, upon the demise of the wife in whom the succession had vested. At that time the succession of the daughters &c. is proper, since they confer greater spiritual benefits than others. The following passage of the Mahábhárata in the chapter on the Religious merit of Gifts, is also in support of the above view,—' It is ordained that the property of the husband when devolving on wives has enjoyment *(upabhoga)* for its use: let not women on any account make a waste of her husband's property.'—Enjoyment again should not be by wearing delicate apparel and similar luxuries; but since a widow may benefit her husband by the preservation of her person, the enjoyment of property sufficient for that purpose is authorized. Thus in the text,—'With funeral repast and pious liberality &c.'—Vrihaspati intends by the term paternal uncle, any *sapinda* of her husband; by the term daughter's son, the progeny of her husband's daughter; by the term sister's son, the husband's sister's son; and by the term maternal uncle, her husband's mother's family: to these alone, let her give presents in proportion to the wealth, at her husband's funeral rites, and not to the family of her own father. With their consent, however, she may give to them also. Accordingly Nárada says,—"When the husband is dead, his kin are the guardians of his sonless widow. In the disposal of property, and care of herself, as well as in her maintenance, they have full power. But if the husband's family be extinct or contain no male, or be helpless, the kin of her own father are the guardians of the widow, if there be no relations of her husband within the degree of a *sapinda.*"

On this it is to be said. Is it, that even when a gift or the like disposition of her husband's property is made by the widow,—this is *per se* invalid? This, however, is not reasonable, since her succession to the entire estate of her husband being declared in the texts of Manu and other sages, her proprietory right arises thereto; hence it would be contradictory to say that gifts &c. (made by her) are *per se* invalid. Accordingly Jímútaváhana himself, having cited the following texts prohibiting gift and the like disposal of immoveable property, namely,—"But neither the father nor the grandfather is so, of the whole immoveable property,"—"Separated or unseparated kinsmen are equal in respect of immoveables &c."—and—"Immoveables and bipeds, although acquired by a man himself &c."—concludes that these texts are intended to show that moral guilt is incurred by a man of evil disposition, who makes gift and the like merely for the purpose of putting the family to distress; but they do not establish the invalidity of gifts and the like in themselves; for it would be unreasonable to say that they do so, because the proprietory right which is defined to be the power of disposal according to pleasure,—in the immoveable property is not distinct from what it is in other objects, and because a fact cannot be altered even by a hundred texts. Hence in the manner mentioned by him, let, in this instance too, moral offence, by reason of the violation of the prohibition, be incurred by a widow who out of evil disposition makes gifts &c. of her husband's estate, solely for the purpose of putting the kinsmen (of her husband) to distress. And certainly a moral offence too is not committed by one who makes gifts for religious purposes, or who sells or mortgages for the purpose of her own maintenance. Nor can it be said that from the restriction expressed by the term, "only enjoy," as well as from the declaration—"After her let the heirs take,"—what alone can follow is her incompetency to make gifts &c. as in the case of joint property. Because this (*i. e.* the separate property) which is the subject of exclusive right is different from joint property which is the subject of common right. Nor can it be asserted that inasmuch as the enjoyment by the widow (of her husband's estate), which follows (from the assertion of her heirship,) cannot be taken to be intended to be declared (in the text of Kátyáyana), therefore the text is solely for the purpose of prohibiting gifts &c., and accordingly her want of right to make gifts &c. inevitably follows. Because, (you say) a fact cannot be altered, hence it cannot but be admitted for the sake of the consistency of that rule, that the text is intended to prohibit the waste of the property by useless gifts &c. Otherwise if her right (to make gifts &c.) be not admitted, then there would be an irreconcileable conflict (of the text of Kátyáyana) with the texts enjoining gifts, namely,—" ... engaged in the control of passions and in making gifts ...,"—and—" ... with funeral repast and pious liberality let her honor &c." As for what is said, namely, that let the heirs, *i. e.*, the daughters &c. who are declared in the text,—" The wife and the daughters also &c."—to be entitled to the estate in default of the wife, take, since the default of the wife who forms the obstacle (to the succession of the daughters &c.) is equal, as in the utter absence, so in the destruction, of her right :—that is only plausible. Again, as there would be tautology if the term " heirs" be interpreted to signify the heirs to *stridhan* by reason of their being mentioned in another text, similarly there would be the same defect of tautology (in the interpretation put by you), for the heirs of the husband also are mentioned by Kátyáyana in a separate text.

But in fact when a person in whom right vested dies, it is proper that his property should be inherited by his near relations; hence, as the words wife and the like are relative terms, what have the daughters and the like of the former proprietor to do, when right to the husband's estate had vested in the wife? Hence, although the absence of the preceding one, the previous absence (of something that subsequently comes into existence) the destruction (or the future absence of some thing previously existing), the utter absence (or the absence without relation to any particular time), the relative absence of the obstacle, and the reciprocal absence (or the negation of identity) are similar (all these being of the same category, namely, negation), still when the owner of any property is dead, then if he leave no male issue, his property is inherited by his relations, such as his wife &c.: this is what the text (of Yájnavalkya, § 1) means. Otherwise there would be great confusion, since if the daughters and the rest having succeeded to the property of their father &c. die, then in supercession of their children, the father &c. of the father who was the previous owner, would take the property. Hence when the wife after having succeeded to the property of her husband dies, the residue of the property after her enjoyment would have devolved on (her heirs such as) the daughters and the like, by reason of texts like the following,—"And the daughters, the residue of the mother's property after liquidating her debts &c.":—but it is prevented by the passage,—"After her let the heirs take." And the construction of the text (of Kátyáyana) is arrived at thus: on perusing "let the heirs take," the question occurs, whose heirs? and the word "of the husband" connected with the word "bed" suggests itself and is construed with "heirs;" accordingly the signification of the text is as follows,—"After her let the husband's heirs or *dáyádas*", *i. e.*, those that are entitled to take his undivided property, "take" also what remains of the estate of a separated brother after the enjoyment thereof by his wife; and not the heirs to the estate of the wife, such as daughters and the like. Thus the last part (of Kátyáyana's text) expressing a meaning which is not expressed anywhere else, becomes significant: but according to the other view, this part would become useless, inasmuch as it would merely repeat what is declared in other texts.

Therefore, it is established that in making gifts for spiritual purpose as well as in making sale or mortgage for the purpose of performing what is necessary in a spiritual or temporal point of view, the widow's right does certainly extend to the entire estate of her husband; the restriction, however, is intended to prohibit gifts to players, dancers and the like, as well as sale or mortgage without necessity. Accordingly the term "being moderate" is inserted; the meaning is, that on obtaining the property she shall not uselessly spend the property. The passage in the Mahábhárata on the religious merit of gifts, however, strongly supports our view, for it begins thus: "It is ordained that the property of the husband when devolving on wives has enjoyment for its use." Here enjoyment (*upabhoga*) signifies enjoyment allied to religious duty, not however vicious enjoyment; "ordained," *i. e.*, declared by Manu and others. In the latter half (of the passage) the very same thing is expressed, namely, "women shall not waste", *i. e.*, uselessly expend the property of their husband; by the phrase "on any account" it is intimated, that waste is under all circumstances reprehensible; *apahára* (waste) is theft,—making useless gifts to dancers, players, and the like, and the wearing of delicate apparel &c., the tasting of rich food &c. and the like, also being improper for a widow who is enjoined to restrain her passions, are equal to theft: thus the term *apahára* (waste) is used in a secondary sense. But gifts and the like for religious purposes are not so, and consequently cannot be included under the term *apahára* or waste. Therefore everything is consistent.

4. There are also many other passages of law, establishing the preferable right of the wife to succeed to the estate of her sonless husband who was separated but not re-united. Thus Vrihaspati says,—"In the Vedas and in the Smritis as well as in popular practice, a wife is de-

clared by the wise to be half the body of her husband equally sharing the fruit of pure as well as impure acts. Of him, whose wife is not deceased, half the body survives. Why then should another get his property, while half his person is alive? Let the wife of a sonless deceased man take his share notwithstanding kinsmen, the father, the mother, or the uterine brother be present."

Yogísvara also by declaring the right of every succeeding one to accrue in default of the preceding one, ordains the wife's succession in preference to all others.

Also Vishṇu says,—"The wealth of a sonless man goes to his wife; on failure of her it devolves on daughters; if there be none, it belongs to the father; if he be dead, it goes to the mother; on failure of her, it goes to the brothers; on their default, it goes to the brother's sons; if none exist, it passes to a kinsman *(bandhu)*; on their default, it devolves on a distant kinsman *(sakulya)*; on failure of these, it comes to the fellow-student; and for want of all those heirs the property goes to the king, excepting the wealth of a Bráhmaṇa."—Here the term *bandhu* (kinsman) signifies a *sapinda*, and the term *sakulya* (distant kinsman) means a *sagotra* or one descended from a common ancestor in the male line (other than a *sapinda)*: if by the term *bandhu* the cognates of the father and the like were comprised, then there would be a conflict with the order mentioned by Yogísvara.

Also Kátyáyana says,—"The wife is entitled to the estate of the husband, provided she is not unchaste; but on her default, a daughter, if she be then unmarried."

There is also another passage of law,—"Now of a sonless person, the wife born in a (good) family, or also the daughters, in their default the father, the mother, the brother and (his) sons are pronounced (to be heirs)."

In these texts it is established that the wife is first of all entitled to the estate left by the husband.

5. There are texts again, which are in conflict with the above texts. Thus Nárada declares the succession of the brothers in spite of the wife, and the maintenance of his wife, as in the text,—"Among brothers if any one die without issue or enter a religious order, let the rest (of the

brothers) divide his wealth, excepting the wife's separate property. Let them allow a maintenance to his wives *(strínám)* until the end of their lives, provided they preserve unsullied the bed of their husband; but if they behave otherwise, the brothers may resume her allowance."

Also Manu declares that the father or a brother is entitled to succeed to the property of a sonless person, not the wife, as in the text,—"Let the father or the brothers take the estate of a sonless person."

The following passage of law asserts that the mother or the paternal grandmother is entitled to succeed to the estate of a sonless person,—"Let the mother take the estate of her childless son; and if the mother too be dead, let the father's mother take the property."

Also Sankha, Likhita, Paiṭhínasi and Yama declare the succession of the wife in default of the brothers and the parents, as in the text,—"The wealth of a sonless person, who departs for heaven, goes to the brothers; if there be none, let the parents take, or let the senior wife take."

The wife who is, by Yogísvara, placed first to the exclusion of others, is declared also by Devala, to be entitled to succeed on failure of the brothers and the like, as in the text,—"Next let brothers of the whole blood divide the estate of a sonless person, or daughters also equal (in class); or let the father if he survive, or (half) brothers of the same class, or the mother, or the wife inherit in their order."—Here by the term "brothers", half brothers are meant, since whole brothers are separately enumerated.

Also in the following text, the wife is not even enumerated by Kátyáyana, though father and others are mentioned as heirs,—"When a man who is separated, dies, then in default of sons let the father, or the brother, or the mother, or the father's mother in their order take the estate."

6. Of these texts, conflicting with each other, Dháresvara makes the following reconciliation:—If the wife of a sonless brother who was separated but not re-united, accepts the appointment to raise issue, then and then only she obtains the estate of the husband; but if she be not solicitous of the appointment, then she gets mere maintenance like the wife of one who was unseparated or re-uni-

ted: for it is through appointment alone, that the right of the wife of a sonless person accrues to the estate of her husband. Nor (can it be said) on what principle is this conclusion based? Because the wife's right of inheritance is shewn in many passages of law to arise through children alone. Accordingly Gautama says,—"Let kinsmen allied by the *pinda* or funeral oblation, by *gotra* or family name, and by descent from the same patriarch share the heritage; or the wife of the childless person, or she (may) seek to raise up offspring."—Let kinsmen allied by funeral oblation, by family name, and by descent from the same patriarch, take the heritage of a childless man; or let his wife take the heritage, if she seek to raise up issue to him: the particle 'or' conveys the meaning of 'if'; otherwise, the sense of alternative would be unreasonable, since there is no similarity between taking of the heritage and seeking to raise up issue. Likewise, also Manu declares that the wife's succession to the divided property is in right of the progeny, as in the text—"He who protects the estate and the wife of a deceased brother, shall after generating a son to the brother, make over his estate to him." So likewise, even if partition has not taken place, Manu intimates that the right of inheritance arises through the offspring, thus, —"If a younger brother begets a son on the wife of an elder brother, then the distribution in such a case shall be equal; this is the settled law." Therefore by the principle of co-existence and the absence of separate existence, it is established that the wife's right of inheritance is in right of progeny and not otherwise. Vasishṭha also, in the text,—"An appointment shall not be accepted through covetousness for the heritage"—forbids an appointment to raise up issue to the husband if sought from covetousness, and thereby clearly intimates that the widow is entitled to the succession if she consents to the appointment and not otherwise. Accordingly it follows that the text of Nárada, namely,—"If any one of the brothers die &c.,"—and similar texts refer to a widow who is unwilling to be appointed. Likewise in the text, namely,—"Their childless wives, conducting themselves aright, must be supported; but such as are unchaste should be expelled, and so indeed should be those that are perverse"—Yogísvara also, by ordaining maintenance for the wives of the blind and the like who are destitute of sons, and thus intimating the superiority of the son's right to the wealth, indicates, by the parity of reason, that the wife's right of succession is in right of the progeny alone. The following passage of law, namely,—" Property has come into existence for the purpose of sacrifices; therefore those, who are incompetent to perform these, are not entitled to inheritance, but are entitled to food and raiment"—by declaring the exclusion from inheritance, of sons &c. though males who are incapable of performing sacrifices, does *a fortiori* oppose the right of succession of widows who are incapable of performing sacrifices. So also another text of law, namely,—" Property is ordained for sacrifices; therefore it should be given to virtuous persons, and not to women, to the ignorant or to the vicious"—prohibiting even the gift of property to women and others, greatly depreciates the taking, directly by the widow, of the entire estate.

7. This view is not endorsed by Vijnánesvara and others; because in texts like—" The wife and the daughters also &c.,"—there is no express mention of appointment, nor is it suggested by the context. Moreover, what is the cause of the widow's right to the heritage? Is it the appointment or the progeny sprung therefrom? If it be the first, then the heritage would belong to the widow who accepts the appointment although no son be born, and (even if a son be born) it would not belong to the son begotten through the appointment, for (agreeably to this alternative) right to the husband's estate arises from the appointment alone. If it be the second, then the enumeration of the wife (as an heir in the texts) would be useless, since the children's right to the heritage is established by other texts. Again, if the argument be that women may have right to property through their husband alone, and not in any other way, therefore so long as the husband is alive, they have it through him; but in order to show that when the husband is dead they may have it through the progeny, 'the wife' is so enumerated, which refers to a wife willing to accept the appointment. Then it is not a sound one; because it is shown by texts which

will be cited hereafter, such as,—" What was given before the nuptial fire, what was presented in the bridal procession &c."—that they may have right to property in other ways also. If it be said that it is only in the twofold way that her right to the husband's property arises. In that case, the text dealing with the estate of a sonless person ought not to commence with " the wife;" because while the husband is alive, her right to his property is established by the text of Gautama, namely,—" Union (of the husband and the wife) arises indeed from the joining of hands (*i. e.* marriage);" and because, to say that when he is dead the right to his property arises by reason of appointment, is to affirm it only of the wife's son, but that also has previously been declared.

Again the text of Gautama, namely,—" Or she (may) seek to raise up offspring"—has been interpreted to mean, ' if she seek to raise up issue,' and has been set forth as an authority in support of the position that the wife of a sonless person may have the right of succession through appointment alone But that is not reasonable. Because the sense of 'if' is not conveyed by 'or' that marks an alternative. Nor can it be argued that, when it becomes unreasonable to say that 'or' marks an alternative by reason of the dissimilarity in meaning between the succession to the estate and the desire for appointment, then inasmuch as indeclinable words convey various meanings, the particle 'or' may certainly be taken to convey the meaning of 'if,' which renders the construction of the latter part with the first part (of the text of Gautama) reasonable. Because it is certainly reasonable to say that 'or' marks an alternative, since it may refer to another duty suggested by the context, thus—'or she may seek to raise issue or restrain her passions.' Accordingly the succession to the husband's estate, independently of the appointment, becomes affirmed by also the text of Gautama. Moreover, since the appointment of a widow is prohibited; and since by texts of Manu and others, such as—" The sonless wife preserving unsullied the bed of her husband &c."—it is established that a widow is entitled to the estate, provided she remain chaste; and since by the text,—" such as are unchaste should be expelled"—even maintenance itself is disallowed to those that fail to continue in the path of duty; therefore the right (of unchaste widows) to the entire estate of the husband is certainly unreasonable.

As for the argument, namely, that from the texts of Manu and others, such as—"He who protects the estate and the wife &c."—"If a younger brother begets a son on the wife of an elder brother &c."—and—"An appointment shall not be accepted through covetousness"—it appears, by reason of co-existence and the absence of separate existence, that the widow's right to the estate of her husband whether separated or unseparated arises through progeny alone;—that is only plausible, the language of the texts does not convey the meaning deduced: the intention of the texts being that when the husband who is unseparated or re-united dies, then her right to his estate arises through progeny alone, and that the appointment should not be accepted from covetousness. Accordingly, Nárada having declared,—"The sages hold that amongst the re-united brethren however, that share (which would go to the husband on partition) she is not entitled to"—establishes mere maintenance of his childless wives. Nor can it be argued that if the text of Nárada, namely,—"Among brothers if any one die without issue &c." (§ 5)—be thus taken to be relative to the estate of a person unseparated or re-united, then there would be tautology, for the same thing is expressed in the above text, *viz.*—"The sages hold that among unseparated brethren &c." Because in the first text are laid down the impartibility of woman's separate property, and their maintenance which are not ordained in any other text, and the subject is introduced by that part of the text (which conveys the same meaning as the other text). As for the text of Yogísvara, namely,—"Their childless widows conducting themselves aright &c.;"—that, however, will be shewn in the chapter dealing with those that are excluded from inheritance, to refer to the wives of the impotent and the like, since the pronoun 'their' relates to those mentioned in the previous text.

As also for the argument that the property of a twice-born has for its object the performance of sacrifices, and that consequently it is improper that the property should be taken by a widow who is incompetent to perform sacrifices;—that too is unreasonable, because the term 'sacrifice' is illustrative, it includes gifts &c., and these the widow also is competent to make; for if the term were taken in its literal acceptance, then the property could not be used for gifts, burnt-offering and the like purposes other than sacrifices. But in reality the performance of religious rites is not the sole end of property; for in the text,—"Neglect not religious duty, wealth and pleasure according to ability,"—likewise in the text,—"Let not morning, noon or evening be fruitless as regards religion, wealth and pleasure,"—it is laid down that the pursuit of wealth and pleasure, that may be made by means of wealth, is necessary. Had wealth been designed solely for sacrificial purposes, then the wearing of gold (inculcated by the Vedas) would have had the sacrificial use for its object by reason of its intimate relation with sacrifices (as supposed); but this would be contrary to what is concluded (in the Mímánsá) *viz.*, that it is intended for secular purposes. By reason of such texts as,—"A woman is not entitled to independence"—let there be only dependence of a woman, but there can be no objection whatever to her succession to the estate. And the text—"Property has come into existence for the purpose of sacrifices &c.,"—however, is laudatory of the application of property to the performance of sacrifices. Accordingly the latter part (of the other text) is—"to virtuous persons and not to women, to the ignorant or to the vicious." The author of the Mitáksharà, however, says that these texts intend that the property which was acquired by the father for the purpose of performing a sacrifice, must, even by his sons or other heirs, be appropriated to that use alone and not to any other; for the following passage declaring it to be an offence (to act otherwise), is equally applicable to sons as well as to other heirs:—"He, who having received articles for sacrifice, disposes not of them for that purpose, shall become a kite or a crow."

8. Sríkara and others, however, say that the conflicting texts relate to distinct cases: if the husband's

estate is only sufficient for the maintenance of the wife, she takes the whole of it; but if there be a surplus, the brothers and the like take: to the very same effect is the text,—"and take the entire share;" for maintenance must be allowed. And they assign the following reason for that conclusion, *viz.*, that by this all the texts become reconciled.

This is not consistent with reason. Because the term 'estate' which is mentioned but once (in the texts) is to be interpreted, when construing it with 'the wife,' to mean so much property as is sufficient for maintenance; and when construing it with 'the brothers' or the like, to mean the unqualified estate: and this variableness in the meaning is not reasonable if uniformity is possible. And because the term 'entire' in Manu's text would be meaningless. Besides it is very unreasonable to say that, when there is no son, the wife gets no more than maintenance; for, on partition being made, whether during the lifetime of the husband or after his death, even when there are legitimate sons, the allotment to the wife of a share equal to theirs is ordained in the following texts, namely,—"If he makes the allotments equal, his wives shall be made equal sharers,"—and—"The mother also, of those effecting partition after the demise of the father, shall get an equal share." Nor can it be argued that in these texts too, the term 'share' is intended to indicate no more than what is sufficient for maintenance. Because in that case the terms 'equal' and 'share' would become meaningless. And because, if it be held that what is sufficient for maintenance, is only intended, then in the latter part also (of the text), namely,—"If any have been assigned, let him allot the half,"—the meaning of the term 'half' would have to be altogether rejected. To say that what is intended is, that when the property is small a share equal to that of a son (should be given to her), and when the property is large, so much only as is sufficient for maintenance, is extremely unreasonable by reason of the variableness in the precept. Since the very same term 'equal share' would, having regard to some other text, signify, on one occasion when the estate is considerable, property sufficient for maintenance only; and on another occasion when the estate is small, its literal meaning: hence in the same precept the meaning of the sentence being different, there would be different sentences (couched in the same words):—and this is unreasonable. There would also be the error of admitting the simultaneous exercise of the twofold power of words, namely, that of conveying a literal and a metaphorical meaning.

Just as in the topic (in the Mimánsá) of the Cháturmásya (*i. e.*, a sacrifice which takes four months for its completion, and which consists of four distinct sacrifices called the Vaisvadeva, the Varuṇapraghása, the Sákamedha and the Sunásírya; with regard to which there is the following text of Sruti,—"Here they construct the holy fire-place, not in the Vaisvadeva nor in the Sunásírya: for the Varuṇapraghása and the Sákamedha are the principal ones of the sacrifice, as in these two they establish the sacred fire,") the adversary says that the injunction regarding the establishment of the holy fire (ordained for the sacrifice called Darsapaurnamásíya, whereof the Cháturmásya is a modification) is applicable also to the Cháturmásya, as indicated by the text,—"as in these two they establish the holy fire,"—and this, he assigns, to be the reason for the prohibition of the construction of the sacred fire-place, as contained in the text,—"not in the Vaisvadeva nor in the Sunásirya,"—for otherwise the prohibition of what cannot take place would be unreasonable: thereupon it is argued on the opposite side that this is not the prohibition of the construction of the holy fire-place which is rendered applicable to the Cháturmásya sacrifice by reason of the extension of the injunction to that effect, declared with regard to the Darsapaurnamásíya; but this is the prohibition of the construction of the holy fire-place, as enjoined in the text in this topic, *viz.*,—"Here they construct the holy fire-place": whereupon the adversary finds fault with the above opinion on the ground of variableness in the precept, for the text in the topic, taken together with the prohibition (in that very text) renders the construction of the holy fire-place optional, in the first and the last sacrifices, but it does independently of any other precept, render the construction of the holy fire-place obligatory in the two intermediate sacrifices: for fear of this variableness in the precept it is established in the conclusion that the precept,—"not in the Vaisvadeva &c."—is absolutely a superfluous precept, for prohibition is unreasonable, of what cannot take place in the first and the last sacrifices; but the precept—"Here they construct the holy fire-place,"—together with the laudatory precept—"in these two they establish the holy fire"—enjoins the construction of the sacred fire-place in the two intermediate sacrifices, namely, Varuṇapraghása and Sákamedha; but this is not in consequence of the extension to this sacrifice of an injunction declared with respect to the Darsapaurnamásiya sacrifice.

9. On this some one says:—It is declared that the brothers shall take the estate of a sonless person, and that they shall give to his wives property sufficent for their maintenance, as in the text,—"and shall allow maintenance to his wives till the end of their lives:" but when the estate is not more than what is sufficient for maintenance, or even less than that, then the question occurs whether in such a case the brothers shall take the estate or the wife? And the text,—"The wife and the daughters also &c."—by showing the priority of the wife's right, indicates that in such a case, the wife alone shall take the estate.

This too is wrong; since in this view too, there would be the very same variableness in the precept as has previously been mentioned; for the phrase "shall take the estate," taken together with other texts in case the estate is small, would signify when construed with "the wife," shall take so much property as is sufficient for maintenance; but when construed with "the parents &c.," shall take the entire estate.

10. If you ask, how then is the conflict to be reconciled? Listen:—Since there is no indication of order (of succession) in the texts such as,—"The father or the brothers shall take &c."—therefore these texts are intended only to enumerate the heirs to the estate of a sonless person: but the text of Yogísvara which lays down,—"In the absence of the preceding one, every succeeding one is heir to the estate"—is relative to the order of succession:

therefore although in the other texts there is no mention of the wife and the rest in a settled order, still there being no conflict in meaning (between these two sets of texts), the father and the rest become heirs to the estate of a sonless person in default of the wife and the like.

The succession, however, of a wife that is suspected of adultery, is forbidden by Háríta,—" If a woman becoming widow in her youth be headstrong, a maintenance must in that case be allowed to her for the support of life." From this very text it appears that the widow who is not suspected of unchastity, is entitled to take the entire estate of the husband. Accordingly it is said in the text of Sankha,—" or the senior wife :" 'senior' means praiseworthy for good qualities, but not the eldest in age. Manu also declares seniority in the order of the classes,—" When regenerate men espouse wives of the same class as well as of a different class, the seniority, honor and habitation of those wives must be settled according to the order of the classes." Hence a wife of the same class, although youngest in age and in respect of the date of marriage, is senior to one of a different class; also among those of the same class, the senior is one possessed of good qualities. Accordingly Manu says,—" To all such married men, the wives of the same class, and not the wives of a different class on any account, shall perform the duty of personal attendance, and the daily business relating to acts of religion: for he who foolishly causes those duties to be performed by any other than his wife of the same class when she is near at hand, has been immemorially considered as a Chandálá though by birth a Bráhmaṇa." Also Yogísvara says,—" Among wives of the same class, one other than the eldest should not be employed in the performance of religious duties." Also, a wife of the same class is indicated by the term *patni* itself, which signifies union through a sacrifice. But in the absence of a wife of the same class, a wife belonging to the class next in order, (may be employed in the performance of such duties): accordingly Vishnu says,—" If there be no wife belonging to the same class, then under the exceptional circumstance, a wife belonging to the class next in order (may be employed); but never (should) a regenerate man (perform) religious duties, with a wife of the Súdra class:"—the term "should perform" occurring in the previous text is to be construed with this text. Hence in default of a Bráhmaṇi wife, a Kshatriya wife may be the companion of a Bráhmaṇa under that unavoidable circumstance; but neither a Vaisya nor a Súdra woman though espoused: a Vaisya wife alone may become the associate of the Kshatriya husband in default of a Kshatriya wife: a Vaisya may not have a Súdra wife (for his companion in the performance of religious duties) but must have one of the same class; for a Súdra wife is altogether excluded.

Accordingly a wife who is not suspected of unchastity, and who is of the superior class, shall take the husband's estate, and maintain her co-wives of the inferior classes. But the wives of the same class with the husband shall take the estate dividing it amongst themselves. Hence the singular number in the term 'wife' is to be taken to be used with the intention of designating the class.

Hence the chaste wife of a sonless deceased person who was separated and not re-united, is entitled to take the entire estate: but of a sonless person who was unseparated or re-united, even the chaste wife is entitled to mere subsistence, by reason of the texts of Nárada and others, such as,—"If any one among brothers die without issue &c." An unchaste widow, however, is not entitled even to maintenance, for it is declared,—"But if she behave otherwise, they may resume the allowance."

As for the allowance of food and raiment even to the unchaste wives, as is declared in the following text, namely,—"Also let one act in the same manner towards even the fallen wives; food and raiment, however, should be allowed to them, if they reside in the vicinity of the dwelling house:"—that however is to be explained as referring to the husband, consistently with what is ordained by Yogísvara after having premised the husband, as in the text,—"Deprived of her position in the family, clad in dirty clothes, living upon morsels barely sufficient for life, and humiliated, an unchaste wife shall be made to lie down upon the bare earth." This too is to continue till the penance be performed. The banishment by also the husband, and the like mode of expiation for those women that do not out of perverseness perform the penance, will subsequently be considered by us.

The text, namely,—" The wife and the daughters also &c."—is relative to the estate of one who was separated and not re-united; for partition (of a joint family) has previously been treated, and partition after re-union, has by way of an exception to all other cases, been subsequently dealt with, (by Yájnavalkya), consequently this is the only case which remains to be discussed. This is the opinion of most commentators, namely, Vijnánesvara, Lakshmídhara, the author of the Smritichandriká, Visvarúpa, Medhátithi, the author of the Madanaratna, &c.

11. The term 'sonless' used in the texts (on succession) such as,—" The wife and the daughters also &c."—indicates the default of the grandson and the great-grandson also. The succession of the wife is proper only in default of male issue down to the great-grandson. For the duty of the grandsons too, to pay off the debts is declared in the text,—" The debts ought to be liquidated by the sons and grandsons *(puttra-pauttrais)*;" but if any one else were to take the estate in spite of the grandson, then the declaration of the grandson's liability to discharge the debts would be unreasonable; since by reason of the text, —" The heir to the estate of a person shall be compelled to liquidate his debts,"—he alone who takes the estate is declared liable to discharge the debts. If it be argued that the grandson is included under the term 'gentiles,' and as such may take the estate: then, in that case, there would be no use for the special provision regarding the grandson's liability to discharge the debts; since it would follow from the text alone, viz.—" The heir to the estate of a person shall be compelled to liquidate his debts." If it be said that the grandsons are liable, in the same way as sons, to liquidate the debts, although they do not get the grandfather's estate. Then *a fortiori* it follows that when property is left by the grandfather, the right of any other than the grandson ought not to take place. The very same reason applies to the great-grandson also. Hence it is that the compound term *puttra-pauttrais* (rendered above into, by the sons and grandsons) bears the

plural number: otherwise the dual number would have been used, or it would have to be assumed that the plural number is used in order to denote individuals. Thus the meaning is this:—the term *puttra-pauttra* may be taken to be a compound of *puttra* and *pauttra* and *puttra's pauttra*; and the plural number is accounted for by taking the term *puttra-pauttrais* to be the result of the uni-residual conjunctive compound of two similar terms, namely, *puttra-pauttrau* (bearing a dual number and signifying the sons and the grandsons) and *puttra-pauttra* (bearing a singular number and signifying the great-grandson); that is to say, by the sons, grandsons and great-grandsons: or the term grandson may include the great-grandson. Accordingly the different sorts of provisions for the liquidation of the debts by the great-grandsons as distinguished from the same by the grandsons, and by the grandsons as distinguished from the same by the sons,—become consistent with reason. Otherwise there would arise the objection of assuming a peculiar provision so far as regards the great-grandsons.

Again, it is clear that the three descendants equally confer spiritual benefit by offering oblations in the *parva* occasions. Accordingly Manu says,—"To three (ancestors) must libations of water be given; for three, is the funeral oblation of food ordained: the fourth is the giver of these; the fifth has no concern in them." Also Baudháyana having premised son, grandson and great-grandson, says,—"The great-grandfather, the grandfather, the father, the man himself, the uterine brothers, the son begotten by a wife of the same class, the grandson and the great-grandson: these, partaking of undivided oblations, are called *sapindas*. Those who partake of divided oblations are called *sakulyas*. When there is male issue of the body, the estate must go to him."—The meaning of this text is as follows:—Since a person (when deceased) partakes of the oblations presented to the three paternal ancestors beginning with the father, by reason of the union of oblations (effected through the ceremony called *sapindikarana*); and since the three descendants in the male line beginning with the son present oblations to that person himself; and since he, who while living offered oblations to an ancestor in the male line, partakes when dead, of the oblations presented to that ancestor, by reason of the union of oblations: thus the middlemost person who while living offered oblations to his ancestors, and when dead partakes of the oblations presented to them, becomes the object to whom oblations are presented by others that are living, and partakes with these latter while they are dead, of oblations presented (to him) by the daughter's son and the like. Therefore those to whom that person offers oblations, as well as those who partake of the oblations presented by him, as also those who present oblations to him, are, as partaking of undivided oblations consisting of the *pinda*, the *sapindas* of that person by reason of connection through the same *pinda*. To an ancestor who is fifth in ascent, the middlemost person who is fifth in descent, does not present oblations, nor does he partake of oblations presented to that ancestor; similarly the fifth descendant does not confer oblations on the middlemost person, nor partakes of oblations presented to him. Consequently the three ancestors beginning with the great-great-grandfather and the three descendants beginning with the great-great-grandson, that is, the three beginning with the fifth on both sides, who partake of divided oblations, and are not connected through the same *pinda*, are by the sage called *sakulyas*, inasmuch as they are only connected through the *kula* or family.

This *sapinda* and *sakulya* relationship is declared with reference to succession, as it is mentioned in the chapter relating to that subject. But with reference to impurity, marriage &c., those also that partake of the divided oblations (*i. e.* the *sakulyas*) are considered as *sapindas*, by reason of the text,—"The fourth and the other ancestors who partake of the *lepa* or divided oblations, and the father and the like to whom the *pinda* or oblation is offered (are *sapindas)*; to these the seventh offers oblations, hence *sapinda* relationship extends to seven generations." And the text,—"The *sapinda* relationship, however, ceases in the seventh generation"—is to be explained consistently with the text of Yájnavalkya, namely,—"After the fifth and the seventh from the mother and the father (respectively)"—to mean that it remains in the seventh but ceases in the eighth generation. Hence as in the case of the unmarried females, the *sapinda* relationship extending over three generations, as is declared in the chapter on impurity (occasioned by death &c),—is considered to be with reference to that alone; so it is to be deemed that this *sapinda* relationship (extending to the fourth degree) is relative to succession alone.

Kátyáyana, however, distinctly declares the succession of the son, grandson and great-grandson, as in the text,—"When a son dies unseparated, his son who has not received maintenance from the grandfather, shall be made participator of the heritage; he is to get, however, the paternal share from the uncle or uncle's son: the very same share shall equitably belong to all the brothers: or his son also shall get: afterwards cessation (of succession) takes place." But it is to be borne in mind that the cessation of the right of the great-great-grandson and the like who are further removed than the great-grandson,—as mentioned in this text, refers to them as *sapindas;* for as *sakulyas* they are certainly entitled to succeed according to proximity.

As for the text, namely,—"If among uterine brothers, one becomes father of a son &c."—that, however, refers to the performance of a son's duties such as the *sráddha* but not to the taking of heritage, and that lays down the restriction, namely, that when a brother's son is available for taking in adoption none else should be made a subsidiary son: otherwise the mention of the brother's son after the brother, in the text enumerating the heirs to the estate of a sonless person and laying down the order of succession, would become inconsistent.

The three descendants beginning with the son confer the greatest amount of spiritual benefit on the three ancestors beginning with the father, consequently the estate conducing as it does to the benefit of the owner himself when taken by the sons &c. continues, as it were, the owner's own by reason of the proximity of benefit. And the nearness on account of the spiritual benefit is consistent with reason: thus it is ordained,—"As soon as the eldest son is born, a man becomes father of male issue and is liberated from the debt he owes to his ancestors; therefore he (the eldest son) is entitled to get."—Since, in the chapter on Partition of Heritage, the conferring of spiritual benefit is by the term 'therefore' set out as the reason; hence it is indicated that he alone is entitled to get the estate, on whom the estate being devolved conduces to the greatest amount of spiritual benefit of the deceased owner, and that proximity in this way is to be accepted as a general rule and reasonable.

That the son and other descendants confer the greatest amount of spiritual benefit is set forth in many passages of the Sruti, the Smriti, and the Puránas. On this subject there is the following Sruti:—In the anecdote of Harischandra in the Bahvrichabráhmaṇa it is said that Nárada being asked by Harischandra thus,—"Explain to me, O Nárada! what is attained by a son, for those that are learned as well as those that are not, are solicitous for sons,"—enlightened him by ten verses delineating the importance of a son: he being asked in one verse answered in ten, thus,—"If the father sees the face of his living son after it is born, he transfers his debts to it and attains immortality &c." The following passages of the Smriti are to the same effect. Manu and Vishnu say,—"Since a son delivers the father from the infernal region called *put*, therefore he is named the *put-tra* (the deliverer from the *put*) by the self-existing himself." Sankha and Likhita say,—"Seeing the face of a son in his lifetime, the father becomes liberated from his debt to the ancestors, and becomes entitled to go to heaven by means of the son born, after transferring that debt to him. The sacred fire, the three Vedas, and all the sacrifices with fees to the priests, are not equivalent even to a sixteenth part of the eldest son born." Manu, Likhita, Vasishṭha and Hárita say,—"By means of a son one attains the heavenly regions, by a grandson acquires immortality, and by a son's grandson attains the solar region." Yájnavalkya declares,—"As the blissful regions and the heaven are attained by means of sons, grandsons and great-grandsons, therefore wives should be taken and guarded well." In the Puránas, again, there are many anecdotes laudatory of the son &c.

Hence it is established that it is only in default of male issue down to the great-grandson that the wife takes the estate of the husband who was separated and not re-united.

12. Jímútaváhana maintains that the above reconciliation is not tenable by reason of conflict with the text of Vrihaspati. Thus he says:—"In the text,—'When brothers who have been separated dwell together through affection, then in the re-distribution among these there is no specific deduction for seniority: if any one of them dies or anyhow retires, his share is not extinguished but belongs to his brother; if there be any sister, she is entitled to obtain a share of it: this is the law regarding the estate of a childless person who is destitute of the wife and the father: of the re-united, however, if any one acquires wealth by science, valour and the like; two shares are to be allotted to him, and the rest are equal sharers'—re-union is mentioned in the commencement as well as in the concluding portion; therefore it must be admitted that the intermediate portion, namely,—'his share is not extinguished but belongs to his brother'—refers to the case of re-union: also it is declared that, 'this is the law, regarding the estate of a childless person who is destitute of the wife and the father;' hence it appears that the right of the re-united uterine brother takes effect in default of son, daughter, wife and father; how then can a brother debar the wife? Moreover the portion, namely, 'his share is not extinguished,' becomes reasonable, if the brother was unseparated or re-united, as there might be an apprehension of the extinction of his share by reason of the mixture; but if the brother was separated and not re-united then his estate being separate, there cannot be any apprehension of extinction: from this reason as also from indication it appears that the above text refers to a case of re-union.

"Moreover, is it by reason of any other clear text or by reason of any strong argument that the texts of Sankha and other sages, which indicate the right of the brothers to be preferable to that of the wife, are maintained to refer to the estate of one who was unseparated or re-united? The first is not tenable, by reason of the absence of any clear special text. The text, however, which will be cited hereafter, namely—'Of a re-united (co-heir), however, a reunited (co heir)'—lays down a special rule when the succession opens to brothers; it does not convey the contended meaning. The text of Vrihaspati, however, indicating as it does the succession of a re-united uterine brother in default of those beginning with the son and ending in the father, rather shows that the texts in question are relative to the estate of one who was not re-united. Neither is the second tenable. For argument (if any) must be said to to be this: in a family joint or re-united, whatever property belongs to one member belongs also to others; therefore although the right therein of a deceased member is extinguished, the right of the survivors subsists therein; hence the devolution on them is reasonable, but not the supposition of any other heir. But this is not consistent with reason. For even when the family is joint or re-united, the right of each member extends to a fractional portion though unascertained; but neither an exclusive right of each nor a joint right of all the members together extends to the entire property, as in that case there would be multiplicity in assuming many times the accrual and extinction of right.

Moreover, from the previously cited texts of Gautama and others, such as,—"Union (of husband and wife) arises indeed from marriage,"—it appears that the wife's right to the property of the husband arises from marriage: but there is no authority for assuming that that right ceases on the death of the husband if he was unseparated or re-united, and that it does not cease in other cases. When there are sons &c, then it is only on the authority of the texts propounding their right that the extinction of the wife's right is assumed. It cannot, however, be contended, that in this case too, the extinction of the wife's right is to be assumed by reason of the texts laying down the right of a re-united or unseparated brother. Because any text to that effect is not met with; and because it cannot be ascertained by reason of the fallacy of mutual dependence; for if it be established that the wife's right is extinguished on the death of the husband who was re-united or unseparated, then the texts laying down the right of the brother may be held to be relative to that case; again if it be established that the texts laying down the right of the brother is relative to that case, then the extinction of the wife's right may be assumed. Hence it is that in the texts of Yogísvara, Vishnu and others, only the default of sons is mentioned, but not separation nor the absence of re-union. It cannot be argued that these are, by implication, enumerated, inasmuch as partition has previously been mentioned and re-union has subsequently been treated of; for if that were so, then the term 'sonless' also need not be set out, since when the primary and the secondary sons have been separately mentioned to be heirs, then also it may appear by implication that the text is relative to a different state of things. The term 'sonless' may become significant by interpreting it to indicate the following restriction, namely, that these alone are, in this very order, heirs to a sonless person: and this interpretation is equally applicable to the other two cases (namely, jointness, or re-union). But it does by no means follow that the text is relative to the case of separation. It has already been said that the text regarding re-union is intended for laying down a special rule when the right of the brother takes effect, and not for excluding the wife and the like.

"Besides, if the texts of Sankha, Likhita, and others related to a brother who was joint or re-united, then what is the meaning of this, *viz.*, that the estate of such a sonless person devolves on a brother of that description, and in his default the parents shall take? Then again the question arises, whether the parents who have been separated and not re-united, or who are joint or re-united shall take? The first alternative is not tenable; for such parents are debarred by the wife, how then in default of brothers, can their right be signified in preference to the wife? Neither is the second alternative tenable; for the text would be useless, since no one disputes that the parents who are joint or re-united are entitled to take. Moreover, as in the case of the estate of one who was separated and not re-united with the father or the brothers, the father succeeds in preference to the brothers,—by reason of his being the author of (the deceased son's) existence, by reason of the declaration of identity (of father and son) as in the text,—'A man himself indeed is born as the son, the son is the same as the father himself,' by reason of the authority of the father over the person and property of the son, by reason of the deceased son's participation, through the union of oblations effected by the ceremony of *sapindikarana*, in the two oblations presented by the father to the grandfather and the great-grandfather, and by reason of the incompetency of the sons to present oblations in the *parva* occasions while the father is alive;—so it is reasonable that he should succeed in other cases. Or there being no distinction between jointness and re-union, the co-equal right (of the father and the brothers) is reasonable, but it is not reasonable to say that the father's right takes effect on failure of the brothers.

"Moreover, the adjectives 'unseparated' and 're-united' cannot properly be applied to (both) the parents, for there cannot be partition with the mother, and so the adjective 'unseparated' (as applied to the mother) would be meaningless. Hence it follows that there can neither be re-union (with the mother), for it must be preceded by partition. Accordingly Vrihaspati says,—'He who having been separated dwell together again through affection with the father, brother or the paternal uncle is called re-united with him.' From this text it appears that the father, brother and the paternal uncle who are from their birth likely to be united as regards the property acquired by the father and the grandfather, they alone may become re-united when having been once separated they annul through mutual affection the previous partition with an agreement to the effect that the wealth which is mine is thine and what is thine is mine, and remain as one householder as before in commensality and undivided (in any transaction). Those, however, who are unlike these are not to be considered re-united by reason of the mere union of property: for if that were so, then the term re-union would be applicable to a joint stock company of traders. Accordingly the term re-union is not applied to brethren who manage their estates holding them joint for the sake of convenience, but are without the stipulation based upon affection. Hence it becomes difficult (for the adversary) to maintain the mother's right of succession in spite of the brother.

"Hence it is perfectly consistent to hold that in default of descendants down to the great grandson, the widow alone does without distinction succeed to the entire estate of her deceased sonless husband. But it is not reasonable to assume what is not specified in any text, namely, that the wife succeeds if the husband was separated and not re-united. Jitendriya and others also support the same view. In default of descendants down to the great grandson, she too confers a great amount of spiritual benefit upon the husband by performing the *sráddha* and the like. This appears from the following text of Manu, viz.,—'The wife alone shall offer oblations to him and take his entire estate.' Vyása also declares,—'When the husband is dead, a chaste wife leading a life of austerities and performing daily oblations shall respectfully offer handfuls of water to her husband and shall day by day worship the gods and entertain the guests; also being devoted shall daily worship Vishnu, shall present gifts to worthiest Bráhmanas for the purpose of augmenting religious merit; and shall, oh auspicious! observe the various kinds of fasting enjoined by the Sástras: oh sweet-faced! the wife who is constantly devoted to a religious life saves both herself and her husband abiding in the other world.'—Hence, because the wife also saves the husband from the infernal regions, and because by leading a vicious life through indigence (the wife who is) half the body of the husband by reason of the declaration to that effect, causes the husband also to fall, for the same is indicated in texts like the following,—'whose wife drinks wine &c.'—therefore the estate being taken by her becomes beneficial to the husband; consequently the wife's succession to the husband's estate in preference to all others is consistent with reason.

"The construction to be put upon the texts of Sankha and other sages is, however, far-fetched:—The estate of a person who is deceased and sonless, *i. e.*, destitute of male issue down to the great-grandson, let the eldest wife, *i. e.*, the wife that is preferable, take; in her default and in default of the daughter and the daughter's son, let the parents take; in their default it goes to the brothers: the term *tadabháve* (in his, her or their default) occurring in the middle (of the text of Sankha and others) may be construed with what precedes or with what follows, for such a construction is not incorrect, and the reason for it has previously been mentioned. The text of Nárada, namely,—'If any one of the brothers die without issue &c.'—and other texts to the same effect are relative to a wedded wife other than a *patní;* since in these texts the term *strí* is used, whereas in the text of Sankha and others, the term *patní* is used And it has been previously shewn that all married women do not acquire the status of the *patní.* Accordingly in another text of Nárada himself, namely,—'But the king adhering to his duties shall (take the estate and) allow maintenance to his *strís;* this is pronounced the law of inheritance excepting in the case of Bráhmaṇas,'—it appears from the use of the term *strí* that maintenance only is to be allowed to the wives of a person other than a Bráhmaṇa, who do not hold the rank of the *patní.* But the wives of a person other than a Bráhmaṇa, who hold the rank of the *patní* are entitled to take the entire estate of the husband. Thus Vrihaspati says,—'The estate of the Kshatriyas, Vaisyas and Súdras who are sonless and destitute of the *patní* and brothers, the king shall take, for he is the lord of all.'—The term 'destitute of the *patní* and brothers' indicates the failure of all the heirs down to the fellow-student; because the order of their succession being settled, the king cannot intervene between them, and because in the previously cited text, Vishnu having mentioned the heirs down to the fellow-student, says,—'in their default it goes to the king excepting the property of a Bráhmaṇa.' "

13. As to the above view (of Jímútaváhana) what is to be remarked is this. What is the objection to the reconciliation, namely, that the texts of Nárada Sankha and others are relative to jointness or re-union? Is it in conflict with any reason, or is it in conflict with any text? There is not, however, conflict with any reason, for there is not any reason against it. But rather there is a reason in support of it. Since when the husband dies unseparated, he had no (specific) share at all, then what will the wife take? And if re-united, then although his share had been specified, it was lost by reason of the accrual of a com-

mon right over again. Nor can it be argued that there is certainly his undefined share although it is the subject of a common right. For although this be admitted, still on the demise of one by whose relation the right became common, the succession of him alone whose right subsists is proper, but not the supposition of the accrual of another's right. If it be said that, by reason of the text of Gautama, viz.,—"From marriage indeed arises union as regards religious acts, their fruit and the acceptance of chattels"—the wife's right accrues to the husband's share though undefined, wherefore then is the extinction of that right assumed while she is alive? The answer is:—Her right is only fictional but not a real one: the wife's right to the husband's property, which to all appearance seems to be the same (as the husband's right) like a mixture of milk and water, is suitable to the performance of acts which are to be jointly performed, but it is not mutual like that of the brothers; hence it is that there may be separation of brothers, but not of the husband and wife; on this reason is founded the text, namely,—"Partition cannot take place between the husband and wife; therefore it cannot but be admitted that on the extinction of the husband's right the extinction of the wife's right is necessary: hence it is to be assumed (by you) either that the wife's right accrues to the property of the husband who was joint or re-united (on his demise), or that the existing right of a co-sharer who is joint or re-united is not common; the latter alternative alone cannot but be admitted (by you) by reason of simplicity. Nor can the wife herself be a party to partition, as there is no authority establishing the same. Nor can it be said that these very texts (which lay down the wife's succession) establish it. Because it is not settled as to what case these texts are applicable, and because these may as well be taken to refer to the estate of one who was separated and not re-united. Accordingly the fallacy of mutual dependence (mentioned by Jímútaváhana, p. 160) is out of the question. Since the fallacy cannot interrupt the enquiry (into the subject to which the texts are applicable); and since when the enquiry is over, the subject to which the texts are applicable has already been determined.

As for what has been said in the passage, namely,—"For even when the family is joint or re-united &c." (p. 160); that is not capable of weakening our contention. For even if the right of each member be admitted to extend to a fractional portion though unascertained, still it is established by a different reason, that the texts (laying down the wife's succession) cannot refer to a case of re-union. Nor can it be argued that there is no authority for holding that the texts, such as,—"The wife and the daughters &c."—refer to the estate of one who was separated and not re-united, while there is nothing to that effect in the texts themselves. Because there being no other reasonable reconciliation of the conflicting texts of Nárada and others, the inference of a meaning, which is based upon the reason which has previously been set forth is itself the authority. And it will subsequently be stated that no other reconciliation is reasonable.

Nor can it be argued that just as (you say that) there are no terms used in the text itself to show that it is relative to the estate of a person separated and not re united, because it appears by implication that the text,—"The wife and the daughters &c."—refers to that case by reason of partition having previously been dealt with, and by reason of re-union having been subsequently treated of: that therefore for the same reason the term 'sonless' also ought not to have been mentioned (in the text), because the text,—"The wife and the daughters &c."—being set about after having discussed the subject of partition between the primary and subsidiary sons, it would have appeared, (by implication) that the text refers to the estate of a sonless person. Because the term ('sonless') is used for the purpose of indicating a meaning which has not been expressed by Yogísvara in any other text, but which meaning is mentioned in other Institutes by texts like—"The *aurasa* or legitimate son alone is the master of the paternal wealth,"—and—"Not brothers nor parents but the sons are entitled to the property of the father." Otherwise there might be a doubt that as on partition during the father's lifetime or after his demise, his wives are entitled to shares even when there are sons, so the same would be the case in this instance too. If it be said that there is no occasion for such a doubt, the text being declared after the subject of partition amongst sons has been finished; then in other Institutes the declaration of separate texts, such as,—"The *aurasa* or legitimate son alone is the master of the paternal wealth,"—and—"Not brothers nor parents but sons are entitled to the paternal wealth,"—for establishing the absence of the right of the wife and the rest when there are the legitimate and subsidiary sons,—would be altogether useless. And the ground on which this objection may be removed (by you), namely,—that in the Institutes of law, a proposition though it may be deduced by means of the rules of interpretation is still for the purpose of clearness separately enunciated, —may with greater reason be applicable to a single term (viz. 'sonless'). If it be said that wherefore have not the terms 'separated' and 'not re-united' also been for the sake of clearness inserted (in the text of Yájnavalkya to qualify the 'sonless person')? The answer is, because the sages had their own independent will. Besides, agreeably to the maxim that when there is an effect (in the shape of erroneous knowledge) its reason is investigated,—where there is a separate text of law embodying a meaning which is deducible by the rules of interpretation (from other texts) then, because what is so deducible ought to be maintained, therefore it is said that the separate text is intended to elucidate the same so that the text may not be considered useless.

As for what has been said, namely, that the text,—"Of a re-united (co-heir), however, a re-united (co-heir)"—is intended to lay down a special rule when the succession opens to brothers, and not to exclude the wife &c.;—that too is erroneous; for it is opposed to the term 'however;' and because in that part of the Institutes (of Yájnavalkya) each succeeding text is put by way of exception to what has previously been laid down; hence the term 'however' has been inserted in every text, and the text—"An impotent &c."—(which succeeds the above text) is declared embodying an exceptional rule for excluding, by reason of impotence and the like, from inheritance all the sons and the rest who have previously been declared to be heirs. Accordingly, in the Mitákshará these texts have been introduced and explained in this way by Vijnánesvara.

In the passage "Besides &c." (p. 161)—the right of the parents in default of brothers, as laid down in the text of Sankha and Likhita has been refuted (by Jímútavahana) having put his argument in an alternative form. That too is very weak; for our view cannot be questioned in that way, inasmuch as, like you, we can as well by reversing the order explain that text to be relative to parents who are separated and not re-united.

As for what has been said (p. 161) in the passage "Moreover &c."; that is to be passed by, as being of the same kind with the preceding.

As also for what has been said (p. 162) in the passage "moreover &c.";—that too is not a valid objection, because although the adjectives (unseparated and re-united) be not applicable to the mother (included under the term 'parents') still they may properly be construed with the father (comprised by the same term). But in reality, though directly there can be no partition with the mother, still re-union (of the mother), preceded by the particular stipulation based upon affection, may take place with sons, since she too may get a share by the choice of the father at a partition during his lifetime, and since participation (of a share) by her at a partition after the demise of the father is distinctly declared. Nor can it be argued that this is contrary to the text of Vrihaspati, namely,—"He who having been separated &c."; that hence it is said by the author of the Mitákshará that re-union does not take place with any person indifferently, but with the father, brother or uncle, and the above text is cited by him in support of this view. Because, if that were so, then re-union with the daughter's son and the like, which is recognised by the practice of all people, would become improper. Therefore of those only amongst whom there may be mutual partition, the mutual union preceded by it (partition), and based upon the particular stipulation, is re-union, and not by the mere mixture of each other's property as in the case of traders. This is what is intended by the text of Vrihaspati, but not the exclusion of the mother and the like. For if the exclusion of the mother &c. were the purport of the text of Vrihaspati, then the objection would arise that the text embodies a prohibition in the shape of an injunction, which is liable to three exceptions. It is for this reason that the particle 'or' is repeated in the text of Vrihaspati to show that no value is to be attached to the enumeration. So in the Ratnákara, Chandesvara says,—The particle 'or' shows that no importance is to be attached to the enumeration; hence we get what is recognised by all people, namely, the re-union of one dwelling together after partition with the paternal uncle's son who was a co-sharer (before partition). Also Váchaspati says to the same effect. As for what he (Váchaspati) says, namely, that re-union is, by reason of simplicity, defined to be only the union together of those who had separate properties; the fact of there having been previous partition is not the condition of it nor is mutual assent its foundation:—that is not tenable; because it is opposed to the term 'again'; and because the term re-union would be applicable even to partition, for if right by birth be not admitted, then on (the occasion of) partition there is union of those having distinct properties: otherwise, if it be said that both (the definitions) being deducible from the text, the one maintained by the other side is equally valid, then it would exclude the re-union with an ascendant such as the father, although such re-union is recognised by all people. Also the author of the Mitákshará by saying "not with any person indifferently," intends not to exclude the mother and the like, but only to lay down the restriction, that re-union must be preceded by partition and based upon the particular stipulation, and so to exclude the union consisting in the mixture of chattels in any way.

As for what you have said, namely, that the object of the text, viz.,—"Of the re-united (co-heir), however, a re-united (co-heir) &c."—is to provide for special rules governed by the circumstance of re-union, the fact of being uterine, and so forth,—(rules) which are to apply when the succession opens to the brothers:—that, however, is very unreasonable; since there is no reason why that text should not be applicable to other gentiles such as the father. And this will be discussed at length where that subject (re-union) itself is dealt with.

Hence there is no defect (attributable to the reconciliation made by us) in the shape of a conflict with any reason.

Nor can it be argued that there is a conflict with the text, on the ground that when he (Vrihaspati) has (in his text p. 159) qualified the re-united person also by the adjective "devoid of the wife and the father," then it follows that the right (of a brother) to the estate of re-united brothers takes effect only in default of the wife and the father, in the same way as in default of male issue. Because the succession of the wife to the estate of her re-united husband is expressly forbidden by Nárada in the text,—"The sages hold that amongst the re-united brethren, however, that share (which would go to the husband on partition) she is not entitled to." Also in the reading of this text, as adopted in the Kalpataru, namely,—"The share of one of the re-united brethren, however, is ordained to be theirs alone"—the exclusion of the wife and the like certainly follows from the term 'alone.' Nor can it be argued that if the text of Nárada, namely,—"Among brothers if any one die &c." (p. 142)—be, by virtue of the context, interpreted to refer to a case of re-union, then there would be tautology, since the same thing is expressed in the text,—"The sages hold &c."; hence, because the term '*stri*' is used in this text (of Nárada) and the term '*patni*' is used in other texts (which lay down the succession of the wife in preference to the brothers &c.), therefore the reconciliation which alone is preferable is that the latter texts refer to the *patni* or the lawfully wedded wife, (and the previous text of Nárada, to other wives). Because the objection of tautology is of no effect, for what are intended to be laid down (in the first text of Nárada) are only the impartibility of the wives' peculiar property and their maintenance, and this subject is introduced by repeating what has been previously ordained (in the second text); and because it would be unreasonable to prohibit the succession of the other wives to the estate of their husband, as their succession cannot follow from texts like,—"The wife and the daughters &c."—in which the term *patni* is used. Again, agreeably to your opinion, the term 'through covetousness for the heritage' in Vasishtha's text, which qualifies the term 'appointment' would become unaccountable; for if the wife be first of all entitled to take the estate of the husband, who is destitute of male issue, without distinction arising from jointness separation or re-union, then how can there be the acceptance by the wife of appointment through covetousness for heritage, that it is prohibited? Agreeably to our opinion, however, by virtue of the texts of Nárada and others, the wife has no concern with the estate of the sonless husband while there is a brother joint or re-united, but her right may arise through a son alone, hence the acceptance of appointment through covetousness of inheritance may take place, and so it is prohibited. Nor can it be argued that inasmuch as in your opinion a wife other than a *patní* is not entitled to the inheritance, her acceptance of the appointment, proceeding from covetousness of wealth is prohibited, and not what we say might have happened (but for the prohibition); Because the *patní* alone being premised there, it would be unreasonable to say that it refers to a wife other than the *patní*. Accordingly Dháresvara and others have set forth this very text of Vasishṭha as an authority for holding that the text,—"The wife and the daughters &c."—refers to a *patní* willing to accept the appointment. Hence, there is the prohibition of the wife's succession to the estate of the re-united husband, by virtue of the texts of Nárada and Vasishṭha; there is, again, the prohibition of even the uterine brother's succession to the estate of a re-united brother, when there is the wife, by reason of the declaration in the text of Vrihaspati namely,—"This is the law regarding the estate of a person who is childless and destitute of the wife and the father:" this conflict which necessarily arises, and ought to be any how got rid of by referring the texts to distinct cases, but which has not been got rid of by others, is thus reconciled,—Although it would follow, regard being had to the subject treated in the context, that the term 're-united person' is to be supplied as the substantive to which the adjective 'destitute of the wife and the father' relates, still it is opposed by the necessity of the adjective referring to one not re-united, by reason of the contradictory texts of Nárada and others; because the context cannot lead to a conflict of precepts.

Nor can it be said that since the pronoun 'this' relates to the law of succession to the property of a re-united person, with regard to which a particular rule is laid down in this part of the text, (viz. "This is the law &c."), therefore the adjective 'destitute of the wife and the father,' like the adjective 'childless' qualifies the re-united deceased (co-sharer); that hence the conflict is not between the precept and the context, but between the two precepts. Because, though the pronoun relates to the succession to the estate of a re-united (co-sharer,) still (the meaning may be taken to be) 'this' same law of succession, which obtains with regard to the estate of a re-united co-sharer, is applicable even to the estate of one not re-united who is destitute of issue, and has not the wife or the father surviving him, (that is to say) let not a uterine brother, however, take the estate of a deceased childless brother, who was separated and not re-united, when there is the wife or the father, but let the wife or the father take: the proposition may be reasonably explained in this way. Thus the word *cha* also is to be explained as suggesting that the term 'not re-united' which is not expressed is understood. Hence also, if the subject be taken to be disjoined by this proposition relative to the estate of a brother not re-united, then also the use of the term 're-united' becomes significant, in the succeeding text, namely,—"Of the re-united, however, if any one &c."; otherwise it would be useless, for the same meaning would appear here too from the context. Accordingly in the third chapter (of the Mímánsá) it has been held while dealing with the topic of the *nivids* (or invocations of gods at the time of offering sacrifices to them) that the putting-on of the upper garment (which is subsequently enjoined) is not subservient to the chanting of the hymns for kindling the holy fire, by reason of the topic of these hymns, which is separated (from the topic in which the putting-on of the upper garment is enjoined) by the different topic of the *nivids*,—forming a minor topic; but is subservient to the whole sacrifice of Darsa-paurṇamása which is the comprehensive topic (and includes the minor ones): and it is maintained by Bhatta that the subsequent attributes (of the hymns, called *kámyas)* are enjoined by repeating the hymns for kindling the holy fire, on account of their distance, in the same way as the twelve propitiating hymns. But in reality, the succession of the sister, in default of a uterine brother, to the estate of a re-united brother, is indicated by the text,—"if there be any sister &c.",—and this alone which immediately precedes is referred to by the pronoun 'this' occurring in the sentence "this is the law &c.": and in this interpretation there is no conflict whatever. It has been so explained in the Chandriká also.

The succession, however, of the widow to the entire estate belonging to her sonless husband who was unseparated is opposed to what is declared by Kâtyâyana; for he says,—"But when the husband dies unseparated, the wife is entitled to food and raiment; or *(tu)* she gets a portion of the estate till her death."—The particle *tu* bears the sense of 'or'; hence the meaning is this:—Either she may directly receive food and raiment, or till her death, *i. e.* during her life, she may get so much share of the property as is sufficient for her maintenance and for the performance of necessary religious ceremonies which a woman is competent to perform. By reason of the declaration "a portion of the estate till her death," the position that the widow gets the entire estate of the unseparated husband, fails. Nor can it be argued from the use of the term *strí* (in the above text), that this text refers to a wife other than a *patní*. Because the adjective 'unseparated' would be meaningless; and because it is ordained that a sonless wife other than a *patní* is entitled only to maintenance, even when the husband was separated. Accordingly Vrihaspati having said (in the previous text, p. 135) "even when partition has been made,"—goes on to declare,—"Must allow (her) subsistence, or if she choose, a share of the field." This text has been explained in the Smritichandriká, thus:—The term 'subsistence' includes food and raiment; wealth sufficient for the same, or agreeably to her own choice a share of the field equal to that purpose, must be allowed to a widow other than a *patní* who is entitled to the estate of the husband, by the brother &c. taking the estate: the term 'must' shows the necessity of giving the allowance. To this very subject refers the following text of Nárada,—" All the chaste widows should be maintained with food and raiment, by the eldest (brother of the husband), or by the father-in-law, or by any other gentile"—*i. e.*, whoever takes the husband's estate: maintenance is to be allowed by reason of succession to the estate.

By the term 'chaste' (in the above text of Nárada) it is shewn that, in all (the texts), the maintenance of the chaste widows alone is intended. But that too, even the *patnis* that are unchaste, are not entitled to, by reason of what is ordained in the latter part of the text of Nárada, previously cited (p. 143), viz.—" but if they behave otherwise, the brothers may resume their allowance,"—and in other texts. Accordingly also Vrihaspati says that what has been given by the father-in-law &c. to the chaste for their maintenance should not be resumed even by other kinsmen, thus—" But such immoveable or other property, as has been given by the father-in-law to the wives (of his sons) can, on no account, be resumed by the kinsmen here."

But even what has been given to those that prove to be of a different character may be resumed. This is declared by Kátyáyana,—"(A woman) complying with the wishes of the venerable protector, is entitled to enjoy the allotted share: if she does not comply with their wishes, then she should be reduced to the livelihood of a slave. She who is bent upon injurious acts, is shameless or spendthrift or adulterous, is not entitled to even woman's property."—By the expression 'is not entitled,' two meanings are conveyed, namely, that even what is sufficient for maintenance should not be given, and that even what has been given should be resumed from one that proves to be such.

As for the text of Sruti, namely,—" Therefore women are devoid of the senses (*anindriyás*) and incompetent to inherit,"—and for the text of Manu based upon it, namely, —" Indeed the rule is that women are always devoid of the senses and incompetent to inherit;"—these are both to be interpreted to refer to those women whose right of inheritance has not been expressly declared. Haradatta also, has explained (these texts) in this very way, in his commentary on the Institutes of Gautama, called Mitákshara. But some (commentators) say that the term 'incompetent to inherit,' implies censure only, by reason of its association with the term 'devoid of the senses.' This is not tenable; because it cannot but be admitted that the portion, namely, 'incompetent to inherit' is prohibitory and not condemnatory, for it cannot reasonably be held to be an absolutely superfluous precept inasmuch as the taking of the heritage (by women) may take place under the desire (for property). But the portion 'devoid of the senses' is to be somehow explained as being a superfluous precept, and purporting the dependence (of women) on men; for the negation, what is contrary to the nature, meaning as it does of things, is objectionable. Hence what has been said above forms the best interpretation. The venerable Vidyáraṇya (*i. e.*, a forest of learning), however, has, in his commentary on the Institutes of Parásara, explained the above text of Sruti in a different way:—The term 'incompetent to inherit' indicates that the wife is not entitled to a share in case of her retirement to a forest; the term *anindriyás* (rendered above into 'devoid of the senses') embodies the reason for the same; for it appears from the text *viz.*,—" The *soma* juice indeed is the *indriya*,"—that the term *indriya* signifies also the *soma*, hence those that are not entitled to it are *anindriyás*, *i. e.*, not entitled to taste the *soma* juice: the text being laudatory of the retirement of the wife into a forest (on the death of the husband).

Thus ends the discussion of the wife's right.

PART II.

§ 1.—The daughter's succession and the reason for the same. 2.—The reason as stated by Jímútaváhana excluding the barren and widow daughters noticed and criticized. 3.—The opinion that the appointed daughter alone succeeds, is criticized. 4.—The order of succession amongst daughters. 5.—A text of Vrihaspati explained by the author of the Smritichandriká. 6.—The plural number in 'daughters' in Yájnavalkya's text explained.

1. In default of the wife, 'the daughters' are entitled to take the estate of a sonless person who was separated and not re-united. Accordingly Manu says,—"As a man is himself so is his son, a daughter is alike to a son; when there is himself in the shape of a daughter wherefore should any other take the estate?" Also Vrihaspati says, —"A daughter like a son springs from every limb of the father; therefore why should another person take the estate of the father?" Here it is to be observed that although a daughter is directly begotten by the father, still by the terms 'alike to a son' and 'like a son,' a daughter is declared to be similar to a son, inasmuch as the constituent elements of a son's body are derived mostly from the limbs of the father, and those of a daughter's body, mostly from the limbs of the mother; for it is so established in the Institutes of law as well as in Physiology by passages like the following,—"A male child is generated when the virile seed exceeds, and a female child when the uterine blood prevails." The term 'himself' (in the text,—'when there is himself in the shape of a daughter') signifies, similar to a son who is even as the father himself by reason of the text,—"Indeed a man is himself born as a son;" "when there is himself in the shape of a daughter," means, in preference to a daughter.

It may be asked that although the reason as set forth in the above texts indicates the daughter's succession to the estate on failure of the legitimate or *aurasa* son, still on what principle does the succession of the daughter take effect in default of the subsidiary sons and the wife? The answer is, that that too has clearly been set forth by

Nárada for the benefit of the dull; thus he says,—"In default of the sons, however, the daughter (succeeds) by reason of similar lineage;"—this text again has been explained by Nárada himself, thus,—"A son as well as a daughter are both perpetuators of the father's lineage." The intention is this: Both the son and the daughter are the parents of the father's descendants called (respectively) the *pauttra* or the son's son and the *dauhitra* or the daughter's son; hence their capacity for perpetuating the lineage being similar, the daughter too, like the son, has the right of succession. But a son's son and a daughter's son are not equal in themselves, hence the equality is intended to have reference to their acts. The acts again do not consist in liquidating the debts or taking the unobstructed heritage, for a daughter's son has no concern with these while there is a son's son, by reason of the texts, viz.—"The debts are to be liquidated by sons and son's sons,"—and—"Therein the ownership of both the father and the sons is equal,"—the latter text being relative to the grandfather's property. Hence the acts here are spiritual ones, namely, the performance of the *sráddhas*, by reason of the text of Vishṇu, namely,—"In the performance of the funeral obsequies of the ancestors a son's son and a daughter's son are alike." Thus a daughter that confers only spiritual benefits through the instrumentality of her son is inferior to a son that renders benefits by means of his sons and confers spiritual as well as temporal benefits. Nor can it be said that thus a daughter who is begotten by a man himself is nearer than the wife, and as such is entitled to take the estate in preference to the wife. Because the wife, who by her companionship assists the husband in the performance of the ceremonies enjoined in the Vedas such as the consecration of the sacred fire, and who renders both spiritual and temporal benefits by being the means of lineage, and by being the instrument of satisfying the human end called desire, and who is extolled as half the body of the husband,—is certainly superior to a daughter. Hence the term 'in default of the sons' is to be taken to indicate the failure of the wife also, by reason of the previously cited (Pt. I, § 4) text of Vishṇu and this text of Yogísvara (Pt. I, § 1).

Although the father who is the object to whom funeral oblations are addressed by the son, and who as such conduces personally to the spiritual benefit of the son, is nearer than a daughter, and hence the text, viz.—"The father or the brother shall take the estate of a sonless person"—should properly be applied, previously to the daughter's succession; still she is preferable by reason of the proximity of body as ordained in the text,—"when there is himself in the shape of a daughter &c.",—and it is in her default that the above text is to be applied, because from the use of the particle 'or' (in the above text), it appears that no stress is intended to be put on the order.

2. Jímútaváhana, however, while discussing the daughter's succession, says,—"Since the perpetuating of the lineage is set forth as the reason for her succession; and since, of the descendants he who offers oblations benefits the deceased, but he who presents no oblation does not confer any benefit, and there being no distinction between the failure of offspring and having offspring other than those that conduce to the spiritual benefit; hence a daughter who has or who is likely to have male issue is entitled to the inheritance; and consequently the opinion of Díkshita is to be accepted, viz, a daughter who is barren or who is widow or who is mother of daughters alone, and as such, is not likely to have male issue, is not entitled to succeed."

This too is open to criticism. Since he himself maintains the preferential right of the maiden daughter in the passage,—'First of all the maiden daughter alone succeeds to the estate of the father,'—upon the authority of the following text of Parásara, namely,—"Let the maiden daughter and in her default the married daughter take the property of a sonless deceased person,"—and of the following text of Devala, namely,—"And to the maiden daughter shall be given the father's wealth (and) nuptial property." But at that time there is no certainty that she will give birth to male issue; and since what has been set forth as the reason for her succession may reasonably be taken to be intended to indicate only the greater proximity. Moreover he himself shows exceptions to what he holds to be the reason by laying down the succession of a daughter who has or who is likely to have male issue on failure of the maiden daughter. Therefore, agreeably to what we have said, the reason (as set forth in the texts) is to be explained to intend proximity.

3. Dháresvara, Devasvámin, Devasata and others, however, in order to avoid a conflict of the texts ordaining the daughter's succession with the following text, *viz.*—"The father or the brothers shall take the estate of a sonless person,"—say, that the texts establishing the daughter's succession (in preference to the father &c.) refer to the appointed daughter *(puttriká)*; in her default, however, the father and the rest are heirs agreeably to their order.

This is very unsound. Since the appointed daughter is placed in the category of subsidiary sons by the following text of Yogísvara, namely,—"The legitimate son is one born of a lawful wife: similar to him is the *puttriká-suta* (an appointed daughter or her son)"—and by the following text of Vasishṭha, namely,—"The son of an appointed daughter is known as the third (subsidiary son);"—and since, by reason of the text of Manu, namely, —"Not brothers nor the father but the sons (primary and subsidiary) take the estate of the father,"—an appointed daughter, like the other subsidiary sons such as the wife's son, succeeds to the inheritance in spite of the wife; therefore, *a fortiori* it follows that she succeeds when there is no wife. Hence the above texts would be liable to objection on the ground of being unnecessary, if they be interpreted to refer to an appointed daughter; also it would be unreasonable to assume without any cause that the texts whereof the terms include all daughters without any qualification, are relative to a particular class (of daughters, viz., the appointed daughters). Moreover, the succession of the appointed daughter is declared (by Vrihaspati) in the text,—"A daughter, like a son, springs from every limb of the father &c."—which is, agreeably to your contention, relative to the appointed daughter; the very same thing is again ordained by the very same sage in the text,—"An equal (daughter), espoused by (a person of) an equal (class), chaste and following the wishes of the husband, appointed or not (expressly) appointed, she takes the property of the sonless father;" hence it would have to be assumed in order to avoid tautology, that the one text is merely explanatory of the other: (in our opinion) however, there is clearly no tautology, the one text being general in its application and the other, particular. 'An equal daughter,' means, a daughter of the same class with the father: 'espoused by an equal' *i. e.*, by a person of the same class; Jímútaváhana says that this excludes those espoused by a person of a superior or inferior class, for it is ordained that a son born of her cannot perform the *sráddha* of the maternal grandfather of a superior class; but this is not acceptable, since a damsel of a superior class cannot be married by a man of an inferior class; therefore the term 'by an equal' is to be taken to be intended to exclude one married to a person of a superior class.

Nor can it be argued that Nárada has laid down as a general rule that all the daughters including the maiden, who are destitute of the father and the brothers, are incompetent to inherit the estate of the father, for he says, —"If she has a daughter, the paternal share is ordained for (the latter's) maintenance; she shall enjoy the share till her marriage; afterwards the husband shall maintain her,"—'she' (in the first line) relates to a sonless widow, as the text is declared with reference to her; hence if such a widow has a daughter then her paternal property is ordained merely for the purpose of her maintenance, consequently until her marriage she obtains her paternal share solely for her maintenance, 'afterwards', *i. e.*, subsequent to her marriage the husband shall maintain her; therefore also the residue of the property after defraying her maintenance during that time, may be resumed from her: the succession, however, of the daughter, to the father's property, with the power of disposing the same according to pleasure cannot at all be contended for. And that hence all the texts which establish the daughter's succession to the father's estate must be admitted to refer solely to the appointed daughter, as laying down an exception to what is declared in the above text; for otherwise if both the classes of texts referred generally to all daughters it would be difficult to reconcile them by considering one as laying down a general rule, and the other an exception to it: therefore the opinion of Dháresvara and others ought to be accepted as correct.

This contention would have been correct had the text of Nárada referred to the estate of a separated person. But having regard to what precedes and to what follows (the above text in the Institutes of Nárada) it clearly appears that this text refers to the property of one who was joint or re-united. Hence the texts which lay down the succession of the daughter without any qualification, to the estate of the father, in default of the wife, embody a rule not provided anywhere else which is applicable to the property of a separated person, but they do not provide an exception; consequently we do not see any reason whatsoever for considering these texts as referring to the appointed daughter alone.

Jímútaváhana sets forth the text of Devala, viz.—"To the maiden daughters shall be given &c.",—as an authority for establishing the right of the maiden daughter to succeed to the entire estate of the father. But this is inconsistent with what is said by him in another place; for this very text is cited by him as an authority for allowing, on partition during life, to the maiden daughters, property sufficient for their marriage. That too has been refuted by us before.

4. Amongst the daughters also, first let the unmarried daughters take the paternal property: in their default the married daughters; amongst these also, first the unprovided ones, and on failure of them the provided ones; all in the same predicament, however, take the property dividing it equally. This rule is settled. Accordingly Kátyáyana says,—"The wife who is not unchaste, gets the wealth of the husband; in her default, the daughter if she be then unmarried." Gautama ordains,—"Woman's property goes to daughters unmarried and unprovided."—'Unprovided' means indigent. Although 'woman's property' is here mentioned, still the reason being the same, the text is applicable to paternal property also. But it is not reasonable to say that the term "un-

provided" means, destitute of offspring by reason of barrenness and the like; for her succession (in that order ?) is not proper, inasmuch as she cannot confer spiritual benefit by means of sons.

5. The author of the Smritichandriká explains in the following way the previously cited text of Vrihaspati, namely,—"An equal (daughter) espoused by (a person of) an equal (class), chaste, and following the wishes of the husband, appointed or not (expressly) appointed, she takes the property of the sonless father :"—The first four adjectives refer to a daughter who takes the wealth after the wife; the remaining two adjectives qualify a daughter succeeding in preference to the wife. The substantive *puttriká* or the appointed daughter is to be supplied to the adjectives 'appointed or not (expressly) appointed;' the substantive 'daughter' is to be supplied to the other adjectives. The particle 'or' marks an alternative applicable to a determinate different state of things. Thus the meaning is as follows: The twofold appointed daughters are entitled, in preference to the wife, to take the property of the father destitute of legitimate sons; and the daughters who are qualified by the adjectives 'equal' &c. succeed on failure of the wife. Thus in default of the wife, when there are daughters provided as well as unprovided, married as well as maiden, then first, the maiden daughter alone succeeds, for the father was bound to maintain her; in her default, a married daughter who is unprovided (succeeds), for though the husband is bound to maintain her, still she is unprovided by reason of the husband's inability to maintain her; on failure of her, even a provided daughter qualified by the attributes 'equal,' &c. takes the property agreeably to the propinquity previously mentioned.

Others, however, having admitted that the term 'appointed' means the *puttriká*, and the term 'not appointed,' any other daughter, and that the particle 'or' indicates indifference, explains without supplying any substantive that the whole text refers to any daughter, because the pronoun 'she' relates to the daughter without any qualification, (as used in the preceding text).

6. The plural number in the term 'daughters' (in Yájnavalkya's text p. 131) is used for the purpose of showing that the shares of the daughters of the same class are equal, but the shares of the daughters of different classes are distinct agreeably to the order of their classes.

Here ends the succession of the daughters.

PART III.

§ 1.—The daughter's son's succession.—2. The interpretation that the daughter's son means the appointed daughter's son, is rejected.—3. The daughter's son is not entitled to preference to the widow and the daughter.

1. On failure of daughters, the daughter's son (becomes heir); for the term 'also' (in Yájnavalkya's text,—'and the daughters also,'—p. 131), indicates the inclusion of what is not expressed. Accordingly Vishnu says,—"On failure of descendants such as the son and the son's son, the daughter's sons obtain the property; for, in the performance of the funeral obsequies, the son's son and the daughter's son are alike." The term 'on failure of the descendants such as the son and son's son,' indicates the failure of heirs down to the daughters. Also Manu says,—"(If a daughter) whether appointed or not appointed brings forth a son by her marriage with a person of equal class; in him, the maternal grandfather has a son's son: he shall offer the funeral oblations and inherit the wealth."—By the term 'has a son's son,' it is shown that as a son's son succeeds to his paternal grandfather's estate in default of sons, so the daughter's son in default of daughters. Also Vrihaspati says,—"As her ownership arises in the father's wealth, although kindred exist; in the very same way, her son also obtains the estate of the mother's father." The meaning is:—'As', *i. e.* through the funeral oblations offered by the daughter's son, the daughter becomes heiress of her father's estate; 'in the very same way,' *i. e.* through

the selfsame offering of oblations, the daughter's sons also become the owners of the maternal grandfather's wealth; 'although kindred,' *i. e.* the father and the like 'exist.'

2. It cannot be said that this text (of Vrihaspati) refers to the son of an appointed daughter; because the pronouns 'her' and 'her son' relate to the unqualified daughter mentioned before. Accordingly Manu also has declared the right of succession to the maternal grandfather's estate, of the son of a daughter without any qualifications, thus,—"The daughter's son indeed, shall take the entire estate of the (mother's) sonless father; he alone shall offer two oblations to the father and the maternal grandfather. Between a son's son and a daughter's son, in this world, there is no difference in law; since their mother and father are sprung from his body."—The term 'father' is to be interpreted as the mother's father, accordingly the term 'maternal grandfather' is subsequently stated: or (it may mean) as he takes the entire estate of his own father so also of the mother's father who leaves no male issue, by reason of his personally performing the duties of his son; this is expressed in the passage, 'he alone &c." the meaning is, to his own father and the mother's father: the terms 'mother and father' are not to be construed respectively, but the proper construction is that the son's son's father and the daughter's son's mother are sprung from the body of the proprietor.

3. Some commentators, however, taking the text of Vishnu, viz.—"On failure of descendants such as the son and the son's son &c."—in its literal acceptance, say that the daughter's son succeeds in preference to the widow and the daughter. This is to be rejected, because it would be in conflict with the text of Yogísvara, and because the inferiority of the daughter's son to the daughter is indicated also in the text of Vrihaspati, namely,—"in the very same way her son also."

Thus ends the succession of the daughter's son.

PART IV.

§1.—Succession of the parents. 2.—A passage of the Mitákshará, cited, where the order of succession between parents is determined. 3.—A passage of the Smritichandriká cited, criticizing the Mitákshará. 4.—The Dáyabhága cited. 5.—Of the priority of the father. 6.—Objections against the Mitákshará, removed. 7.—The author's conclusion.

1. On failure of the daughter's son, 'the parents' (*pitarau*) take the estate, (vide Yájnavalkya's text, p. 131).

2. On this subject it is said in the Mitákshará:—Although the order in which the mother and the father succeed to the estate does not clearly appear (from the term *pitarau* in Yájnavalkya's text, p. 131,) since a conjunctive compound is declared to signify simultaneously the sense of the component words, and the uni-residual compound (in which one of the words is retained and the other is suppressed) is an exceptional form of the same; yet, as the word 'mother' stands first in the phrase whereof the uni-residual compound is the result, and is read first in the form other than the uni-residual, *viz.*, *mátápitarau* or 'the mother and the father;' therefore the order of the sense, as deducible from the order of reading, should not be rejected, when there is an inquiry concerning the order of succession; hence the mother takes the estate of her sonless son, in the first instance; and, on failure of her, the father. Besides, the father is a common parent to other sons, but the mother is not so; hence her propinquity is the greatest. And Manu has, in the text,—"To the nearest *sapinda* the inheritance next belongs"—laid down the rule that even amongst the *sapindas* the *samánodakas* and the like, the greatness of propinquity determines the right of succession. Consequently when there is this question for determination, there is nothing to prevent the application of this text (of Manu) to the present case also.

3. Thereupon, the author of the Smritichandriká makes the following refined observations: There being no indication of order in the text,—"There are two *sárasvata* sacrifices," (or *sárasvatau*, one in honor of the goddess *Sarasvati*, the other in honor of the god *Sarasván*)—it is established in the fifth chapter (of the Mímánsá) that the order of performing the sacrifices is regulated by the order of the hymns (called *yáiyas*); but it is not established that any indication of the order arises from the uni-residual compound itself, (*viz. sárasvatau*). Similarly, in this instance too, other authority ought to be searched for establishing the order of succession; if there be no other authority, then it is reasonable to say that both the parents take the estate, dividing it in equal shares, for, as in the conjunctive compound so in the uni-residual form, the conjunction of the two words is expressed. As for what has been said (in the Mitákshará), namely, 'that it is proper that the mother should succeed in preference to the father, by reason of her greater propinquity, inasmuch as the father is common to even the sons of the step-mother but the mother is not so';—that too is not consistent with reason. Since there cannot be greater or lesser propinquity of the mother and the father to their offspring; for although the father may beget other sons, still he is equally with the mother, the parent of an offspring; since causality (of the parents in begetting a child) cannot be considered to exist separately in each parent (but exists jointly in both.) Nor can it be argued that the estate if taken by the father may descend even to stepbrothers, but if obtained by the mother, it will go only to the whole brothers; therefore the mother succeeds (in preference to the father). Because such propinquity being the standard whereby the succession of the brothers and sisters is determined, cannot reasonably be taken to be the criterion for determining the succession of the mother in preference to the father; and because propinquity is of no consequence in this case, where co-equality is expressed by the uni-residual compound which is an exceptional form of the conjunctive compound. Indeed where the question concerning the order (of succession) arises, there propinquity determines the order, and not otherwise. Hence the right of the parents

being co-equal they shall take in equal shares the estate of a son without issue. This is maintained by Srîkara. But it is not reasonable. For the joint succession of the father and the mother cannot take effect, inasmuch as the independent right of each of them appears from the texts—"The father shall take the estate of a sonless person,"—and—"Indeed the mother shall take the estate of a person who departs for heaven without leaving male issue;" just as when it appears that rice or barley is a means (of something) independently of each other, it does not follow that their mixture has the same effect. Some (commentators) say that the mother is entitled to succeed first, because she confers a greater amount of benefit by bearing the child by nursing it and by the like acts, and because it it is laid down that,—"The mother is entitled to reverence a thousand times more than the father." This too is nothing; since the father also confers benefits in various ways, by performing the initiations, by furnishing the means of maintenance, &c., and since it is contrarily laid down that—"Of these again the father is superior, because the seed is declared to be superior." If the reverence alone due to a person had had any effect in determining the succession, then the spiritual preceptor would have succeeded even in preference to the father, inasmuch as it is declared that—"Of the parent and the preceptor of the Vedas, the father preceptor is superior;" and the paternal grandfather, the paternal uncle and the like would have succeeded in spite of the brother and the brother's son.

4. Jímútaváhana, however, says: "From the term 'the parents' or *pitarau* (pt. 1, sect. 1) it appears that the father is first in the order; since by the radical word *pitri* (whereof the dual number in the nominative case, is *pitarau)* the father is first suggested; and the dual number suggests that the term *pitarau* is the result of the uni-residual compound in which one word has been suppressed, but as this compound cannot reasonably be taken to be one of two similar words, (meaning two fathers) therefore in conformity with what has been declared by Vishnu, Manu and others, it is ascertained to be one of two dissimilar words; and then the mother is suggested. Hence

what is said by Srikara, namely, that 'the mental apprehension of an order (of succession) can take place only when there is an expression of such order, hence the expression of order being wanting, the apprehension (of the same) cannot take place'; and the reverse order as maintained by Vijnánesvara—are not consistent with reason."

5. Hence when there is difference as to the order to be reasonably deduced from the term *pitarau* or 'the parents,' the order as declared in the text of Brihadvishnu ought to be accepted. And in that text it is first said that 'it devolves on daughters,' and it is then stated that 'if there be none, it belongs to the father; if he be dead, it goes to the mother.' The author of the Mitákshará, however, certainly manifests a great deal of thoughtlessness when he first of all cites this text of Brihadvishnu, adopting the above reading, and then relying upon mere reason contrary to it, concludes that among the parents the mother succeeds in preference to the father. The daughter's son again being included in the category of 'daughters' has not separately been mentioned by Brihadvishnu, therefore it is to be observed that the default of daughters indicates the default of the daughter's son also. Hence the conclusion arrived at by many commentators such as the authors of the Smritichandriká, the Madanaratna, the Kalpataru, the Ratnákara and the Párijáta, is that it is only in default of the father that the mother succeeds to the estate of a son without male issue.

Váchaspati, however, reads the text of Brihadvishnu in the following way, namely,—'if there be none, it goes to the mother; if she be dead it belongs to the father'—and thus comes to the same conclusion as in the Mitákshará. But this is undoubtedly erroneous, as this reading is not met with in any other work.

6. Also the argument in the Mitákshará, namely, "as the word 'mother' stands first in the phrase whereof the uni-residual compound is the result",—is said to be erroneous; for the rule that the term 'mother' must stand first, is not applicable to the phrase which is reduced to

the compound, since that rule is laid down by grammarians with regard to the compound, but not in respect of the phrase to which the compound is resolvable. We now proceed to remove this and other objections raised by others against the reason assigned by Vijnánesvara. The proposition, however, that a conjunctive compound signifies simultaneously the sense of the component words, has been refuted at great length in the Bártika and the Tantraratna while dealing with the subject of the construction of sentences. But as regards the construction with any other word in the sentence, the conjunction of the component words is grammatically conveyed by the conjunctive compound; hence in the passage, "the parents (*pitarau*) are heirs," although the grammatical construction (of 'the parents' with the other words) is simultaneous, still there can be no defect in the sentence even if there be in reality an order between the two parents. This being admitted by Sríkara and all others, all this may be solved. Now since in the forms (of the compound) other than the uni-residual one, namely, *mátápitarau* and *mátarapitarau* or 'the mother and the father,' the term mother takes its place first; and since, if the complete and the uni-residual forms of the conjunctive compound had not been capable of conveying the same idea, the optional use of either form would not have been directed; therefore it should be admitted that by the uni-residual form also, the same idea is conveyed in the same order. And although the rule is not authoritatively laid down that the term 'mother' must stand first in the phrase into which the compound is resolvable, yet it is certainly established by the uniform practice of all commentators; since nowhere is the compound *pitarau* found resolved into the phrase 'the father as well as the mother,' but always into the phrase 'the mother as well as the father.' Hence by reason of the maxim that 'even a minute distinction may lead to a conclusion,' this too may effect the determination (of the order of succession). It may be that what has been said by the author of the Mitákshará is with this intention.

Although the causality of the parents in the production of a child does not separately exist in each parent, still the greater propinquity of the mother, deduced fror the consideration that the father may be a common parent to other sons but the mother is not so,—has been said (by Vijnánesvara) with reference to that consideration alone. There are certainly the attributes of (the one's) being common and (the other's) being not common, arising from relationship and consisting (respectively) in the tardiness and the facility of realizing the notions conveyed by the (correlative) terms (father and mother); for it is so felt.

'When no order is indicated by the grammatical meaning of the passage, wherefore then is an order in fact assumed?'—This argument of Sríkara, however, which the authors of the Smritichandriká, &c. also had to meet, is refuted on the ground that an enquiry into the order arises, inasmuch as the independent right (of each of the parents) is laid down in other texts.

7. All that remains is the conflict with the text of Brihadvishnu, which it is difficult to answer. That also we proceed to reconcile as far as we are able to do. Now we find that there are conflicting texts establishing the comparative reverence due to the father and to the mother. These must be reconciled by referring them to different cases. Thus, the following texts and others to the same effect establish that higher reverence is due to the mother; *viz.*—"The preceptor of the Vedas ten times more than the tutor, the father hundred times more than the preceptor, but the mother a thousand times more than the father, is entitled to reverence,"—and—"The mother is entitled to a greater degree of piety by reason of her bearing the child and nursing it": while texts of Smriti, such as—"Of these two, again, the father is superior, because the seed is declared to be superior,"—and facts like the following related in the Puránas, namely—that Parasuráma, in compliance with the order of his father, beheaded his mother, and that Ráma, although prevented by Kausalyá (his mother) did, in obedience to the command of his father, renounce the throne and retire to the forest,—show that higher reverence is due to the father.

And the way in which these may be reconciled is this: When the father is endowed with all the qualities entitling him to the greatest veneration, as is described in texts like the following one of Yogísvara, namely,—"A father is entitled to the highest veneration, who having performed the initiatory ceremonies, instructs the son in the Vedas;" and when the mother is devoid of all those virtues which constitute chastity, such as obedience to the husband: then, of these the father is entitled to higher respect than the mother. If, however, the mother is like Arundhatí, endowed with all the virtues of chastity, and the father is merely the progenitor; then in such a case the mother is indeed entitled to greater respect than the father. Likewise, from the story of Chirakáriká in the Mahábhárata also, this distinction appears as the purport of that story. Hence in this instance also, the succession to the estate of a son without male issue, which, as laid down in the texts of Manu and other sages, appears to devolve in the first instance to the mother according to some (texts), and to the father agreeably to others,—ought properly to be reconciled in this way alone. Thus, Manu says,—"The mother shall obtain the property of a son without male issue, and if the mother be dead, then the father's mother shall take the estate:" Vrihaspati says,—"The mother shall take the estate of a deceased son who leaves neither widow nor son, or a brother (shall take) by her permission:" again Manu says,—"The father or the brothers alone shall take the estate of one leaving no male issue:" the text of Brihadvishnu, cited before, lays down that "if there be none, it belongs to the father; if he be dead, it goes to the mother:" and in the text of Yogísvara is used the term "parents," which, according to Vijnánesvara, signifies 'first the mother and after her the father,' and according to others, the joint succession of both the parents, or the priority of the father. There being this diversity, (the reconciliation is, that) the mother succeeds in preference to the father, if she be entitled to greater reverence than the father; but she is postponed to the father, if she be entitled to lesser reverence than the father. And it is reasonable that a mother who confers greater benefits than a father who does not provide with the means of maintenance and the like, should take the estate; and that a father who furnishes with the means of maintenance and the like, and consequently renders the greatest benefit by rearing and by providing with the means of subsistence for life, should take the estate (in preference to the mother). It should be particularly noticed by the learned, that it is thus that all the texts and all the commentaries become reconciled.

PART V.

§ 1.—Succession of brothers. 2.—Of whole brothers and half brothers.

On failure of the parents the brothers take the estate.

Although it appears from the text of Sankha and Paiṭhínasi, namely,—" The wealth of a sonless person who departs for heaven goes to the brothers; if there be none, let the parents take &c."—and from the text of Manu, namely,—" Or the brothers alone"—that the brothers succeed in preference to the father; and it appears from the text of Manu, namely,—" And if the mother too be dead, the father's mother shall take the estate"—that the paternal grandmother is entitled to succeed in preference to the brothers: still in order to avoid a conflict with the texts of Yogísvara and Brihad Vishnu which lay down the order of succession, it is to be held that the above texts lay down merely their right of inheritance; and that with a view to intimate that there is no conflict with the above order, Manu and Paiṭhínasi employ the term 'or' thus, " or the brothers alone" and " or let the senior wife take;" otherwise, if they were heirs of equal position the use of the particle 'or' would be extremely unreasonable. This is the opinion of the author of the Mitákshará and of many others.

But the author of the Kalpataru says:—When there are the widow and a brother, then the chaste widow who is competent to perform the funeral obsequies and the like, succeeds first; but one who is not so, succeeds after a brother and the father: but when there are the father and a brother, then the property which was acquired by the father, grandfather &c., and which on partition was allotted to the son, goes to the parents if the son dies without male issue; but the property which was acquired by him without using paternal property devolves on the brother notwithstanding the parents.

But it appears to me that in the text of Manu, namely,—"if the mother too be dead, the father's mother shall take the estate"—and in the text of Sankha and Paiṭhínasi, namely,—"if there be none, let the parents take"—and in the text of Devala, namely,—"Then the uterine brothers shall divide (amongst themselves) the heritage of one leaving no male issue; or else the equal daughters; or else the surviving father; the brothers of the same class, the mother or the widow, agreeably to their order: in default of all these, those kinsmen *(kulyas)* who dwell together shall take"—order is expressed by the terms 'dead' 'in his default' and 'agreeably to their order.' Hence it is not at all a perfect reconciliation to say that the texts of Yogísvara and Vishnu being alone declaratory of the order of succession, and the other texts being intended to show merely the right of inheritance, no objection can arise from the assignment of positions (to these heirs) in the latter texts, contrary to those in the previous ones. But as in the instance of the wife's son and others, the conflicting order expressed in the texts of law has been reconciled with reference to their possession or want of good qualities and to their friendliness or animosity towards the legitimate *(aurasa)* son; so here too in the chapter on Partition of Heritage, the description of the sons &c. conferring benefits upon the father &c., or the description of the possession or want of good qualities, can have no other object, like the description of comparative propinquity. Hence any conflict of texts with regard to the order of succession is to be reconciled with reference to the possession or want of good qualities, and to the greatness or smallness of benefits conferred upon the proprietor. Any other reconciliation is not acceptable as being imperfect. Similarly in any instance in the sequel. Thus every thing is consistent.

2. Amongst the brothers also, first the uterine bro-

thers (succeed). Because it is laid down by Manu in the text,—"To the nearest *sapinda* the inheritance next belongs"—and by Vrihaspati in the text—"When one has many *jnátis* (or kinsmen,) *sakulyas* as well as *bándhavas*; he who is nearest among these shall take the estate of one leaving no male issue"—that the greatness of propinquity is alone the criterion (of succession) in the absence of special provision; and the remoteness of half brothers is caused by their mother. But the term 'brothers' being used without any qualification, the half brothers succeed in default of uterine brothers. This is clearly stated by the author of the Sangraha, thus,—"If there be two classes of brothers, namely, whole brothers and half brothers; then the whole brothers take the estate notwithstanding the half brothers."

Thus ends the succession of brothers.

PART VI.

§ 1.—Succession of the brother's son. 2.—Uterine brother's son succeeds in preference to a half brother's son.

1. In default of brothers, 'their sons', *i. e.*, the brothers' sons are heirs. Nor can it be said that since by the term 'likewise' in the passage 'likewise, their sons,' similarity between the brothers and the brothers' sons is indicated; and since it has been declared that—"Among those, however, whose fathers are different, the allotment of shares is according to the fathers;"—therefore on failure of the parents, let them both jointly take the estate. Because, for fear of a conflict with the text of Vishnu, the term 'likewise' is to be taken to convey the same meaning as the term 'and.' Oherwise, as the term 'likewise' might as well be construed with what precedes, wherefore could not the joint succession of the parents and brothers take place? If it be said that it does not take place by reason of its conflict with the text of Vishnu—the same may be said in this instance as well. And the meaning

of the text, "Among those, however, whose fathers are different &c."—is this: when on the death of a brother their right takes effect, *i. e.* when any brother dies without leaving male issue and the right of all the surviving brothers accrues to the estate left by him, but if prior to the partition of the estate any one amongst these also die, then his sons would have become entitled to equal shares with their uncles, but (agreeably to the above text) they are all to take that share only which their father would have taken on partition, and not each a share equal to that of an uncle. Because, while a brother is alive, his sons have no right to the estate of their uncle; since it is declared in the text of Yogísvara that "in the absence of the preceding one, every succeeding one is heir;" and since in the text of Vishnu, namely,—"On their default it goes to the brothers' sons,"—the failure of brothers is expressed, as the pronoun 'their' relates to the term 'brothers.'

2. Amongst the brothers' sons also, the sons of the uterine brothers, by reason of their greater propinquity, succeed in the first instance; in their default, the sons of half brothers. And this is reasonable; because a son of a half brother presents the *pinda* to the (deceased) proprietor's father and to his own paternal grandmother, omitting the proprietor's mother, therefore he being inferior to a uterine brother's son succeeds after him. Nor can it be argued that inasmuch as the three ancestors together with their wives are the objects to whom the funeral oblations are addressed, therefore the rival mother and the like also are included. Because the terms 'mother' and the like signify primarily one's own parent, the father's parent, and the grandfather's parent; and these as such are declared to be the objects to whom oblations are offered; thus, it is ordained,—"The mother partakes of the funeral oblations consisting of food with her own husband; also the paternal grandmother with her own, and with her own the paternal great-grandmother." The offering of oblations to the rival mother and the like, rather follows from what is declared in the text, viz.—"Those men as also women who die without male issue; to them also should be offered oblations addressed to a single indivi-

dual, but not such oblations as are presented on *parva* occasions." Besides, all persons beginning with the son are competent to perform the ceremony of the *sráddha* in honor of the forefathers with their wives, and there are not always the rival mother and the like, therefore it is reasonable to hold that the rule of presenting oblations to the ancestors with their wives includes only the mother and the like, so that there might not be the objection of uniting what is constant with what is accidental.

Thus ends the succession of brothers' sons.

PART VII.

§ 1.—Of the gentiles; its meaning as in the Mitákshara. 2.—The same as in the Smritichandriká and Dáyabhága. 3.—Criticized. 4.—Gentiles consist of the *sapindas* and *samánodakas*; these terms explained. 5.—Cognates; three descriptions; maternal uncle &c. 6.—Preceptor and pupil. 7.—Fellow-student. 8.—The king. 9.—The Bráhmanas.

1. On failure of the brothers' sons, (the heirs are) the 'gentiles' (*gotrajus*) who are to be taken to be other than the father, the brother and his son that have been previously set forth, by reason of the rule of 'the bulls and the beeves.'

Vijnánesvara says:—The gentiles are the paternal grandmother, the *sapindas* (or persons of the same family or *gotra* connected through the *pinda* or body), and the *samánodukas*, (or persons of the same family other than the *sapindas*). Of these the paternal grandmother succeeds in the first instance. Although it would appear from the text of Manu, namely,—"when the mother too is dead, the father's mother shall take the estate,"—that the succession of the paternal grandmother takes place immediately after the mother; still she cannot reasonably be placed between the settled series of heirs from the parents to the nephew: and there is no reason for postponing her further, in spite of her superiority (as set forth in the text of Manu): hence it is only after her that the paternal grandfather and other gentiles succeed.

2. On this subject the author of the Smritichandriká says:—The term gentiles or *gotrajás* (or those descended from the *gotra* or family), being a uni-residual compound of similar terms, denotes males only, but not females. For a term is taken to be an uni-residual compound of dissimilar terms, when it is shewn to be so by the purport as understood from other evidence such as the association with another sentence, just as in the passage, "Bring two chickens, which will make a pair;" but there is no such evidence in the present instance. On the contrary, the association with the terms brother's sons &c. shows that the male gentiles alone are intended. Besides, the succession of the widow, the daughters and the like being specially laid down, the text of Sruti, namely,—"Therefore women are devoid of the senses, and incompetent to inherit"—may be explained to refer to other women than these (with regard to whose succession there are special provisions); but in the case of the gentiles and so forth, the supposition of the term being a uni-residual compound of dissimilar terms ought rather to be rejected, in order to avoid a conflict with that text. Accordingly, while explaining the text of A'pastamba, namely,—"The father during his life may divide the heritage among the sons,"—the commentator says, 'may divide the heritage among the sons only, not among the daughters, they being females'; and then goes on to say,—Although here the term 'sons' may be made to include daughters, by considering the term 'sons' to be a uni-residual compound of sons and daughters, upon the authority of the Aphorism of Páṇini, namely,—"The terms brother and son (may be compounded in the uni-residual form) with the terms sister and daughter" (respectively); yet the males are heirs and not the females, by reason of the following text of Sruti,—"Therefore women are devoid of the senses, and incompetent to inherit." The intention of the commentator is, that although there is authority for taking the term 'sons' to be a uni-residual compound of dissimilar terms, still in the instance under consideration, it is not taken to be so, by reason of conflict

with the text of Sruti and by reason of the absence of anything suggesting that purport.

Also Jímútaváhana says:—And Yájnavalkya makes use of the term *gotrajas* or gentiles for the purpose of showing that the daughters' sons of the father &c., who are descended from the same *gotra*, become heirs in the order of their nearness with reference to the offering of oblations; also for the purpose of excluding the wives of *sapindas*, they being not sprung from the same *gotra*. Accordingly Baudháyana, having in the previous text, said, "a woman is entitled to," declares,—"Not to the heritage, since a text of the Sruti ordains, 'women are devoid of the senses, and incompetent to inherit.'" The construction is that a woman is not entitled to the heritage. The succession of the widow and the like is not opposed (to the above interpretation) inasmuch as that is expressly declared.

3. That is not good. Since in the texts of Manu and others, cited before, the succession of the paternal grandmother has expressly been laid down; therefore even if the text of Yogísvara be, consistently with those texts, considered to include her by taking the term gentiles or *grotajás* to be a uni-residual compound of dissimilar terms, there would be no conflict with the (above mentioned) Sruti which may be held to refer to women other than the paternal grandmother.

Jímútaváhana, however, does, in that part of his work where he deals with the mother's succession, say,—"The paternal gradmother's succession takes place after the paternal grandfather and before the grandfather's descendants, like the mother's succession after the father. The succession of the paternal grandfather and grandmother has not been separately propounded by Yájnavalkya, inasmuch as the same is virtually declared by showing the mother's succession." But in this part of his work, he says,—"The term *gotraja* has been used for the purpose of excluding the wives of the *sapindas*." Thus he fails to observe that he contradicts himself. For in the text of Yogísvara, the absence of express mention of the paternal grandmother is the same as that of the wives of the paternal uncle

&c.; so the text of Sruti, declâring incompetency to inherit is as well applicable to the paternal grandmother as to the wives of the paternal uncle.

Agreeably, however, to the interpretation put upon the text of Sruti, viz.—"Therefore women are devoid of the senses &c.—by the venerable Vidyâraṇya, which has previously been cited (p. 175), this text does not at all prohibit women's right of succession: so there can neither be a doubt (as to their competency to inherit) nor an answer (to such doubt). But it should be remarked that how can that interpretation be accepted when it is in conflict with the text of Baudháyana? For although the term *indriya* may be taken in any of its acceptations, still there is nothing else (in the text of Sruti) to support women's incompetency to inherit, and it cannot be held that the text of Sruti has nothing in it to support the position that women are not entitled to inherit; hence it cannot but be held that the text of Sruti does prohibit women's right of succession, inasmuch as otherwise the quotation (by Baudháyana) of that text as establishing the position would be unreasonable: just as in the instance, "Therefore an unknown embryo being killed (a man becomes) murderer of a Bráhmaṇa."

4. On failure of the paternal grandmother, the paternal grandfather and the other *sapindas* of the same *gotra* are heirs; since the *sapindas* (or persons connected through the *pinda* or body) of a different *gotra* are included under the term *bandhu* or 'cognates.'

Among these also, in default of the father's descendants, the paternal grandmother, the paternal grandfather, the paternal uncles and their sons become heirs in their order; in default of the paternal grandfather's descendants, the paternal great-grandmother, the paternal great-grandfather, his (paternal grandfather's?) brothers and their sons; similarly to the seventh (degree) the *sapindas* of the same *gotra* take the estate of a person without male issue.

On failure of the *sapindas*, the *samánodakas* (succeed). They comprise seven (degrees) above the *sapindas*, or all whose birth (from the same *gotra*) and (family) name are known. Thus Manu says,—"The *sapinda* (or consanguine) relationship, however, ceases in the seventh generation, but the *samánodaka* relationship extends up to the fourteenth (generation), or as some affirm to those whose birth and name are known. The term *gotra* signifies these (*i. e.*, the *sapindas* and the *samánodakas*)." It has already been shown that, in the text of Vishnu (p. 142) the term *bandhu* signifies a *sapinda*, and the term *sakulya* means a *sagotra*. The *samánodakas* also become heirs in the order of propinquity.

5. On failure of the *samánodakas* the 'cognates' or *bandhus* are heirs. The cognates are of three descriptions; the cognates of a man himself, the cognates of the father, and the cognates of the mother. To this effect is the following passage of the Smriti,—"One's father's sister's sons, one's mother's sister's sons and one's maternal uncle's sons are to be known one's own cognates; the father's father's sister's sons, the father's mother's sister's sons and the father's maternal uncle's son are to be known the father's cognates; the mother's father's sister's sons, the mother's mother's sister's sons and the mother's maternal uncle's sons are to be known the mother's cognates."

Amongst these also the order is, that, by reason of greater propinquity, first one's own cognates, after them the father's cognates, and after them the mother's cognates.

In the text of Manu, namely,—"In their default, a *sakulya*, or the preceptor, or a pupil (becomes heir)," —the term *sakulya* includes the *sagotras* (*sapindas ?*) and *samánodakas*, the maternal uncle and the like, and the three classes of cognates. Also in the text of Yogísvara the term 'cognates' or *bandhu* comprises also the maternal uncle. Otherwise, the exclusion of the maternal uncle and the like would be the result. And it would be extremely improper that their sons are heirs, but they themselves though nearer are not heirs.

6. In default of the cognates, the preceptor is heir. Although the preceptor is not mentioned in the text of Yogísvara, still the pupil has been mentioned; and it ought, by reason of propriety, to be held that the precep-

tor who is superior to him and nearer, is implied. Because the succession of a pupil on failure of the preceptor is expressly declared by Manu in the text,—" or the preceptor or a pupil," and by A'pastamba in the text,—" If there be no male issue, the nearest *sapinda* inherits; in their default, the preceptor; failing him, a pupil."

7. On failure of a pupil, the fellow student takes the estate; that is, he who received his investiture and education from the same preceptor.

8. If there be no fellow students, the king shall take excepting the estate of a Bráhmaṇa, by reason of the text of Vasishtha, cited before, which, after declaring the succession of all down to the pupil, says,—" in his default, it goes to the king excepting the property of a Bráhmaṇa," —and by reason of the text of Manu, namely,—" In default of all those, however, the property shall go to such Bráhmaṇas, as are versed in the three Vedas, as are pure in body and mind and as have subdued their passions: thus, religious merit is not lost. The property of a Bráhmaṇa shall never be taken by the king: this is the settled law. But the wealth of the other classes, on failure of all (heirs,) the king may take."

9. In default of all down to the fellow student, the wealth of a Brahmaṇa is taken first by a *srótriya* or such a Brahmaṇa as is versed in the Vedas; failing him, by any Bráhmaṇa. Thus Gautama says,—" The *srótriyas* shall take the estate of a Bráhmaṇa leaving no male issue." But any Bráhmaṇa succeeds, as in the text of Manu the term Bráhmaṇa is used without any qualification. It is also declared by Nárada,—" If there be no heir of a Bráhmaṇá's wealth, on his demise, it must be given to a Bráhmaṇa. Otherwise the king is tainted with sin."

PART VIII.

§ 1.—Succession to the property of a hermit, &c.; the text of Yájnavalkya explained. 2.—An objection stated and answered.

1. With reference to the estate left by a hermit, &c., an exceptional rule, excluding the (ordinary) heirs such as the son and the rest also the wife and the like, is propounded by Yogísvara, thus,—"The heirs of a hermit (*vánaprastha* or one who has entered the third order of life), or an ascetic (*yati* or one desirous of *moksha* or liberation from transmigration) and of a student (*brahmachári*), are, in their order, the preceptor, the virtuous pupil and the spiritual brother resident in the same holy place."

The term 'student' here, by reason of its association with the term 'ascetic,' means a lifelong student (*i. e.* one who has taken a vow to remain a student for life and not to enter into a married life): hence the estate of a person who has been leading the temporary life of a student (which every twice-born is enjoined to lead before becoming a householder) devolves on the parents and the like in the specified order, for such a person cannot have heirs from a son down to a daughter's son.

The order mentioned in the above text is to be understood to be the inverse one. Accordingly the wealth of a deceased student goes to the preceptor; of an ascetic, to the virtuous pupil; of a hermit, to the spiritual brother resident in the same holy place.

The spiritual brother is one adopted as a brother; the term holy place signifies a hermitage, hence resident in the same holy place, means, resident in the same hermitage; the meaning is, one who is a spiritual brother as well as is resident in the same holy place.

The virtuousness of a pupil, however, does not mean good conduct. For the exclusion from inheritance, of even the son and the rest, whose conduct is bad, is established by other authority. And that will be mentioned.

But it is to be taken to consist in the capacity for understanding lectures on psychology, digesting the same and following its doctrines in practice.

The author of the Madanaratna, however, having cited the text of Vishnu, namely,—"The preceptor shall take the wealth of a hermit (*vánaprastha*), or the pupil,"—and thinking the order (mentioned in Yájnavalkya's text) to be direct and not inverse, says that in default of the preceptor the pupil takes the wealth of a hermit.

2. If it be said:—It being established that the lifelong student and others have no concern with property, in texts like the following one of Vasishtha, namely,—"They who have entered into another order, are debarred from shares,"—the declaration, in the above text of Yájnavalkya, of the succession to their estate is not proper. Nor can it be argued that although their right of taking the heritage is forbidden by Vasishtha and others, still the above text establishes the right of succession to their property acquired by other means. Since it is ordained that, "A student and an ascetic both are owners of the prepared food (and of nothing else)," and since acceptance and the like (means of acquisition) are prohibited to students, and since the saving of property by an ascetic is prohibited in the text (of Gautama), namely,—"A mendicant shall have no hoard."

The answer is, that it is not tenable. Since, by reason of the text, namely,—"(The hermit) may make a hoard of things sufficient for a day, a month, six months or a year; and in the month of A'svina he should give away what has been collected,"—a hermit has certainly some property sufficient for food, &c.; the ascetic too has something such as clothes, books, &c., by reason of the text,—"An ascetic should wear clothes to cover his privy parts, and take the requisites for austerities (*yoga*) and the sandals;" the lifelong student also must have clothes and the like for the protection of his body. Hence the question occurring, who is to take these things belonging to them, after their death? the above heirs are declared to the exclusion of other heirs.

CHAPTER IV.

RE-UNION.

§ 1.—Equal distribution. 2.—Self-acquired property. 3.—With whom re-union may be formed. 4.—Succession to re-united property; two couplets of Yájnavalkya explained; Manu cited. 5.—Interpretation by Śríkara. 6.—Same as in the Smritichandriká. 7.—Same by Súlapáni. 8.—Same as in the Dáyatattva. 9.—The wife's succession. 10.—The Sister. 11.—The *Sapindas*, &c. 12.—Sons re-united or not, equally succeed; an exception regarding a son born after partition. 13.—Maintenance of the wife and daughters; the marriage of the latter.

1. Now the partition of re-united property is considered.

On that subject, Manu says,—"Should those, who dwell together after having been separated, again divide their property; in that case the distribution shall be equal; there is no deduction for seniority." Here, although it follows from the very restriction laying down equal distribution, that the mode of unequal division is to be rejected; still the passage "there is no deduction for seniority," is added in order to show that only the unequal distribution caused by seniority, &c., does not take place, but that there is certainly unequal division on account of the union of greater and less property.

Some, however, say that the unequal distribution owing to seniority, &c., must be made of the augmented portion (if any) of the re-united property; but the division of the re-united property must be equal: with a view to indicate this the portion "there is no deduction for seniority"—has been added.

This is not tenable. For a distinction like this does not appear from the above text, since, from the passage "in that case the distribution shall be equal,"—it appears that the restriction as to equality is applicable to the accession also.

2. Just as in the partition of undivided property, so also in the partition of re-united property, the impartibility of what has been acquired by science, &c., without using re-united property, would equally have been the rule; but an exceptional rule has been laid down by Vrihaspati, thus,—" But if any one of the re-united co-heirs acquire property by science, heroism, &c., two shares shall be allotted to him, the rest shall be equal sharers."

3. Many are of opinion that re-union may be formed only with the father, &c., but not with any other, by reason of the text of Vrihaspati cited before, namely,—" He, who being once separated dwells again through affection together with the father, brother or paternal uncle is called re-united."

But we have shown at great length that the enumeration of the father, &c., is illustrative (not exhaustive).

4. Just as in the case of partition among undivided co-heirs, so also among those that are re-united, if any one die before partition is made, his sons shall take and divide amongst themselves their paternal share, by reason of the text,—" Among those whose fathers are dead (different ?) the allotment of shares is according to their fathers."

But if any one of the re-united co-heirs die without leaving male issue, then the succession to his estate would have devolved on the wife, &c., by reason of the text,—" The wife and the daughters also, &c.;" but in continuation of the passage " of a sonless deceased person," (occurring in that text) an exceptional rule is laid down by Yogísvara in the following text, namely,—" But of a re-united (co-heir,) a re-united (coparcener shall keep the share, when he is deceased or deliver it if born)." The term 'but' shows that it forms an exception to what precedes. Thus the meaning is, that the estate of a re-united co-heir dying without male issue shall be taken by a re-united co-heir alone, and not by the wife or the like. Hence, Jímútaváhana must be considered to have erred, who interprets the text to be applicable when, among the series of heirs to the estate of a sonless person beginning with the wife, the brothers' right takes effect.

To this rule again, an exception is propounded (in the latter part of the above text),—"But of a uterine brother, a uterine brother, shall keep the share when he is deceased, or deliver it if born." This is to be construed with the preceding portion, namely,—"Of a re-united, a re-united." Accordingly the meaning is as follows: A re-united uterine brother shall deliver the share of a re-united uterine brother, if born, *i. e.*, if he is born in the shape of a son, that is to say, shall deliver it to his son; or shall keep, *i. e.*, shall himself take the share (of a re-united uterine brother) when he is deceased, *i. e.*, not living even in the shape of the son, grandson, or great-grandson. If this text were interpreted without construing it with the two terms that precede, then it would be opposed to the fact of this text forming an exception to what precedes, which follows by force of the term 'but.' And it forms an exception to what precedes, in this way: when there are a uterine brother and a half brother both re-united, in that case the re-united whole brother alone is entitled to the property of a re-united uterine brother, and not the half brother.

When, however, a half brother alone is re-united, and a whole brother is not so, then they take in equal shares the property of a brother without male issue. This is declared (by Yogísvara) in the text,—"But a re-united half brother may take the property, not a half brother (not re-united); also the (brother) united (through uterus) though not re-united may take, not the (united) son of a different mother (exclusively.)"—Here the term 'not re-united' is, like the eye of a crow, connected both with the preceding and with the latter part. So the term 'united;' and this term signifies, in the first part, united through the uterus, *i. e.*, a uterine brother; but in the latter part, re-united. The term 'exclusively' is to be supplied immediately after the term 'son of a different mother.' Hence the meaning of the text is this: A step-brother, though not sprung from the same mother, takes the property if re-united; but a step-brother does not take, if not re-united: therefore, by showing the existence and absence of re-union to be the cause respectively of the succession and non-succession of a half brother, what is affirmed is, that the re-union of a half brother is the sole cause of his succession, and not his fraternity alone: likewise 'the united,' *i. e.*, the uterine brother although not re-united succeeds, and *a fortiori* when re-united: and the son of a different mother, although united, *i. e.*, re-united shall not exclusively take the property, but shall take together with a uterine brother though not re-united. The purport of the text is this: when the uterine brother is not re-united but the half brother is re-united, then because of the two attributes, namely, being a uterine brother and being re-united, each of which constitutes a cause of the right of succession, one is present in each, therefore both of them take in equal shares the property of a brother without male issue: should the uterine brother be re-united, then by reason of the combination of both the causes he becomes the preferrable claimant, therefore he alone takes the entire estate.

Although by each of the restrictive rules laid down in the above texts of Yogísvara, the inefficacy of the other cause of succession is established, still for the sake of emphasis the same is expressed over again; for in both ways the same meaning may be expressed.

The masculine gender in the terms 're-united &c.' (in the above texts of Yogísvara) is not intended to be significant. Accordingly Manu declares the right of the uterine sisters also to succeed to the property of a re-united brother. Thus he, having premised partition among the re-united kinsmen, in the text,—"If those who are associated after separation make a partition again"—goes on to say,—"Of these, if the eldest or the youngest or any other be deprived of his share at the distribution, or any one of them die, his share shall not be lost; but his uterine brothers being assembled and united shall divide that equally; also brothers that are united and sisters born of the same mother." The meaning is:—Among re-united brothers, if the eldest, the youngest or the middle-most, at the distribution, *i. e.*, at the time of making a partition,—the termination of the word (*ansapradánatas,*) which denotes any case, denotes here the locative case,—be deprived, *i. e.*, become disentitled by reason of degradation or adoption of an order other than that of the householder, or dies before partition; his share shall not be lost, *i. e.*, shall be set apart: but it shall be delivered to his male issue in the first instance: failing them, the uterine brothers though not re-united, being assembled, *i. e.*, if gone to a different country returning thence, united, *i. e.*, assembled together; also brothers, *i. e.*, half brothers that are united, *i. e.*, re-united, and the uterine sisters of the deceased shall divide, *i. e.*, take it after division, equally, *i. e.*, without inequality. Here Manu by declaring the succession of the uterine brothers and sisters, even if they are not re-united, and of the half brothers in case they are re-united, clearly expresses the very same meaning as is declared by Yogísvara.

5. On this Sríkara says: When there are only re-united half brothers, then the precept, "But of a re-united (co-heir), a re-united (co-heir) shall keep the share, when he is deceased, or deliver it if born"—is independent of any other precept; so is the precept, "But of a uterine brother, a uterine brother, &c.,"—when there are only uterine brothers not re-united: but, when there are both a re-united half brother and a whole brother not re-united, if the two precepts be applicable, then both precepts take effect dependently upon each other. But it is not right that the same precept be operative independently of, and dependently upon, another precept; for in that case there would be variableness in the precept. Just as in the seventh chapter (of the Mímánsá) a different conclusion is made for fear of variableness in the precept, which would have been the consequence, had the operativeness of the precept, "in these two the holy fire is kindled"—been taken, in respect of the two of the four sacrifices, to be dependent on the option created by the prohibition embodied in the precept, "the holy fire-place is not made in the *vaisvadeva*, &c."; but independent, in respect of the other two sacrifices. Accordingly, when there are a half brother re-united and a whole brother not re-united, neither of the precepts is applicable; and it would follow that no one could take the estate (there being no provision for this case). Hence it is to be held that the right of a re-united co-heir to succeed to the

property of a re-united coparcener, being declared in the text,—" But of a re-united (co-heir), &c.,"—the latter part, *viz.*,—" But of a uterine brother, a uterine brother, &c.,"—is set forth as forming an exception to that. Hence it follows that a half brother though re-united has no right, when there is a whole brother although not re-united.

This assertion is the consequence of not studying the principles of the topics of construction contained in the Mímánsá. For it is not correct, that there is variableness in precept, merely because two precepts, which are independently applicable to some cases, become both applicable to some other case where the subjects of both (the precepts) are combined. Since, if it were so, then the precepts enjoining the bestowal of the whole wealth as gratuity to the priest in the one instance, and no gratuity in the other, which are respectively applicable independently of each other, if either the priest called *udgátri*, or the one called *pratistotri*, singly stumble (in passing from one apartment to the other, at the celebration of the sacrifice called *jyotisṭoma*),—would not be applicable (by reason of variableness, such as is maintained by you,) if both those priests should stumble at the same time; so there would be no conflict, there being no two propositions opposed to each other; hence the discussion in the topic of stumbling (in the Mímánsá), must be held to be uncalled for. Therefore the variableness in precept is, when a precept becomes operative in one instance, independently of any opposition of a different precept, and in another instance dependently of such opposition: as has previously (p.150) been illustrated by the instance of the precept,—" Here they construct the holy fire-place, &c." Otherwise, neither of the two precepts, *viz.*, " Shall touch with the hymn called *chaturhotrá* at the full moon," and " Shall touch with the hymn termed *panchahotrá* at the new moon"—(in which the burnt-offering is meant to be the object of touch),—which are severally applicable to the sacrifices called *upánsu* (which takes place at the full moon) and *agnisomiya* (which takes place at the new moon) in the first of which the burnt-offering is curd consecrated to Indra, and in the second, milk consecrated to Indra,—would be applicable to a sacrifice which takes place both at the full moon and at the new moon, although the burnt-offerings are combined.

As for his own interpretation, namely, that the rule,—" But of a uterine brother, &c.",—is an exception to the rule,—" But of a re-united, &c." :—that is extremely incongruous. For the converse (of the proposition that one is an exception to the other) may as well be asserted, there being no criterion for determination; and the mere fact of the one being placed after the other cannot lead to that conclusion. Again, the text,—" But a re-united half brother, &c.,"—has been said (by Sríkara) to be explanatory of the text,—" But of a re-united (co-heir), &c." But to say this, is to say that that text is useless. Besides, the text—" But of a uterine brother, &c.,"—being explained (by Srikara) to exclude a re-united half brother when there is a whole brother although not re-united, it is not applicable to the case where both a whole brother and a half brother are not re-united; consequently neither of them would be heir, or both of them would be equally entitled. If it be said that the very text,—" But of a uterine brother, &c.,"—is applicable to this case also, then the objection of variableness in the precept may be retorted on you; for, in one instance it becomes operative dependently of opposition of the text,—" But of a re-united (co-heir), &c.,"—and in another instance, independently of such opposition. Just as, if the precept directing the construction of the altar at a sacrifice with the *soma* plant, were applicable to the *dikshaniya* and the like sacrifices (which are performed at the full moon and the new moon and in which *soma* is employed), in opposition to the precept which generally directs the construction of an altar in the *darsapaurnamása* sacrifice performed at the new and the full moons, and which extends to the above mentioned sacrifices, which are parts of that sacrifice; then that precept would be operative in those sacrifices dependently of opposition of the extending precept, and in others independently thereof: so there would be variableness in the precept; hence it has been concluded that the precept applies to those sacrifices with reference to which there is no other precept directing the construction of an altar.

But agreeably to the mode of interpretation adopted by us, the subjects of the two rules (of Yogísvara) being different, the objections of uselessness and of variableness in precept cannot arise. There is no use in spinning out the matter.

6. The author of the Smritichandriká, however, says:—It appears from the terms 'also', 'being assembled' and 'united' in the text of Manu, viz.,—"Of these, if the eldest or the youngest &c."—that the uterine brother and sister and the re-united half brother are jointly entitled to succeed: but it appears from the text of Yogísvara, that a half brother is not entitled to succeed when there is a re-united whole brother: hence there is a conflict between these two texts. With a view to avoid this conflict, some explain the text of Manu in the following way: That unlost share shall be taken by those uterine brothers alone that are re-united, and not also by such uterine brothers as are not re-united; failing a re-united whole brother, all the uterine brothers, 'being assembled', *i. e.*, meeting together, and 'united', *i. e.*, with equal prominence, shall divide it 'equally', *i. e.*, in equal shares; in default of the uterine brothers, the uterine sisters; and in their default, the half brothers. This interpretation is to be rejected, as in it many terms are to be supplied (which are not in the text) and as it is far-fetched. Vijnánesvara has, in order to make the two texts consistent with each other, adopted a different reading of the text of Yogísvara, namely,—"But a re-united half brother may take the property, not a half brother (not re-united)"; but nevertheless, the interpretation put by him is evolved out of his inner consciousness, for it is a forced one, by reason of the supply (of a term not in the text) and of the construction of the same term with different sentences, and is very obscure. Hence a reconciliation of the texts of Manu and Yogísvara, as bearing only the plain meanings, is to be effected only by referring them to different cases, and not by ringing changes upon the words (of the one text) to give out the same meaning (as the other). The same we proceed to show. The text of Manu shows the joint succession of brothers, whether re-united or not, and of sisters,

when the estate consists of both moveables and immoveables: but the text of Yogísvara refers to a case when the estate consists of immoveables only, or of moveables only. This follows from the text of Prajápati, viz.—" But when the estate consists of chattels and other property it goes, however, to the re-united; but the land and house shall be taken by the unassociated (whole brothers ?) according to the share."—The term 'chattels,' by the rule of 'the bulls and the beeves,' signifies bipeds, quadrupeds and the like; 'the re-united' means, the re-united half brothers. The correct reading of the text of Yogísvara is, " A half brother though re-united does not take the estate *of* a half brother." Hence, when there is only immoveable property or only moveable property, then, by reason of the text of Yogísvara, a uterine brother though not re-united takes, but not a half brother though re-united: when, however, there are both kinds of property, then agreeably to what is laid down in the text of Prajápati, the unassociated uterine brother and sister as well as the re-united half brother take in equal shares. This also is the meaning of the text of Manu.

This is not good. Since the defects of insertion (of terms not used in the text), forced construction &c., are not wanting in the interpretation put by you; and what is declared in the text of Prajápati is not in conflict with the the interpretation put by Vijnánesvara (on the text of Yogísvara). Accordingly the author of the Madanaratna, adopting this interpretation, cites this very text of Prajápati in support of it. But agreeably to your interpretation, there is rather the defect of tautology unavoidable in the text of Yogísvara, for (agreeably to your reading) it is in the first part said—" A half brother though re-united does not take the estate of a half brother,"—and the very same thing, neither more nor less, is expressed in the last part, namely,—" not the re-united son of a different mother." And although an interpretation involving the defect of tautology, might even reluctantly be accepted for the purpose of making the text consistent with the text of Manu; still it would be improper to adopt a meaning which is liable to the objection of multiplicity for assuming another radical revelation.

7. Súlapáṇi, in his commentary on the Institutes of Yájnavalkya, says (while interpreting the above texts which are read by him in a different way):—A half brother though re-united shall not take the property of a half brother; the uterine brother alone though not re-united shall take, but not a re-united half brother. If the reading be, " But a re-united half brother may take the property, not a half brother," then the meaning is that a half brother being a half brother, may not take the property though re-united. This text shows the succession of an unassociated whole brother, hence there is no defect of tautology.

This, however, is of the same nature with what is said by Sríkara. The author of the Ratnákara, however, says that the reading (of the text of Yájnavalkya), as found in the Kalpataru, is " shall not take the property *of* a half brother," but this must be a copying mistake, inasmuch as the reading found in the copies of the Institutes of Yájnavalkya, and in the commentaries such as the Mitákshará, the Párijáta and the Haláyudha, is—" not a half brother, may take the property;" and the interpretation of that text, (in these commentaries), are in accordance with that reading.

8. The author of the Dayatattva, however, says:— " But when there are a half brother re-united, and a uterine brother not re-united, and when there are a whole brother and a half brother both re-united: then two questions arise, which of the two is to succeed in each case.

"As to the first, it is said ' A half brother &c.,' which signifies; let a half brother, if re-united, take, but not a half brother merely as such: but a uterine brother though not re-united may take; for the term, ' uterine brother,' which occurs in the preceding text is also to be construed with the latter proposition. Therefore when there are an unassociated uterine brother and a re-united half brother, they both succeed; because the equality of the relation of re-union, and of the status of a whole brother, is expressed by the first part of the text.

" As to the second, it is ordained ' and not the son of a different mother who is re-united,' the meaning is that when there is a whole brother re-united, the son of a different mother, though re-united shall not take, *i. e.*, the re-united whole brother alone shall succeed; since though they are equally re-united, still the whole brother as such is preferred."

This is in conformity with what is said in the Mitákshará and the like, but it discloses great want of skill in interpretation.

9. The authors of the Smritichandriká and the Madanaratna say:—When, however, the father or the uncle is not re-united, then the unassociated half brother succeeds; in his default, however, the unassociated father; failing him, the wife. Accordingly Sankha says—'The wealth of a sonless person who departs for heaven, goes to the brothers; in their default, let the parents take, or the senior wife." The meaning is,—The property of a deceased sonless re-united (person) goes, in default of a re-united (coparcener) to an unassociated half brother. Hence this text may also, as it is, be relative to the estate of a re-united person.

The author of the Mitákshará and others say that this text refers only to re-union, consequently there is no inconsistency in the succession of the parents and the wife on failure of the brothers.

It is stated in the Smritichandriká:—The term 'senior' has been employed in the text of Sankha for the purpose of indicating the possession of virtues such as the control of passions, not for the purpose of excluding the middlemost or any other junior wife. The term 'in their default' should have been used over again, but in its stead, the particle 'or' has been used, for the effect is the same. Since, the term 'or' marks an alternative; but in the present instance there cannot reasonably be an alternative with reference to the ownership which is a determinate thing; for it is a rule laid down by the Sástras, also established by reason, that 'An indeterminate affirmation is not made with reference to a determinate thing'; therefore, here the term 'or' indicates an alternative with reference to 'default'; hence the result is the same. Accordingly the order is this: in default of the brothers, the father; in his default, the mother; in her default, the senior wife.

In the Madanaratna, however, it is said that the mother succeeds in the first instance; and then the father. The intention being, that it follows from the principle set forth in the Mitákshará, there being no text against the application of that principle to the present case, like the text of Vishnu relative to the estate of a person separated and not re-united. Accordingly, on account of the text of Vishnu it has been held in that treatise, in the same way as in the Smritichandriká, that the term 'parents' in the text,—"The wife and the daughters also &c.,"—means that the father succeeds in the first instance, in his default the mother. We have already dealt with this at great length.

Hence it appears that the above text of Sankha being in conflict with the text,—"The wife and the daughters also &c.,"—is taken to be relative to partition after re-union, in order to avoid the conflict. The order of the heirs, which is laid down in the text, "The wife and the daughters also &c.,"—and which is founded upon a principle and is relative to separate property,—is opposed by the order laid down by texts of law with reference to the present case. In this order, there is no principle; hence this order rests entirely upon the authority of the texts of law. Also Nárada says,—"But when the husband is dead, the wives, who are destitute however of (the husband's) brother, father and mother, and all the *sapindas* shall divide the (whole re-united) property agreeably to shares."—The meaning of this text is:—'The wives' (*bháryás*) *i. e.*, the *patnis*; 'who are destitute of brother, father and mother,' means, in case the brother father and mother of the husband do not exist. By deviating from the rule regarding the conjunctive compound, agreeably to which the father and mother who are entitled to greater respect than a brother, ought to have been placed first in the compound *abhrátri-pitri-mátrikás* (rendered above into 'destitute of brother, father and mother,') and by combining the words in the reverse order, Nárada intended to show that the estate of a re-united sonless person goes to the brother in the first instance, in their default to the father, in his default to the mother, and in her default to the virtuous wife. Thus it is to be observed that the wife of a re-united person succeeds first, not in default of the legitimate and the subsidiary sons (only) but on failure also of re-united (coparceners,) whole and half brothers, father and mother. The meaning of 'all the *sapindas* &c.,' is this; those other than the brothers, father and mother, who are *sapindas* of a re-united person destitute of male issue,—such as the brother's sons &c.,—shall, on his death, divide their own property which was re-united by their father and the like with the property of that sonless person, with his wives, 'agreeably to shares', *i. e.*, allotting the brother's share to the nephews and the husband's share to the wives, and so not modifying the shares.

10. On failure of the wife, the sister gets the share of a sonless re-united person. Thus it is ordained by Vríhaspati,—" But if there be a sister, she is entitled to get a share of it, this is the law regarding the estate of a person destitute of issue, also destitute of the wife and the father,"—the term 'also' *(cha)* suggests, " also destitute of the mother."

11. On failure of the sister, the mere (*i. e.*, unassociated) *sapindas*, that is, the nearest *sapindas* shall divide the estate left by a re-united person, agreeably to shares, *i. e.*, shall get the estate in the order of propinquity as declared by Manu in the text,—" To the nearest *sapinda*, the inheritance next belongs;" since the order of succession among these has not been expressly declared. Thus the same sage (Vrihaspati) declares,—" If the deceased have no issue, nor wife, nor brother, nor father nor mother, then all the *sapindas* shall divide his property agreeably to shares." " His property" signifies the property of a re-united person; " If the deceased leave no issue &c.," means, if the deceased be destitute of those (heirs) the order of whose succession to the re-united estate has expressly been declared.

But it is to be observed that in default of the *sapindas* the estate of a re-united person, like the estate of a person separated, goes on his death to the *samánodakas* and the like in the order previously mentioned agreeably to the degree of propinquity. For there is no special text of law relative to the re-united estate, declaring the order of succession on failure of the *sapindas*.

12. If it be argued that as by reason of the text a re-united brother and the like succeed to the estate of a re-united person in spite of the wife and the like, so by virtue of the same text the re-united sons alone should inherit the estate of the father when there are both re-united and unassociated sons. The answer is that the argument is not tenable: since the term 'sonless' occurring in the previous text, is to be construed with this text; hence the death of a re-united person *without male issue*, is the cause of the succession (of a re-united co-heir); therefore when a re-united person leaves male issue, then the text,—" But of a re-united (co-heir) &c.,"—cannot apply, since the circumstance of his being without male issue is wanting; consequently, in this instance too, both descriptions of sons are equally entitled to take the father's share by reason of the text,—" The sons shall on the demise of the parents, divide their estate and debts in equal shares." But only whatever remains after the enjoyment by a person re-united with his son, of that share which was previously allotted to him (on partition,) shall be separately adjusted; *i. e.*, whatever share would belong to the father at the time, shall be taken by the sons, dividing the same. Nor can it be contended that let not the term 'sonless' occurring in the previous text be construed with the text,—" But of a re-united (co-heir) &c." Because it would follow that even as regards the property of a re-united brother or the like who is not without male issue, his brother or the like will take his share to the exclusion of the male issue; and this would be opposed to the immemorial custom of all countries. And because if the text " But of a re-united &c.," were relative without distinction to a person who has male issue as well as to one who is destitute of male issue, then this text could not reasonably be said to form an exception to the text,—" The wife and the daughters also &c.,"—which is relative only to a person destitute of male issue; consequently the above conten-

tion is contrary to the term "but" which marks an exception. Nor can it be argued (admitting the construction of the term 'sonless' with the text regarding re-union) that agreeably to the rule laid down by the learned, namely, "An adjective becomes significant if it may reasonably be applied, and if without it there would be inclusion of things not intended to be included,"—this adjective (properly) refers only to one who is re-united with a brother or the like, for it becomes exclusive; and not to one who is re-united with his son, for as that which is to be excluded is wanting, its application would be unreasonable. Because in the absence of two separate propositions if the precept embodied in one proposition be operative sometimes in connection with the adjective and sometimes without it, then in consequence of the two-fold meaning of the same proposition caused by its construction and non-construction with the adjective, there would be variableness in the proposition consisting in the variableness in the precept. Besides, ownership in the property of the father or other ancestor is to be held to be caused by sonship &c., alone, if not attended with degradation and the like disqualification, but not also if attended with re-union; by reason of multiplicity: and as the sonship &c., belong equally to all (the male issue,) whether re-united or not, therefore the succession, to their property, of all the sons and the like without distinction is proper. Nor can it be said, that right (of the sons &c., as such) to the property of the father and other ancestors, ceases by partition. Because (if that were so) then it would follow that when all the sons are separated and not re-united, then the wife &c., will become heirs as in default of male issue; and because the right of the father and son to each other's property is on the contrary laid down by A'pastamba and Hárita, thus they say,—"(The father) may, in his life-time divide the property and retire to a forest or adopt the order befitting an old man or may divide a small portion and retain the greater portion himself; and if he be pinched, may resume from them."—"The order befitting on old man," means mendicancy (or the fourth order of life); 'be pinched,' means, be reduced for want of food.

But if a son be born after partition, then (agreeably to what is said above, also) the sons who have been previously separated would have been entitled to the father's property, but they are debarred by the text of Vrihaspati, namely,—" Those born before partition are not entitled to the share of the parents ; nor one born after it, to the share of a brother. Whatever is acquired by a father separated from the son, belongs entirely to one born after partition ; those born before partition are declared to be not entitled. As in the property so in debts also, in gifts, pledges and purchases, they have no claim on each other, except for acts of mourning and libations of water."

13. The heir to the estate of a re-united person must maintain his wives and support his daughters till they are married as well as perform the ceremony of their marriage. This is declared by Sankha and Nárada after premising re-union,—" If any one of the brothers without issue die or enter a religious order, let the rest divide his wealth, excepting the wife's separate property. Let them allow a maintenance to his wives until the end of their lives, provided they preserve unsullied the bed of their husband ; but if they behave otherwise, the brothers may resume their allowance. If he leaves a daughter, her paternal share is ordained for maintenance, she shall get her portion till marriage ; afterwards the husband shall maintain her."—" If they behave otherwise" means, if they do not preserve unsullied the bed of their husband, *i.e.*, if they be of bad character ; the prefix *á* in *ásanskárát*, (rendered into 'till marriage',) signifies inclusion, hence the celebration of marriage also is included.

Thus ends the partition of re-united estate.

CHAPTER V.

WOMAN'S PROPERTY.

PART I.

§1.—Woman's property enumerated. 2.—The term *strídhanam* bears no technical meaning. 3.—The terms 'gift before the fire' &c., explained, 4.—The amount of maintenance allowed to females. 5.—The power of females over their property. 6.—Males have no power over woman's property; maintenance may be exacted by the wife, if not wicked. 7.—Husband's power over the wife's property in the event of distress. 8.—What was promised by the husband to his wife must be given by his sons; sons cannot divide the mother's property during her life.

1. Now, with a view to explain the partition of *strídhanam* or *woman's property*, its nature is first determined.

On this Manu says,—"What is given before the (nuptial) fire, what is presented in the bridal procession, what is bestowed in token of affection, and what is received from the brother, the mother or the father; these six-fold are declared to be *strídhanam.*"—The term 'six-fold' is intended, not as a restriction of a greater number, but as a denial of a less. Accordingly Yogísvara uses the term 'the like' in the text,—"What is given by the father, the mother, the husband or the brother, what is received before the (nuptial) fire, what is presented on the husband's marriage to another wife, or the like, is pronounced to be *strídhanam.*" Also, Vishnu declares more than six sorts of woman's property; thus he says,—"What is given by the father, the mother, the son or the brother, what is received before the (nuptial) fire, what is presented on the husband's marriage with another wife, what is given by the *bandhus* or relations, and *anvádheyakam* or a gift subsequent to marriage; these are denominated woman's property." Nárada says,—"What is received before the (nuptial) fire, what is presented in the bridal procession, likewise a gift by the husband, what is given by the brother and the parents; these six-fold are declared to be *strídhanam.*"—The term 'six-fold' is to be explained in the same way as in the text of Manu.

2. The term *strídhanam* or woman's property has been used (in the above texts) in its ordinary meaning, *viz.*, property whereof a woman is the owner, and not in a technical sense (as including only the enumerated items of property;) for when the ordinary meaning is acceptable, it is not proper to adopt a technical meaning. Accordingly Yogísvara has employed the term 'the like' on purpose to include what is acquired by the common means of acquisition, such as inheritance, purchase &c.

If it be said:—If it were so, then the exclusion of certain kinds of property from the category of woman's property would be unreasonable; for, a woman's ownership therein cannot be denied by reason of contradiction (with the above exposition;) thus, Kátyáyana says,—"Among these, what is given conditionally or what is given under collusion by the father, brother or husband; that is not denominated woman's property." 'Condition' is the restriction that this ornament or the like, which is given to you, is to be put on by you only on days of festivity &c., and not at any other time; what is given with such a restriction is "given conditionally:" "under collusion" means, with the intention of defrauding the co-heirs,—(as if saying)—'This has been given to a maiden daughter, how can such property be partible?' It is also said by the same sage that what is acquired by means of mechanical arts, also what is presented out of affection by a friend or the like does not become woman's property, thus,—"But whatever is acquired by means of mechanical arts, also what is received through affection from any other; therein the husband's ownership arises at that time; the rest, however, is pronounced woman's property." It is upon the assumption that the term *strídhanam* is technical in its meaning, that what would, by reason of being given by a brother &c., be included by the term *strídhanam* is excepted (in the first of the above texts;) hence a technical meaning is intended (by the above two texts) to be attached to the term woman's property, *viz.* that *stridhanam* means what is given by the father or the like excepting that (which is mentioned in the first of the above texts) or excepting what is gained by mechanical arts and the like (mentioned in the second text.)

The answer is: In the above texts the denial is, not of their being woman's property, but of its consequences, such as distribution (by her choice amongst her heirs,) &c. Accordingly in the latter text it is said, "therein the husband's ownership arises." The meaning is that the husband and not the woman has independence in dealing with such property. In the first text, however, the denial also of the woman's right is possible, by reason of the employment of the terms 'condition' and 'collusion'; and it is universally known that no right accrues to such gifts, by reason of the text of Manu, namely,—"Collusive mortgage and sale, collusive gift and acceptance, and wherever a condition (or fraud) is found; all these shall be prevented." The following text (of Manu,) namely,—"A wife and a son, also a slave; these three are incapable of holding property: whatever they acquire belongs to him whose they are,"—is to be taken to refer, in the case of a wife, only to what is acquired by mechanical arts &c., by reason of the simplicity of the supposition that both the precepts are founded on the same radical revelation.

3. The terms 'gift before the nuptial fire,' and the like are explained by Kátyáyana, thus,—"What is given to women at the time of their marriage, near the nuptial fire, is proclaimed by the wise as the woman's property given before the nuptial fire. That again, which a woman receives while she is conducted from her father's house (to her husband's dwelling) is declared as woman's property under the name of gift presented in the bridal procession. Whatever, however, is given through affection by the mother-in-law or the father-in-law, or what is given on obeisance by touching the feet (of a woman,) is called an affectionate gift. Subsequent to marriage, however, what is received by a woman from her husband's family is called a gift subsequent, and so is what is like-

wise received from her own family. Whatever, however, is received as a price of household furniture, conveyance, milch-cattle and ornaments, is denominated fee or *sulka*. That which is received by a married woman or by a maiden in the house of her husband or of her father, from her brother or from her parents, is termed a kind gift."—The reading (of the text defining a kind gift) as adopted in the Kalpataru and other works, is "from her husband" (instead of 'from her brother.') The terms 'presents before fire,' &c. although they convey their derivative meaning, are still technical, inasmuch as they are applied only to the above descriptions of woman's property. It has been explained in the Madanaratna, that the price of household furniture &c., which is taken from the bridegroom or the like for giving (in marriage) the bride, in the shape of the bride's ornaments, is the fee or *sulka*. In the Mitákshará, however, it is said, that the fee or *sulka* is that which having been taken, the bride is given in marriage. But in both (the books), it is intended that the father or the like takes it on the understanding that it is to belong to the bride; because, otherwise, in the absence of her right thereto, the application of the denomination of woman's property to it, would be unreasonable. But Jímútaváhana having adopted a reading (of the above text of Kátyáyana, defining the fee or *sulka*) in which there is the word *karmináṃ*, workmen, instead of *karmanám*, acts, has explained the text in this way: "In order to have a work done by workmen on houses &c., *i. e.*, by artizans, what is given as a bribe to a woman for inducing her husband or others (of her family who are the artizans), to do the work, is the fee or *sulka*. This itself is the price, as it is paid for her inducement." He has further said,—"Or the fee is what is described by Vyása in the text,—'What is given to bring her to her husband's house is called the fee or *sulka*.'—The meaning is, that what is given by way of bribe or the like, to induce her to go to her husband's house is the fee or *sulka*." Both these descriptions of property belong to the woman, for to her alone they are given; hence it is easy to understand the application of the name 'woman's property' to these, in the same way as to other kinds of woman's property.

A gift on supersession (*ádhivedanikam*) is what is bestowed on the first wife on the occasion of espousing another wife. This is described by Yájnavalkya, thus—"To a woman whose husband marries a second wife, let him give an equal sum as a compensation for supersession, if woman's property have not been given to her; but if any have been assigned, let him allot half."

4. Kátyáyana lays down a special rule regarding the grant of property by the father or the like, to females for their maintenance:—"The father, the mother, the husband, the brother or the *jnátis* or kinsmen of the same family, shall agreeably to their means, give to women *strídhanam*, not exceeding two thousand, excepting immoveable property."—The meaning is, that property other than immoveables, extending to two thousand *kárshápaṇas* shall be given according to the means. So also Vyása declares,—"But an allowance of property amounting to two thousand at the most shall be given to a female." Kátyáyana by the term 'not exceeding two thousand,' and Vyása by the term 'at the most,' show that even a rich man is not to give more to women (whom he is bound to maintain). This restriction, however, is to be understood to apply to what is given every year, and not to an allowance once for all. Hence there is no incongruity, if the property given for maintenance for many years exceed this amount; for it is for maintenance that the gift is made, but it is not possible that that for the whole life can be covered by merely two thousand (*kárshápaṇas*).

5. In the disposal of woman's property, however, females have not independence without the permission of their husband. This is declared by Manu thus,—"Women shall not make any disbursement out of family property which is common to many, or even out of their own property without the permission of their husband."—Disbursement (*nirhára*) means, expenditure.

But in the disposal of some kinds of woman's property, females have independence; this, Kátyáyana having described a kind gift, declares thus,—"The independence of women who have received a kind gift, is admitted (in respect of it,) for it was given by them out of kindness, for their maintenance. With respect to a kind gift, the independence, at all times, of women is proclaimed in making sale or gift according to pleasure, even when it consists of immoveable property."

But as regards property given by the husband, they have independence in dealing only with property other than immoveables. This is declared by Nárada, thus,—"What has been given by an affectionate husband to his wife, she may, even when he is dead, consume it or give it away as she pleases, excepting immoveable property." The meaning is, that the wife can only enjoy the immoveable property given by the husband by dwelling on it, &c., but cannot make a gift, sale, or the like. Some are of opinion that the text of Kátyáyana also, *viz.*—"Let the sonless wife, preserving unsullied the bed of her husband &c."—refers only to immoveable property given by the husband, since (if interpreted in this way) it embodies the same precept as the text of Nárada. But what it refers to, has been discussed by us while explaining the text,—"The wife and the daughters also, &c." (p. 136 *et sequel*).

6. The males (of the family), however, have no power of disposal over any kind of *stridhanam*, inasmuch as they have no ownership in it: this is declared by Kátyáyana,—"Neither the husband nor the son nor the father nor the brothers can assume the power over a woman's property to take it or give it away. If any of these persons forcibly consume a woman's property, he shall be compelled to make it good with interest, and shall also incur a fine. If such a person having obtained her consent amicably, consume her property, he shall be required to pay the principal, when he becomes rich (enough to pay it). But if the husband have a second wife and do not show honor to his first wife, he shall be compelled by force to restore her property though amicably lent to him. If food, raiment and dwelling be withheld from the woman, she may exact her due supply and take a share (of the estate) with the co-heirs."

The meaning of the two couplets beginning with "But if the husband," is this: if the husband having taken the wealth of one wife lives with another wife and neglects the first, the king shall forcibly compel him to restore that wealth; and if the husband does not supply her with food, raiment and dwelling, then these also or property sufficient for these, may be forcibly exacted by the wife. This also is to be understood to take effect when she is blameless; for a wicked woman is not entitled to obtain any sort of woman's property whatsoever, as is declared by the same sage,—" But a woman who is inimical, shameless, dissipator of wealth, or adulterous is not worthy of woman's property."—By the expression 'is not worthy', it is indicated that what has been received by her may be forcibly taken from her: 'inimical' is one who is always engaged in committing acts against the will of the husband,—another reading is 'impudent' (*nirmaryádá* instead of shameless).

7. Devala says,—" Her subsistence, her ornaments, her fee or *sulka*, and her gains are the separate property of a woman. She herself exclusively has the right to enjoy it, her husband has no right to use it, except in distress. In case of consumption or disbursement without cause, he must refund it to the wife with interest." 'Subsistence' or *vriddhi*, means, according to the Smritichandrika, what is given by the father or the like (relation) towards her advancement. In the Madanaratna, however, this is read as *vritti*, and is explained to mean what is given by the father or the like for subsistence. 'Gains' signifies what is received from any person, who makes the present for the purpose of pleasing Gauri or some other goddess: 'without cause' means, otherwise than in distress: 'disbursement,' means abandonment, *i. e.*, giving away; this is relative to gift and enjoyment that are not permitted by the wife, but if she permits, there is no fault even when there is no distress: the term 'exclusively' in the passage 'she herself exclusively' is intended to exclude her children; because the husband's exclusion is laid down by the passage 'her husband has no right to use it,' and because the husband being excluded, the exclusion of the brother and other relations who are more distant than the husband is, by the rule of the staff and the cake, established. From the

phrase 'except in distress,' it appears that there is no fault (if the wife's property be used) in distress; hence the same sage declares in the concluding text,—"Is entitled to use woman's property, also for the relief of the distress of the son."—The term husband (occurring in the preceding text) is to be construed with this text. The term 'son' is intended to indicate the family; the meaning is, for the relief of the distress, *i. e.*, the pain caused by the want of food &c., of the family. The term 'also,' shows that the husband is entitled to give away or consume the wife's property without her consent, in any other difficulty caused by the want of money.

If it be said: How can it be shown by this text that a person is entitled to give away or consume another person's property without the consent of the owner; for it would be a contradiction in terms: in the case of consent, however, there is no difficulty although there be no distress. The answer is, that by virtue of the texts (to that effect it is to be admitted that) he has ownership itself over such property to use it for such purposes; so there is no defect. Accordingly Yogísvara says,—"A husband, if unwilling, is not liable to make good the property of his wife, taken by him in a famine or for the performance of some religious duty or during illness or while under restraint."—'For the performance of some religious duty,' means, for the performance of necessary, daily or occasional, ceremonies; 'while under restraint' means, while arrested by the king for the levy of a fine or the like: but Váchaspati says that the term *sampratirodhake* (rendered into 'while under restraint') is an adjective qualifying 'illness,' and that it means preventing the pursuit of avocations. Also, the proposition, "if unwilling, is not liable to make good"—is to be understood to refer to the case of inability to refund on account of poverty and the like; but if he is able to repay, then even what is taken in a famine and the like, must be refunded: when this text may reasonably be interpreted in this very way, it would be improper to maintain that he may choose not to refund even if he is able to do so. As the term 'husband' is used in the text, therefore it is to be known that even in the event of distress the husband alone but no other (relative) has the right to take a woman's property and to repay it at his desire.

8. What the husband promised to give to his wife must, when he is dead, be given to her by the son and the like. This too is declared by the same sage,—"Property promised by the husband to his wife must be paid by his sons, just as his debts."—The term 'sons' includes grandsons and great-grandsons, by reason of the expression 'just as his debts.' By this it is shewn that although the right of the sons accrues to their mother's property by birth, still there can be no partition, while she is alive.

Thus woman's property has been described.

PART II.

§ 1.—Joint succession of sons and daughters to gift subsequent and affectionate gift of husband. 2.—Maiden daughters succeed to *yautaka*. 3.—Daughter's succession to other kinds of property in preference to sons. 4.—According to Jímútaváhana this refers to *yautaka* only. 5.—But according to Vijnánesvara, this refers to every description of property. 6.—Latter's argument criticized by Jímútaváhana. 7.—Criticism by the author. 8.—The daughter's daughters and sons. 9—15.—Succession to property of a childless woman. 9.—Succession of husband and parents according to form of marriage. 10.—Jímútaváhana's opinion criticized. 11.—Brothers' succession to gift of parents. 12.—*Sulka* goes to uterine brothers. 13.—Gift of *bandhus* goes to *bandhus*. 14.—Of other heirs. 15.—Females not expressly mentioned, cannot succeed.

1. Now, the partition of woman's property is explained.

On this Manu says,—"But when the mother is dead, all the uterine brothers and the uterine sisters shall equally divide the maternal estate." Since in this text the term 'and' is used which conveys the same meaning as the conjunctive compound, therefore it is shewn that the uterine brothers and sisters are jointly entitled to take the mother's estate. The term 'uterine' is used to debar the children of a different mother.

Devala says,—" A woman's property is common to sons and maiden daughters, when she is dead; but if without leaving issue, let her husband, mother, brother or father take it."—In this text, however, the conjunctive compound itself (of sons and daughters, *viz.*, *puttra-kanyánám*) is used, hence the joint succession of sons as well as daughters is clear.

But this (joint succession of the son and daughter) is relative to two descriptions of woman's property, namely, the gift subsequent and what is through affection given by the husband. Accordingly Manu himself says,—" The gift subsequent and what has been given by the affectionate husband; these become the property of the children of the deceased woman though the husband is alive."—' The gift subsequent' as defined before, also what has through affection been given by the husband; ' these' descriptions of a woman's property belong to ' children,' *i. e.*, sons and daughters of the deceased woman. ' Although the husband is alive' means, in spite of the surviving husband: since the locative case in '*patyau*' (husband) is indicative of disregard. The term ' children' in this text being used without any qualification, the co-equal ownership of the male and female children is expressed; hence they are to take the maternal estate in equal shares: not, however, the sisters in the first instance; in their default the brothers.

' The sisters' in the text of Manu (para. 1) are to be taken to be unmarried. Accordingly Vrihaspati says,— " A woman's property appertains to her issue, the daughter also is a sharer of it; but when there is an unmarried daughter, the married one obtains a mere token of respect."—The term ' issue' means, sons; since ' the daughter' is separately mentioned: ' sharer of it' means, an equal sharer with a son: ' a mere token of respect' means that she obtains something, as a token of respect (due to her), in proportion to it, but not an equal share with a son.

In default of the unmarried daughters, the married ones also, whose husbands are alive, participate with their brothers. This is declared by Kátyáyana,—" The sisters whose husbands are alive shall succeed together with their brothers."

At the time of partition something should be given also to the daughter's daughters. Accordingly Manu says, —"If there be daughters of the daughters, to them also, according as they deserve, should be given through affection, something out of their grandmother's property,"— 'according as they deserve,' means, regard being had to propriety and to poverty and the like. Nor can it be argued that as the daughter's daughters have not then any right, wherefore is anything to be given to them? Since, just as in the case of paternal property, although the daughters have no right of inheritance when there are sons, still a quarter share is to be allotted to them by virtue of texts; the same reason holds good in this instance also. Accordingly the term 'through affection' is used. The distinction is, that in the present instance it being declared that the gift is to be made through affection, it is also indicated that it is optional; but in the other instance, the allotment is compulsory by reason of the expression of censure in the text,—"those that are unwilling to give become degraded."

2. But the *yautaka* property (the nuptial presents) of the mother belongs to the maiden daughters alone; not to sons nor to married daughters. This is declared by Manu himself,—"But the *yautaka* or the nuptial present of the mother is the share of the unmarried daughters alone."

According to the root *yu* to unite, whatever is, at the time of marriage, given to the bride and the bridegroom sitting upon the same seat, is called *yautaka* through the derivation, 'what belongs to the *yutau* (or the two united) is *yautaka*.' But some (commentators, among whom the author of the Dáyabhága is one) maintain that on marriage the corporeal union of the man and wife takes place, by reason of the Sruti, namely,—"(His) bone (becomes identical) with (her) bone, flesh with flesh, skin with skin,"— the meaning of which is, that the bones and other parts of the husband and wife become one. Others (among whom the author of the Dáyatattva is one) say that on marriage the union (of the husband and wife) arises, since it is indicated in the text (which the bride and the bridegroom are made to recite at the time of the marriage,) namely,—

"What is thy heart, let that become mine, what is my heart let that become thine." In the Nighantu it is said 'What belongs to the two united or *yuta* is *yautaka*.' The term is also read as *yautuka*, since it is stated in the Kosa (or authoritative vocabulary,)—"What is *yautaka* is also *yautuka*." Devasvámin says: The property of the mother which was received by her in the house of her father is called *yautaka*, such property being distinct from what was received in the house of her husband; since the term *yauta* signifies also disunion; as it is said in the Dhátupaṭha that 'The root *yu* means, to unite or to disunite,' and it is used in this sense, thus, 'on completion of the *yuta* or disunion.' This, (*i. e.*, what is said by Devasvámin) is not good. For it is merely an assumption, inasmuch as there being no criterion for determination, it may equally be said that the term *yautaka* means the property received in the husband's house, such property being distinct from what is obtained in the father's house.

When there are more than one maiden daughter, then agreeably to the maxim, 'Equality is the rule where no distinction is expressed,' their shares must be equal, no distinction being expressed.

3. The property of the mother excepting these three kinds, (*viz.*, gift subsequent, affectionate gift of the husband and *yautaka*) devolves on her daughters (in the first instance and not on her sons.) Amongst them also, first on the unmarried daughters; in their default, on those that are married: amongst these also, first on those that are unprovided; on failure of them, on those who are provided, and whose husbands are living; failing them, on the widowed ones. Accordingly Gautama declares,—"A woman's property goes to her daughters, unmarried and unprovided."—It is explained by Aparárka and the author of the Kalpataru that 'unprovided' means childless, indigent, neglected (by the husband) or widowed. Vijnánesvara and others attach to the term the first two of the above meanings. In this text also although the general term 'woman's property' is employed, still it is to be taken to refer to property other than the three descriptions mentioned above. This is said also in the Smritichandriká and the Madanaratna.

4. But Jímútaváhana and Raghunandana maintain that the text of Gautama cited above, (§3,) the text of Nárada, namely,—"The daughters (shall take) their mother's (property;) in default of daughters, her (or their) offspring,"—the text of Kátyáyana, namely,—"But in default of the daughter, that property devolves on the son,"—the text of Yogísvara, namely—"Daughters share the residue of their mother's property after payment of her debts; in their default, the issue,"—and other texts of law, declaring the succession of daughters to woman's property, refer to *yautaka* or nuptial presents only, in conformity with the text of Manu, namely—"The *yautaka* is the share of the unmarried daughters alone,"—and with the text of Vasishṭha,—"Let the females divide the nuptial present of their mother": otherwise there would be a conflict with the text of Manu cited before (§ 1.) The term *párinayya* (in Vasishṭha's text, rendered into 'nuptial present') has been explained by them to mean what is received at marriage *(parinaya,)* that is to say, *yautaka*. But in the Kalpataru and the Vivádachintámaṇi, the reading is *párináyya* which is explained to mean the paraphernalia of a woman, such as the mirror, comb and the like.

5. But Vijnánesvara says:—

Every description of woman's property goes first, even when there are the sons and the rest, to the daughters, the daughter's daughters and the daughter's sons; and in their default to the sons and the rest. The succession to the estate of a childless woman will be explained hereafter. In the text of Yogísvara, namely,—"Daughters share the residue of their mother's property after payment of her debts; in their default the issue"—the term 'their' relates not to daughters alone, but also to daughter's daughters and daughter's sons, by reason of the text of Nárada, namely,—"The daughters (shall take) their mother's (property); in default of the daughters, their (or her) offspring." In this text (of Nárada) the term *tat* (their or her) in the compound *tadanvayas* (their or her offspring) refers to the contiguous term daughters (and not to the term 'mother's' which is more remote). Accordingly the daughters' offspring including the daughters' daughters and the daughters' sons (is meant by the term *tadanvayas*). Amongst them also first the daughter's daughter (succeeds;) in her default, the daughter's son. In the text of Yogisvara, which will be cited below, the term 'daughters' in the passage "but if she leave progeny, it will go to the (daughter's) daughters,"—means the daughter's daughters; for, otherwise, there would be tautology, as he himself has clearly declared the succession of daughters in the text,—"The daughters share the residue of their mother's property &c." The succession of the daughter's son follows from the general expression "the daughters' offspring" (Naradá's text).

But the right of the sons follows from the uni-residual conjunctive compound *pitros* ('of the parents') in the text (of Yájnavalkya,)—"After the demise of the parents the sons shall equally divide the heritage and the debts": and this has been already explained before. Also in the text,—"The daughters (shall take) the mother's (property); in their default, the issue,"—the son and the like are intended by the term 'issue,' since it is proper to construe it with the term 'mother's,' and since 'the daughters' are separately mentioned. But there can be no defect of tautology (attributable to this interpretation of the above two texts of Yajnavalkya) since this (latter) text is intended to establish the succession of the sons in default of the daughters, (while in the first text the mere right of the sons to inherit, is mentioned).

But the meaning of the text of Manu, namely,—"But when the mother is dead, &c." (§1)—is this: 'All the uterine brothers shall equally divide their maternal property,' when their succession opens, 'and the uterine sisters' when their right takes effect. But the meaning is not that both (brothers and sisters) shall together divide; for, in the absence of the conjunctive compound or the uni-residual conjunctive compound, the mutual union (of brothers and sisters) does not appear; but the term 'and' (which it may be contended, bears the same meaning as a conjunctive compound) may reasonably be explained to express the union (of 'brothers and sisters') merely so far as regards their grammatical construction, both being nominative to the verb 'divide.' As for example, if it is said, 'Devadatta *and* Yajnadatta shall pursue agriculture,' it does not (necessarily) appear that they must jointly do the same. Although, the right of both (sons and daughters) to succeed to their mother's estate has been declared in other texts, still this text is intended to prohibit, by the employment of the term 'equally,' the mode of unequal distribution on account of specific deductions and the like.

The term 'uterine' is used (in the above text of Manu) for the purpose of excluding the brothers and sisters sprung from a different mother. Hence it is that Manu (in another text) declares that the property of a low caste woman is taken by the daughter of her co-wife of a superior class, though not begotten by herself, and in her default by her progeny; thus,—"The wealth of a woman, which has been in any manner given to her by her father, let the Bráhmaṇí (step) daughter take; or let it belong to her offspring." Here by the term 'woman' is intended a woman of the Kshatriya or the like (inferior) class, having no issue; and the term 'Bráhmaṇí' is illustrative, meaning, belonging to a superior class. This (text) forms an exception to the rule that 'the property of a childless woman, appertains to the husband.' Hence the daughter of a Kshatriya co-wife takes the property of her childless step-mother of the Vaisya class, and the daughter of a rival wife of the Vaisya class takes the property of her Súdra step-mother without issue; and in her default her children; and in their default, the text,—"The property of a childless woman appertains to the husband,"—is applicable to such property.

Hence the daughters and the rest are entitled to take the property of a woman leaving issue, in the first instance; and after them the sons and the like.

6. On this Jímútaváhana says: Since, although a conjunctive compound (of the terms 'brothers' and 'sisters') is not employed in the texts of Manu, Vrihaspati, Sankha and Likhita, yet the same meaning (that is expressed by a conjunctive compound) is conveyed by the term 'and' which signifies conjunction; since in the text

of Devala the conjunctive compound itself of 'sons and daughters,' *viz.*, *puttra-kanyánám* is used; and since, for the sake of consistency (of this text of Devala with the texts of Manu and the rest), it is proper that the term 'and' in those texts (of Manu and the rest) also, should denote the mutual union (of brothers and sisters connected by it), therefore it is reasonable to say that brothers and sisters shall together take the property, dividing the same. Besides if the daughters alone were entitled to take the entire property of their mother, then the special text with respect to the *yautaka* or nuptial presents would be meaningless. And it is not reasonable to say that this text (regarding *yautaka*) is intended to exclude the married daughters, as in it the term "unmarried daughters" is employed; because their exclusion, as regards all kinds of *stridhanam*, is declared in the texts of Gautama and the rest, and because it cannot but be admitted that on failure of the unmarried daughters, the married ones are entitled to take even the *yautaka*. Hence the distinction is, that joint succession alone of sons and daughters, is intended by Manu and the rest, to be relative to the presents before the fire, and other kinds of woman's property; but the succession of the daughters alone, to be relative to *yautaka* or nuptial presents. But the terms 'gift subsequent' and 'affectionate gift of the husband' used by Manu in another text are intended to include other descriptions of woman's property such as 'presents before the nuptial fire,' &c.; for, otherwise, the separate text regarding the *yautaka* would be useless.

This is the opinion also of the author of the Dáyatattva and of others.

7. As regards this (contention) it appears that, as there is no authority to support the view that the terms 'gift subsequent,' &c., mentioned (in the text of Manu) are intended to be illustrative, therefore to all kinds of the mother's estate excepting these two (*viz.*, the gift subsequent and the affectionate gift of the husband), the succession of the daughters takes place in the first instance; and on failure of them, the succession of the sons. The special provision, however, concerning the *yautaka* is

intended to indicate the exclusion of the married daughters and the like. If it be said that their exclusion is common to other kinds of woman's property (and not peculiar to the *yautaka*, consequently the special provision is useless). The answer is, true; but (the distinction is that) the exclusion is not unconditional (as regards other kinds of woman's property), whereas in the case of *yautaka* it is unconditional. Accordingly it is held by the author of the Smritichandriká, and others that on failure of the maiden daughter the *yautaka* appertains to the husband or the like, alone, according to the form of marriage, and not to the married daughters and the like.

But what is intended by Professor Vijnánesvara is this: The text (of Yájnavalkya) which generally lays down that woman's property is to be inherited by the daughters, can only be restricted in its application, if there be another text which admits of no other interpretation excepting the one that restricts the first text. But it cannot be contended that the texts of Manu and others, establish the joint succession of sons and daughters, and admit of no other explanation. For these texts may be explained to establish the son's right of inheritance. Nor can it be contended that the joint succession of the sons and daughters is indicated by the term 'and' (in some texts) and by the conjunctive compound (in the text of Devala, §1). Because these may as well be explained to express the construction (of both the brother and sister or the son and daughter) as the persons who are to effect the division. Otherwise, when the uni-residual conjunctive compound is used in the text,—"The wife and the daughters also, the parents *(pitarau)*, &c.,"—and the conjunctive compound is used in the text,—"it appertains to the mother and the father *(mátá-pitros)*,"—the succession of the mother and the father, one after the other, which is maintained in all the commentaries (on law), would be unreasonable. In that instance it is said that, consistently with the text of Vishnu and the like, the compounds may be explained to express no more than the association (of the component words) as regards grammatical construction, but that the order of succession, one after the other, of the persons expressed by the words, though at variance (with the grammatical construction) is not incompatible (with it). Similarly, in this instance also, the order of succession, one after the other, (of the sons and the daughters,) is expressed by the text of Yogísvara, namely,—"On failure of them, the issue,"—and by the text of Kátyáyana, namely,—"But in default of the daughters, the inheritance devolves on the sons;" and in conformity with these texts, it is proper to explain the conjunctive compound and the term 'and' (used in other texts) to mean no more than the association (of the terms sons and daughters) for grammatical construction: but it is not proper to say that agreeably to the conjunctive compound and the term 'and' (occurring in other texts) these texts are to be interpreted to bear a different meaning (from what appears on the face of them). Besides, there would be the fallacy of mutual dependence: since, if the joint succession (of sons and daughters) be established, then the texts (declaring the succession of daughters alone) are to be restricted in their application; but if these texts be restricted in their application, then it can be ascertained that the texts (in which the conjunctive compound or the term 'and' is used) intend joint succession (of sons and daughters).

It cannot be argued that (agreeably to the above view) the special text (of Manu §1) regarding the gift subsequent and the like would be meaningless. Since this text may have a meaning, if it be interpreted in the same way in which the text regarding the *yautaka* has been explained in the Smritichandriká. Or all the texts may have a meaning if interpreted in this way: the mere right of inheritance of the children being established by the text (of Manu regarding the gift subsequent and the like) in which the term 'gift subsequent' is intended to be illustrative, the equality (of shares) and the like are laid down by the texts like—"But when the mother is dead, &c." (§ 1). Thus there is no difficulty.

The venerable Vidyáraṇya, however, has given both (the above interpretations, the first of which is) according to the Smritichandriká and (the second according to) the Mitákshará, but he has not passed any opinion.

8. But the succession, before the sons and the like, of the daughter's daughter, and after her, of the daughter's son is unanimously admitted by the authors of the Mitákshará, the (Smriti) Chandriká and the Madanaratna as well as by the venerable Vidyáraṇya.

But Jímútaváhana and the author of the Dáyatattva say:—In default of the daughters, the succession of sons alone takes place, but not the succession of the daughter's daughter and the like, and afterwards that of the sons. Since, in the text of Nárada, namely,—" The mother's (property), the daughters (shall take); in default of daughters, her (or their) issue"—the term 'issue' which signifies, the issue in the shape of the son and the like, cannot properly be construed with 'daughters.' For the term daughter which signifies a particular sort of progeny cannot possibly be construed with another (word 'issue' signifying) progeny, as there is no mutual requirement (of the words) both being alike. Nor is the want of mutual requirement affected by the construction (of the term 'issue') with the pronoun *tat* (her or their), for this pronoun (relating as it does agreeably to the opposite view, to the term daughters) must present the idea of daughters as such. Besides, as in the text of Yájnavalkya (§ 4), the term 'daughters' has the termination of the first or nominative case, and the pronoun 'of them' (*tábhyas*), has that of the fifth or ablative case, they cannot be construed with the term 'issue' which requires a word in the genitive case to be construed therewith; hence it is to be construed with the term 'mother's' though it is separated by the intervention of other terms. Therefore consistently with the text of Yájnavalkya the meaning of the term in the text of Nárada also, is, mother's issue such as sons and the like, but not the daughters' issue. Moreover, conformably with the text of Baudháyana, namely—" Male issue of the body (*angaja*) being left, the property must go to them,"—the succession of the son alone as an immediate issue of the body is proper by reason of propinquity, but not of the daughter's son and the like who are mediate descendants not born of her person.

This is erroneous. For if a word signifying progeny could not be construed with another word denoting progeny, then there could be no such construction in the case of the son and the like also. If this argument be met by saying that there can be no objection to the construction of two words signifying progeny when one is expressed to be the progeny of the other, then the same may be said in this instance too. (And it must be so said,) for otherwise there could be no construction even in such a case, as 'the daughter's son.' Therefore this (objection of Jímútaváhana) proceeds only from ignorance of grammatical construction. In the text of Yájnavalkya, however, although the son and the like alone are expressed by 'the mother's issue,' still this text merely recites the right of the sons which has already been laid down in the text,—"On the demise, of the parents, the sons shall equally divide the heritage and the debts,"—for the purpose of showing that the liquidation of the debts and the default of the daughters are the conditions of their right: and there can be no inconsistency if their right takes effect even after the daughter's sons. But the text of Baudháyana, namely—"male issue of the body being left &c." —which may be taken to establish by its generality the son's right of succession to the estate of the mother, or to establish generally the right of sons and daughters as the term *angaja* (rendered into male issue) signifies any child,—ought to be interpreted with reference to a propinquity which is not inconsistent with any other text. So this (*i. e.* the argument drawn from this text) is nothing.

9. (The heir to woman's property) on failure of issue is declared by Yogísvara,—"If she be gone (to rest) without issue, her kinsmen shall take it."—'If she be gone,' *i. e.*, if she die 'without issue,' *i. e.*, without leaving descendants from the daughter to the great-grandson, 'her kinsmen,' *i. e.*, such as are mentioned in the following couplet, 'shall take it,' *i. e.* the woman's property.

The same sage declares the succession of the kinsmen in different ways according to the different forms of marriage, thus,—"The property of a childless woman, (married,) also in the four forms of marriage, of which (series of four) the Bráhma stands in the beginning, goes to her husband; but if she is a mother, it belongs to her (daughter's) daughters; and in other forms of marriage, it goes to the father,"—'The four forms of marriage are, the Bráhma, the Daiva, the A'rsa and the Prájápatya: the Gándharva also is included, by force of the term 'also.' Or 'the four forms' may be taken to be exclusive of the Bráhma, and to include the Daiva, the A'rsa, the Prájápatya and the Gándharva; for the compound *bráhmádishu* (rendered into, 'of which the Bráhma stands in the beginning,')—being a *bahuvríhi* or a descriptive adjective, the attribute expressed by it may be taken to have no reference to the predication. By this (interpretation) is removed the disagreement (of this text of Yájnavalkya) with the following text of Manu, namely,—"It is ordained that the property (of a woman married) in (the forms of marriage called) the Bráhma, Daiva, A'rsa, Gándharva or Prájápatya, shall belong to the husband alone, if she die without issue."

The property of a childless woman married in the Bráhma or the like form of marriage belongs to her husband, and on failure of him to the husband's nearest relations. For the nearness to the owner being debarred by the husband, preference ought to be given to the nearness to the husband.

But if a woman be married 'in other forms of marriage,' *i. e.*, in the A'sura or the like, 'it goes to her father,' *i. e.*, to the mother and the father, since the term 'father' (*pitri*) is the result of the uni-residual conjunctive compound (of mother and father). Amongst them also, it goes to the mother in the first instance, and after her to the father, according to the principle set forth while explaining the term 'parents', (*pitarau* in the text,—"The wife and the daughter also, the parents &c.") there being no other text against the application of that principle to the present case. Accordingly, in the text,—"But the property given to a woman (married) in the A'sura or the like forms of marriage, is ordained for the mother and the father, if she die without leaving issue,"—Manu shows the priority of the mother, by placing first the term mother in the conjunctive compound *mátá-pitros*.

Besides, as it is expressly declared that the father inherits the property of a maiden on failure of the mother, so the same order is proper in this case also. Thus Baudháyana declares,—"The wealth of a deceased maiden, let the uterine brothers themselves take; on failure of them, it shall belong to the mother; in her default, to the father." On failure of the mother and the father, it goes to their nearest relations.

In all the above-mentioned forms of marriage without distinction, if the woman be 'a mother,' *i. e.*, have issue, her property belongs to her 'daughters.' It has already been mentioned that by the term 'daughters' in this text (para. 2) the daughter's daughters are intended. The daughter's daughters also, inherit in the order of the unmarried ones, &c., by reason of the text of Gautama and others. And it has previously been stated that when the daughters take the property, something should through affection be given to the daughter's daughters. When the daughter's daughters have their mothers different, and those sprung from one mother are unequal in number to those sprung from another, they shall divide their grandmother's property according to their mothers, just as grandsons do according to their fathers; for Gautama declares,—"Or let the share of each class be according to the mother."

10. But Jímútaváhana says:—This text lays down a rule regarding only that wealth which is received at the time of the celebration of marriage in the Bráhma or the like forms, but not regarding the entire property of a woman married in any of those forms. Because the connection (of the words) being, "the property, in (the forms of marriage called) the Bráhma, &c.,"—if the time of the celebration of marriage be indicated, the term ('in the Bráhma &c.',) has a metaphorical meaning, in relation to time present; but, if a woman married in those forms be intended, it has a metaphorical meaning in relation to the past ceremony of marriage: hence the latter meaning is less approved than the former.

The same is the opinion of his follower, the author of the Dáyatattva.

This is not right. For it being generally laid down in the preceding text that the kinsmen shall take the property of a childless woman, the question arises, what sort of kinsmen shall take the property of what description of a childless woman? Therefore it is proper to say that the terms Bráhma, &c., are intended to qualify her, (*i. e.*, the childless woman). As for the argument founded upon a consideration of the relation to the present and past time; —that is worthless. Because in both (the meanings) the quality of being past is the same when the partition is made, (gift and marriage being then both past); and because the quality of being present at the time of marriage is of no importance; also because the connubial relation (of the woman) effected by the marriage, is of greater importance.

11. But whatever may be the form of marriage, the property received by a woman from her parents subsequent to the marriage, belongs to her brothers alone. This is declared by Kátyáyana,—"But whatever immoveable property has been given by the parents to their daughter, goes always to her brothers, if she die without issue."

But Visvarúpa and Jímútaváhana says:—What had been given to her by the parents before her marriage, goes to the brothers; because what is received after marriage becomes 'gift subsequent,' and what is received at the time of marriage goes, according to the form of marriage, either to the husband or to the parents.

This is not tenable. For there is no conflict (of this text with any other text,) as this text is relative to immoveable property. Nor can it be argued that when the brother succeeds to immoveable property, his succession to moveable property follows from the rule of 'the staff and the cake' (*a fortiori*). For that rule is not applicable to what forms an exception.

12. But the fee or *sulka* belongs to uterine brothers alone, by reason of the text of Gautama, namely,—"The sister's fee or *sulka* belongs to the uterine brother." On failure of the uterine brother, it goes to the mother; for the same sage says,—"After them, it belongs to the mother: but some say, (the mother inherits) before them."—The latter is the opinion of others.

13. What was given to a woman by her *bandhus* (or consanguine relations) belongs, if she die without issue, to her

bandhus, in the first instance, failing them, to her husband, by reason of the text of Kátyáyana, namely,—" What was given by the *bandhus* appertains to the *bandhus* ; on failure of them, it goes to the husband."

14. But when there is a failure of the above-mentioned heirs to a childless woman's property, Vrihaspati ordains,—" The mother's sister, the maternal uncle's wife, the paternal uncle's wife, the father's sister, the mother-in-law and the wife of an elder brother are pronounced similar to mothers: if they leave no issue of the body, nor son (of a rival wife,) nor daughter's son, nor their son, the sister's son and the rest shall take their property."—Here by the term *aurasa* or 'issue of the body,' both sons and daughters are included; for they debar all (other heirs,) and the order in which they debar others has previously been mentioned. And by the term 'son,' is intended the son of a co-wife; for Manu declares,—" If among all the wives of the same person, one be a mother of a son, then all of them become by that son mothers of male issue: this is ordained by Manu." But the term 'son' is not intended to be in apposition with the term *aurasa* or issue of the body; because in that case it would be useless, and because the sister's son and the rest would be heirs although the son of a co-wife be living; and that would be contrary to immemorial custom. The pronoun 'their' or *tat* in the phrase 'their son' relates to the terms 'issue of the body' and 'son of a co-wife,' though they are separated (by other words,) and not to the term 'daughter's son' though it immediately precedes; because the son of a daughter's son is not competent to offer oblations. Hence on failure of heirs down to the daughter's son, first the *aurasa* inherits, after him his sons and grandsons. For it is proper that the succession should devolve on them; inasmuch as they are competent to present the *pinda* and are liable to discharge the debts, by reason of the text,—" Debts are to be liquidated by sons and son's sons." In their default, the son of a rival wife, his son and grandson (become heirs in their order); by reason of their being, under the circumstances, the giver of the *pinda*, and the liquidator of debts, and by reason of the text of Manu, cited above.

Hence on failure of these, the sister's son and the rest alone, in spite of the *sapindas* such as the father-in-law, are, by virtue of this text (of Vrihaspati) which is not reconcileable in any other way, entitled to succeed, according to their comparative propinquity, to the property of their mother's sister and the rest.

15. But the daughter-in-law and others (of the same sex) are entitled to food and raiment only; for the nearness as a *sapinda* is of no force when it is opposed by express texts: since a text of the Sruti declares,—"Therefore women are devoid of the senses and incompetent to inherit,"—and a text of Manu, founded upon it, says,—"Indeed the rule is that, devoid of the senses, and incompetent to inherit, women are useless." The conclusion arrived at by the author of the Smritichandriká, Haradatta and other southern commentators as well as by all the oriental commentators such as Jímútaváhana, is, that those women only are entitled to inherit, whose right of succession has been expressly mentioned in texts such as,—"The wife and the daughters also &c.,"—but that others are certainly prohibited from taking heritage by the texts of the Sruti and of Manu.

Thus ends the partition of a woman's property.

CHAPTER VI.

PARTITION OF CONCEALED PROPERTY.

§ 1.—Partition of concealed property. 2.—Concealment of joint property is theft. 3.—Restoration to be caused by gentle means.

1. Now is explained the mode of distribution of that which was at the time of partition, concealed by any one (of the co-heirs), but is subsequently discovered. On that (subject) Manu says,—" When all the debts and wealth have been justly distributed according to law, if anything be afterwards discovered; the whole of it shall be equally distributed." Yogísvara declares,—" Effects which have been stolen by any one of the co-heirs, and which are discovered after the separation, let them again divide in equal shares: this is a settled rule."—Here, from the use of the term 'equal' it appears that the (mode of unequal) distribution with specific deductions is prohibited: by the term 'divide' it is indicated that the property shall not be taken by him alone who discovers it, and that a smaller share shall not be allotted to him who concealed it.

2. Some (commentators) assert that, when the (above) texts may have a meaning (if interpreted) in this way, the concealment (by a co-heir) of joint property does not constitute the offence of theft, inasmuch as it was taken under the belief of its being (his) own. This is foolish. For in joint property there being also the right of other (co-heirs), it cannot be denied that there is 'the wrongful taking of another's property,'—which is the meaning of the term theft. If it be said that there is no theft as it was not taken with the belief of its being another's. (The answer is:) it is not so, since concealment necessarily involves the belief of its being another's; accordingly

the term 'stolen' is employed (in the above text of Yájnavalkya). (If it be asked) has not Manu in the text—"The eldest (brother) who out of covetousness defrauds his younger ones, shall forfeit the right of the eldest and his share, and shall be punished by the king"—condemned the eldest alone and not the younger ones in case of misappropriation of common property? (The answer is) true: but when an act which may be committed, is affirmed to be an offence if committed even by the eldest (brother) who holds the position of a father (to his younger brothers), then it becomes necessarily affirmed by reason of the rule of 'the staff and the cake,' that the same is an offence if committed by those (younger brothers) that are dependent on him and hold the position of a son (to him). Hence those who maintain that the texts declaring equal distribution in a case of concealment of joint property, intend that there is no offence of theft,—are silenced by this text of Manu, as well as by the following text of Sruti which declares it to be an offence without any distinction, namely,—"If any one dispossesses a sharer of his share, he may molest him; or if he does not molest him, he may molest his son or son's son."—The meaning of this text of Sruti is: 'If any one dispossesses,' *i. e.*, deprives 'a sharer,' *i. e.*, one entitled to a share, 'of his share,' that is, anyhow by force or fraud does not give him a share; 'he,' *i. e.*, who is dispossessed of his share 'may molest,' *i. e.*, injure 'him,' *i. e.*, the dispossessor by reason of his offence; if he does not injure him, he may injure his son or grandson. Those, however, who are ignorant of the Sruti may indeed talk irrationally. But we have already said that even in the case of joint property, there being another's right, the definition of theft is not inapplicable.

Just as (in an instance discussed in the Mímánsá) the adverse argument is set forth thus,—If, when the sacrificial food consisting of green kidney-beans is not procurable, black kidney-beans be used as a substitute by reason of the similarity (of these two kinds of beans in many respects), then the prohibition laid down in the passage. "Black kidney-beans are not fit for sacrifices," does not apply; because they are used under the impression that they contain the constituent elements of the green kidney-beans: but the conclusion arrived at is, that they cannot be used even as a substitute, upon the ground that all that is necessary for the validity of a prohibition, being, that what is prohibited might take place (but for the prohibition), the prohibition (of the use of black kidney-beans for sacrificial purposes), is not unreasonable, since (some of) the constituent elements of black kidney-beans also are unavoidably used, even when green kidney-beans are used, (because the two sorts of beans must have some of their constituent elements common, which make them appear similar), and hence those elements would have been fit for sacrifices.

3. No complaint, however, should be made by the co-sharers before the king, and even if it be made the king shall cause the restoration by gentle means: this, of which the only visible object is the maintenance of good feelings (of the co-heirs towards each other), is declared by Kátyáyana, thus,—"Property misappropriated by a *bandhu* or kinsman shall not be caused to be restored by force." Nor should it be complained that the consumption by a co-heir during coparcenary was over and above his due proportion; and even when there was such consumption, it is not to be taken into account by the king. To this effect the same sage declares,—"The (unequal) consumption of unseparated *bandhus* or kinsmen shall not be removed" (by an adjustment of accounts). The purport is that unequal consumption cannot be prevented, as it is unavoidable.

It is to be observed that while these texts (of Kátyáyana) may in this way be reasonably explained to mean no more than what they plainly signify; it cannot be held that these texts also intend that there is no offence of theft, for then they would have a meaning not expressed: hence in the above cases also, the penance for theft, and legal punishment must take place.

CHAPTER VII.

OF IMPARTIBLE THINGS.

§ 1.—Self-acquired property. 2.—Of other things not liable to partition.

1. Now, what is not liable to partition, is explained. On this Yogísvara declares,—"Whatever else is, without detriment to the paternal property, acquired by a man himself, or received from a friend or obtained at nuptials, does not belong to his co-heirs *(dáyádas)*; nor shall he, who recovers hereditary property which had been taken away, give it up to his co-heirs; nor what has been gained by learning."

The term 'without detriment to the paternal property' is to be construed with all (the items of property described); for, were it isolated in construction, then the items such as what is received from a friend, although they involve the expense of the paternal property, would not be liable to partition; but this would be opposed to the practice of persons following the precepts of the Vedas, and, with respect to what is gained by learning, to the text of Nárada, namely,—"He who maintains the family of a brother engaged in the pursuit of knowledge, shall take, though he may be ignorant, a share of the wealth gained by that knowledge."

Kátyáyana also confirms this view by the definition he gives of the gains of learning that are impartible, thus,—"Wealth gained through learning acquired from a stranger while receiving a foreign maintenance is termed gains of learning."

Manu also clearly says,—"Whatever a man has acquired through his own exertion without relying on the paternal property, he shall not give it up to his coparceners *(dáyádas)*; nor what has been acquired through learning."—'Exertion' signifies service and the like.

A special rule has been laid down by Sankha, with regard to hereditary immoveable property, though recovered without detriment to the paternal estate, as in the text,—" When one parcener alone has by his own exertion recovered land which had been lost before; the others shall get in proportion to their shares, but after setting apart a quarter share for him."—The meaning is: after having allotted to the recoverer a fourth part (of the land) as a price of the recovery, all the co-sharers (including the recoverer) shall equally divide the remaining three parts.

Although this sort of impartibility follows from the very (plain) principle that 'what is acquired by a man belongs to him,' (and so no authority of the Sástras is necessary for establishing it); still there is no defect, inasmuch as generally the Institutes on Positive law do, as we have already stated in the introductory chapter, lay down rules which are as well deducible from reason.

2. Other kinds of property not liable to partition are mentioned by Manu, thus,—" Clothes, vehicles, ornaments, prepared food, water, women, religious fund and charitaable work *(yoga-kshemam)*, as well as a passage are declared to be not liable to partition."

Patram ('vehicle') means, conveyance.

'Clothes and the like' (*i. e.* ornaments) belong to him alone by whom they have been worn: but those that are not worn but are intended for sale, are certainly liable to distribution.

'Prepared food,' *i. e.*, cooked food, shall be partaken by all as much as they can, but shall not be weighed and divided.

'Water,' *i. e.*, a reservoir of water, such as a well, shall be used by all accordingly as they require.

'Women,' *i. e.*, female slaves being unequal (in number to the shares) shall not be divided, but shall be employed in work by turns. But women kept in concubinage by the father shall not be divided, though equal in number, by reason of the text of Gautama, namely,—" No partition is allowed in the case of concubines."

The term 'religious fund' (*yoga*) means a fund for the performance of religious ceremonies; and 'charitable work' (*kshemam*) signifies a reservoir of water, or the like, constructed for public benefit. The impartibility of these two, though raised or made at the charge of the paternal property, are set forth as examples: since, directly or indirectly, a partition of these is not possible, far less when these are hereditary. Accordingly Laugákshi declares,—"The sages declare that charitable work is a reservoir of water or the like constructed for public good, and that religious fund is property set apart for the performance of religious rites: these two are pronounced impartible: so are the bed and the seat." Some hold, that the term *yoga-kshema* intend those who perform sacrifices and charitable works, as the king's minister (of charitable works,) the (family) priest, and the like. Others say that it signifies weapons, cow-tails, shoes and similar things.

A passage' is a way for ingress and egress to and from a house, garden or the like; this also is impartible.

3. Clothes and the like worn by the father shall be given to the person who partakes of food at his obsequies: as directed by Vrihaspati,—"The clothes and ornaments, the bed and similar furniture, appertaining to the father, as well as his vehicle and the like, shall be given, after perfuming them with fragrant drugs and wreaths of flowers, to the person who partakes of the funeral repast."

4. Also ornaments that are worn by the females are not partible: thus it is declared,—"The *dáyádas* or coheirs shall not divide such ornaments as are worn by the females during the life of their husband: they, who do so, become degraded."—From the term 'worn' it appears that those that are not worn are liable to partition. By the phrase 'during the life of their husband,' it is indicated that whatever is worn in any part of the body as a badge of the husband's life, is not liable to partition.

5. Also what has been received from the father as a token of affection, cannot be divided: thus it is declared,—"By favor of the father, clothes and ornaments are used."—By the term 'are used,' their impartibility is indicated.

Likewise, what has been given by the parents (is not divisible) by reason of the text of law,—"Whatever has been given by the parents to any one, becomes exclusively his property."

But it is to be observed that gifts by the parents out of favor or affection should be guided by propriety but not by caprice; for that would be contrary to the practice of the learned.

6. The details of what has been acquired by the use of paternal property are found in many texts of law concerning what is gained by heroism, and the like; but these are not written here for fear of increasing the bulk of the book.

CHAPTER VIII.

EXCLUSION FROM INHERITANCE.

§ 1.—Those incompetent to inherit. 2—Maintenance. 3.—Penance. 4.—Right cannot be divested by subsequent disqualification; right revives on subsequent cure. 5.—Females disqualified. 6.—Their sons entitled. 7.—Outcast and his son, not to be maintained. 8.—Son by a woman of superior class. 9.—Impotent &c. can marry. 10.—The daughters and wives. 11.—The vicious are excluded.

1. Now those that are not entitled to shares on partition (or succession) are described.

On this subject Yogisvara,—"An impotent person, an outcast and his issue, one lame, a madman, an idiot, a blind man, a person afflicted with an incurable disease, as well as others (similarly disqualified) shall not, get shares, but shall be maintained."

"His issue" means, the issue of an outcast.

It is to be observed that "an impotent person" and "a blind man," if so from their birth, are certainly not entitled to shares on partition, but if they become so in the interim, are certainly entitled to shares on a partition agreeably to the mode laid down in the text,—"Or his allotment must be made out of the visible estate corrected for income and expenditure," (p. 94,)—provided their cure be effected by medication or the like.

By the term "others" are included those that have adopted an order other than that of the householder, that are inimical to their father, that are addicted to vice (*upapátaki,*) that are deaf or dumb, and that are destitute of an organ of sense (or action). Thus Vasishtha declares,—"But those who have adopted an order other than that of the householder are not entitled to shares." So also Nárada says,—"An enemy to his father, an outcast, an impotent person, and one who is addicted to vice take no share (of the inheritance), though they be *aurasa* or real sons, much less if they be sons of the wife." Also Manu says,—" An impotent person and an outcast are excluded from a share of the heritage; and so are persons deaf and blind from birth as well as madmen, idiots, the dumb and whoever are destitute of an organ (of sense or action):" *nirindriya* or " destitute of an organ" is one who has lost an organ of sense by disease; hence an impotent person does not come under it. But some say that " destitute of an organ" means those that are devoid of hands, feet or the like (organ of action).

2. The impotent and the others do not obtain any share but " shall be maintained" (§ 1 Yogisvara's text) *i. e.* supported by giving food, raiment or by the like. But if they be not maintained, a grave offence is committed; so Manu declares,—" To all of them food and raiment ought to be given by a wise man; he who does not give, becomes deeply degraded."—" Deeply" means for life.

3. Amongst them, however, an outcast *(patita)* and one addicted to vice *(upa-pátaki)* are excluded from inheritance, if they do not perform the penance. But of one who does not, out of perverseness, perform the penance, the exclusion is certain.

4. The exclusion, again, of these, takes place, if their disqualification occur previously to partition (or succession;) but not also if subsequently to partition (or succession;) for there is no authority for the resumption of allotted shares.

Professor Vijnánesvara says that if subsequently (to partition or succession) their defects are cured by medication or the like, they become entitled to obtain their shares. And this is reasonable; because it is by reason of the defects that they were disqualified to share; and because the same principle is applicable (to such a case) as is laid down in the text,—' One who is begotten by one of equal class, after the co-parceners have been separated, is taker of the share." (p. 92.)

5. The (masculine) gender in the words ' an outcast,' &c., is not intended to be expressive (of restriction,) for it

cannot reasonably be accepted (in that sense); in the same way as in the text,—"A Bráhmana (in the masculine gender) shall not drink spirituous liquors." Hence, so far as is applicable, this (law of exclusion based upon defects) excludes the wife, the daughters or the like (female heirs) as well.

6. Though the impotent and the rest are excluded from inheritance, still their sons are entitled to the shares (which would have been allotted to them). This is declared by Yogísvara,—"But of these, the *aurasa* or true son and the *kshetraja* or son of the wife, if free from defect, take the shares."—"Free from defect" means, having no defect such as is mentioned above which causes the exclusion from inheritance. Among those (that are excluded from inheritance,) an impotent person may have a *kshetraja* or son of the wife; the rest, an *aurasa* or a real son as well. The mention of these two kinds of sons is intended to exclude the other descriptions of sons.

7. An outcast and his son are not entitled to maintenance. Accordingly Devala says,—"When the father is dead, an impotent person, a leper, a madman, an idiot, a blind man, an outcast, the offspring of an outcast and a person wearing the token (of religious mendicancy) do not obtain a share of the heritage. Food and raiment should be given to them excepting the outcast: but the sons of such persons being free from similar defects, shall obtain their father's share of the inheritance."—'A person wearing the token' means one who has become a religious wanderer or the like. Here (*i. e.*, in the second verse) the term 'outcast' includes also the son of an outcast, for being begotten by an outcast he too becomes an outcast; by reason of the text of law, namely,—"The issue of an outcast becomes certainly outcast excepting a female, for she goes to another (family)." The term 'dead' indicates (only) the time for partition, because they are not entitled even if partition be made during the lifetime of the father.

8. Also Kátyáyana says,—"The son of a woman married in an irregular order, and he who is begotten by

a kinsman of the same family are unworthy of inheritance; and so is an apostate from a religious order." If a woman of a superior tribe be espoused after marrying one of an inferior tribe, then both of them are married in irregular order. A *kshetraja* or son of the wife, procreated by a kinsman of the same family without being authorized to raise up issue, is unworthy of inheritance.

"But the son of a woman married in irregular order, may be heir, provided he belong to the same class with his father; and so may the son of a man belonging to a different (but superior) tribe, but begotten by a woman espoused in the regular order. The son of a woman married by a man of inferior tribe does not take the (*riktha* or unobstructed) heritage. But bare food and raiment only should be given by his *bandhus*. But in default of the *bandhus* he may take his paternal property. The *bándavas* (being step-brothers ?) shall not be compelled to give up (to him a share of) that property received (by them, and) belonging to (their or his ?) own father." (*Vide* Dáyabhága, ch. V. para. 16 and notes.)

9. It is declared by Manu that an impotent person and the rest may espouse wives and have sons, thus,—"If an impotent person and the rest should at any time desire to marry, the offspring of such as have issue shall be capable of inheriting." *Tantu* (rendered into issue) means offspring.

It cannot be argued, how can an impotent person and the rest contract marriages, since they are degraded for want of investiture with the sacred thread? Because, for want of investiture owing to unfitness for investiture, a person is not degraded, any more than a Súdra.

10. Their daughters must be maintained till their marriage, and must be married. Their wives, however, that are childless and chaste must be maintained, provided they are not perverse; if otherwise, shall be expelled. This is declared by Yogísvara,—"Their daughters also must be maintained until provided with husbands. Their childless wives, conducting themselves aright, must be supported: but such as are unchaste should be expelled; and so indeed should those that are perverse."

11. A'pastamba ordains,—"Of an excommunicated person, the inheritance, oblations of food and libations of water cease."—'An excommunicated person' is one in whose company water is not drunk (by his caste men). Likewise Vrihaspati says,—"Though born of a woman of equal class, a son destitute of virtue is unworthy of the paternal wealth: it is declared to belong to such kinsmen offering funeral oblations to him as are versed in the Vedas. A son redeems his father from debt to superior and inferior beings: hence there is no use for one who acts otherwise. What can be done with a cow which neither gives milk nor bears calves? For what purpose was that son born who is neither learned nor virtuous? A son who is ignorant of the Sástras and devoid of courage and good purposes, who is destitute of the practice of devotion, and who is wanting in good conduct, is similar to urine and excrement."

The meaning is this: A son who performs the obsequies of his father and other ancestors, is of approved excellence, though he be uninitiated; not a son who acts otherwise, be he the eldest and conversant with the whole Veda.

The purport is, that the very ownership of the paternal property forms the remuneration of one who performs the duties of a son: wherefore should one that neglects them have a right to that remuneration? To this effect is the text of law, namely,—"Since a son delivers his father from the hell called *put*, therefore he is named *put-tra* by the self-existent himself."

Also Manu says,—"All the brothers who are addicted to vice lose their title to inheritance."—The purport is, that those who are incapable of performing the rites enjoined by the Sruti and the Smriti, as well as those that are addicted to vice, are not entitled to get shares.

Thus (are described) those that are not entitled to shares on partition (or succession).

CHAPTER IX.

RIGHTS OF SEPARATED CO-SHARERS.

§ 1.—Power of a separated co-sharer to dispose of his share. 2.—Immoveables. 3.—Partition cannot be re-opened.

1. Now the rights of separated kinsmen (are considered). On that subject Nárada says,—"When there are many sprung from one man, whose duties are separate, whose transactions are separate, and whose instruments of (household) work are separate; if they be not accordant in affairs, should they give or sell their own shares, they may do all that as they please; for they are masters of their own wealth."

The meaning of this is: "Many sprung from one man," *i. e.*, many brothers,—some say that the term "being separated" is understood, but in our opinion, the terms "whose duties are separate," &c., signify that they are separated, for it does not appear that these terms form the predicate, (and the construction of the text is not that "many sprung from one man, shall have separate duties &c.,") since such an injunction would be useless;—"whose duties" such as the worship of gods, ancestors and the twice-born, "are separate," *i. e.*, apart from those of the other co-sharers;—it does not mean that duties consisting in the preservation of the sacred fire, &c., are separate, for although the performance of these duties depend upon wealth, still they are separate even in a joint family; accordingly, Vrihaspati says, "The worship of gods, ancestors, and the twice-born is joint among those who live in commensality: but the same takes place in every house of the separated kinsmen;" and this (text) has been already considered (by us;)—"whose transactions," *i. e.*, agriculture and similar temporal business, "are separate; if they be not accordant in affairs," *i. e.*, if they do not give permission to each other, still "should they give or sell their own shares, they may do, as they please, all that" also any other transaction such as mortgaging, borrowing or lending.

If the separated co-sharers accord their assent then only the determination of any dispute becomes facilitated; but if they do not, then gift &c., do not become invalid. The reason for this is, "for they are masters of their own wealth," *i. e.*, of the property which has become the subject of their exclusive right. The purport being, that mutual assent is requisite when the property is common, but not also when it is separate.

2. As for what has been ordained by Vrihaspati, namely,—"Separated kinsmen, as those that are unseparated, are equal in respect of immoveable property; for one has not power over the whole to give, mortgage or sell it:"—that also is to be taken to lay down that the permission of the separated kinsmen is desirable simply for the purpose of the facility of determining any dispute, in the same way as the permission of the headman of the village. For in the case of immoveable property the determination in a different time, of the question whether the family was separated or joint, may become difficult if in the long interval the attesting witnesses and the like cease to exist. But should the permission be granted, then any dispute (regarding the disposition of property) may be decided, without determining the question as to partition. This is the opinion of Vijnánesvara and many others. But the author of the Smritichandriká says:—If the co-sharers though separated consider the partition of immoveable property to be inconvenient, and so divide the other kinds of property and take their shares separately, but keep the immoveable property joint, with the stipulation that 'we shall enjoy its profits by dividing the same at the time of realization:' this text (of Vrihaspati) refers to such immoveable property.

This (assertion of the author of the Smritichandriká) is merely an assumption; for in that case permission is necessary by reason of the very fact of the property being joint.

3. The same sage declares,—"Whatever share has

been allotted to any one, he shall not complain after receiving the same."—'Receiving' means, accepting. Any one who gives his assent at the time of partition and afterwards disputes, shall be restrained by the king, and punished should he persist. This is declared by the same sage, thus,—"If any one who has received an allotment by his own choice, disputes again; he shall be confined to his own share, by the king, and shall be punished if he perseveres."—'Perseveres' means persists.

CHAPTER X.

ASCERTAINMENT OF A CONTESTED PARTITION.

§ 1.—Evidence of partition. 2.—Circumstantial evidence. 3.—Ordeals and oaths. 4.—Partition over again.

1. The mode of partition having been described, now is stated the mode of determining a doubt regarding the fact of a partition having been made.

On that subject Yájnavalkya says,—"It is to be known that in case of concealment of partition, the ascertainment of the fact of partition may be made by the evidence of kinsmen (jnátis,) relations and witnesses, and by documentary evidence, as well as by disconnected houses and fields."

(The meaning is:) "It is to be known that in case of concealment," *i. e.*, denial, "of partition," made by any one of the separated co-sharers, "the ascertainment," *i. e.*, the determination "of the fact of partition may be made by the evidence of kinsmen," *i. e.*, the father's relations, "relations," *i. e.*, the maternal uncle and the like,—"and witnesses," *i. e.*, strangers falling under the definition of a witness: although kinsmen and relations also come under the category of witnesses, still by the rule of 'the bulls and the beaves' they are separately mentioned, since they being nearer than outside witnesses, are aware of facts that are incidents of partition, such as separate performance of the *sráddha* and the like (rites,) and are appointed arbitrators to carry out a partition: and "by documentary evidence," *i. e.*, the instrument of partition: "as well as by disconnected (yautaka)," *i. e.*, separated by metes and bounds,—agreeably to the root *yu* which means 'to unite' or 'to disunite'—"houses and fields."

Nárada says,—"If a question arise among co-heirs in regard to the fact of partition, it must be ascertained by the evidence of agnatic relations, by the deed of partition or by the separate transaction of affairs."—The term 'agnatic relations' is used in order to show that if such (witnesses) be forthcoming, other persons should not be preferred as witnesses: 'affairs' are such as agriculture and the like.

Sankha declares,—"Should a doubt arise on the subject of partition of the wealth of kinsmen, the family may give evidence, if the matter be not known to the agnatic relations." 'Family' means the cognates, such as the maternal uncle; hence it is, that the agnatic relations are prominently set forth by Nárada. The reading, *jnátribhis* or 'if the eye-witnesses be not known' (instead of 'if the matter be not known to agnatic relations') is not genuine, since it is not found in old manuscripts nor in the commentaries.

The documentary evidence is of greater weight than the testimony of witnesses. This has been dealt with (by us) in the Paribháshá (or that part of this commentary, where the adjective law has been treated).

2. Nárada ordains,—"Gift and acceptance of gift, cattle, food, house, land and attendants, must be considered as distinct among separated brethren, as also cooking, religious ceremony, income and expenditure. Separated, and not unseparated kinsmen may reciprocally bear testimony, become sureties, bestow gifts and accept presents. Those by whom such matters are publicly transacted with their co-heirs, are to be known separate even without written evidence."—'Religious ceremony' means, the worship of gods and the like, by reason of the text cited before (ch. IX, § 1, para. 2) namely,—"The worship of gods &c.",—and by reason of the text of Nárada, namely—"Of undivided brethren, the religious duties are common; after partition, the religious duties also of each of them become separate."

Vrihaspati says,—"A violent crime, a pledge of immoveable property, and a previous partition among co-sharers may be ascertained by presumptive proof, (if) there are neither writing nor witnesses."—The particle 'if' is understood.—"They who have their income, expenditure and wealth distinct, and have mutual transaction of money-lending and traffic, are undoubtedly separate."—'Money-lending' is, the investment of money for interest; 'traffic' is trade; 'mutual transaction' means, when one brother is creditor and another is debtor, one sells and another buys from him: from these and similar facts which cannot be accounted for except by separation, partition is to be inferred.

From the plural number in "such matters" it is not to be supposed that the inference arises only when all these jointly exist; because the intention is, that the inference arises from all or some of them, and because the text is (not arbitrary but) based upon reason.

3. Where the fact of partition cannot be ascertained by circumstantial evidence, it is to be determined by ordeals or oaths, according as the estate is small or large. It has been set forth in the introductory chapter, that "When the circumstances also fail, it is to be determined by oaths."

4. When, however, no oral evidence is forthcoming, the circumstances are meagre, and neither party wishes to have recourse to ordeals and oaths; in such a case, Manu says that partition is to be made again, thus,—"When a doubt arises as to the mutual separation of the co-heirs, then re-distribution is to be made by them although residing in different places."

It is to be observed that this is to be done in the same way as in the partition by the re-united co-heirs, after liquidating the debts of all.

As for what Manu says, namely, "Only once may the distribution of shares take place, only once may a maiden be given (in marriage), only once may the same article be gifted (by an owner): these three may occur but once:" —this applies in the absence of any reason for repetition. The same is true also in the gift of a daughter in marriage, as well as in any other gift.

Thus is finished the determination of the fact of partition in a case of doubt.

And thus is finished the topic of litigation called Partition of Heritage.

INDEX.

INDEX.

A.

C.

Page

D.

E.

Page

F.

H.

I.

J.

K.

N.

R.

Page

S.

Page

Page

T.

U.

V.

W.

Y.